杨充霖　著

GDP 的理论缺陷与可持续国民财富核算

Theoretic Flaws in GDP and Sustainable National Wealth Accounting

社会科学文献出版社
SOCIAL SCIENCES ACADEMIC PRESS (CHINA)

目　录

引　言

GDP的发明、使用与普及是二十世纪人类的最大事件之一。它在短短的时间内不仅成了度量经济增长的核心指标，而且对居民的投资与消费选择、企业的生产和营销决策、金融机构的资金流向、政府的政绩与官员升迁以及国家的国际地位等方面也产生了深远影响。如今GDP已成了大众媒体和公众日常语言中最常见的词语之一，GDP话语中世界经济的形象也发生了翻天覆地的变化。世界GDP年平均复合增长率从公元元年到1000年经过长达1000年只有0.01%的长期停滞后，逐渐开始了加速增长。二战以后1950~1973年年均复合增长率达到了4.91%，是第一个千年期的491倍。1973~1998年年均复合增长率为3.01，是第一个千年期的301倍（见图0）。仅以GDP衡量，世界是在加速进步。但是二战以来与GDP高速增长相伴而生的温室效应、全球性环境污染、耕地和淡水资源匮乏、自然资源加速枯竭、核战争与核辐射的威胁、全球收入分配的极度不公等现象却使人类陷入难以克服的困境。

中国GDP年均复合增长率在公元元年到1500年期间与世界水平差别不大。但从公元1500年开始逐渐与世界拉开了距离；1820~1870年复合增长率为-0.37%，直到1950~1973年经过470年左右才逐渐赶上并超过了世界水平。得益于改革开放，1973~1998年中国GDP年均复合增长率为6.84%，约为世界同期水平的2.3倍；1998~2013年更是上升到13.57%，是改革开放前1950~1973年的2.7倍，比1973~1998年差不多翻了一番，中国现已成为世界第二大经济体。经济的快速增长虽然大大改善了人民的物质生活水平，但并没有避免世界其他地区经济增长引起的同类问题。与经济加速增长相伴而生的资源枯竭、环境污染、生态危机、

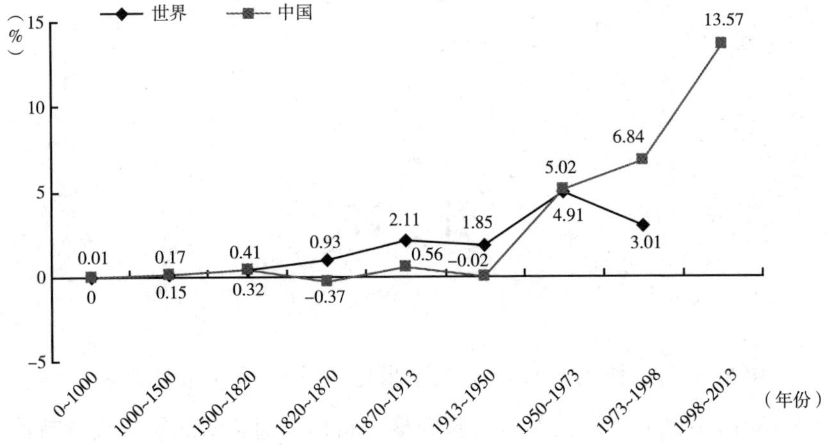

图0　世界及中国GDP年均复合增长率

资料来源：1998年前世界及中国数据来自Maddison《世界经济千年历史》，1998～2013年世界GDP数据无法统计，中国数据根据国家统计局数据估算。

收入分配不公、贪污腐败、政绩工程、价值观扭曲等问题导致了人民群众对GDP的严重怀疑与责难。“鸡的屁”之类的调侃之声不绝于媒体。就是GDP导向的经济增长本身也变得难以为继。2013年11月公布的《中共中央关于全面深化改革若干重大问题的决定》明确指出要纠正单纯以经济增长速度评定政绩的偏向。

可见，GDP在中国和世界都引起了同样或类似的问题，这就是GDP导向的经济增长与自然、社会和人的全面需求不相协调的问题，归根到底是经济增长与全面反映当代需求而又包含后代需求在内的可持续社会福利不相协调的问题。解决问题的必要条件之一是研发和使用能够度量经济、自然、社会和人自身全面协调可持续发展的财富核算体系来补充或取代现有SNA系统。西方学界及其他各界从20世纪70年代初就展开了这方面的研究，中国相关研究则起始于20世纪90年代初。中外研究主要涉及的财富概念从GDP核算的人造财富向包括自然、社会和人力财富在内的广义财富扩展。包括各种不同广义财富之间的替代与互补关系，广义财富生产与分配的代内、代际公平与效率，可持续广义财富核算指标的定义、存在性与构建，广义财富、负效用产品及外部性的定价与核算以及可持续经济福利指数的构建等内容，具体细节、研究进展及存在的问题本书第二章和第五章第三节作系统分析。但总的来看，这些研究主要着力于对某些具体或可持续发展财富核算指标的探寻与构建上，而对 GDP 自身的福利依据与理论缺陷、个体可持续行为的特征、可持续社会福利的存在性与构建以及广义财富与可持续社会福利的关系等更为基本的理论问题却缺乏深入系统的探讨。这不仅影响了对 GDP 客观公正的评价，而且也难以构造超越 GDP 缺陷，全面协调可持续的国民财富核算体系。本书从分析 GDP 的福利依据与理论缺陷出发，总结 GDP 替代指标的研究进展与存在的问题，以实验经济学的偏好实验和现实观察为依据分析个体可持续行为，通过个体可持续行为构造可持续社会福利函数，研究社会可持续选择并通过社会可持续最优选择构造可持续国民财富核算体系，研究可持续国民财富账户的结构及其与现存 SNA 及 SEEA 的关系，分析可持续国民财富的定价原理和基本方法，最终建立可持续国民财富核算体系。

具体地，第一章研究 GDP 度量社会福利所必须满足的条件，论证这些条件满足时 GDP 能够度量社会福利，分析这些条件的难以满足性与不满足时 GDP 与社会福利的背离状况。第二章研究 GDP 替代指标的基本思想与类型，分析不同替代指标解决 GDP 问题的思路、方法及相互关系，评价这些替代指标对 GDP 问题的解决程度及存在的问题。第三章通过对偏好实验结果的概括和对人们行为的观察来论证个体偏好的自利与他涉偏好二重性，通过对个体偏好二重性的分析描述个体可持续行为，分析通过个体可持续行为建立可持续个体效用函数的困难所在并通过一定假设建立祁琪妮斯基可持续个体效用函数。第四章分析从可持续个体效用函数出发建立可持续社会福利函数的阿罗不可能性问题及其出路，论证如何通过阿玛蒂亚－森的福利不完全人际比较方法克服阿罗不可能性困境，通过福利的不完全人际比较建立能够反映个体可持续行为的可持续社会福利函数，最后证明社会可持续最优选择存在菲贵尔斯－提德堡解。第五章从社会可持续最优解出发构建可持续国民财富核算体系，研究可持续国民财富核算的账户结构及其与 SNA 及 SEEA 的关系，分析广义财富、负效用物品及外部性的定价原理与方法。最后在结论、展望和建议部分给出全书的基本研究结论和解决 GDP 问题的进展，存在的问题及下一步研究展望，以及相关应用与政策建议。

本书在现实观察与文献研究的基础上，采用严密的经济、逻辑与数学分析方法。这固然是因为该领域的研究大都采用这种传统，更主要的是因为离开了这种传统研究就难以进行。具体包括：通过经济与数学分析相结合的方法揭示 GDP 的福利依据与理论缺陷；通过文献研究概括 GDP 替代指标的研究进展及存在的问题；通过对现有偏好实验的文献研究与现实观察分析个体可持续行为的特征；通过序拓扑方法实现个体可持续行为与社会总福利函数的数值代理；通过宏观动态优化方法分析个体与社会可持续最优选择，构造国民财富核算体系并求解可持续国民财富、负效用物品及外部性的影子价格。

本书面向的读者主要是对这个领域感兴趣的学者、研究生和有关部门管理人员。但同时也考虑了其他有关读者的兴趣与需求，在每章后面都写了小结，全书最后也提供了结论、展望与建议。非专业人士及数学基础不太好的专业人士只需阅读前言、每章小结及最后的结论、对策与建议，即可对本书的工作有全面了解。数学基础较好的专业人士亦可先读全书最后的结论、对策与建议，在需要详细证明和深入研究的地方再回过头来研读每章小结及正文部分。书中绝大多数数学符号都采用数学和经济学的通行惯例，个别不太一致的符号书中都有说明。最后说明一点：本书研究的是经济学的基本问题之一，很多观点和方法都是尝试性的，可能存在不少错误，恳切希望和读者们一起探讨并得到读者的批评指正。如果本书能起到抛砖引玉的作用，引发更加深入的研究，那么就实现了它的写作初衷。

第一章　GDP的福利依据与理论缺陷

本章首先概述 GDP 的起源、简史及现状，其次说明 GDP 的各种具体核算方法，再次分析 GDP 的微观基础与福利依据，最后分析 GDP 的理论缺陷及其引起的后果，并指出建立 GDP 替代指标的紧迫性与理论起点。

第一节　GDP 的兴起

资源稀缺性是人类面临的基本问题。解决问题的方法无非有二：一是新资源的发现、发明或创造，这是自然科学的核心任务；二是稀缺资源的有效配置和充分利用，这是经济学的核心任务（Robbins，1948）。因为资源有效配置与充分利用是以既定资源增进社会福利的程度或状态来度量的，所以社会福利的定义和度量就成了经济科学的基本前提。没有可行的社会福利定义与度量标准，就谈不上稀缺资源的有效配置和充分利用，也就谈不上经济理论的科学性与经济实践的成功。

社会福利指由一些个体福利构成的集体的总福利。个体福利即个体满足感或个体效用，社会福利则是建立在个体效用基础上但又不同于个体效用的全部集体成员的总满足感。社会福利的一个极端是单个人的个体福利，另一个极端是全人类的福利，中间则包括了国家、地区、企业及一切社会团体的集体福利。个体效用的主观性及个体选择与集体选择之间存在不一致性，使得社会福利的定义与度量成了经济学无法回避而又十分困难的重大问题。

社会福利定义与度量的第一次进展是艾奇渥斯（Edgeworth，1881）

和马歇尔（Marshall，1890）等经济学家在边沁（Bentham，1789）功利主义哲学基础上提出的社会福利函数概念，其核心思想是社会总福利等于所有成员基数效用的加权和。这里的基数效用是建立在一定消费组合上的满足感。庇古（Pigou，1920）在上述思想的基础上扩展了消费组合的范围，在其中加入了外部性影响，使得社会福利的影响因素更为全面。但是功利主义福利函数却绕不开基数效用的测度与福利的人际比较两大难题（Robbins，1938）。因此，20 世纪 40 年代前后经济学家们开始用序数效用代替基数效用来建立一种满足帕累托最优原则的社会福利函数。伯格森（Bergson，1938）和萨缪尔森（Samuelson，1947）在这些方面进行了有效探索并发现社会福利最大化的必要条件是社会边际转换率等于社会边际替代率。

然而，要根据帕累托最优原则得到最优社会福利，必须首先建立一种机制或规则能够合乎逻辑地把社会成员的个人偏好转换成社会福利。阿罗（Arrow，1951）系统研究了这些规则但却提出了有名的阿罗不可能性定理。按照阿罗不可能定理，社会福利函数必须满足四个基本条件：U）非限制性：一切可能的个人偏好都必须包含在社会福利函数的定义域中；P）帕累托最优：若每个社会成员都有某种偏好，则全社会也有这种偏好；I）社会偏好仅仅取决于社会成员的偏好自身而与其他因素无关；D）非独裁性：没有人的个人偏好决定整个社会的偏好（Arrow，1951；Sen，1999）。但阿罗的研究表明：若选择机会超过三个且社会成员个数有限时，不存在一种机制能把个人偏好转换为社会偏好且能同时满足以上公理。

国民收入核算在历史上虽然和社会福利度量有不同的起源和发展过程（Stone，1997），但社会福利度量过程中遇到的上述难题以及财富与福利之间存在的内在关系成了社会福利度量转向国民收入核算的一个重要理论根源：既然直接度量社会福利如此困难，那么退求其次，度量或核算能够增进社会福利的国民财富就是一种较好的替代选择。

国民经济核算最早可追溯到配第（Petty，1664）提出的英国国民收入的估算方法。他分别从收入和支出两个方面估算了英国当时的总财富并首次使用了总收入等于总支出这个平衡方程。金（King，1806）在使用配第基本方法的基础上对上述估算进行了修正与扩展。但此后在从18世纪到20世纪早期的两个多世纪中国民收入核算并没有取得多大进展。

这种状况一直持续到20世纪30年代前后，国民经济核算的两大体系SNA（国民账户体系）和MPS（物质产品平衡体系）才在理论与方法两方面都得到大力发展。

凯恩斯宏观经济理论把国民经济分为几个部门并使用流量均衡分析方法为国民账户体系的建立奠定了理论框架（向蓉美等，1994）。库兹涅茨在经济计量方面所做的工作则在国民收入核算问题上点燃了凯恩斯革命。他在1941年出版的《国民收入及其构成》一书为现代国民收入核算奠定了理论基础，其中对国民总产值（GNP）及其相关概念作了历史性的研究。同一时期，英国经济学家斯通和米德（Stone and Meade）于1939年首次采用了复式计账法来统计国民收入，1953年斯通任联合国国民经济核算委员会主席期间主持编制了《国民经济核算体系及其辅助表》为全球执行国民收入核算体系提供了基本标准，这个表也叫旧SNA体系。此后，在科技革命和其他因素的影响下，西方各国生产效益不断提高，经济结构也发生了巨大变化，旧SNA系统提供的核算方法已不能满足宏观经济发展的需要，迫切需要加入新的方法与内容（向蓉美等，1994）。1968年联合国又公布了斯通所主持完成的《国民账户体系》，这个表与列昂惕夫（Leontief，1966）的投入－产出表结合在一起构成了新SNA体系，这也就是现代普遍使用的国民收入核算体系，主要被以西方发达国家为主的世界上150多个国家所采用。此后联合国又分别于1993年和2008年对其进行了修订，使其适应不断发展的国民经济核算要求。

另外，苏联从1925年编写第一张物质产品平衡表开始，对国民经济中的物质产品进行核算，到30年代初步形成一套平衡表体系。1957年苏联中央统计局提交了名为“关于国民经济报告平衡表的基本方法问题”的报告，提出了一套国民经济平衡表体系，用以表现经济发展年度内再生产的相互制约关系。这套平衡表的形成标志着MPS的基本形成。它和SNA系统相比，从内容和结构都有很大差别。差别之一是在最初的MPS中服务项目不在统计之列。此后，联合国根据苏联的经验拟定了题为《国民经济平衡表体系的基本原理》的报告，1971年经联合国统计委员会通过并公布，正式命名为 MPS，和 SNA 作为世界并列的两大国民经济核算体系。由于世界经济的不断发展和各国经济往来的不断加强，旧 MPS 逐渐不能适应各国宏观经济的管理和国际比较。经过研究与协商，经合组织（OECD）于 1984 年提出了《编制国民经济统计平衡表的基本方法与原则》，这就是新 MPS。与 1971 年联合国提出的旧 MPS 相比，新 MPS 主要增加了 SNA 的一些对应内容，如劳动服务性、居民收入与消费等，但其他方面没有多大变化（向蓉美等，1994）。其主要统计内容和 SNA 一样仍限于劳动产品劳动服务。MPS 主要被以苏联为核心的蒙古、古巴等 10 多个国家所采用。

中国从 1954 年开始向苏联学习也采用了 MPS 核算体系。但随着改革开放的不断深化，MPS 已不能满足中国经济发展的需要。于是中国从 1985 年开始使用 SNA 系统的国内总产值核算；1987 年开始编制 SNA 系统的投入－产出表；1992 年通过了《中国国民经济核算（试行方案）》，开始在保留 MPS 的部分内容的同时，全面采纳 SNA 系统的基本结构、内容和方法。1993 年国家统计局对《中国国民经济核算体系（试行方案）》进行系统修订，取消了其中原来包含的 MPS 核算内容，标志着中国国民经济核算与 SNA 系统的全面并轨（许宪春，2003）。2002 年 4 月中国的英文统计数据在国际货币基金组织（IMF）的公告栏上正式对全世界开放，同月中国正式加入 IMF 制定的数据公布通用系统（GDDS），标志着中国国民经济核算系统向世界全面公开。原来使用 MPS 的国家也大多转向 SNA 系统。现在全世界除个别国家外基本上都使用 SNA 系统，因而 SNA 实际上成了当今世界通用的国民经济核算体系。

联合国主持修订的 SNA 体系虽然每一次都会在不断适应经济发展的新需要方面做一些较大调整，如最新版的 SNA 2008 加入了一些外部性与福利、非正规经济以及作为卫星账户的环境核算内容（NSA 2008），但它主要以人造产品（商品和服务）为核算对象、以 GDP（或 GNP）度量国民财富总量的基本思想没有发生多大变化。SNA 体系在全球范围的长期推广、普及和使用对当今世界各个方面都产生了强烈、深远的影响。从空间上看 GDP 已成了世界范围内比较各国经济和福利水平、在各个国家内部比较地区和企业经济水平的基本指标，当今世界经济体的大小多是以

GDP总量大小来衡量的；从时间上看GDP增长率成了衡量世界经济和国民经济发展速度的基本指标，产业革命以来世界经济的快速增长就被描述为GDP增长率的大幅度提高（Maddison，2001）。就是在各国政府、企业、消费者及其构成的市场中，所有经济单位的各种决策，特别是经济决策已经彻底地要围绕着GDP这个指挥棒转。尽管SNA体系的奠基者库兹涅茨本人早就警告过不能过度使用GDP代理社会福利（Kutznets，1949），大量经济学家对GDP作过深刻批评（Bergh，2007），就是社会大众，近年来也因与GDP飞速增长相伴而生的环境污染、收入分配不公、道德堕落等问题，开始对GDP进行反思与批判，但GDP的话语霸权和主导地位目前依然看不到有多大减弱的趋势。

那么，GDP到底是一种怎样的核算方式？它有什么样的理论与方法？如何评价其度量社会福利的成功之处与理论缺陷？以下各节分别探讨这些问题。

第二节　GDP的定义与核算方法

一　GDP及其相关指标的定义

为了弄清GDP的含义，首先需要明白社会总产品这个概念。社会总产品就是一国领土内的所有常驻单位一年内生产的全部产品，包括有形的商品和无形的服务两大类。有形商品又包括中间产品和最终产品。社会总产品均以实物量而非价值量计算，因为不同产品有不同单位，所以社会总产品只是所有产品构成的全体，但不能加总求和。

GDP（国内总产值）就是一国领土内的所有常驻单位一年内生产的全部最终产品的市场价值。在这里，一国领土 = 本国领土 + 本国驻外国使馆、新闻、科研、医疗机构等 - 外国驻本国使馆、新闻、科研、医疗机构等。常驻单位即在一定时间内有一定场所且从事一定经济活动的组织。产品即通过劳动所生产的所有有形商品与无形服务的总和。最终产品是与中间产品相对而言的。凡是一定时期内不再加工、可供直接消费、投资或出口的产品就是最终产品，而那些还需要继续加工的产品则是中间产品。最终产品与中间产品完全是按照是否需要加工而不是按照产品形态来划分的。例如，铁矿石如果挖掘出来后直接出口而不是在本国冶炼就是最终产品，而如果在本国冶炼则是中间产品。这样做的目的是把那些完全或主要靠资源出口换取外汇然后又进口消费品和资本品的经济纳入 GDP 核算体系之内。最终产品与中间产品的总和就是社会总产品。最终产品显然不同于社会总产品。市场价值 = 产品产量 × 产品市场价格。根据上述定义就有如下 GDP 计算公式，其中 $\sum$ 表示求和号：

$$\text{GDP} = \sum(\text{最终产品产量} \times \text{最终产品市场价格}) \tag{1.2.1}$$

按照 GDP 在生产要素之间分配的途径和方式还可以得到 GDP 的其他相关指标。这些指标对分析 GDP 的理论背景和缺陷也是必不可少的。下面分别给出它们的基本含义和核算思路，但实际核算项目和方法比这更加复杂。

GNP（国民总产值）= GDP + 来自国外的净要素收入。来自国外的净要素收入 = 本国在国外的要素收入 - 外国在本国的要素收入，其中要素指劳动、资本和土地等生产要素。GNP 与 GDP 的差别是来自国外的净要素收入，二者是总产值按照国民原则与国土原则分别统计的结果，通常情况下二者相差不大。20 世纪 90 年代以前全世界比较通用 GNP，但最近十几年则开始通用 GDP。若非特殊需要本书中以后对二者不加区别，统一采用 GDP。

NDP（国民净产值）= GDP - 固定资产折旧，用来反映国内总产值中补偿了固定资产耗损，从而能保证经济在原有规模上运行的产值。国民净产值的思想是非常重要的，因为它反映了人造固定资本的可持续性。

NI（国民收入）= NDP - 间接税。间接税是纳税人可以通过一定方式转嫁出去的税收如关税、从量税等。但所得税不是间接税，它是纳税人得到可支配收入前的最后一次税收，因此是无法转嫁出去的。国民收入就是一国国民作为生产要素所有者在一定时期内提供生产性服务而获得的报酬，大体上为工资、利息、租金和利润的总和。

PI（个人收入）= NI - 企业保留利润 - 企业所得税 + 政府转移支付。国民收入还不是能够全部分配给个人的收入，从中扣除了企业所得税和企业保留利润，再加上政府转移支付就得到真正能分配到的个人的收入，这就是个人收入。

DPI（个人可支配收入）＝PI－个人所得税＝总消费＋总储蓄。即从个人收入中扣除了个人所得税，就得到可供个人自由消费或投资的收入。

可以根据定义法计算GDP，但在实际统计中最终产品的识别比较困难，而且最终产品在生产、分配和使用过程中的具体特点及相互关系也被掩盖起来难以体现，因此也就难以分析国民经济的增长过程、分配渠道及使用方向等关键信息，而这些信息对了解整个国民经济和社会福利的基本状况又是必不可少的。因此必须弄清GDP的具体核算方法。

二　GDP的核算方法

可以从生产、使用和分配三个不同的角度对GDP进行核算。这就得到了GDP的三种具体核算方法。

（一）生产法

生产法也叫增值法，就是一国领土内的所有生产部门一定时间内生产的所有商品和服务的总价值（总产出）减去生产这些价值而投入的中间产品的价值而得到部门增加值，然后把所有部门的增加值相加就得到了GDP。这里的生产部门就是GDP上述定义中的常驻单位，换成生产部门纯粹是用法上的习惯，因为“部门增加值”比“常驻单位增加值”更符合传统习惯。由此可得生产法计算的GDP如下：

$$\begin{aligned} \text{GDP} &= \sum \text{部门增加值,其中部门增加值} \\ &= \text{部门总产出} - \text{部门中间投入} \end{aligned} \tag{1.2.2}$$

设经济系统中有n个生产部门，分别用1、2…i…～n表示，其中部门i生产产品i。为了分析方便，一方面，假设没有联合生产，即经济中需要的所有产品i只有部门i生产；另一方面，任何生产部门生产的产品或者作为中间投入来生产其他产品，或者作为最终产品用作消费、投资或出口。假设第i个部门投入第j个部门的中间产品价值或者第j个部门使用第i个部门的产品价值为x_{ij}，则第i个部门投入所有n个部门的总中间产品价值为$x_i = \sum_{j=1}^{n} x_{ij}$，$i = 1$、2…、$n$。又设第$i$个部门最终产品的价值

和总产值分别为 Y_i 和 X_i ，则第 i 个部门的增加值为：

$$X_i - \sum_{j=1}^{n} x_{ij} = X_i - x_i = Y_i, i = 1、2\cdots、n \quad (1.2.2a)$$

从而生产法计算 GDP 的公式最终可表示为：

$$GDP = \sum_{i=1}^{n}(X_i - x_i) = \sum_{i=1}^{n}(X_i - \sum_{j=1}^{n} x_{ij}) = \sum_{i=1}^{n} Y_i \quad (1.2.2b)$$

上述关系亦可用表 1.2.1 直观地表示。整个表可分为四大象限，其中第Ⅰ、Ⅱ、Ⅲ象限分别表示中间投入－中间产出、最终产出及增加值，第Ⅳ象限暂时空缺，其内容本书后面再述。第Ⅰ象限中的变量关系前面已做了论述，其他两个象限的变量关系反映 GDP 的另外两种算法，下面分别分析。

表 1.2.1　SNA 系统*

投入＼产出		中间产品					最终产品				总产出
		1	2	…	n	合计	消费	投资	净出口	合计	
中间投入	1	x_{11}	x_{12}	…	x_{1n}		C_1	I_1	NX_1	Y_1	X_1
	2	x_{21}	x_{22}	…	x_{2n}		C_2	I_2	NX_2	Y_2	X_2
	⋮	⋮	⋮	Ⅰ	⋮		⋮	⋮	Ⅱ	⋮	⋮
	n	x_{n1}	x_{n2}	…	x_{nn}		C_n	I_n	NX_n	Y_n	X_n
	合计						C	I	NX	Y	
增加值	人造资本折旧	D_1	D_2	…	D_n	D					
	劳动者工资	W_1	W_2	…	W_n	W					
	政府税收	T_1	T_2	…	T_n	T					
	金融资本利息	S_1	S_2	Ⅲ	S_n	S			Ⅳ		
	土地所有者租金	R_1	R_2	…	R_n	R					
	企业主利润	F_1	F_2	…	F_n	F					
	合计	Z_1	Z_2	…	Z_n	Z					
总投入		X_1	X_2	…	X_n						

* 表中所有量均为价值量，即实物量与价格的乘积。后面有必要把价值量直接展开成实物量与价格乘积的形式。

（二）支出法

支出法计算 GDP 的思路是：经济系统在一定时期内的总增加值，即总产值扣除中间产品价值后的余额必然等于各个途径最终使用的产品价值之和。最终产品分为消费品、投资品和出口品三大类。消费品是那些能够直接满足居民消费需求的最终产品，其中在GDP核算周期内被本国居民消费掉的那部分产品价值就是本国产品总消费，它与进口产品总消费之和构成了总消费。即：总消费 = 本国产品消费 + 进口产品消费。消费品中未被消费掉的部分如衣物、住房等则和机器、设备等资本品以及非消费品如原材料和半成品一起构成了可供投资或出口的产品。投资品和出口品在实物类型上是统一的，都是最终产品中未被本国居民直接消费掉的部分。作为最终产品中未被本国居民直接消费掉的部分，它们本质上都是投资，其中被销售到国外以增加外汇收入来进口外国产品的部分是出口品，所有出口品的总价值就是总出口，而其中既没有被消费又没有出口到国外的部分作为延期消费或生产未来产品的产品，它们构成了投资品，所有投资品的价值之和就是本国产品总投资，它和进口产品总投资一起构成了总投资，即：总投资 = 本国产品投资 + 进口产品投资。由于进口产品消费 + 进口产品投资 = 总进口，总出口 - 总进口 = 净出口，从而有：

$$\begin{aligned} GDP &= \text{国内产品消费} + \text{国内产品投资} + \text{总出口} \\ &= \text{总消费} + \text{总投资} + \text{净出口} \end{aligned} \tag{1.2.3}$$

如果分别用 C_i 、I_i 和 NX_i 表示第 i 个部门的居民消费、企业投资和净出口价值（如表1.2.1），则第 i 个部门的最终使用价值为：

$$Y_i = C_i + I_i + NX_i, i = 1、2\cdots n \tag{1.2.3a}$$

从而生产法计算GDP的公式又可表示如下：

$$GDP = \sum_{i=1}^{n} Y_i = \sum_{i=1}^{n} C_i + \sum_{i=1}^{n} I_i + \sum_{i=1}^{n} NX_i \tag{1.2.3b}$$

需要指出的是宏观经济分析中作为总支出四大组成部分的政府购买在这里作为政府这种生产公共服务的部门对本国消费品和资本品的购买分别归结到总投资和总消费中。如果将它们分开，则有：总消费 = 私人总消费 + 公共总消费，总投资 = 私人总投资 + 公共总投资，其中公共消费与公共投资之和等于公共支出。于是又有：

$$\begin{aligned} \text{GDP} &= (\text{私人总消费} + \text{公共总消费}) + (\text{私人总投资} + \text{公共总投资}) + \text{净出口} \\ &= \text{私人总消费} + \text{私人总投资} + \text{公共支出} + \text{净出口} \end{aligned} \tag{1.2.3c}$$

这是宏观经济调控中常用的一个方程。此外，支出法计算 GDP 本质上和 GDP 定义中的算法是一回事，但支出法是把 GDP 放在整个国民经济的生产、分配和使用的大系统中计算，因此比 GDP 定义更清楚可行。

（三）收入法

如果说生产法计算 GDP 反映了国民总产值的增值过程，支出法计算 GDP 反映国民总产值的使用途径，则收入法计算 GDP 反映了国民总产值的分配方式。具体而言，GDP 作为全社会的总增加值，是所有参与生产的要素共同生产的结果，它必须被全部分配给所有参加生产的要素。因此所有生产要素分配到的收入之和就等于 GDP，其中劳动者得到工资，固定资产得到折旧、房屋与土地得到租金、国家得到税收，资本得到利息，企业得到利润。用公式表示，即：

$$\begin{aligned} \text{GDP} = &\sum \text{工资} + \sum \text{折旧} + \sum \text{租金} + \sum \text{利息} + \\ &\sum \text{税收} + \sum \text{利润} \end{aligned} \tag{1.2.4}$$

需要注意的是这里只考虑所有要素的收入之和，而不管收入分配是否公平。

由于所有这些生产要素和中间投入一样都是作为生产过程的投入来完成产品生产的，因此生产要素分配得到的收入应列入投入项。如果分别用 D_j、W_j、T_j、F_j、R_j 和 S_j 表示部门 j 的固定资产折旧、工资、税收、利润、地租和利息，$j=1$、$2\cdots$、n，则第 j 部门的增加值为：

$$Z_j = D_j + W_j + T_j + F_j + R_j + S_j = X_j - \sum_{i=1}^{n} x_{ij}, j = 1、2\cdots、n \tag{1.2.4a}$$

从而收入法计算 GDP 的公式为：

$$\begin{aligned} \text{GDP} = &\sum_{j=1}^{n} D_j + \sum_{j=1}^{n} W_j + \sum_{j=1}^{n} T_j + \sum_{j=1}^{n} F_j + \\ &\sum_{j=1}^{n} R_j + \sum_{j=1}^{n} S_j = \sum_{j=1}^{n} Z_j \end{aligned} \tag{1.2.4b}$$

或其合计形式：

$$D + W + T + F + R + S - Z = GDP \tag{1.2.4c}$$

三　SNA 系统的基本平衡方程

生产法、使用法与收入法三种方法是对国民总产值从生产、使用和分配三个不同方面核算的结果。无论以何种方式核算，现实经济系统中这些变量的内在关系是不变的，这些不变的内在关系就是 SNA 系统的基本平衡方程。总共有四组平衡方程。

（一）分配平衡方程

分配平衡方程在 SNA 矩阵中也叫行平衡方程，反映的是产品在中间使用和最终使用之间分配、中间投入在不同部门之间分配以及最终产品在消费、投资和出口之间的分配平衡关系，具体地，对每一种产品有：

$$\text{总产出} = \text{中间使用} + \text{最终使用} \tag{1.2.5}$$

如果用表 1.2.1 中的变量来描述，则有：

$$\sum_{j=1}^{n} x_{ij} + Y_i = X_i, Y_i = C_i + I_i + NX_i, i = 1、2\cdots、n \tag{1.2.5a}$$

这个方程本质上和生产法计算 GDP 的方程（1.2.2a）是一致的，是对这个方程移项整理的结果。式中第一项反映的是中间投入在不同部门之间的分配，第二项反映的是最终产品在消费、投资和出口之间的分配，整个式子反映的是产品在中间使用和最终使用之间的分配。需要指出的是这里的分配不是收入分配意义上的那种狭义的分配。

（二）生产平衡方程

生产平衡方程在 SNA 矩阵中也叫列平衡方程，反映的是社会总产品中所包含的不同中间产品投入、不同生产要素投入及其相互之间的价值构成关系。具体地，对每一种产品有：

$$\text{总投入} = \text{中间投入} + \text{要素投入} \tag{1.2.6}$$

如果用表 1.2.1 中的变量来描述，则有：

$$\sum_{i=1}^{n} x_{ij} + Z_j = X_j, Z_j = D_j + W_j + T_j + F_j + R_j + S_j, j = 1、2 \cdots 、n \quad (1.2.6a)$$

这个方程本质上和收入法计算GDP的方程（1.2.4a）是一致的，只需对这个方程移项整理即可。式中第一项反映的是各部门产品中所包含的不同中间投入的价值构成，第二项反映的是各部门产品中所包含的生产要素的价值构成，整个式子反映的是各部门产品中包含的中间投入和最终投入之间的总价值构成。

（三）投入－产出平衡方程

投入－产出平衡方程在SNA矩阵中表现为同一种产品的行值和与列值和之间的等量关系。反映的是同一种产品的总投入与总产出相等。具体地，对任一产品都有：

$$产品总投入 = 产品总产出 \quad (1.2.7)$$

如果用表1.2.1中的变量来描述，则有：

$$\sum_{i=1}^{n} x_{ik} + Z_k = X_k = \sum_{j=1}^{n} x_{kj} + Y_k, k = 1、2 \cdots 、n \quad (1.2.7a)$$

这个方程是经济系统能够正常运行的必要条件：任何一种产品的总投入必须等于它的总产出，否则经济系统无法正常运行。平衡可通过宏观调控下的市场运行达到。方程左面反映的是第k种产品的总投入，右边是它的总产出。

（四）社会总产品平衡方程

把方程组（1.2.7a）中的n个方程相加得：

$$\sum_{k=1}^{n} \left(\sum_{i=1}^{n} x_{ik} + Z_k \right) = \sum_{k=1}^{n} \left(\sum_{j=1}^{n} x_{kj} + Y_k \right) \quad (1.2.8)$$

显然，方程左边是全社会所有产品的总投入价值，方程右边是全社会所有产品的总产出价值，因此这个方程意味着全社会所有产品的总投入价值与总产出价值相等。

将上式展开，两边消去相同的项$\sum_{k=1}^{n} \sum_{i=1}^{n} x_{ik}$，然后再利用式（1.2.2b）、（1.2.3b）和（1.2.4b）得：

$$GDP = \sum_{i=1}^{n}(X_i - \sum_{j=1}^{n}x_{ij}) = \sum_{i=1}^{n}(C_i + I_i + NX_i) \\ = \sum_{j=1}^{n}(D_j + W_j + T_j + F_j + R_j + S_j) \tag{1.2.9}$$

此式表明 GDP 的三种算法所得结果的完全相等，经济系统的总增加值等于最终使用的总价值，也等于所有生产要素的收入总和。

（五）国内净产值平衡方程

在（1.2.9）的最后一个等式两端减去固定资产总折旧 D，就得到了国内净产值平衡方程：

$$NDP = GDP - D = C + I + NX - D \tag{1.2.10}$$

这里 $C = \sum_{i=1}^{n}C_i$、$I = \sum_{i=1}^{n}I_i$、$NX = \sum_{i=1}^{n}NX_i$ 和 $D = \sum_{j=1}^{n}D_j$ 分别是总消费、总投资、净出口和总折旧。此式表明：国内净产值为消费总值、投资总值、净出口总值减去折旧总值之后的差额，它反映的是在保持机器、设备和厂房等人造物质性生产要素价值不变或可持续的条件下的国内总产值。国内净产值对分析人造资本的可持续性是一个非常重要的概念。

第三节　GDP 的福利依据

弄清了 GDP 的含义与计算方法后，现在就要问两个实质性的问题：GDP 能够度量社会福利吗？它如何能度量社会福利呢？在回答这两个问题之前，必须首先分析几个相互关系密切、因而在有些经济学文献中经常交替使用但又不相同的概念，以便分析 GDP 与社会福利的关系，这就是福利、财富及相关概念。

一　福利与财富

在回答福利这个概念以前必须对需求这一概念做一概述。需求就是个人的生理、心理及精神各个层次对某种对象的需要状态，得到这种对象就感到幸福否则就产生痛苦，这里的对象包括商品、服务、他人甚至某种状态本身。需求是人类生存的基本方式，因而也是经济学研究的出发点和最终归宿。因为经济学是一门研究如何通过稀缺资源的有效配置和充分利用来尽可能好地满足人类需求的学问。经济学已经建立了比较成熟的需求理论，但这些理论还面临着许多它解释不了的问题，因此传统需求理论事实上面临严重挑战（Kant，2003）。

福利在没有严格限制时经常与效用、满足感、幸福等概念交替使用，大致地说就是人的需求被满足的状态。经济学理论中福利通常分为个人福利与社会福利（集体福利）两大类，前者是个人需求被满足的状态，而后者则是由社会中个人福利被满足的程度与多少来定义的，但正如本章第一节所述，如何从个人福利构造出社会福利，再从一代人的社会福利构造出包括所有代人的全人类的社会福利一直是经济学的大难题。

财富是能够满足人类需要，即能产生个人或社会福利的一切资源，它是通过能否带来人的福利来定义的。能够带来福利的就是财富，否则就不是。由此可见，财富的外延是非常广泛的，人造商品与服务、环境与自然资源、良好的社会关系、健康的身心状态以及科学、宗教与艺术等都属于财富范畴。同时可见，人造商品与服务仅仅是财富的一种形式而非全部。在更广的意义上财富往往与资源这个概念统一使用。

资产则是一个与产权相联系的财富概念，它是属于个人或集体的财富。作为财富，资产的外延和财富的外延是一样大的；作为属于个人或集体的财富，资产与负债这个概念相反，因为负债是欠其他个人或集体的财富。严格地说，是资产与负债的差额（净资产）的大小决定了人的福利水平，但负债既定时，净资产就是由资产大小所决定的。资产分为消费性资产和投资性资产两大类。投资性资产也叫资本。

收入则是个人或集体得到或流入的财富，它与作为流出财富的支出相反。作为得到或流入的财富，其外延和财富的外延也是一样大的，其来源由自有收入、他人捐赠及借贷三大部分组成。自有收入是收入最主要的组成部分，通常分为劳动收入和财产收入两大部分。资产可以带来收入，但收入未必一定是资产：负债作为欠其他人的财富可能需要收入来偿还，但此时它已不再是资产。可见：收入与资产就其形态而言都是财富，但收入纯粹指流入的财富，而不管流入方式。

通过以上分析可见，资产和收入是两种特殊的财富，其特殊性只在于它们是对特定的人而言，就它们能够增进其所有者的福利这一点而言完全因为它们都是财富，具有财富能够增进人类福利这个本质属性。由此可以得出三条结论：①很多经济学文献在不太严格的意义上把国民财富、国民收入、资产等概念交替使用本身是因为它们都是特殊的国民财富，有着财富的本质属性；②最基本最重要的两个概念是社会福利与社会财富，其中后者是通过前者来定义的，而前者则存在于人对财富的需求这样一个基本事实之中；③以 GDP 为标志的国民收入核算体系所核算的显然主要是一国居民的人造财富，它的外延比完整国民财富的外延小得多，因此更加一般的核算应为外延更广的国民财富核算而非单纯的人造财富核算。

弄清了这些概念之间的关系，下面分析 GDP 能否以及如何度量社会福利。为此必须首先分析 GDP 反映社会成员个体福利的各种条件和在这些条件下反映个体福利的方式。因此必须考察 GDP 与微观个体福利的关系。

二　GDP 的微观基础

由第二节式（1.2.1）和式（1.2.3）可知：GDP = $\sum$（最终产品产量 × 最终产品市场价值）= 总消费 + 总投资 + 净出口。第一个等式后面是 GDP 的定义，它界定了 GDP 的核算对象，给出了其基本核算方法。第二个等式后面是 GDP 的核算对象即最终产品满足社会需求的范围、类型和大小，因此是分析 GDP 福利依据的入口和关键。GDP 之所以可能反映社会福利，是因为它所核算的最终产品分为消费品、投资品和出口品三大类。总消费是消费品满足全部社会成员现期消费的总价值，总投资是社会成员未来消费的一部分。如果能证明净出口也构成了现期或未来消费的一部分，就可以在 GDP 与一国社会成员的现期和未来两期总消费之间建立起某种联系，然后通过两期总消费来建立 GDP 与全体社会成员的社会福利之间的联系。

事实上，根据国际收支平衡表，净出口（经常项目差额）+ 净资本流入（资本项目差额）= 国际收支差 = – 储备资产增减额，从而有：净

出口 = 国际收支差 - 净资本流入。因为净资本流入 = - 净国际金融投资，所以，净出口 = 国际收支差 + 净国际金融投资。这里净国际金融投资 = 本国对外金融投资 - 外国对本国金融投资，其中对外金融投资与进口产品投资的主要区别是后者为对国外资本品的进口而前者为对外直接投资或证券投资。

若国际收支差 >0，则净出口 > 净国际金融投资，表明部分净出口转化为储备资产因而不能影响未来消费，就像重商主义时代金银财富储备越多国民反而越穷的那种状况一样。若国际收支差 <0，则表明部分净国际金融投资来自储备资产而非净出口，表明影响未来消费的净国际金融投资并非全部来自净出口。两种情况下都会出现净出口与净国际金融投资不一致，因而也就与净国际金融投资对应的未来消费不一致的现象。若国际收支差 =0，则净出口 = 净国际金融投资，表明净出口没有转化为储备资产，净国际金融投资也没有来源于储备资产，而是净出口全部转化为净国际金融投资从而全部转化为未来消费，通过实现最终产品在当期与未来的有效配置而提高国民福利水平。

可见：净出口通过净国际金融投资收入来影响未来消费，影响大小取决于净出口转化为净国际金融投资的份额，而这又取决于国际收支差的均衡状况。GDP 能够度量社会福利的必要条件之一是：

条件 1（国际）：国际收支均衡。即国际收支差 = - 储备资产增减额 =0。

此时，净出口 = 净国际金融投资。从而有：内外总投资 = 总投资 + 净国际金融投资，则式（1.2.3）变为：

$$GDP = 总消费 + (总投资 + 净出口) = 总消费 + 内外总投资 \quad (1.3.1)$$

正如前面分析所示，理论上讲凡是消费品都可成为投资品。但投资品未必一定是消费品，例如所有证券都是投资品但不是消费品。为分析方便，仍然设经济中有 n 种产品，但当一种产品仅为投资品而非消费品时约定其消费量为0。这样就统一了消费品和投资品的数量。在 GDP 核算周期内，设第 i 种消费品的第 j 个交易价格为 P_{ij} , $j = 1,2,\cdots,q_i$ ；第 i 种投资品的第 j 个交易价格为 Q_{ij} , $j = 1,2,\cdots,s_i$ 。又设第 i 种消费品和投资品在

第 j 个价格水平上的交易量分别为 C_{ij} 和 I_{ij}[①]，$i = 1,2,\cdots,n$。可能有 $q_i \neq s_i$，说明同样的产品在作为消费品和作为投资品时价格变化次数是不同的。为此令 $m_i = \max\{q_i, s_i\}$，并且当 $j > q_i$ 时，$C_{ij} = 0$；当 $j > s_i$ 时，$I_{ij} = 0$。显然第 i 种产品的不同价格次数 m_i 与 i 有关，表示不同产品的价格变化次数是不同的。又设 $P_{i.} = (P_{i1},\cdots,P_{ij},\cdots,P_{im_i})$，$Q_{i.} = (Q_{i1},\cdots,Q_{ij},\cdots,Q_{im_i})$，$C_{i.} = (C_{i1},\cdots,C_{ij},\cdots,C_{im_i})$ 且 $I_{i.} = (I_{i1},\cdots,I_{ij},\cdots,I_{im_i})$，则支出法计算 GDP 的公式可表示为：

$$GDP = \sum_{i=1}^{n}(P_{i.}C_{i.} + Q_{i.}I_{i.}) = \sum_{i=1}^{n}\sum_{j=1}^{m_i}(P_{ij}C_{ij} + Q_{ij}I_{ij}) \quad (1.3.1a)$$

通过条件 1 可把国际部门的净投资划归到内外总投资之中。紧接的一个问题是如何在消费和投资总需求与社会成员的效用水平之间建立联系。显然，总消费和内外总投资都是由私人和公共两大部门构成的。相应地就有：总消费 = 私人总消费 + 公共总消费，内外总投资 = 私人内外总投资 + 公共内外总投资，其中私人内外总投资 = 私人总投资 + 私人净国际投资，公共内外总投资 = 公共总投资 + 公共净国际总投资，公共总消费 + 公共总投资 = 公共支出。显然，私人总消费和私人内外总投资直接反映社会成员的消费和投资总需求，因而与社会成员的现期和未来两期总消费产生的福利紧密相连。但公共消费和公共内外投资却未必反映社会成员的福利。政绩工程导致的公共支出最多反映了决策者的效用最大化。官僚主义、重复建设和错误决策导致的公共支出可能连决策者的效用最大化也谈不上。所以要使 GDP 能够度量社会福利，还必须有：

条件 2（政府）：公共消费和公共投资分别显示社会成员的消费和投资需求。

通过条件 2 可以把 GDP 还原为社会成员的消费与投资需求。具体地，

① 从现在开始分别用 C 和 I 表示消费量和投资量，这一点与上一节分别用它们表示总消费和总投资价值是不同的。上一节那样使用符号主要是为了保证和现有大部分惯性文献的一致性，提供一个从习惯性文献到本书理论框架的过渡。事实上，上一节那套没有把价值量表示为价格与数量之积的做法是无法进行深入分析的。此外，为节省用符号，作为总投资与净国际金融投资之和的内外总投资量还是用 I 表示，这不仅是因为在经常项目收支均衡时二者相等，更主要的是即便二者不等，净国际金融投资和总投资作为影响未来消费的投资二者是一致的。

设全社会共有 h 个成员，第 k 个社会成员对第 i 种产品在第 j 个价格水平 P_{ij} 和 Q_{ij} 上的消费量和投资量分别为 C_{ijk} 和 I_{ijk}，$k = 1,2,\cdots,h$，则有：

$$C_{ij} = \sum_{k=1}^{h} C_{ijk}, I_{ij} = \sum_{k=1}^{h} I_{ijk} \tag{1.3.2}$$

垄断市场下社会成员会影响消费品和投资品价格。但下面条件 3 要求所有市场都是完全自由竞争市场，故可以认为个体不影响价格。将式（1.3.2）代入式（1.3.1a），注意到 k 与 i、j 皆无关，则有 GDP 与个体需求之间的关系：

$$GDP = \sum_{k=1}^{h}\sum_{i=1}^{n}\sum_{j=1}^{m_i}(P_{ij}C_{ijk} + Q_{ij}I_{ijk}) \tag{1.3.3}$$

即 GDP 等于所有社会成员在包括公共产品在内的所有产品所有价格水平上的消费与投资总需求，其中社会成员 k 在所有产品所有价格水平上的消费与投资总需求为：

$$D_k = \sum_{i=1}^{n}\sum_{j=1}^{m_i}(P_{ij}C_{ijk} + Q_{ij}I_{ijk}) \tag{1.3.4}$$

可以通过交换关于 i 和 j 的求和号的位置把 D_k 变换为成员 k 在产品所有市场价格上所选择的消费 - 投资组合的市场价值。为此令 $m = \max\{m_1, m_2, \cdots, m_n\}$，并约定对一切 $j > m_i$ 有 $C_{ijk} = 0$ 且 $I_{ijk} = 0$，$k = 1, 2, \cdots, h$，$i = 1, 2, \cdots, n$。即若个体在某些产品的某些价格水平上没有需求量，则约定其需求量为0。此时式（1.3.4）可变为：

$$\begin{aligned} D_k &= \sum_{j=1}^{m}\sum_{i=1}^{n}(P_{ij}C_{ijk} + Q_{ij}I_{ijk}) \\ &= \sum_{j=1}^{m}(P_{.j}C_{.jk} + Q_{.j}I_{.jk}) \end{aligned} \tag{1.3.4a}$$

其中 C_{ijk} 和 I_{ijk} 分别为成员 k 在第 i 种消费品和投资品的价格水平分别为 P_{ij} 和 Q_{ij} 时实际选择的消费品和投资品总量，它们分别等于 GDP 核算周期内成员 k 在第 j 个价格水平上选择的第 i 种消费品和投资品的总量；$P_{ij}C_{ijk} + Q_{ij}I_{ijk}$ 为这些消费和投资量的总价值，$i = 1,2,\cdots,n$；$P_{.j} = (P_{1j},\cdots,P_{ij},\cdots,P_{nj})$ 和 $Q_{.j} = (Q_{1j},\cdots,Q_{ij},\cdots,Q_{nj})$ 分别为所有消费品和投资品的第 j 个价格向量，$C_{.jk} = (C_{1jk},\cdots,C_{ijk},\cdots,C_{njk})$ 和 $I_{.jk} = (I_{1jk},\cdots,I_{ijk},\cdots,I_{njk})$ 分别为 j 个价格向量上成员 k 的消费和投资向量。产品价格变化时对应的消费和投资总量

也发生变化。由于社会成员的实际选择显示了他的偏好，于是通过式（1.3.2）和式（1.3.4a）就把 GDP 与社会成员的实际选择和偏好联系了起来。

第三个问题是社会成员 k 的收入分配约束以及在收入分配约束下进行消费－投资选择式（1.3.4a）的实现条件问题。必须首先分析所有社会成员的收入水平及收入分配状况。显然，社会成员的收入水平是他们作为生产要素所有者进行收入初次分配、作为一般社会成员进行收入再分配以及作为被抚养对象进行收入三次分配的共同结果。

在初次收入分配中，全部增加值被分为劳动者的工资 W 、人造资本所有者的折旧 D 、金融资本所有者的利息 S 、土地所有者的地租 R 、公共部门的税收 T 和企业家的利润 F 等全部要素所有者的收入之和（表 1.3.1）。在所有这些收入都转化为现实购买力的情况下，全部要素所有者的收入之和也等于 GDP。这就是收入法计算 GDP 的公式（1.2.4c）。其中各部门产品的最终使用价值用相应价格向量与使用量向量的内积表示，即 $Y_i = P_{i\cdot}C_{i\cdot} + Q_{i\cdot}I_{i\cdot}$ ，$C_{i\cdot}$ 为第 i 种消费品在价格向量为 $P_{i\cdot}$ 时的消费向量，而 $I_{i\cdot}$ 为投资品的价格向量为 $Q_{i\cdot}$ 时的投资向量，$i = 1,2,\cdots,n$ 。

表 1.3.1　SNA 系统中的居民与企业

投入＼产出		中间产品					最终产品			总产品
		1	2	…	n	合计	消费	投资	合计	
中间投入	1	x_{11}	x_{12}	…	x_{1n}		$P_{1.}C_{1.}$	$Q_{1.}I_{1.}$	Y_1	X_1
	2	x_{21}	x_{22}	…	x_{2n}		$P_{2.}C_{2.}$	$Q_{2.}I_{2.}$	Y_2	X_2
	⋮	⋮	⋮		⋮			⋮	⋮	⋮
	N	x_{n1}	x_{n2}	…	x_{nn}		$P_{n.}C_{n.}$	$Q_{n.}I_{n.}$	Y_n	X_n
	合计						PC	QI	E	
增加值	人造资本折旧	D_1	D_2	…	D_n	D				
	劳动者工资	W_1	W_2		W_n	W				
	政府税收	T_1	T_2	…	T_n	T				
	金融资本利息	S_1	S_2		S_n	S				
	土地所有者租金	R_1	R_2	…	R_n	R				
	企业主利润	F_1	F_2	…	F_n	F				
	合计	Z_1	Z_2	…	Z_n	Z				
总投入		X_1	X_2	…	X_n					

同时，要素所有者初次分配得到的总收入又以社会保障、转移支付及其他公共支出等再分配方式以及家庭抚养等三次分配方式最终转化为包括老弱病残幼在内的全部社会成员的收入。若成员 k 通过三次收入分配最终得到的收入为 M_k ，则所有社会成员的总收入等于所有生产要素在初次分配中得到的收入之和，又等于 GDP。这就建立了个体收入与 GDP 的关系：

$$\sum_{k=1}^{h} M_k = M = Z = GDP \tag{1.3.5}$$

社会成员 k 在自己本期收入水平 M_k 的约束下，面对消费品与资本品价格 $P_{.j}$ 和 $Q_{.j}$ ，通过投资 $I_{.jk}$ 在本期消费 $C_{.jk}$ 和未来消费 $C'_{.jk} = (C'_{1jk},\cdots C'_{ijk}\cdots C'_{njk})$ 之间进行有效配置，以实现两期总满足感最大化。未来消费向量 $C'_{.jk}$ 是他在本期收入分配约束下进行消费选择 $C_{.jk}$ 时试图通过投资 $I_{.jk}$ 达到的未来消费。社会成员的消费价值总为正，但其投资价值则可正可负。当社会成员借款消费时，其消费大于收入，这相当于他进行了负投资。这样处理后社会成员的本期消费与投资总值总等于其本期收入，即：

$$\sum_{j=1}^{m} P_{.j}C_{.jk} + \sum_{j=1}^{m} Q_{.j}I_{.jk} = M_k \tag{1.3.6}$$

成员 k 的未来收入也分为消费与投资两部分。未来消费等于未来收入和未来消费倾向之积。未来消费倾向为未来消费占未来收入的比例，不妨设为 c'_k 。未来收入等于未来非投资性收入和本期的投资收益两部分。设未来非投资收入为 M'_k ，成员 k 在投资品价格体系 $Q_{.j}$ 下选择的投资组合 $I_{.jk}$ 的收益率为 r_{jk} ，未来消费品价格为 $P'_{.j} = (P'_{1j},\cdots P'_{ij}\cdots,P'_{nj})$ ，则其未来消费总值为：

$$\sum_{j=1}^{m} P'_{.j}C'_{.jk} = c'_k\left[M'_k + \sum_{j=1}^{m}(1 + r_{jk})Q_{.j}I_{.jk}\right] \tag{1.3.7}$$

为了分析方便，假定未来消费和当期消费有着同样的价格变化次数 m 。事实上，当未来消费价格变化次数与当期消费价格变化次数不同时，可以采用和上面扩展 m_i 同样的办法，将未来和当代消费的价格次数变为相同。同时假定社会成员的下期总收入全部用来消费，即对一切 $k = 1,2,\cdots,h$，都有 $c'_k = 1$ 。于是式（1.3.7）就变为：

$$\sum_{j=1}^{m} P'_{.j}C'_{.jk} = M'_k + \sum_{j=1}^{m}(1 + r_{jk})Q_{.j}I_{.jk} \tag{1.3.7a}$$

式（1.2.4c）、（1.3.5）、（1.3.6）和（1.3.7a）给出了 GDP 通过收入分配最后转化为社会成员的需求约束的过程。

为了深入分析社会成员在约束式（1.3.6）和（1.3.7a）下的选择行为，还必须有：

条件 3（市场）：所有市场都是完全自由竞争市场。特别地，广义资本市场无套利，即无论内部融资，还是外部融资，或者是纯粹的证券投资，都有相同的投资收益率。即：任给 $j = 1,2,\cdots,m$ 与 $k = 1,2,\cdots,h$，都有 $r_{jk} = r$。

这个条件是通过约束条件式（1.3.6）和（1.3.7a）来分析社会成员跨期选择行为和稍后将社会成员的个体福利转化为社会福利所必需的。若无此条件，则不仅通过式（1.3.6）和（1.3.7a）分析社会成员的跨期决策行为十分困难，而且因投资者追逐某些收益率较大的投资机会，导致现期消费减少但未来消费并未增加，结果会出现投资泡沫或者同样消费和投资支出下的跨期总满足感无法比较，从而使得从个体福利诱导出社会福利没有可能。

条件 3 中资本市场无套利有较强的现实依据。社会成员无论作为资本品所有者通过企业内部融资，还是通过金融市场直接或间接融资，或者进行纯粹的证券投机，只要包括证券市场和资本品市场在内的整个资本市场是有效的，若存在因投资价格或其他原因造成的套利机会，则通过资本在各个市场之间的自由流动就可以使不同投资组合的收益率趋于相同。此时资本市场可能依然存在不同的利率，但利率的不同反映的是投资品内在价值、期限结构或时间结构的不同，或者是政府的宏观货币政策的要求，而非资本市场的不完全性。这也是现代经济理论大都假定不同资本市场有相同利率的根本原因。

此外，从资本市场的角度来看，企业无非是通过一定的产权结构和治理结构建立的投资者共同体，其目的就是通过成本和收益管理实现投资者的投资收益最大化。就是一个社会成员的单独投资行为，也可以看成是由一个投资者构成的企业。投资作为社会成员的跨期效用最大化行为必然表现为企业的投资收益最大化行为。条件 3 下，式（1.3.7a）就变为：

$$\sum_{j=1}^{m} P'_{.j} C'_{.jk} = M'_{k} + (1 + r) \sum_{j=1}^{m} Q_{.j} I_{.jk} \qquad (1.3.7b)$$

为了通过式（1.3.2）、（1.3.4a）、（1.3.6）和（1.3.7b）分析 GDP 的微观福利依据，社会成员的选择行为还必须满足下列条件 4，其中第一部分的必要性是显然的，因为 GDP 只核算商品和服务构成的人造产品，而后面两部分的必要性则可以通过稍后的分析显现出来：

条件 4（社会成员）：个体福利取决且仅取决于 GDP 所核算的人造产品（商品与服务），与其他资源无关；个体福利函数是人造产品的齐次函数；个体是效用最大化者，由此也决定了企业是利润最大化者。

由条件的第一部分，个体 k 在价格体系 $(P_{.j},Q_{.j})$ 下所做的消费－投资选择 $(C_{.jk},I_{.jk})$ 取决于收入分配约束以及由此选择产生的当期－未来消费组合 $(C_{.jk},C'_{.jk})$ 的跨期效用水平 $u_{jk}=u_k(C_{.jk},C'_{.jk})$。由条件的第二部分，对任意 $\theta_k>0,\alpha_k>0$，都有 $u_k(\theta_kC_{.jk},\theta_kC'_{.jk})=\theta_k^{\alpha_k}u_k(C_{.jk},C'_{.jk})$。若 GDP 核算周期内所有产品在所有价格水平上的总消费量和总投资量所构成的总消费向量和总投资向量分别为 C_k 和 I_k，相应产品在未来所有价格水平上的总消费量构成的未来消费向量为 C'_k，则当期总消费－总投资组合 (C_k,I_k) 产生的当期－未来总消费组合 (C_k,C'_k) 所决定的跨期总效用水平为：

$$\begin{cases}u_k=u_k(C_k,C'_k)=\sum_{j=1}^{m}u_k(C_{.jk},C'_{.jk})\\C_k=\sum_{j=1}^{m}C_{.jk}=\sum_{j=1}^{m}(C_{1jk},\cdots,C_{ijk},\cdots,C_{njk})\\I_k=\sum_{j=1}^{m}I_{.jk}=\sum_{j=1}^{m}(I_{1jk},\cdots,I_{ijk},\cdots,I_{njk})\\C'_k=\sum_{j=1}^{m}C'_{.jk}=\sum_{j=1}^{m}(C'_{1jk},\cdots,C'_{ijk},\cdots,C'_{njk})\end{cases}\tag{1.3.8}$$

即当期－未来总消费组合 (C_k,C'_k) 产生的跨期总效用水平等于每个价格水平上消费组合产生的效用之和。于是社会成员在两期收入分配约束下的跨期效用最大化行为表现为：

$$\begin{cases}\max u_k=u_k(C_k,C'_k)=\sum_{j=1}^{m}u_k(C_{.jk},C'_{.jk})\\\sum_{j=1}^{m}P_{.j}C_{.jk}+\sum_{j=1}^{m}Q_{.j}I_{.jk}=M_k\\\sum_{j=1}^{m}P'_{.j}C'_{.jk}=M'_k+(1+r)\sum_{j=1}^{m}Q_{.j}I_{.jk}\end{cases}\tag{1.3.9}$$

由于式（1.3.6）中的消费和投资及式（1.3.8）中的跨期效用函数

都是以时值表示的，因此假设成员 k 的贴现率为 ρ_k，把式（1.3.7b）变为贴现值并把式（1.3.6）代入式（1.3.8）并整理得：

$$\begin{cases}\dfrac{1+r}{1+\rho_k}\sum_{j=1}^{m}P_{.j}C_{.jk}+\dfrac{1}{1+\rho_k}\sum_{j=1}^{m}P'_{.j}C'_{.jk}=M''_k \\ \text{其中 } M''_k=\dfrac{1+r}{1+\rho_k}M_k+\dfrac{1}{1+\rho_k}M'_k\end{cases} \tag{1.3.10}$$

其中 M''_k 为两期总收入的贴现值，它由两期收入 M_k、M'_k、利率 r 和贴现率 ρ_k 共同决定。

通过式（1.3.10），可得到式（1.3.9）的贴现值拉格朗日函数：

$$L(C_k,C'_k,\lambda''_k)=\sum_{j=1}^{m}u_k(C_{.jk},C'_{.jk})+\frac{\lambda''_k}{1+\rho_k}\Big[(1+r)M_k+M'_k-(1+r)\sum_{j=1}^{m}P_{.j}C_{.jk}-\sum_{j=1}^{m}P'_{.j}C'_{.jk}\Big] \tag{1.3.11}$$①

不妨设不同次交易的消费之间、投资之间以及投资与消费之间无关联性。根据条件3，社会成员只能根据既定价格选择消费品或投资品而不能干预价格。又由条件4，任给 i 和 j，式（1.3.11）两端可以分别对 C_{ijk} 和 C'_{ijk} 求偏导数并令其为0，就得到了规划式（1.3.9）解的必要条件：

$$\begin{cases}\nabla_c\dfrac{\partial L}{\partial C_{.jk}}=\nabla_c\dfrac{\partial u_k}{\partial C_{.jk}}-\dfrac{\lambda''_k(1+r)}{1+\rho_k}P_{.j}=0 \\ \nabla_c\dfrac{\partial L}{\partial C'_{.jk}}=\nabla_c\dfrac{\partial u_k}{\partial C'_{.jk}}-\dfrac{\lambda''_k}{1+\rho_k}P'_{.j}=0\end{cases} \tag{1.3.12}$$

其中 $j=1,2,\cdots,m$，∇_c 表示对 $C_{.jk}$ 的分量的偏导数构成的向量。解方程组（1.3.12）得：

$$\begin{cases}P_{.j}=\dfrac{1+\rho_k}{\lambda''_k(1+r)}\nabla_c\dfrac{\partial u_k}{\partial C_{.jk}} \\ P'_{.j}=\dfrac{1+\rho_k}{\lambda''_k}\nabla_c\dfrac{\partial u_k}{\partial C'_{.jk}}\end{cases} \tag{1.3.13}$$

下面分析 λ''_k 的经济意义。为此让方程（1.3.10）第一式两端对现期收入 M_k 求偏导数：

① 这里拉格朗日系数为 λ''_k 而非 λ_k 是因为后面将要证明 λ''_k 是两期收入 M''_k 的边际效用而非现期收入 M_k 的边际效用。

$$(1+r)\sum_{j=1}^{m}P_{.j}\frac{\partial C_{.jk}}{\partial M_k}+\sum_{j=1}^{m}P'_{.j}\frac{\partial C'_{.jk}}{\partial M_k}=1+r \tag{1.3.14}$$

将方程（1.3.13）代入式（1.3.14），整理并化简得：

$$\begin{aligned}&\sum_{j=1}^{m}\left(\nabla_c\frac{\partial u_k}{\partial C_{.jk}}\frac{\partial C_{.jk}}{\partial M_k}+\nabla_c\frac{\partial u_k}{\partial C'_{.jk}}\frac{\partial C'_{.jk}}{\partial M_k}\right)\\&=\sum_{j=1}^{m}\frac{\partial u_k(C_{.jk},C'_{.jk})}{\partial M_k}=\frac{\partial u_k(C_k,C'_k)}{\partial M_k}=\frac{\lambda''_k(1+r)}{1+\rho_k}\end{aligned} \tag{1.3.15}$$

同理，方程（1.3.10）两端对未来收入水平 M'_k 求偏导数，将式（1.3.13）代入并整理化简得：

$$\begin{aligned}&\sum_{j=1}^{m}\left(\nabla_c\frac{\partial u_k}{\partial C_{.jk}}\frac{\partial C_{.jk}}{\partial M'_k}+\nabla_c\frac{\partial u_k}{\partial C'_{.jk}}\frac{\partial C'_{.jk}}{\partial M'_k}\right)\\&=\sum_{j=1}^{m}\frac{\partial u_k(C_{.jk},C'_{.jk})}{\partial M'_k}=\frac{\partial u_k(C_k,C'_k)}{\partial M'_k}=\frac{\lambda''_k}{1+\rho_k}\end{aligned} \tag{1.3.16}$$

现在对方程（1.3.10）第二式两端对两期总收入 M''_k 求导得：

$$\frac{1+r}{1+\rho_k}\frac{dM_k}{dM''_k}+\frac{1}{1+\rho_k}\frac{dM'_k}{dM''_k}=1 \tag{1.3.17}$$

求 $u_k=u_k(C_k,C'_k)$ 对 M''_k 的导数，然后将式（1.3.15）与式（1.3.16）代入式（1.3.17），整理化简得：

$$\begin{aligned}\frac{du_k}{dM''_k}&=\sum_{j=1}^{m}\left(\frac{\partial u_k(C_{.jk},C'_{.jk})}{\partial M_k}\frac{dM_k}{dM''_k}+\frac{\partial u_k(C_{.jk},C'_{.jk})}{\partial M'_k}\frac{dM'_k}{dM''_k}\right)\\&=\frac{dM_k}{dM''_k}\sum_{j=1}^{m}\frac{\partial u_k(C_{.jk},C'_{.jk})}{\partial M_k}+\frac{dM'_k}{dM''_k}\sum_{j=1}^{m}\frac{\partial u_k(C_{.jk},C'_{.jk})}{\partial M'_k}\\&=\lambda''_k\left[\frac{1+r}{1+\rho_k}\frac{dM_k}{dM''_k}+\frac{1}{1+\rho_k}\frac{dM'_k}{dM''_k}\right]=\lambda''_k\end{aligned} \tag{1.3.18}$$

可见：λ''_k 是成员 k 两期总收入的边际效用。

下面通过现期消费和投资的价格来分析成员 k 的现期总需求 D_k 所反映的个体效用。由式（1.3.4a）可得：D_k 为消费总需求与投资总需求两项之和。在消费总需求中代入（1.3.13）第一式可得到消费总需求与跨期效用之间的如下关系：

$$\sum_{j=1}^{m}P_{.j}C_{.jk}=\frac{1+\rho_k}{\lambda''_k(1+r)}\sum_{j=1}^{m}\nabla_c\frac{\partial u_k}{\partial C_{.jk}}C_{.jk} \tag{1.3.19}$$

另外，社会成员在消费的跨期配置行为中，若现期消费及其价格所反映的边际效用既定，则跨期效用最大化所必需的投资价值就取决于未来消费及其价格所反映的边际效用。把式（1.3.7b）写成投资总需求对未来消费价值的函数，并代入（1.3.13）的第二式，化简整理得：

$$\begin{aligned}\sum_{j=1}^{m} Q_{.j} I_{.jk} &= \frac{1}{1+r}\sum_{j=1}^{m} P'_{.j} C'_{.jk} - \frac{M'_k}{1+r} \\ &= \frac{1+\rho_k}{\lambda''_k(1+r)}\sum_{j=1}^{m}\frac{\partial u_k}{\partial C'_{.jk}} C'_{.jk} - \frac{M'_k}{1+r}\end{aligned} \tag{1.3.20}$$

式（1.3.19）和式（1.3.20）相加，并根据条件4，可设 $u_k(C_{jk}, C'_{jk})$ 为一次齐次函数，即可得到 D_k 与跨期效用之间的关系为：

$$\begin{aligned}D_k &= \frac{1+\rho_k}{\lambda''_k(1+r)}\sum_{j=1}^{m}\left(\nabla_c \frac{\partial u_k}{\partial C_{.jk}} C_{.jk} + \nabla_c \frac{\partial u_k}{\partial C'_{.jk}} C'_{.jk}\right) - \frac{M'_k}{1+r} \\ &= \frac{1+\rho_k}{\lambda''_k(1+r)}\sum_{j=1}^{m} u_k(C_{.jk}, C'_{.jk}) - \frac{M'_k}{1+r} \\ &= \frac{1+\rho_k}{\lambda''_k(1+r)} u_k(C_k, C'_k) - \frac{M'_k}{1+r}\end{aligned} \tag{1.3.21}$$

其中第二个等式利用了 $u_k(C_{jk}, C'_{jk})$ 为一次齐次函数的下列性质：

$$\nabla_c \frac{\partial u_k}{\partial C_{.jk}} C_{.jk} + \nabla_c \frac{\partial u_k}{\partial C'_{.jk}} C'_{.jk} = u_k(C_{.jk}, C'_{.jk}) \tag{1.3.22}$$

这样就建立了个人总需求与其跨期效用之间的关系。由式（1.3.21）可见：个人总需求 D_k 是其跨期效用水平 $u_k(C_k, C'_k)$ 的线性函数。其截距为 $-M'_k/(1+r)$，表明跨期总效用中未来消费 C'_k 是由本期投资收入和未来非投资收入 M'_k 两者共同决定的，故必须扣除未来非投资收入的成分，才能得到纯粹现期消费和投资带来的跨期效用。M'_k 通过 C'_k 和 λ''_k 对跨期效用产生影响。特别地，若 $M'_k = 0$，意味着未来消费完全由本期投资决定，从而 D_k 也就等于跨期效用的倍数。由于个体贴现率 ρ_k 通常满足 $1+\rho_k > 0$，利率 r 满足 $1+r>0$，收入的边际效用 λ''_k 满足 $\lambda''_k > 0$，故式（1.3.21）的斜率 $(1+\rho_k)/\lambda''_k(1+r) > 0$，表明个人总需求与其跨期总效用同向变化。

取 $k = 1, 2, \cdots, h$，将方程（1.3.21）两端相加得：

$$GDP = \sum_{k=1}^{h} \frac{1+\rho_k}{\lambda''_k(1+r)} u_k(C_k, C'_k) - \frac{1}{1+r}\sum_{k=1}^{h} M'_k \qquad (1.3.22a)$$

根据式（1.3.5），社会成员下期非投资收入之和为下期 GDP，即：

$$GDP' = \sum_{k=1}^{h} M'_k \qquad (1.3.5a)$$

将式（1.3.5a）代入式（1.3.21）并把等式右边的减式移到左边，两边同乘以 $(1+r)$ 得：

$$(1+r)GDP + GDP' = \sum_{k=1}^{h} \frac{1+\rho_k}{\lambda''_k} u_k(C_k, C'_k) \qquad (1.3.23)$$

假定经济增长率为 g，则 $GDP' = (1+g)GDP$。将其代入式（1.3.23）可解得：

$$GDP = \frac{1}{2+r+g}\sum_{k=1}^{h} \frac{1+\rho_k}{\lambda''_k} u_k(C_k, C'_k) \qquad (1.3.24)$$

式（1.3.24）和式（1.3.22）的本质是一样的，都揭示了 GDP 与社会成员的加权跨期效用和之间的关系，只不过式（1.3.22）是从社会成员的加权跨期效用和中扣除了未来总收入的方式来得到本期 GDP，而式（1.3.24）则是社会成员的加权跨期效用和通过经济增长率和利率进行折算来得到本期 GDP，其中折算因子 $2+r+g = 1+(1+r+g)$ 中第二部分 $(1+r+g)$ 反映的就是对下期 GDP 的跨期效应的折算。

式（1.3.24）表明：GDP 是全体社会成员跨期效用加权和的折算值，且所有社会成员跨期效用的权数都大于0，这就揭示了 GDP 与社会成员的个体跨期效用之间的内在关系。但这并不意味着 GDP 能反映个体跨期效用加权和意义上的社会福利。这是因为 GDP 中个体跨期效用 $u_k(C_k, C'_k)$ 与其权数 $(1+\rho_k)/\lambda''_k$ 相互作用，使得个体跨期效用相互之间未必具有可比性。首先，若存在收入分配不公，则富人的收入边际效用 λ''_k 较低，此时即便其消费价值较大从而导致 GDP 较高，但其总效用水平较低因而社会福利水平也较低。其次，不同社会成员的贴现率 ρ_k 的差异及其与相应个体福利的相关性也使得 GDP 的增减未必表明社会福利的相应增减。可见，为了使 GDP 能够反映个体福利总和意义上的社会福利，λ''_k 和 ρ_k 必须有统一尺度以使不同个体的跨期效用相互之间有可比性，并且建立在可比个体效用基础上的社会福利与 GDP 之间也存在可比性①。关键是两期收入的边际效用 λ''_k。稍后将会证明：只要 λ''_k 有统一尺度，ρ_k 也会有统一尺度。

迄今为止，两期收入的边际效用 λ''_k 只是收入变化通过消费变化导致的效用水平变化。但从公众心理来说，收入除了通过消费来影响效用之外，还可以不通过消费而直接影响效用。例如：当收入增加到所有的消费都能满足的时候再增加收入对有些人来说满足感就不会增加多少，但对于把积累财富当作最大幸福的人而言满足感还会继续增加。收入的这种不通过影响消费而影响效用的功能就是收入的纯粹边际效用，而通过影响消费来影响效用的功能则是收入的消费边际效用。一般情况下，收入的这两种边际效用之间的区分虽然没有上面所说的那样明显，但二者还是不同的。前面分析中的 λ''_k 只是两期总收入的消费边际效用。收入的总边际效用是收入的消费边际效用与纯粹边际效用之和，即：

$$\frac{du_k}{dM''_k} = \frac{\partial u_k(C_k, C'_k)}{\partial M''_k} + \frac{\partial u_k}{\partial M''_k} = \lambda''_k + \frac{\partial u_k}{\partial M''_k} \tag{1.3.25}$$

上式右边第一项便是收入的消费边际效用，而第二项则是收入的纯粹边际效用。为了使个体效用之间具有可比性，还必须有：

条件 5（收入分配）：所有社会成员收入的消费边际效用和纯粹边际效用都相等。即对两期总收入而言，存在 λ'' 及 μ''，使得对一切 $k = 1, 2, \cdots, h$，都有 $\lambda''_k = \partial u_k(C_k, C'_k)/\partial M'' = \lambda''$ 及 $\partial u_k/\partial M'' = \mu''$。对现期和下期收入而言该条件同样成立。

这是一个很强的条件。它要求所有社会成员所有时期收入的消费边际效用和纯粹边际效用都相等，而这也就意味着所有社会成员所有时期收入的边际效用都相等。只有两种情况：或者全体社会成员有相同的收入偏好且收入分配公平，或者在社会成员的收入偏好不同时存在无妒忌分配，即收入偏好较强的成员具有较高的收入水平而收入偏好较弱的成员有较低的收入水平。显然这两个条件在现实中都不容易满足，但却可以通过有效市

① 这就是森（Sen，1970）关于福利不完全人际比较理论所研究的问题，具体细节可参考文献 Sen（1970）和本书第四章。

场和政府的收入分配政策尽量接近。

条件 5 使得式（1.3.24）中不同社会成员收入的消费边际效用有了可比性，即 $\lambda''_k = \lambda''$。下面证明：在此条件下也存在 ρ 使得 $\rho_k = \rho$ 对一切从 $k = 1,2,\cdots,h$ 成立。关键是贴现率的计算问题[①]。若不考虑收入的纯粹边际效用，则费舍（Fisher，1930）早就证明在市场有效假设下所有个体贴现率都等于真实利率，即 $\rho_k = \rho = r$。当考虑到收入纯粹边际效用时，则个体贴现率等于反映纯粹时间偏好的利率加上反映个体福利预期的收入纯粹边际效用增长率（Sen，1967；Dasgupta et al.，1972；Little et al.，1974），即：

$$\rho_k = r + \dot{\mu}_k/\mu_k \tag{1.3.26}$$

其中 $\mu_k = \partial u_k/\partial M_k$，$\dot{\mu}_k/\mu_k$ 为收入纯粹边际效用增长率。就两期特例而言，$\dot{\mu}_k/\mu_k = (\mu'_k - \mu_k)/\mu_k$。显然，由条件 5，存在 μ，使得 $\mu_k = \mu$ 对一切 $k = 1,2,\cdots,h$ 均成立。令 $\rho = r + \dot{\mu}/\mu$ 即得所证。

若 $\dot{\mu}/\mu > 0$，表明社会成员的福利预期增长大于利率，即 $\rho > r$。此时产生所谓的“增长悖论”，即随着经济的增长人们的满足感反而降低。若 $\dot{\mu}/\mu < 0$，表明社会成员的福利预期增长小于利率，则 $\rho < r$，表明随着经济的增长人们的满足增加。若 $\dot{\mu}/\mu = 0$，即为费舍特例，表明人们的满足感与利率同步增长。这样条件 5 最终保证了不同社会成员个体跨期效用之间的可比性以及建立在可比个体效用基础上的社会福利与 GDP 之间的可比性，为在总需求与社会福利之间建立对应关系奠定了基础。

可以把公众贴现率和经济增长率结合起来分析收入的纯粹边际效用对经济增长敏感的程度（Kant，2003）。为此可定义收入纯粹边际效用对收入/经济增长的弹性：

$$\theta = \frac{\dot{\mu}/\mu}{\dot{M}/M} = \frac{\dot{\mu}/\mu}{g} \tag{1.3.27}$$

从而 $\rho_k = \rho = r + \theta g$，这样就可以通过 θ 的符号分析贴现率随经济增长变化的方向和大小。

---

① 关于贴现率的问题历来是经济学争论最激烈的问题之一。关于这个问题的细节可参考本书文献中所列的 Frederick 等人（2003）与 Kant（2003）。

三　GDP 的福利依据

综合第二部分条件 5 下的分析结论并把式（1.3.27）代入式（1.3.24）可得：

$$
\begin{aligned}
GDP &= \frac{1+\rho}{\lambda''(2+r+g)}\sum_{k=1}^{h}u_k(C_k,C'_k)\\
&= \frac{1+r+\dot{\mu}/\mu}{\lambda''(2+r+g)}\sum_{k=1}^{h}u_k(C_k,C'_k)\\
&= \frac{1+r+\theta g}{\lambda''(2+r+g)}\sum_{k=1}^{h}u_k(C_k,C'_k)
\end{aligned}
\tag{1.3.28}
$$

定义社会福利函数为所有社会成员的个体效用函数之和（功利主义社会福利函数）：

$$U = U(u_1,u_2,\cdots,u_h) = \sum_{k=1}^{h}u_k(C_k,C'_k) \tag{1.3.29}$$

从式（1.3.28）中解出社会福利函数，就得到了 GDP 与社会福利函数 U 之间的如下关系：

$$U = U(u_1,u_2,\cdots,u_h) = \frac{\lambda''(2+r+g)}{1+\rho}GDP \tag{1.3.30}$$

式（1.3.30）中功利主义社会福利函数 U 虽然表示成 GDP 与一个不依赖于个体福利的系数 $\lambda''(2+r+g)/(1+\rho)$ 的乘积，但如果不能证明该系数与 GDP 无关，那么依然可能有较大的 GDP 对应于较小的社会福利或较小的 GDP 对应于较大的社会福利的情况。由此可见：为了 GDP 能够度量社会福利，还必须有：

条件 6：收入的消费边际效用 λ'' 、收入的纯粹边际效用 μ 、利率 r 和经济增长率 g 都为常数。

条件 6 下，$\dot{\mu}/\mu=0$ ，从而 $\rho=r$ 亦为常数，从而式（1.3.30）中 GDP 的系数就是一个正常数。总结本节全部研究结果，就有：

（1）若条件 1 ~ 6 都满足，则 GDP 与功利主义社会福利函数 U 互为倍数，即：

$$U = U(u_1,u_2,\cdots,u_h) = \frac{\lambda''(2+r+g)}{1+r}GDP \tag{1.3.30a}$$

（2）倍数 $\lambda''(2+r+g)/(1+r)$ 的大小取决于公众两期总收入的消费边际效用 λ'' 、利率 r 及经济增长率 g 。由于这三个参数通常都不小于0，因此该倍数通常大于0。表明社会福利与GDP同增同减。具体地，当GDP增加时或者所有社会成员的效用水平都增加，或者一部分社会成员的效用水平不减而其他社会成员的效用水平增加，或者一部分社会成员的效用减少但其他社会成员的效用水平的增幅大于这部分社会成员效用水平的减幅。这说明GDP可度量帕累托次优意义上的功利主义社会福利水平。

（3）特别地，若真实利率等于经济增长率，即 $r = g$ ，则有 $U = 2\lambda''GDP$ ，说明跨期社会福利等于本期GDP与两期收入的消费边际效用之积的二倍。说明经济增长导致福利总增量被以与经济增长速度同样大小的社会贴现率所贴现，结果社会福利正好是GDP的两倍乘以公共收入的消费边际效用。这个特例揭示了社会福利函数与GDP之间的关系本质上继承了微观个体效用与消费价值的关系。

（4）即便条件1~6在整个经济中不全成立，若能够找到一个它们全部成立的局部领域，也可以在这个小的领域内进行GDP统计为整个经济提供一个福利的比较标准或一般等价物（numeraire）作为分析整个经济系统的基础。

现在的问题是：要求GDP度量社会福利的条件太多太强，现实中难以满足或根本无法满足，这就产生了GDP与社会福利的背离问题。下一节深入分析这些问题。

第四节　GDP的理论缺陷

由第三节的分析过程可见：GDP在条件1~6下能够度量社会福利是因为：①社会成员的满足感（需求）通过且只能通过其日常交易中所接受的价格来显示；②一定价格上的交易价值决定了社会成员在这个价格上的满足感；③所有可能商品的所有可能价格上的总交易价值显示了社会成员的总满足感；④所有社会成员对所有可能产品在所有可能价格上的交易价值之和即GDP也就显示全社会的总满足感即社会福利。然而，这个逻辑从前提条件到推理过程都存在严重缺陷。可以通过：①需求的外部环境；②需求自身的结构与范围；③需求的约束条件和动态变化；④GDP的核算方法四个方面来分析 GDP 的理论缺陷。

1. 从需求的外部环境来看，GDP 未考虑国际收支、公共支出及市场环境对社会福利的影响，结果无法核算国富民穷、政绩工程、贪污腐败和垄断经营等现象导致的福利耗减。

首先，国际收支均衡假设难以成立。受汇率制度、国与国之间的收入差距、资本市场开放程度、关税和非关税堡垒及国家的国际经济战略和政策等因素的影响，一个国家的净出口（经常项目差额）不会总等于国际金融投资。总有一部分经常项目差额要转化为或来自于储备资产，从而产生了 GDP 与社会福利的背离。

其次，公共需求能否显示社会成员的个体需求历来都是一个理论和实践难题。除了第三节对条件 2 的分析所指出的实践上经常出现的政绩工程、官僚主义、重复建设和错误决策等问题外，从理论上看，阿罗不可能定理如果不是一个不可逾越的障碍，也是一个难以处理的问题。根据该定理，若选择机会超过三个且社会成员个数有限时，不存在一种机制把个体偏好转换为社会偏好且能继承个体偏好的理性特征。

再次，关于市场环境的条件 3 不一定成立。现实中存在大量不完全自由竞争市场。这已经是不完全竞争市场经济学研究的一个基本事实。在不完全自由竞争市场上价格受商品供给者利润最大化原则的影响。比方说垄断厂商通常采用的成本加价定价原则是在厂商边际成本基础上根据需求的价格弹性放大一定的比例而得到的，通常高于边际成本从而导致了商品的价高、量少、质差问题。其他不完全自由竞争市场虽然没有像垄断市场这样严重，但价高、量少、质差问题在不同程度上也是存在的。消费者以更高的价格购买了同样的边际效用从而使同样 GDP 包含的社会福利下降。不完全信息和不完全理性下会产生类似的结果。

最后，就资本市场而言，无套利均衡在现实中是很难达到的。套利行为的存在便会导致投资价格与未来消费偏好相背离，使得投资价格高并不能反映投资者对未来消费的偏好，而是对未来收入的偏好。结果使得较高的投资价值主要反映未来收入增长速度大于未来消费速度，从而使未来消费增速不能弥补当前消费的减速，最终使两期总消费下降而导致社会福利减少。这就是所谓“增长悖论”的一种特殊情况，其表现之一是大量资产都集中于投资而产生的资产泡沫和消费贫乏。凯恩斯理论所揭示的金融市场的高利率所导致的有效总需求不足是这一现象在金融市场的特殊表现。一般地，大量实证研究表明：随着GDP的增长，社会福利水平也增长但其增速小于GDP增加速度，导致最终出现GDP增加但社会福利减少的极端情况（Max-Neef，1995；Lawn，2006）。

2. 从需求本身的结构来看，GDP未考虑需求层次、需求再造与需求质量对社会福利的影响，导致假冒伪劣产品、过度广告与重复交易等现象盛行。

如上所述，GDP能够显示社会福利的根本原因是因为社会成员在商品交易中接受的价格显示了消费者真实的边际效用，正如方程（1.3.13）所表明的那样。然而稍加深入的分析表明：即便排除了价格中收入分配因素对消费者边际效用的影响，同样一元货币买到的不同商品的满足感也是不同的。

这首先是因为人类需求是分层次的。同层需求又分为多种不同需要。行为经济学的研究表明：不仅不同层次的商品不能完全替代，而且同一层次内部满足不同需要的商品也是不能完全替代的（Kant，2003）。这些不能完全替代的商品即便在同样的货币价格下也很难有同样的边际效用。

其次，即便是满足同层次同需要的同样商品，其质量也有优劣之分。同价格、同层次、满足同样需要的高质量商品和低质量商品所产生的边际效用也可能是不同的。

最后，广告通常会增加产品的销售成本从而增加其销售价格，但在虚假或不良广告的情况下消费者以较高的价格购买了边际效用较低的商品。即便不是虚假或不良广告，它对消费者的偏好再造和转换作用到底是增进还是减少个体福利也是难以预料的。在很多情况下，广告还可能破坏人的理性选择。这一切都说明广告也会导致价格与边际效用的背离。

从实践方面来看，由于企业的逐利和政府追逐GDP的本质，他们必然会在同样价格下为降低成本而生产质量更低的商品并增加交易次数。企业通过不良广告诱使消费者反复接受价高、质差的商品和政府在同样的公众效用水平下纯粹通过重复建设而增加GDP在现实中是经常出现的两种极端情况。即便不是这种极端情况，GDP 的上述缺陷通常也会导致过度广告、假冒伪劣产品和重复交易盛行。

3. 从需求范围来看，GDP 未计入非市场交易品、非交易物品和完全不可交易物品等引起的福利变化，结果导致了对影响人类共同体①的外部和公共资源的过度替代。

使得 GDP 能够反映社会福利的条件 4 也不成立。如果说需求自身性质和外部条件的不同导致了 GDP 中交易价格与社会福利之间的背离，那么 GDP 的一个更致命的缺陷是大量物品对社会福利有巨大影响但却因为不是市场交易品没有包含在 GDP 的核算项目之中。由于没包含在 GDP 当中，其量的增减也就对 GDP 不产生影响但却严重影响着人类共同体的福利。这些物品分为非市场交易物品、不完全市场交易品及完全非交易品三大类。

非市场交易品是指存在明确的供需关系，因而本质上可交易但却不能通过普通市场进行交易的物品，例如性产品、毒品、武器和稀有自然资源等。非市场交易品基本可分为两类：一是某些新兴产品因其发展先于其市场的发展因而暂时无市场可交易，如中国曾经的保姆市场。这类产品最终都会因相应产品市场的建立而变成正常交易品。二是因为受某些特殊的道德、法律、政治或习俗限制而不能通过正常市场交易的产品如性产品。这类产品也会因相应道德、法律、政治或习俗的变化而进入或退出正常市场，如某些国家的性交易市场。但不管怎么说，在任何特定的时间上，非市场交易品都存在，它们和市场交易品一样都会满足一定人群的需要因而影响社会福利但很多只能通过黑市进行交易，形成所谓的“地下经济”。如何核算并处理这些“地下经济”对社会福利的影响同样是经济学和统计学的重大难题。

不完全交易品是指存在市场需求，本质上可交易但却因形态、定价或产权等方面的原因不能完全通过市场进行交易。不完全交易品可分为三种类型：

① “人类共同体”这个概念最早出现于大力－科布（Daly-Cobb，1989），意指包括当代和后代的所有人类组成的全体。

类型之一是其形态难以量化或不可量化因而无法分割交易的物品，如资产分类中的大量无形资产、部分自然资源如空气、大部分环境与生态资源如生态可恢复性、人力资本的核心要素如健康、知识和能力以及几乎全部社会资本要素如公平正义等。随着量化技术的进步这些物品的可交易性会有一定程度的提高。

类型之二是能够在一定程度上量化分割但却难以通过市场定价的物品。典型例子是公共物品和公共污染等。其消费量可以通过一定的计量技术如时间、空间或物量来计算，而且也能通过一定方式确定其边际效用，但由于使用上的非排他性和非竞争性使得边际成本难以确定且不能消除搭便车现象，使得其供给价格难以确定因而通过市场交易来定价就变得十分困难。

类型之三是那些不管能否量化或定价，但因其产权本质上具有跨代性，不能被任何一代人单独进行交易的物品。所有自然资产和社会资产以及部分人造资产和人力资产都属于这种类型。例如最简单的不可再生自然资源如煤炭石油等，可以量化，亦可通过市场交易来定价，而且事实上已被其实际控制者在市场上大量交易，但它们作为非任何一代人的劳动产品是所有代人的公共资产，产权不能被任何一代人所无偿垄断。但是如果通过一定的方式确定了这些资产的代际分配比，则它们就有明确产权因而就有可能是可交易的了。

完全不可交易物品是那些对人类的生存、安全和健康而言具有不可替代性的物品，如影响生态安全、社会稳定和人类健康的那些物品。不可替代性意味着这些物品的相对边际效用水平太高因而有着接近无穷大的相对影子价格，由于价格太高无法交易。不可交易品是以效用的不可替代性这个更深刻的标准来定义的，而不是以物品形态、定价、产权和市场等可交易因素的完善程度来定义的。不可交易品不是市场可交易品，反过来市场交易品不能是不可交易品。例如一个国家关系到人民生存和健康保障的医药和粮食产品是不能被任何产品所替代的。不可交易品亦不同于不完全可交易品。不完全可交易品中因形态、定价或产权原因不能交易但效用上可被替代的物品不是不可交易品。只有那些对人的生存、安全和健康而言不可替代的不完全交易品才是不可交易品。因此不完全交易品和不可交易品是两类有部分重合但互不相同的物品。

4. 从需求的约束条件与动态变化来看，GDP 未考虑收入分配和收入增长等因素对人类福利的影响，导致了“富裕的贫困”“贫困的富裕”与“增长悖论”等 GDP 与社会福利相背离的现象。

首先，条件 5 在现实中难以满足。所有社会成员都有相同的收入偏好且收入分配绝对公平的那种社会是不存在的。此外，无妒忌分配政策从理论上讲可行，但在实际操作上比平均主义分配方式还要困难。这意味着所有社会成员有相同的收入边际效用是不可能的。只要社会成员收入的边际效用不同，就不能排除价格中收入边际效用对消费者满足感的影响。在收入分配严重不公的社会中，富人的总消费价值虽然大，但由于其收入的边际效用较低，所以单位消费价值的边际效用水平较低因而总效用水平也低。穷人的消费价值小，但由于其收入的边际效用较高，所以单位消费的边际效用水平可能较高因而总效用水平也可能较高。这两种现象使得 GDP 与社会福利的那种同比对应关系遭到破坏，结果之一就是 GDP 很高但社会福利很低这种“富裕的贫困”现象或 GDP 很低但社会福利很高这种“贫困的富裕”现象。

其次，个体贴现率所导致的个体福利的不可比较性。由式（1.3.26）可知：个体贴现率取决于资本市场利率与个体收入的纯粹边际效用两者。即便条件 3 满足，只要条件 5 放宽为个体收入的消费边际效用相同，则由于个体收入的纯粹边际效用可能不同因而导致个体贴现率不同。此时由式（1.3.13）和式（1.3.24）可知：个体福利加权求和为社会福利时，不同个体福利要受到不同个体贴现率的影响。结果可能会出现收入的纯粹边际效用递减速度较大的个体虽然有较大的总消费量却有着较小的边际效用，而收入的纯粹边际效用递减速度较小的个体在较小的消费量下却有着较大的边际效用。两种情况都会导致个体福利之间的不可比较因而产生了 GDP 通过个体福利相加求得社会福利的困难。

最后，如果说条件 5 是为了克服 GDP 所核算的个体福利因个体收入边际效用不同而导致的不可比问题以便得出 GDP 所对应的社会福利，那么条件 6 则是在建立了 GDP 与社会福利的对应关系后保证社会福利与 GDP 的同速度增加。若条件 6 不满足，就会出现社会福利的增长速度小于或大于 GDP 增长速度的问题，即所谓“增长悖论”。社会福利随着 GDP 的增加而增加但增速小于 GDP 的增速就属于这种情况。因而条件 6 也是不合实际的：无论利率还是经济增长率，特别是收入的边际效用通常都会随 GDP 的变化而变化。

5. 从核算方法来看，现实数据的有限性和 GDP 无穷线性逼近的本质二者之间的矛盾会导致大量信息流失。

由第三节可知：GDP 与社会福利函数 $U = U(u_1, u_2, \cdots, u_h)$ 之间的倍数关系无非是把个体 k 本期在所有商品所有价格上的交易值（1.3.4）通过投资和未来消费的关系（1.3.7a）转化为两期总约束条件（1.3.10），然后在（1.3.10）下通过跨期效用最大化求得消费价格为个体效用函数 u_k 的边际效用（1.3.13），再通过个体效用函数是消费组合的一次齐次假设（1.3.22）建立起个体需求 D_k 与个体效用函数 u_k 之间的线性关系（1.3.21），最后通过个体可比性条件 5 就得到了作为所有个体需求之和的 GDP 与作为个体效用之和的社会福利函数 U 之间的倍数关系。GDP 计算中需求量对价格的线性组合关系与个体效用函数的一次齐次性假设是两个关键。但实际上个体效用函数的一次齐次性假设是难以成立的，个体在既定商品不同价格下的交易值不能精确代替它在这个价格上的效用水平，所有商品所有价格上的交易值相加来代替社会成员的总效用水平误差也会很大，因为毕竟每个商品的价格变化次数都是有限的，不能充分显示消费者偏好。可见：即便没有其他缺陷，GDP 的核算方法也会产生大量信息流失。

理论上的缺陷导致了且还将继续导致 GDP 的实践问题。虽然其设计者早就指出过滥用 GDP 的危险，但不幸的是二战以来 GDP 却逐渐变成了一个世界通用的衡量经济进步甚至社会福利的宏观指标。不同国家和地区之间、一国内部不同地区之间的经济增长和经济竞争集中表现为提高 GDP 的竞争，就是企业之间的竞争也与国家的 GDP 紧密相连。这些竞争导致了日益严峻的全球性环境恶化、收入分配不公、价值扭曲和增长的贫困。20 世纪 90 年代以来，越来越多的公众和学者开始怀疑这个指标的合理性，各国政府和学界也开始研发一种新的能准确度量经济增长、环境保护、社会进步和人类全面发展的国民财富核算体系，取代或补充以 GDP

为核心的核算体系，这就是普通意义上的可持续国民财富核算（可持续核算）研究。那么这些研究取得了哪些进展？它们存在什么问题？是否找到了克服 GDP 缺陷的有效方法？能否以及如何在继承和发展现有研究成果的基础上建立一种新的国民财富核算体系？这个核算体系是什么？本书以后各章系统探讨这些问题。

本章小结

社会福利的定义与度量问题是经济学无法回避但又十分困难的重大问题。理想方法是直接构造社会福利函数，但由于定义和构造中出现的困难使得经济学家只能退求其次，度量或核算能够增进社会福利的国民收入，这就导致了 GDP 在理论和实践两个方面的兴起。

GDP 就是一国领土内的所有常驻单位一年内生产的全部最终产品的市场价值。它有生产法、收入法和支出法三种基本核算方法。三种方法的内在统一性构成了国民收入核算的四大方程，其中支出法直接反映 GDP 所包含的福利内涵。

根据支出法，GDP = 总消费 + 总投资 + 净出口，其中三项支出均为私人支出与公共支出之和。在①国际收支均衡，②公共支出显示公众偏好，③完全的产品、要素和金融市场，④个体福利仅取决于人造产品且为其消费量的齐次函数，⑤所有个体都有相同的收入边际效用，以及⑥收入的边际效用、利率和增长率均不随 GDP 水平变化时，可以证明 GDP 与社会福利函数 $U = U(u_1, u_2, \cdots, u_h) = \sum_{k=1}^{h} u_k(C_k, C'_k)$ 之间有如下关系：$U = U(u_1, u_2, \cdots, u_h) = [\lambda''(2 + r + g)/(1 + r)]GDP$，其中 λ''、r 和 g 分别是两期收入的边际效用、利率和增长率。由于它们为非负常数，故系数 $\lambda''(2 + r + g)/(1 + r)$ 为正常数，从而社会福利函数 U 为 GDP 的增函数，故 GDP 的大小可度量社会福利的大小。

然而，上述 6 个条件在现实中是很难满足的。这就导致了 GDP 的严重理论缺陷：①从需求的外部环境来看，GDP 未考虑国际收支、公共支出及市场环境对社会福利的影响，结果是国富民穷、政绩工程、贪污腐败和垄断经营等现象导致的福利耗减；②从需求本身的结构来看，GDP 未考虑需求层次、需求再造与需求质量对社会福利的影响，导致假冒伪劣产品、过度广告与重复交易等现象盛行；③从需求范围来看，GDP 未计入非市场交易品、非交易物品和完全不可交易物品等引起的福利变化，结果是对影响人类共同体的外部和公共资源的过度替代从而导致了发展的不可持续性；④从需求的约束条件与动态变化来看，GDP 未考虑收入分配和收入增长等因素对人类福利的影响，导致了“富裕的贫困”“贫困的富裕”与“增长悖论”等 GDP 与社会福利相背离的现象；⑤从核算方法来看，现实数据的有限性和 GDP 无穷线性逼近的本质二者之间的矛盾会导致大量信息流失。

理论上的缺陷导致了且还将继续导致 GDP 的实践问题。这些问题要求研发一种新的能更加准确地度量经济增长、环境保护、社会进步和人类全面发展的国民财富核算体系，取代或补充以 GDP 为核心的核算体系，这就是普通意义上的可持续国民财富核算研究。这些研究取得了哪些进展？它们存在什么问题？是否找到了克服 GDP 缺陷的有效方法？能否以及如何在继承和发展现有研究成果的基础上建立一种新的国民财富核算体系？这个核算体系是什么？本书以后各章将系统探讨这些问题。

第二章　GDP 替代指标的研究进展及问题

GDP 的理论缺陷和实践问题导致了对 GDP 替代指标的大量探索。这些探索试图发现一种新的能够更加全面准确度量经济增长、环境保护、社会进步和人类发展的国民财富核算体系。本章系统阐述这些替代指标的相关概念、具体思路及基本形式，分析弱可持续发展核算、强可持续发展核算及可持续福利核算三大基本替代指标的研究进展、相互关系、面临的问题及出路，在此基础上提出可持续国民财富核算建立的出发点、理论依据和基本方法。

第一节　相关概念与基本思路

本节首先界定广义需求、社会总福利与可持续国民财富三组基本概念，以此为基础分析 GDP 替代指标研究的基本思路与方法，最后再分析 GDP 替代指标的基本形式。

一　广义需求

广义需求是相对于 GDP 那种仅仅由商品和服务构成的狭义需求而言的，是指对能够影响人类福利的所有资源（财富）的需求，除对 GDP 所包含的人造财富的需求外，还包括对自然财富、人力财富和社会财富的需求（Serageldin，1996；杨充霖，2008）。为了保持现有文献中各种习惯性用语的方便性，这里需要重申的是：资源、资产、财富和收入这四个概念在第一章做了那些说明后在不同的情况下可以交替使用。即：资源是与人类福利相关的各种物质或精神存在物，财富是能够满足人类需求从而影响人类福利的各种资源，资产是与产权相连的各种财富，收入则是个人或集体得到或流入的财富。把资产、财富和收入这三个概念和广义需求结合起来就有了广义资产、广义财富和广义收入概念，比方说诚信就是个人或集体的一种广义财富，获得诚信也就能获得一种收入。资源则由于它本身就有的广大范围，没必要再定义广义资源这个概念。

人造财富就是所有通过人的劳动所生产的商品和服务的总和，分为消费性财富和资本性财富两大类。消费性财富指所有能直接满足人类需求的商品和服务。而资本性财富则是人造财富中用作未来消费或生产未来产品的部分，既包括传统的机器、厂房和设备等生产要素，其价值通过它所生产的商品和服务的价值来体现，又包括生产出来未被当期消费因而留给未来的消费品。传统 GDP 所核算的就是人造财富的价值，但正如第一章所述，它们并不是影响人类福利的唯一财富。

自然财富即生态、环境与自然资源，其价值包括可供人类直接消费的绿色价值、作为原料来生产其他商品和服务的经济价值，作为人类生存安全保障的生态价值，暂时没有价值但未来可能有用的期权价值，以及作为诗化和宗教信仰对象的美学和环境伦理价值（Serageldin，1996）。自然财富的范围包括宏观的太阳系、中观的地球生态系统以及微观的国家和地区生态、环境和自然资源系统三大系统层次（Heberl et al.，2004）。

人力财富是一国居民所拥有的健康、知识和能力所体现出的消费价值和生产潜能。消费价值不仅意味着健康、知识和能力本身使人产生满足感，而且意味着同样的消费品在较高的健康、知识和能力水平下能产生较大的满足感。生产潜能意味着在既定的人力财富投入下，较高水平的健康、知识和能力能生产更多更好的产品。这种生产潜能也就是所谓的人力资本（OECD，1996）。

社会财富即一定的社会关系和社会意识所体现出的社会成员的满足感与经济增长潜能。即：同样的社会成员在不同的社会关系和社会意识中有不同的满足感，在这个意义上讲社会财富有其消费价值。同时社会关系和社会意识又通过降低不确定性、减少交易成本、提高管理效率等方式增加经济收益并且通过扶贫、互助、关爱和价值认同等方式来直接增进社会福利。这表明社会财富具有资本的性质，因此部分学者称社会财富为社会资本（Gtootaert, et al., 1998, 2001, 2004）。

广义需求又是分层次的。广义需求的分层有多种方法（Hainnes, 1982; Lea et al., 1987, 1989），但这些分类都大同小异。以马斯洛的金字塔理论为例，人类需求由低到高可分为生理需求、安全需求、社会需求与自我完善需求四个层次。同层需求又分为很多不同的亚需求，如生理需求由空气、食物、水、性和睡眠等构成。亚需求又分为多种不同需要，如食品亚需求由大米、面粉和蔬菜等构成。人类必须首先满足低层需要然后才满足高层需要。实验经济学的研究则进一步表明：对大多数人而言，低层需求对高层需求存在有限替代性但高层需求对低层需求不可替代，同层需求的不同需要之间则存在不完全替代性（Kagel, 1975; Lavoie, 1992）。这就意味着在每一需求层次都存在既不可被高层需求替代又不可被同层需要替代的关键需要。与各个层次关键需要相对应的资产构成了关键资产。本章第三节专门讨论关键资产问题。

各种广义需求按不同层次展开就得到了人类广义需求空间，它包含了影响人类福利的所有可能需求及其层次关系，为克服 GDP 不考虑需求分层和需求再造的理论缺陷、比较不同需求之间的替代与互补性提供了依据。这在某种程度上也意味着新古典经济学那种不考虑广义需求和需求分层并且以需求的完全替代性为前提的传统需求理论必须被放弃而代之以更加符合实际的需求理论。新凯恩斯主义以程序理性、饱和需求、非独立性、需求隶属、底线需求和需求增长为公理的需求理论能克服新古典理论的大部分缺陷且能较好解释现实的需求行为，因而有很多可借鉴之处（Lavoie, 1992; Kant, 2003）。广义需求空间的基本结构可通过第三章的偏好实验做深入分析与显示。广义需求的对象形成了广义财富或广义资产，广义需求的范围和层次结构也就相应地生成了广义财富的范围和层次结构。

设 X 为所有可能广义需求向量构成的集合，$C_t = (C_{1t}, C_{2t}, \cdots, C_{nt})' \in X$ 为第 t 代人的广义消费向量，其中 C_{it} 表示第 t 代人需求的第 i 种广义财富，$i = 1, 2, \cdots, n$，C_t 表示第 t 代人的自然、人造、人力和社会财富构成的广义消费向量，右上角的“ ′”表示矩阵“转置”。此外，为了下面进行

代际福利分析之便，用 $\mathbb{N}=\{1,2,\cdots,T,\cdots\}$ 表示自然数集合，$t\mathbb{N}=\{t,t+1,\cdots\}$ 表示不小于 t 的自然数集合。${}_tC=(C_t,C_{t+1},\cdots)\in X^{|t\mathbb{N}|}$ 表示从第 t 代人开始所有代人的广义消费向量构成的消费向量流或消费向量序列，其中 $X^{|t\mathbb{N}|}$ 为 t 及其后面所有代人的消费向量流空间。于是，从第 t 代人开始无穷代人的消费状态可表示为：

$$ {}_tC=(C_t,C_{t+1},\cdots)=\begin{Bmatrix} C_{1t},C_{1t+1},\cdots C_{1T},\cdots \\ C_{2t},C_{2t+1},\cdots C_{2T},\cdots \\ \vdots \\ C_{nt},C_{nt+1},\cdots C_{nT},\cdots \end{Bmatrix} \tag{2.1.1} $$

其中从上往下的纵列表示特定代人的消费组合，它是不同层次的自然资产、人造资产、人力资产和社会资产构成的多种类、多层次资产组合。从 t 开始按列排列下去就得到了所有代人的消费状态。需要提醒的是：并非每一代人的消费向量都有相同的维数，因此 ${}_tC$ 未必是标准的矩阵。但写成矩阵的形式可以显示消费状态流的基本结构。

特别地，从第 1 代人开始所有代人的广义消费向量流可表示为：

$$ {}_1C=(C_1,C_2,\cdots,C_T,\cdots)=\begin{Bmatrix} C_{11},C_{12},\cdots C_{1T},\cdots \\ C_{21},C_{22},\cdots C_{2T},\cdots \\ \vdots \\ C_{n1},C_{n2},\cdots C_{nT},\cdots \end{Bmatrix} \tag{2.1.1a} $$

从第 t 代开始到第 T 代的有限代人消费向量流为：

$$ {}_tC_T=(C_t,C_{t+1},\cdots C_T)=\begin{Bmatrix} C_{1t},C_{1t+1},\cdots C_{1T} \\ C_{2t},C_{2t+1},\cdots C_{2T} \\ \vdots \\ C_{nt},C_{nt+1},\cdots C_{nT} \end{Bmatrix} \tag{2.1.1b} $$

上述各式都是下面分析中有用的标记。

二　代际偏好、代理福利与总福利

为了定义可持续国民财富，不仅要考虑需求扩展与需求分层，把传统需求集合扩展为广义需求集合，而且还必须考虑定义在广义需求和代际偏好基础上的社会福利。因此便有了代际偏好、代理福利与总福利这三个概念。为了和现有相关文献保持一致，本书采用库普曼（Koopmans，1960）与 阿舍姆（Asheim，2010，2011）的符号系统。

如果说广义需求概念突破了传统 GDP 对需求范围的限制，那么代际偏好概念则突破了传统 GDP 对需求层次的限制。所谓代际偏好就是一代人在他那一代的福利和后代福利之间建立的一种偏好关系。正如每个在社会中生活的人在自己的个人福利和他人福利之间存在偏好关系一样，每一代人必然在包括他那一代人在内的所有代人的福利之间存在偏好关系。任何一代人都处在一个由所有代人组成的代际序列中，其中每代人的满足感既取决于这一代人的消费水平，又取决于其后代的消费水平。在没有资源和技术限制时每代人都愿意所有代人的社会福利最大化。但人类永远生活在资源稀缺性约束之中，这就产生了资源的代际分配问题。各代人分配到的资源取决于作为资源掌握者的当代对不同代人社会福利的态度或偏好。这种建立在不同代人的社会福利流之上的偏好便是前面讲过的代际偏好。

正如哈萨伊（Harsanyi，1955）所指出的那样，代际偏好是由主观偏好（Subjective Preference）与伦理偏好（Ethical Preference）两部分组成的。主观偏好是在自发欲望驱使下产生的偏好，通过这种欲望的满足会产生某种无条件的满足感，如父母对孩子福利的偏好。伦理偏好则是基于某种道德准则的偏好，遵守这种道德准则虽然可能是有成本的，但却通过对他人的义务产生一定的满足感，如通过环境保护为后代维持一个良好的生活环境。大多数代际偏好介于主观偏好与伦理偏好之间，或者是两种偏好以某种方式的组合。

主观偏好与伦理偏好紧密相连，不可分割。主观偏好是伦理偏好产生的前提与基础，没有离开主观偏好的纯伦理偏好。例如：正是父母对子女的主观偏好决定了对所有后代的伦理偏好，很难想象一个不爱自己子女的社会怎么会爱他们的后代。一代人对后代的伦理偏好实际上就是其中每个人对自己子女的主观偏好的延伸。但另一方面并非一切主观偏好都自动地是伦理偏好，必须从单个的、自发的、短期的对他人的主观偏好中抽象出社会的、长期的伦理偏好，把它概括为全社会都必须自觉遵守的道德准则，才能使大多数社会成员更好地满足自己的主观偏好。反过来，一种伦理偏好也可以通过教育等方式转化为受教育者的主观偏好。能否以及如何根据人类现有的知识从自发的主观偏好中概括出一般的伦理偏好，把它们变成社会成员普遍遵守的道德准则、法律依据及教育内容，是社会科学的基本任务之一。

代际偏好既然是建立在当代及其所有后代的社会福利构成的福利流之上的偏好，必须对每代人的社会福利作深入分析，才能更好地分析代际偏好。每一代人的社会福利可以从两个方面来分析：从它与自己内部社会成员的关系来看，它是建立在全体社会成员的效用水平之上的，是全体社会成员的效用水平的函数。从它与前后各代人的关系来看，又分为两个方面：一是每代人实际拥有的消费量所产生的社会福利，它取决于代内社会成员的个数、消费偏好、收入分配方式及代内偏好等因素。这里代内偏好指社会成员对同代不同个人效用的偏好。二是留给后代的消费量给后代带来的社会福利通过代际偏好在当代产生的满足感，它取决于消费品的代际配置、不同代人的消费偏好和代际偏好等因素。后代满足感之所以会在当代产生满足感是因为每代人对后代福利都有一定程度的偏好，这一点和家庭中父辈通过子女的消费产生满足感的道理是一致的。虽然第二种满足感就其作为留给后代的消费给当代带来的满足感而言可以看成是当代的一种特殊消费产生的满足感，但这种满足感是通过后代消费和当代代际偏好产生的，因此和第一种满足感有本质区别。两种满足感通过资源 - 技术约束下的代内 - 代际偏好等因素共同决定了每一代人的总满足感。

库普曼（Koopmans，1960）把上述第一种社会福利叫作单期福利（One-period），而把两种满足感产生的总满足感叫总福利（Aggregate Utility）。佩瑟（Pezzey，2002）把前者称为代理效用（Representative Agent），而把后者称为代际福利（Intergenerational Welfare）。本书综合两种命名方法，认为第一种福利叫代理社会福利简称代理福利，第二种福利叫总社会福利简称总福利。因为第一种福利代表同一代人内部不同个体的消费直接产生的社会福利，这种社会福利是各代消费流中这一代人的总消费直接产生的福利，而未考虑其他各代的消费通过代际偏好间接地在这一代产生的福利，所以用代理福利比较合适。简而言之，代理福利即代理同代人内部的不同社会成员的社会福利。第二种福利是每代人的消费直接产生的社会福利与其他各代人的消费通过代际偏好给这代人间接带来的社会福利共同作用的结果，因此应该叫总福利。

必须指出的是：总福利不是各代人代理福利简单相加的结果。这是因为：首先，对每一代人而言，其后代还没有完全发生，因此不可能求出每代人实际的代理福利，只能求出当代人认为后代获得一定消费品后所产生的社会福利。其次，即便通过某种方式代理了所有后代的代理福利，也还要通过当代人的代际偏好才能把所有代人的代理福利映射成这代人的总福利，因为总福利只不过是当代人的消费产生的满足感与后代消费通过代际偏好给当代带来的满足感二者共同产生的总满足感。

大多数 GDP 替代指标理论都以代理福利函数的存在性为前提。设第 t 代人的代理福利为 $U_t = U_t(C_t) \in \mathbb{R}$ ，第 t 代人及其所有后代的广义消费向量流为 ${}_tC$ ，则第 t 代人及其所有后代的代理福利流可表示为：

$$ {}_tU({}_tC) = (U_t, U_{t+1}, \cdots) = (U_t(C_t), U_{t+1}(C_{t+1}), \cdots) \in \mathbb{R}^{|t\mathbb{N}|} \quad (2.1.2) $$

其中 $\mathbb{R}$ 表示实数，$\mathbb{R}^{|t\mathbb{N}|}$ 表示 $|t\mathbb{N}|$ 维实数向量空间。特别地，有限代人的代理福利流可表示为 ${}_tU_T = (U_t, U_{t+1}, \cdots, U_T) = (U_t(C_t), U_{t+1}(C_{t+1}), \cdots, U_T(C_T))$ 。显然，代理福利取决于各代人的消费向量 C_t 和消费偏好 $U_t(\cdot)$ 。通过社会成员的个体效用能否以及如何建立一代人的代理福利函数则是需要深入研究的问题。

有了代理福利流的概念和标号系统，就可以把第 t 代人的代际偏好看成是通过以下方式精确定义的选择关系：

设 $\mathbb{R}^{|t\mathbb{N}|}$ 为 $|t\mathbb{N}|$ 维实数向量空间，则对 $\forall\, {}_tU, {}_tV \in \mathbb{R}^{|t\mathbb{N}|}$，有：

（1）代际弱偏好 R：${}_tUR_tV$ 当且仅当第 t 代人对 ${}_tU$ 至少和对 ${}_tV$ 一样偏好；

（2）代际强偏好 P：${}_tUP_tV$ 当且仅当 $({}_tUR_tV)$ & ¬ $({}_tVR_tU)$ ；

（3）代际无差异 I：${}_tUI_tV$ 当且仅当 $({}_tUR_tV)$ & $({}_tVR_tU)$ 。

这里之所以分别用 R、P 和 I，而不是像很多文献中那样分别用“$\succsim$”“$\succ$”和“$\sim$”来表示代际弱偏好、强偏好和无差异，主要是为后面进行比较复杂的代际偏好运算做准备。

建立在代理福利流 ${}_tU({}_tC) = (U_t, U_{t+1}, \cdots)$ 之上的代际偏好“R”未必可用数值函数表示。能否以及如何实现 R 的数值表示这是又一个需要深入研究的问题。但如果代际偏好“R”可用某个数值函数 $W(\cdot)$ 来表示，则这个数值函数就是上面所说的总福利函数。它通过代理福利流这个中间变量最终也变成了广义消费流 ${}_tC$ 的函数。具体地，总福利函数可表示为：

$$W_t({}_tC) = W_t(U_t(C_t), U_{t+1}(C_{t+1}), \cdots), {}_tC \in X^{|t\mathbb{N}|} \quad (2.1.3)$$

显然：总福利函数 $W_t(\cdot)$ 取决于 t 代人及其所有后代的消费向量流 ${}_tC = (C_t, C_{t+1}, \cdots)$、各代的代理福利流 ${}_tU(\cdot) = (U_t(\cdot), U_{t+1}(\cdot)\cdots)$ 以及这代人的代际偏好“R”这三大因素。

第一章的研究结果表明：在第一章第三节假设条件1～4下，每一代人的代理福利水平可以用现在－未来消费的总价值表示。从消费向量对总福利的影响来看，第 t 代人有控制权的消费向量流通当代对各代社会福利的判断决定了代理福利流，而代理福利流又通过代际偏好决定了各代人的总福利。反过来第 t 代人根据自己的总福利函数 $W_t({}_tC)$ 进行决策，就决定了代理福利流的组合路径，而这种组合路径又决定了消费向量流的代际分配方式。于是，总福利、代理福利流及各代消费流就构成了研究代际资源配置的三个不同层次。这三个层次通过自上而下或自下而上的方式互相决定，最终决定了人类共同体的代际资源配置方式，也就决定了可持续国民财富的核算。下面深入探讨这个问题。

三　代际公平、代际效率与可持续国民财富

GDP替代指标必须克服GDP的不可持续性。为此必须首先弄清可持续发展这个概念。可持续发展思想最早起源于20世纪70年代罗马俱乐部关于“增长的极限”的理论（Meadows et al.，1972），但最权威而且最流行的要数联合国布朗特兰委员会（Brundtland Commision）1987年首次提出的可持续发展概念，把它定义为“满足当代需求但不使后代满足自身需求的能力受损”。这一定义澄清了可持续发展的两个基本问题：一是发展什么，即“当代需求”的问题；二是怎样发展，即“满足当代而不损后代”的问题。无论后来出现了多少关于可持续发展的具体定义（Pezzey，1992），其基本思想大都离不开这种以人类需求为核心的“满足

当代”与“不损后代”的二维标准。这种一个核心下的二维标准构成了“可持续性”这个概念的本质特征。只是在这个概念后来的发展演化过程中，它的一个核心与二维标准都发生了深刻变化，出现了丰富的内容，变得更加成熟、可行且具有可操作性。

首先是作为核心的“人类需求”这个概念的发展。从传统GDP单纯的人造财富需求量、需求价值，到纳入作为人类生存发展基本空间和原材料来源的自然财富的需求量与需求价值，再到纳入一切影响人类福利的广义财富的需求量与需求价值，最后归结为更有说服力和可操作性的代理福利与总福利。现在“当代需求”这个概念已经发展成了由特殊财富需求量、广义财富需求量、广义财富需求价值、代理福利及总福利等各个层次构成的指标系列，为分析不同层次的可持续发展问题提供了比较成熟的理论依据。

其次是代理福利与总福利这两个概念的引入和使用为可持续发展提供了有力的分析工具。一方面，它们使得“人类需求”这个朴素但不具有可操作性的概念具体落实到通过代际伦理联结起来的各代需求这个概念上，因为虽然可持续发展的本质是资源配置的代际公平与效率的关系问题，但由于后代尚未出现因此每一代人事实上面临的只是他那一代人的社会福利，后代福利只能通过代际伦理被构造在当代社会福利之中。另一方面，包含代际伦理的各代社会福利又根据它们在构造代际伦理中的作用不同而被分为代理福利和总福利两个方面，代理福利是未考虑后代和前代、纯粹由各代的广义财富需求所决定的社会福利，它作为每代人实际拥有的消费量产生的社会福利是通过代际伦理构造总福利的前提与基础，而总福利则正是在代理福利基础上定义出来的包含了代际伦理的各代社会福利。这样一来，最初的人类需求思想在其发展过程中已经被概括到更清晰、更有解释力和分析力的各代总福利中，而各种具体的人类需求则仅仅成了总福利的一种特殊形式或总福利的条件变量。这样一来就有可能在总福利的基本理论构架中讨论可持续发展问题了。

再次是“满足当代”思想中的“满足”这个概念也从最初单纯的满足逐渐被赋予了代际效率的特征：满足感最大、帕累托最优和罗尔斯的“最小－最大”等效率标准都被不同的可持续发展理论引入作为代际效率标准。代际效率的中心也逐渐从“满足当代”扩展到满足“特定代”，再到某种形式的“代际最优”（Asheim，2010）。总之，虽然效率标准不是可持续发展的必要条件——有些可持续发展理论主要强调公平原则而非效率原则，但把资源代际配置的有效性加入可持续发展来，这是资源代际配置的基本要求，从而也成了现代可持续发展理论的一个基本特征。

最后是“不损后代”的思想也经历了多次重大发展：一是“不损性”转化为“不减性”，如各代人的希克斯（Hicks，1946）收入的不减性、各代消费价值或消费量的不减性和各代人的代理效用（Ramsey，1928）不减性等，使得原来比较模糊的“不损性”被清晰且可量化的“不减性”所取代。二是“不减性”被收入分配的“代际公平性”所取代，如环境和自然资源的代际公平、基本需要的代际公平（Chichilnisky，1977）等，这就使得可持续发展问题与经济学中传统的收入分配问题紧密联系起来。三是代际公平指标自身的丰富与发展，如可持续公理（Chichilnisky，1996）与汉蒙德公平（Hammond，1976；Asheim，2010）等。这些代际公平指标为可持续发展的具体化提供了各个层次的清晰含义与度量标准。

由此可见：无论可持续发展的一个核心和两个标准具体怎样变化，可持续发展的本质无非是代际公平约束下广义财富的代际有效配置问题（Howarth，1990；Pezzey，1997，2002；Faucheur，1997）。

代际公平是代内公平这个范畴在不同代人之间的推广，指不同代人相对于某些标准的一致性，如机会均等、收入相等及满足感相同等。公平标准的制定与选择是代际公平的关键，一个标准下的代际公平在另一个标准下可能是代际不公平。代际公平是代际偏好的一种可能，但并非所有的代际偏好都包含代际公平。可持续发展的核心任务之一就是探讨代际偏好中是否包含、如何加入以及加入什么样的代际公平标准。

与代际公平紧密相连的是代际效率，它是普通的效率这个范畴在代与代之间的应用。具体的代际效率标准则因 GDP 替代指标的不同传统相差很大。从消费量、消费价值、代理福利或总福利水平的提高，到某种综合性标准如资产投入－产出最大、代理福利的帕累托改进和帕累托最优等。

效率指标的选择对是否有效率很关键，一个效率标准下的有效率未必在另一个标准下有效率。代际效率是代际偏好的一种性质，但并非所有的代际偏好都包含代际效率。由于代际偏好的满足就能增进代际福利，所以代际效率可能要比代际公平更容易成立。但是和代内公平与代内效率之间存在矛盾一样，代际效率和代际公平之间也存在矛盾，解决这个矛盾就成了可持续发展的核心任务。

与代际公平和代际效率紧密相连的是代际福利转移和转移成本这两个概念（Asheim，1996）。一个代理福利流中若存在代际不公，就可以通过较富裕代的福利向较贫穷代的转移来减少代际收入分配差距，达到解决代际收入分配不公的目的。这一点和同一代人内部通过税收－转移支付来解决收入分配不公问题的方法类似。但正如同代人内部的税收－转移支付方法是有成本的一样，代际福利转移也是有成本的，这种成本叫转移成本，它等于较穷代得到的福利与较富代失去的福利之差，表示代际福利转移产生的净成本，它是发展“可持续化”投入的净成本。

可以把可持续发展的一个核心和两个标准的具体形式概括成表 2.1.1 进行分析。任何一种可持续发展形式都可看成是表中一个福利指标、一个代际公平标准和一个代际有效标准的组合。例如：如果以总福利水平为福利指标，以总福利最大化作为效率标准而以广义需求量的代际不减作为代际公平标准，就得到一种可持续发展理论，这就是本章第二节要讲的弱可持续发展理论。以自然财富量这种特殊需求为福利指标，以人均自然财富量不小于某个关键值为公平标准，以自然财富的有效使用为效率标准，就是第三节讲的强可持续发展。表 2.1.1 虽然没有列全所有可能的具体内容，但可以提供一种直观和便利的分类方法。一般地，可以根据一个核心和两个标准的具体内容把可持续发展分为弱可持续发展、强可持续发展和可持续福利发展三个基本传统（杨充霖，2012）。

表 2.1.1　可持续发展的具体形式

可持续目标（福利指标）		特殊需求量	广义需求量	广义需求价值	代理福利	总福利
可持续标准	代际公平	逐代不损、逐代不减、逐代不变、可持续公理、匿名公理等				
	代际效率	福利增加、福利最大化、帕累托最优、帕累托次优等				

通过深入分析可持续发展的本质可知：可持续财富就是能够同时满足代际公平和代际有效标准的广义财富，这里的广义财富就是前面说过的能够满足人类广义需求意义上的财富。可持续国民财富则是一国居民在一定时期内所占有的所有可持续财富。这样一来，可持续核算问题就转化为对可持续国民财富的定义、存在性证明、指标设计及价值核算问题了。可持续发展与可持续核算是两个不同但又紧密相连的概念，其中可持续发展或可持续性理论是更基本的理论，任何可持续核算理论都是建立在相应的可持续发展理论基础上。但可持续核算理论又不同于可持续发展理论，它以一定的可持续发展理论为前提，又有自己关于可持续财富核算的具体理论、方法和内容。任何可持续国民财富核算理论都是由作为其理论基础的可持续发展理论和建立在可持续发展理论基础上的可持续国民财富核算的具体内容这两大部分构成的。如前所述，可持续发展可分为弱可持续发展、强可持续发展和可持续福利发展三个基本传统，因此可持续国民财富核算可相应地分为弱可持续国民财富核算、强可持续国民财富核算和可持续福利核算三个基本传统。本章其余部分分别考察这三种核算传统的进展与问题。

第二节　弱可持续国民财富核算

弱可持续国民财富核算（简称弱可持续核算）起源于主流经济学家（Dasgupta-Heal，Stiglitz，Solow，1974）对罗马俱乐部“增长的极限”理论做出的反应，经过三十多年的发展虽然取得了许多成就但依然处于激烈的争议之中。其基本特征是：（1）将一切直接或间接影响人类福利的自然、人造、人力甚至社会财富都纳入人类需求范围，直接以广义财富为人类需求空间（Asheim，2003）；（2）不考虑同代人内部不同个体之间的偏好差异，用统一的代理效用函数表示每代人的代理福利；（3）以新古典偏好理论为基础，在一定代际伦理假设下对各代人的代际偏好做出相应的判断，并通过这些判断在各代人的代理福利流上建立相应的总福利函数；（4）以各种具体总福利函数为福利指标，在不同财富可完全替代假设下寻找能同时满足代际效率与代际公平的国民财富核算指标（Pezzey，1992）。

具体地，弱可持续核算的核心思想可以概括为下列规划是否有解及有什么解的问题：

$$
\begin{cases}
\max W(t) = W(\{C(s), s \in [t, \infty)\}) \\
s.t\, \dot{K}(t) = F(K(t)) - C(t) \\
(K^0, C^0) \leqslant (K(t), C(t)) \leqslant (K^m, \infty)
\end{cases}
\tag{2.2.1}
$$

其中 $W(t)$ 为建立在代际消费流 $\{C(s), s \in [t, \infty)\}$ 上的总福利函数。$K(t)$ 为广义资本向量，$\dot{K}(t) = I(t)$ 为广义资产（财富）投资向量，$F(K(t))$ 为总生产函数。其中 $K^0 = (K_1^0, K_2^0, \cdots, K_n^0)$ 和 $C^0 = (C_1^0, C_2^0, \cdots, C_n^0)$ 分别为 n 个广义资本和消费的下限向量，$K^m = (\underbrace{K_1^m, K_2^m, \cdots, K_n^m}_{n})$ 表示广义资本的上限向量。$\infty = (\underbrace{\infty, \infty, \cdots, \infty}_{n})$ 为 n 个 ∞ 构成的向量。第一约束条件表示经济 - 技术约束，其中经济约束无非是说投入为 $K(t)$ 时的总产出 $F(K(t))$ 分为总投资和总消费两大部分，而技术约束则用总生产函数决定的全要素生产率或边际生产力来反映。第二约束条件为时刻 t 的资源约束，它表明各种资产都有各自的上下限，消费资产有下限但无上限，表示不加约束的人类欲望会出现无限膨胀的可能。此式同时表明：资产的代际配置和代内配置有一个本质的区别，就是每代人在自己的实有产权与以代际伦理的方式赋予后代的虚拟产权之间进行交易，交易的本质是本代人实现包含了某种代际公平的总福利最大化，而不是与后代之间进行真实的代际产权交易，因为后代尚不真实存在。

广义需求空间理论作为所有可持续核算的共识，上一节已经做了系统概括。代理福利函数的存在性是所有弱可持续核算理论的共同假设，关于这个假设的合理性问题留到第三章深入讨论。本节首先分析弱可持续核算在上述（3）、（4）两方面取得的进展，其次对这些进展作理论分析并从中概括出重要研究成果，最后分析弱可持续核算面临的问题及解决思路。

一 朴素弱可持续核算理论的进展

朴素弱可持续核算理论就是直接从总福利出发来定义可持续性而对总福利函数自身是否存在不做深入分析的可持续核算理论。它的具体内容很多（Pezzey，1992a，1992b，1997，2002a，2002b）。祁琪妮斯基（Chichilnisky，1996）和阿舍姆（Asheim，1996，2005，2010）等作者根据不同的代际偏好对它们进行了分类并分别讨论了它们包含的代际公平、代际效率、转移成本及最优解的性质。根据上述作者的研究结果可以把朴素弱可持续核算的重大进展概括成表 2. 2. 1，一方面作为对朴素弱可持续核算进展的一个总结，另一方面作为后面相关章节进一步分析的依据。这些重大进展包括贴现功利主义、拉姆赛（Ramsey）可持续性、祁琪妮斯基可持续性、索洛 - 罗尔斯（Solow-Rauls）可持续性、达尔顿（Dalton）可持续性和坎尔沃（Calvo）可持续性六大传统。

贴现功利主义可持续核算理论是用库普曼（Koopmans，1960）总福利函数来分析代际公平与代际效率的结果。科普曼在连续性（continuity）、敏感性（sensitivity）、时间可分性（separability of time）和驻点性（stationary）公理的基础上证明了具有反身性（reflexity）、传递性（transivity）和完备性（completeness）的代际偏好可以数值表示为总福利函数 $W_t({}_tU) = U_t + \delta W_{t+1}({}_{t+1}U) = \sum_{s=t}^{\infty} \delta^{s-t} U_s$，其中 $0 < \delta < 1$ 为贴现因子，$U_s = U_s(C_s)$ 为第 s 代人的代理福利。此式表明：第 t 代人的总福利等于所有代理福利的贴现和，意味着后代的代理福利虽然能够增加当代满足感，但一单位后代代理福利给上一代增加的满足感仅为后代代理福利的 δ 份，且时间越靠后的后代代理福利给当代增加的满足感越少。贴现因子 δ 的大小取决于一代人的时间偏好或贴现率 ρ，通常为 $\delta = 1/1 + \rho$。贴现率 ρ 微观上等于边际效用增长率，但很多人根据郝特林（Hotelling，1931）原则认为在宏观均衡状态下它等于利率。库普曼模型是很多跨期经济分析的基本工具，也是弱可持续发展理论的早期基石。

丹斯伽普特 - 赫尔（Dasgupta，1974；Heal，1979）在只有一种人造资本、一种可枯竭资源及代理福利为单调递增凹函数的假设下，利用上述模型求出了可枯竭资源的最优解，但却发现最优路径上的各代消费水平逐代递减。这说明如果以各代消费水平不减作为代际公平标准，则代际效率和代际公平存在明显的内在矛盾。矛盾的根源是上述模型中贴现因子 δ 小于 1 导致的代际贴现。无论它如何接近 1，只要小于 1，这个矛盾都不会消除。斯蒂格利茨（Stiglitz，1974）证明：若技术进步率大于贴现率，则技术进步引起的自然资源或其替代品增量能够补偿代际替代导致的资源损耗，从而维持各代最优消费不变。不过，索洛（Solow，1974）用罗尔斯的最大－最小代际伦理原则取代贴现功利主义的代际福利后证明：即使没有技术进步，如果自然资本损耗能够被足够的人造资本积累补偿，则能够维持各代消费水平不变。这就是绿色 GDP 的基本思想，本节第二部分做专门概述。

还有一种解决办法就是取消对后代的贴现，即令上式中的贴现因子为 1，从而使总福利函数变为 $W_t({}_tU) = U_t + W_{t+1}({}_{t+1}U) = \sum_{s=t}^{\infty} U_s$。这就是建立在拉姆赛（Ramsey，1928）非贴现功利主义或古典功利主义基础上的可持续理论。它认为代际公平即所有代人的代理福利都接近某个统一值 U，而代际效率则是所有代理福利的非贴现和最大化。丹斯伽普特－赫尔（1979）年证明在某些特殊假设下非贴现功利主义最优解存在，且最优路径上代理福利收敛于某个理想的公平福利，这似乎得到了一个可持续代理福利。但是，按上述方法定义的 $W_t({}_tU)$ 不一定收敛，且本节稍后的分析表明上述代际偏好不具有完备性，使得非贴现功利主义总福利函数无法定义。

索洛－罗尔斯（Rawls，1970；Solow，1974）可持续性、达尔顿（Dalton，1920）可持续性和坎尔沃（Calvo，1978）可持续性分别是罗尔斯最大－最小伦理原则在代理福利和总福利序列上应用的结果。它们都以相应的代理福利或总福利不小于某个最小值作为代际公平标准，而以代理福利或总福利最小值最大化作为效率标准。

索洛－罗尔斯可持续性强调任何代际转移成本下的最小代理福利最大化。索洛－罗尔斯可持续性在不考虑各代人的资源与资本约束时存在最优解，且最优解为所有代理福利的平均值。若考虑各代人的资源与资本约束，则其最优解不确定。因为它只考虑通过代际福利转移提高福利最低者的福利水平，因而资本积累无从产生，从而有使贫穷永久化的可能（Asheim，1996）。

达尔顿可持续性是从富裕代向贫穷代的转移成本为 0 时的最小代理福利最大化。如果总福利函数为非贴现功利主义函数，则达尔顿可持续性的最优解为所有代理福利的均值。若总福利函数为贴现功利主义函数，则其最优解为某个转移成本非正的非减代理福利函数，因为较富的后代对较穷的前代转移了不少于前代得到的福利从而代际转移成本非正时因为贴现的作用仍可能使富裕代转出福利的贴现值与前代得到的福利值相等从而转移成本为0。此外，后一种情况下最优解中第一代的代理福利水平最低是因为其自愿的利他偏好所致，而非道德义务所强制。这就意味着贫困不必永久化且每一代人的利他性积累都能得到保证，所以达尔顿可持续性被认为是克服了非贴现功利主义和索罗－罗尔斯可持续性两者缺陷的一种可持续理论（Asheim，1996）。

然而，所有这些以罗尔斯最大－最小原则定义的可持续性和非贴现功利主义可持续性一样有一个致命的缺陷，这就是它们都不具有完备性。因而就会导致的总福利函数的不存在性问题。

祁琪妮斯基（1996）将代际公平表述为既非当代独裁（NDP）又非后代独裁（NDF）的所谓可持续公理，并在科普曼公理体系中用可持续公理取代驻点公理而其余公理保持不变，然后证明满足新公理体系的代际偏好可数值表示为 $W_t({}_tU) = \sum_{s=t}^{\infty}\delta^{s-t}U_s({}_sC) + \varphi({}_tC)$。

如果以这个福利函数最大化作为代际有效标准，就可以分析代际公平与代际效率的关系了。然而，如果不加入更多条件，这个函数的最优解是不存在的（Asheim，1996）。

上述五种理论反映了弱可持续核算的早期进展。其中代际有效基本上走的还是传统的福利增加或福利最大这条老路，代际公平则有一些创新：从最早的福利不减（贴现功利主义）、不变（古典功利主义），到福利不低于某个最低值（最大－最小可持续系列），再到既非当代又非后代独裁（祁琪妮斯基）。然而，正如前面分析所表明的那样：这些理论都有各自无法避免的问题。它们大都直接利用总福利函数，而不是通过这些函数赖以建立的代际偏好来分析，所以分析范围和能力十分有限，无法对更深刻的代际公平指标如休普斯－森（Suppes，1966；Sen，1970）分类原则和代际效率标准如帕累托最优进行分析。只有对代理福利与总福利赖以建立的代际偏好进行分析，才能对朴素可持续核算理论进行有效评价并建立可行的可持续核算理论。下面首先概括公理化代际偏好理论的进展及问题，然后用其分析评估前面朴素弱可持续核算理论，最后从中概括出比较可行的可持续核算理论。

表 2.2.1　朴素弱可持续核算主要类型

特征＼名称	贴现功利主义可持续性	祁琪妮斯基可持续性	拉姆赛可持续性
代表人物及文献	Koopmans(1960) Dasgupta-Heal(1974) Stiglitz(1974) Hartwick(1977) Sefton-Weale(2000) Asheim(2001)	Chichilnisky(1996)	Ramsey(1928), Dasgupta & Heal(1979)
代际偏好与总福利	每代人都考虑后代福利但后代福利引起的当代满足感比当代福利引起的小。总福利为所有代理福利的贴现值之和。	既不能是当代独裁也不能是后代独裁。总福利函数为所有代理福利的贴现值之和与无穷远后代底线福利的加权和。	当代对所有后代一视同仁。总福利为所有代理福利之和。
基本思路与基本模型	从总福利最大化中求解逐代不减的消费水平或代理福利：$\max W_t({}_tU)=\sum_{s=t}^{\infty}\delta^{s-t}U_s$，$0<\delta<1$。	从总福利最大化中求解既非当代又非后代独裁的代理福利：$\max W_t({}_tU)=\theta\sum_{s=t}^{\infty}\delta^{s-t}U_s+(1-\theta)\lim\limits_{T\to\infty}\inf\limits_{s\geq T}U_s$，$0<\theta<1$。	所有代理福利都接近某个理想公平福利：$min\sum_{s=t}^{\infty}(U_s-U)$。
代际转移成本	$\delta-1$	—	0
代际公平标准	所有代人不减的消费水平 C_t 或代理福利 U_t 或总福利 W_t。	既非当代又非后代独裁的代理福利 U_t。	若 $\sum_{s=t}^{\infty}(\hat{U}_s-U)\leq\sum_{s=t}^{\infty}(U_s-U)$，则 ${}_t\hat{U}$ 比 ${}_tU$ 更公平。
代际效率标准	若 $W_t({}_t\hat{U})\geq W_t({}_tU)$，则 ${}_t\hat{U}$ 比 ${}_tU$ 更有效。①	若 $W_t({}_t\hat{U})\geq W_t({}_tU)$，则 ${}_t\hat{U}$ 比 ${}_tU$ 更有效。	$W_t({}_tU)=\sum_{s=t}^{\infty}U_s$ 越大越有效。
最优解及问题	1. 在连续性、敏感性、时间可分性及驻点公理下可证得总福利函数存在； 2. 资源、经济与技术约束下的最优解存在，但单调递减，故对后代不公平。 3. 不同资产之间可完全替代时，代理福利或总福利不减意义上的代际公平存在。	1. 在连续性、敏感性、时间可分性、既非当代又非后代独裁及非负可加集定理下可证得总福利函数存在； 2. 最优解不存在。	1. 一般而言，不能证明 $\sum_{s=t}^{\infty}(U_s-U)$ 收敛，故代际偏好不完备； 2. 特殊假设下最优代理福利路径存在且收敛于理想公平福利； 3. 最优代理福利为时间的单调增函数，故对第一代不公平。
财富核算指标	资产完全替代性下存在，即为绿色 GDP。	无	无

① 这里 ${}_s\hat{U}$ 和 ${}_sU$ 分别表示由 $\hat{U}_s$ 和 U_s 构成的代理福利流，$s=t,t+1,\cdots$。

表 2.2.1　朴素弱可持续核算主要类型（续）

特征＼名称	Solow-Rauls 可持续性	Dalton 可持续性	Calvo 可持续性*
代表人物及文献	Rawls(1971)；Solow（1974）	Dalton（1920）	Calvo（1978）
代际偏好与总福利	通过富裕代的福利转移提高代理福利水平最低者。总福利函数为所有代中水平最低者的代理福利。	转移成本为 0 时富裕代向贫穷代的一切福利转移。总福利为所有代理福利的均值或转移成本非正的非减代理福利。	运用到任意总福利函数上的罗尔斯 Max-min 原则。
基本思路与基本模型	提高所有代理福利中水平最低者的福利水平。$\max W_t({}_tU) = \inf_{s\geq t} U_s$。	保持代际转移成本为 0 时通过富裕代向贫穷代的福利转移不断减少代际收入分配差距。$\max W_t({}_tU)$。①	提高所有总福利中水平最低者的福利水平。$\max \inf_{s\geq t} W_s({}_sU)$。
转移成本	< 0	≤0②	—
代际公平标准	所有代人的代理福利不低于 $\inf_{s\geq t} U_s$。	所有代人的代理福利不减：$U_{s+1} - U_s \geqslant 0$	所有代人的总福利不低于 $\inf_{s\geq t} W_s({}_sU)$。
代际效率标准	若 $\inf_{s\geq t} \hat{U}_s \geq \inf_{s\geq t} U_s$ 则 ${}_t\hat{U}$ 比 ${}_tU$ 更有效。	若 $W_t({}_t\hat{U}) \geqslant W_t({}_tU)$， 则 ${}_t\hat{U}$ 比 ${}_tU$ 更有效。	若 $\inf_{s\geq t} W_s({}_s\hat{U}) \geq \inf_{s\geq t} W_s({}_sU)$， 则 ${}_t\hat{U}$ 比 ${}_tU$ 更有效。
最优解及其问题	1. 不考虑各代人的资源与资本约束时最优解存在，且为所有代理福利的平均值； 2. 若考虑各代人的资源与资本约束，最优解不确定； 3. 因为只考虑通过代际福利转移提高最低者的福利水平，因而资本积累无从产生，有使贫穷永久化的可能； 4. 利他性积累无从产生。	1. 最优解存在，且为代理福利的不减函数； 2. 最优解中第一代代理福利水平最低是因为其自愿的利他偏好所致，而非道德义务所强制； 3. 贫困不必永久化； 4. 利他性积累得以保证。	1. 最优解存在，且为总福利的不减函数； 2. 最优解中第一代总福利水平最低是因为其自愿的利他偏好所致，而非道德义务所强制； 3. 贫困不必永久化； 4. 利他性积累得以保证。
财富核算指标	无	无	无

* 坎尔沃可持续性则是以最小总福利最大化定义的可持续性，阿舍姆（1988）证明它和达尔顿可持续性有着同样的性质和结果。

① Dalton 代际偏好的思想不能用具体解析式表达，故这里用一般总福利函数表示。

② 富裕代向贫穷代的转移成本为 0 等价于代际转移成本不超过 0，详细请参阅 Asheim（1996）。

二　公理化弱可持续核算理论的进展

公理化弱可持续性理论是新古典偏好理论在代理福利流上具体应用的结果。它是通过拉姆塞（Ramsey，1928）、哈萨伊（Harsanyi，1955）、库普曼（Koopmans，1960）和达耶蒙德（Diamond，1965）等人的经典理论逐渐建立起来的，经过斯温芬森（Svensson，1980）、布兰克尔比（Blackorby，1984）、祁琪妮斯基（Chichilnisky，1996）与阿舍姆（Asheim，1996，2010）等人的发展，现在已经成为比较成熟的理论。可以把它概括为以下几个方面，作为公理化弱可持续性理论发展的具体内容，同时也是以后各章节的理论基础。

前面已经说过，可持续核算的基本问题就是代际公平约束下总福利函数的代际有效解问题。朴素弱可持续性理论在不同的假设下对这个问题进行了一定的探索，得出了各自的结论，但都存在相应的问题。问题的关键是没有建立起一套完整的可持续代际偏好理论，把代际公平、代际效率和代际偏好构造在一个统一的理论框架之中进行分析。这项工作是由公理化弱可持续核算理论来做的。

公理化弱可持续核算理论把对代际偏好的一些最基本的要求及一定意义上的代际公平和代际效率抽象成相应的公理，然后把这些公理并在一起构成可持续代际偏好公理体系，再研究这个公理体系的相容性、它所反映的可持续偏好的性质、从它出发构造可持续总福利函数的可能性以及可能构造出的可持续总福利函数的具体形式，最终为可持续国民财富核算提供理论依据。

弱可持续公理体系包括四个方面的基本内容：一是代际偏好作为理性偏好所必须具备的那些公理，如果没有这些公理那么建立在代际偏好上的理性选择就无法进行。它们就是传统理性偏好的反身性、传递性和完备性。二是使得理性偏好可以被数值表示的那些公理，除传统偏好的连续性这个必备性质外，还包括代际偏好自身必须具备的一些性质如单位可比性和单调性等。三是代际偏好可持续性所要求的那些关于代际效率与代际公平的假设如强帕累托有效与有限匿名性等。有些假设可能是紧密相连甚至是重合的，如单调性与帕累托有效假设。四是反映代际偏好其他时间特征的那些假设如贴现公理主义的当代可分性、后代可分性及驻点性等。这里说“其他时间特征”是因为代际偏好的可持续性也可以看成一种特殊的时间性质。下面首先把前两个方面的内容放在一起讨论，看看如何从代际偏好推出总福利函数；然后再加入第三方面的内容，分析可持续代际偏好公理体系的性质；最后再根据不同的可持续理论对代际偏好时间性质所做的假设对它们进行分析评价。正是这些假设的不同造成了可持续性理论的巨大差异。

1. 从代际偏好到总福利函数

代际偏好理论实际上是把新古典偏好理论应用到代理福利流上的结果。一方面代际偏好作为人类偏好有它们的共性，这一点决定了新古典偏好理论可以应用到代理福利流上。另一方面，代理福利流又不同于新古典偏好理论建立的那种商品组合，这一点决定着代际偏好又有它的特殊性。弱可持续理论的代际偏好公理正是这种一般性和特殊性的统一。下面先看代际偏好作为偏好的一般性。这些性质与通过消费者对商品组的偏好建立效用函数的公理是一样的。

(1) 反身性：$\forall {}_tU \in \mathbb{R}^{|t\mathbb{N}|}$，都有 ${}_tUR_tU$。

(2) 传递性：$\forall {}_tU, {}_tV, {}_tZ \in \mathbb{R}^{|t\mathbb{N}|}$，都有 $({}_tUR_tV)\ \&\ ({}_tVR_tZ) \Rightarrow ({}_tUR_tZ)$。

把同时满足反身性和传递性的代际偏好叫前序（Preordering）、拟序（quasi-ordering）、社会福利关系（SWR）或总福利关系（AWR）。叫总福利关系意味着它是总福利函数要表达的社会福利关系。

AWR 给出了能够做出理性选择的必要条件。不满足反身性则意味着即便对同样的代理福利流也可能无法做出选择。不满足传递性则意味着有可能做出循环选择。但是仅仅满足反身性和传递性并不意味着一定能进行理性选择。比方说同时满足反身性和传递性的两个代理福利流 ${}_tU$ 和 ${}_tV$，依然可能有 $\neg\ {}_tU$ 且 $\neg\ {}_tV$，此时理性选择是无法做出。因此代际偏好还必须满足以下公理：

(3) 完备性：$\forall {}_tU, {}_tV \in \mathbb{R}^{|t\mathbb{N}|}$，若 ${}_tU \neq {}_tV$，则 ${}_tUR_tV$ 或 ${}_tVR_tU$。

满足完备性的社会福利关系 SWR 叫社会福利序（SWO）或总福利序（AWO）。

公理（1）、（2）、（3）虽然在这里和在消费者选择理论中一样有争议（Mas-Colell et al，1995），但却是建立理性选择所必需的。

能够用数值函数表示的社会福利序 SWO 就是社会福利函数（SWF）或总福利函数（AWF）。

使得 AWO 可量化为 AWF 的关键是单调性与连续性。为了具备这两个性质，代理福利必须首先具备单位可比性（unit comparability）。

（4）单位可比性：不同代人的代理福利存在，它们可以比较大小并加总求和。

单位可比性是相对于水平可比性（level comparability）而言的，其本质是代理福利值的绝对大小与它所代理的满足感大小一一对应（比方说在第一章第三节假设 1～6 下的 GDP）。代理福利值越大则满足感越大，反之亦反之。一种满足感只能有一个福利函数值与之对应。单位可比性最早与基数效用相连，但序数效用也可以通过某种变换变得具有单位可比性（Sen，1970）。水平可比性则意味着通过相对福利函数值大小来反映满足感大小，只要保持函数值的相对大小关系不发生变化，就依然可以表示同样的偏好关系，而与函数值的绝对大小无关。水平可比性仅与序数效用相关。

代理福利的单位可比性是一个很强的假设。它所要求的代理福利函数的存在性、不同代理福利之间的比较、资本积累和技术进步等因素对代理福利的影响等都是需要专门研究的重大问题。下面先在这个假设成立的前提下给出弱可持续理论不同代理福利比较的几种形式，为通过 AWO 建立 AWF 做准备。具体地，对任意 ${}_tU$，$V \in \mathbb{R}^{t\mathbb{N}}$，有：

① ${}_tU = {}_tV$ 当且仅当 $U_s = V_s$ 对一切 $s \in t\mathbb{N}$ 成立，

反之若 $\exists s \in t\mathbb{N}$ 使得 $U_s \neq V_s$，则 ${}_tU \neq {}_tV$；

② ${}_tU \geqslant {}_tV$ 当且仅当 $U_s \geqslant V_s$ 对一切 $s \in t\mathbb{N}$ 成立；

③ ${}_tU > {}_tV$ 当且仅当 ${}_tU \geqslant {}_tV$ 但 ${}_tU \neq {}_tV$；

④ ${}_tU \gg {}_tV$ 当且仅当 $U_s > V_s$ 对一切 $s \in t\mathbb{N}$ 成立。

有了上述准备，就可以定义代际偏好的单调性和连续性如下：

（5）连续性 C：$\forall {}_tU, {}_tV \in \mathbb{R}^{|t\mathbb{N}|}$，若存在福利流序列 $\{{}_tU^n\}_{n\in\mathbb{N}}$，使得 $\lim_{n\to\infty} \sup_{s\in t\mathbb{N}} |U_s^n - U_s| = 0$ 成立，并且对一切 $n \in \mathbb{N}$ 都有 ${}_tU^n R_t V$（或 ${}_tVR_tU^n$），则有 ${}_tUR_tV$（或 ${}_tVR_tU$）。

代理福利流序列 $\{{}_tU^n\}_{n\in\mathbb{N}}$ 中的上标 n 是序列标号，因此它可以是任意自然数，故有 $n\in\mathbb{N}$。但福利流 ${}_tU^n=(U_t^n,U_{t+1}^n\cdots)$ 又是由起始于时间 t 的代理福利 U_s^n 构成的，$s\in t\mathbb{N}$，故有 ${}_tU\in\mathbb{R}^{|t\mathbb{N}|}$ 或 $U_s^n\in\mathbb{R}$。即便时间从 $t=1$ 开始，从而福利流变为 ${}_1U^n=(U_1^n,U_2^n\cdots)$，表示序列的标号和表示福利流的标号也是根本不同的。连续性无非是说：极限运算不改变福利流的偏好关系。这一点很大程度上是AWO数值化的数学要求，在现实选择中远远没有这里表述的那样严格，但也大致满足。

（6）单调性M：对一切 ${}_tU,{}_tV\in\mathbb{R}^{|t\mathbb{N}|}$，若 ${}_tU>{}_tV\to{}_tUP_tV$，则代际偏好满足强单调性；对一切 ${}_tU,{}_tV\in\mathbb{R}^{|t\mathbb{N}|}$，若 ${}_tU\gg{}_tV\to{}_tUP_tV$，则代际偏好满足弱单调性。

单调性是一个非常有用且有普遍现实性的公理。其现实背景无非是说好物品拥有量和坏物品的稀缺量越多，人们对物品就越偏好。

有了公理（1）~（6），根据渥尔德（Wold，1943）和德布鲁（Debru，1960）证明普通效用函数存在的方法，可以在理论上保证总福利函数的存在性（Koopmans，1960）。但关于它的具体形式和性质，则还要看对代理福利流的性质所做的具体假设而定。特别地，如果含有关于代际公平与代际效率的假设时，不仅要看这些假设的具体内容，还要看所有假设的相容性。

2. 从总福利函数到可持续总福利函数

可持续总福利函数就是能够进行代际公平与代际效率分析的总福利函数。为了构造可持续总福利函数，代际偏好除了满足上述关于总福利函数存在的假设外还需要满足一定意义上的代际公平与代际效率假设。

前面已经说过，代际公平概念经历了从最早的消费或福利水平不减、不变，到不低于某个最小值，再到既非当代又非后代独裁这样一个过程。但这些标准的定义都离不开特定的总福利函数。但总福利函数的存在性又是一个需要首先解决的问题。于是，更合理的定义代际公平的方式是一开始就以公理化的方式把它放到和代际偏好的其他公理同等的层次中去，这样就避免了循环定义的问题。起源于休普斯（Suppes，1966），又被森（Sen，1970）所推广，现在统称为休普斯－

森分层原理[①]的代际公平概念就是这样一种方法，其基本思想是：如果不同代理福利在时间上出现的顺序不影响任何代人的代际偏好，则所有代人之间就存在着代际公平。为了给这个概念下严格定义，首先得明白变换（Permutation）这个概念。

变换 τ 就是自然数域 $\mathbb{N}$ 到自身的一个双射，使得 $\forall t \in \mathbb{N}$ ，都存在唯一 $\tau(t) \in \mathbb{N}$ ；反之亦然。τ 为有限变换，若存在 $T \in \mathbb{N}$ ，使得当 $t > T$ 时 $\tau(t) = t$ 。换句话说，有限变换就是在前 T 个自然数之间存在双射而在 T 后的自然数集上为恒等变换。

例如：$\tau(t) = \begin{cases} t+1, 当\ t \leqslant T-1; \\ 1, 当\ t = T; \\ t, 当\ t > T; \end{cases}$ 就是一个 $\mathbb{N}$ 上的有限变换。

有了变换这个概念，就可以给出基于休普斯－森分层原理的代际公平如下定义：

有限匿名公理 FA（finite anonymity）：对 $\forall\, {}_tU, {}_tV \in \mathbb{R}^{|t\mathbb{N}|}$，若存在 $\mathbb{N}$ 上的有限变换 τ ，使得 $U_{\tau(t)} = V_t$ 对一切 $t \in \mathbb{N}$ 都成立，则 ${}_tUI_tV$ 。

有限匿名公理的含义是明显的：如果一个代理福利流仅仅是另一个代理福利流通过有限变换得到的，那么这两个代理福利流无差异。换句话说，不同代理福利在时间上出现的先后顺序并不影响对它的代际偏好。

必须指出：有限匿名公理虽然反映了不应该因为不同代人在时间顺序上的先后而对他们区别对待这样一个代际公平的思想，就像不应该因为人的出身和家庭背景等因素而对人区别对待这样一个代内公平思想一样。但是在实践上这个公理是难以满足的：当代不可能把自己放在和后代一样的位置，而尚不存在的后代更没有可能改变前代给他安排的位置。后代人连像同代内部的不同人群那样通过努力改变前辈给自己安排的位置的可能都没有。这一点是代际公平和代内公平的根本区别。正因为这样，代际公平

---

① 休普斯－森分层原理的基本思想就是通过不同社会成员或对不同代人的“换位体会”或“推及的同情”找到大家认可的伦理原则。具体地即：任何两个人，如果每个人把自己放到和对方一样的位置，都会和对方有同样的偏好。严格定义请参考 Sen（1970, p. 156）及本书第四章第二节。

问题才显得尤其重要。

下面再讨论代际效率的公理化问题。本节第一部分的分析表明：弱可持续性理论的代际效率总与某种福利水平的增加或最大化相关。罗尔斯最大－最小总福利函数系列（索洛－罗尔斯可持续性、达尔顿可持续性和坎尔沃可持续性）的效率条件最宽：只要所有代的福利不低于它们中的最小福利，则凡是能提高最小福利的一切代际资源配置都是有效率的，哪怕从较富代人转移到最穷代人的福利远大于最穷代人得到的福利，从而代际转移成本远小于0。这在帕累托次优的意义上也是无效率的。功利主义（贴现和非贴现）总福利函数效率条件较严，它不仅能反映帕累托最优和帕累托改进等效率标准，而且还能反映帕累托次优及相应的帕累托改进：如果一种代际资源配置增加了某些代的福利而减少了另一些代的福利，但导致的代理福利之和或代理福利贴现和增加了，这种配置仍然是有效率的。祁琪妮斯基福利函数的效率标准则难以确定。

由此可见，如果能够证明总福利函数存在且能构造出它的具体形式，则通过总福利函数定义的代际效率其外延更广而且具有一定的分析性质。但是，总福利函数的存在性需要通过代际偏好满足一定的性质才能得到证明。下面马上就要看到，很多代际偏好是不能用总福利函数来表示的。这也意味着必须直接从代际偏好公理出发来定义代际效率。公认的标准就是帕累托效率系列。

强帕累托有效 SP（Strong Pareto）：对一切 ${}_tU, {}_tV \in \mathbb{R}^{|t\mathbb{N}|}$，若 ${}_tU > {}_tV$，则 ${}_tUP{}_tV$。

弱帕累托有效 WP（Weak Pareto）：对一切 ${}_tU, {}_tV \in \mathbb{R}^{|t\mathbb{N}|}$，若 ${}_tU \gg {}_tV$，则 ${}_tUP{}_tV$。

显然，这里的帕累托效率与传统的单调性概念从形式上看是一致的：都反映代理福利水平的变化对代际偏好的影响。强帕累托有效与强单调性一致，反映一个代理福利流中若没有代理福利减少且至少有一个代理福利增加了，则总福利就增加了；弱帕累托有效与弱单调性一致，意味着如果一个代理福利流中所有代理福利都增加了，总福利也增加了。显然，若强帕累托成立则弱帕累托必然成立，但反之未必。

然而，帕累托效率与单调性本质上还是有很大区别。单调性反映消费量对消费者偏好的影响。好物品的消费量或坏物品的短缺量越多，人们就对它越偏好。如果一个物品组中所有好物品的消费量或坏物品的短缺量都没减少而至少有一个好物品的消费量或坏物品的短缺量增加了，则消费者偏好增加了。单调性主要反映消费者根据物品量在各种物品之间配置的心理过程，它不涉及物品在人与人之间的分配所导致的社会福利的变化。而帕累托效率则反映物品在不同的人之间分配所导致的集体福利的变化，只是集体福利的变化是建立在个体福利变化基础上的，这样一来个体福利在量上的变化对集体福利的影响和物品量的变化对总效用的影响在形式上就有了一定程度的一致性，结果就导致了帕累托效率与单调性在形式上的一致性。

最后，强帕累托有效公理显然符合常识。它们不仅是建立各代总福利函数的数学要求，而且也是一种普遍的社会心理现象。

有了关于代际偏好、代际公平和代际效率的公理体系后马上面临的问题是：同时满足这些公理的代际偏好可被某种形式的总福利函数数值代理吗？为了回答这个问题必须首先解决公理体系的相容性问题或可持续总福利函数构造的可能性问题。

3. 可持续总福利函数构造的可能性问题

可持续总福利函数 AWF 就是同时满足帕累托有效 SP（WP）、有限匿名 FA 且可量化表示的总福利序 AWO。只有构造出一定的可持续福利函数 AWF，才能对它进行数学分析，进而构造相应的可持续国民财富。构造可持续 AWF 首先需要证明存在 AWO 同时满足 SP（WP）、FA 且可量化，然后再用一定的数值函数把它表示出来。显然第一步是第二步的必要前提。证明可持续总福利函数的存在性必须首先证明任何一个总福利关系 AWR 满足完备性。近年来，很多经济学家对从总福利关系（代际偏好关系）AWR 出发，通过总福利序 AWO 来构造总福利函数 AWF 所必需的完备性、连续性、帕累托有效、有限匿名性及可构造性等公理之间的相容性进行了深入系统的探讨，但结果不容乐观。

可以用表 2.2.2 概括地反映这些探讨的核心内容和基本线索。表中第一行表示可持续总福利函数构造的所有必要条件。从代际偏好关系 AWR 出发，有：AWR + 完备性→AWO，AWO + 连续性→AWF，AWF +

SP（WP）+FA→可持续 AWF。最后一步是可持续 AWF 数学形式的构造。

西德维克（Sidgwick，1907）和拉姆赛（1928）在探讨资源代际配置问题的时候都明确主张应该以代际公平为必要条件，并先后提出有限匿名公理作为代际公平的标准来取代庞巴维克提出的代际贴现思想。这就是有限匿名公理的起源。

休普斯（Suppes，1966）提出，又被森（Sen，1970）所推广的休普斯-森分类原则（Suppes-Sen Grading Principles）后来被证明满足 SP、FA 且为一切总福利关系 AWR 的次关系[①]（Subrelation）（Asheim，2010）。这意味着休普斯-森分类原则是最早探讨 SP、FA 与其他公共选择原理相容性的理论。

第一个提出真正意义上可持续总福利函数可能性问题的是达耶蒙德（Diamond，1965）。他发现在任何上确界赋范拓扑空间[②]中没有 AWO 同时满足 SP、FA 与连续性。这就意味着代际偏好关系 AWR 虽然具有完备性因而使对应的 AWO 存在，因而不影响代际选择，但若 AWO 满足 SP 和 FA 意义上的可持续性，则它必不连续因而也就不可能得到量化的可持续总福利函数 AWF，也就谈不上对可持续总福利函数的具体构造了。

更彻底的是巴苏和米特拉（Basu & Mitra，2003）提出的不可能性定理。他们发现：如果一种代际偏好序 AWO 同时满足 SP 与 FA，则它必不可被数值代理。这个结论强化了达耶蒙德（1965）的研究结果，而且对可持续总福利函数的构造有着重大影响：如果以强帕累托有效为代际效率标准和有限匿名性为代际公平标准的代际偏好序存在，则必不可用数值函数表示。佛洛拜伊和米切尔（Fleurbaey & Michel，2003）、巴苏和米特拉

---

① 次关系是反映一种关系 Q_2 对另一种关系 Q_1 的继承性的范畴，借以把一种关系 Q_1 推广到另一种关系 Q_2。具体地：若对任意 ${}_tU, {}_tV \in \mathbb{R}^{|t\mathbb{N}|}$ 都有：1）$({}_tU, Q_1\, {}_tV) \to {}_tU, Q_2\, {}_tV$；和 2）$({}_tU, Q_1\, {}_tV) \& \neg({}_tVQ_1\, {}_tU) \to \neg({}_tVQ_2\, {}_tU)$，则称 Q_1 为 Q_2 的次关系。细节请参考 Sen（1970，P13）。

② 上确界赋范拓扑空间即 $\forall\, {}_tU \in \mathbb{R}^{|t\mathbb{N}|}$，通过上确界范数 $\|{}_tU\| = \sup_{s\in t\mathbb{N}} |U_s|$ 定义的拓扑空间 $\mathbb{R}^{|t\mathbb{N}|}$，其中 $t\mathbb{N} = \{t, t+1, \cdots\}$。

（Basu & Mitra，2003）的研究则进一步表明：若把巴苏和米特拉 2003 年结论中的强帕累托条件放宽成弱帕累托条件，上述结论仍然成立。这些结论对可持续总福利函数的构造来说是致命的：它们几乎等于说：如果坚持帕累托有效为代际效率标准和有限匿名性为代际公平标准的可持续性，则可持续总福利函数的数值构造就不可能。

表 2.2.2　可持续总福利函数的可能性问题

问题与进展	SWR	完备性	SWO	连续性	SWF	SP（WP）	FA	存在性	可构造性	说　明
Sidgwick（1907） Ramsey（1928）							√			两位作者先后明确提出以有限匿名性作为代际公平的标准来取代代际贴现思想（Lauwers，2009）。
Suppes（1966） Sen（1970）	√					√s	√			Suppes-Sen 原则满足 SP、FA 且为一切社会福利拟序 SWR 的次关系（Asheim，2010）。
Diamond（1965）	√	√	√	×	×	√	√	×		上确界赋范拓扑中无 SWO 同时满足 SP、FA 与连续性。结论是同时满足代际公平与效率的 SWO 不可数值化。
Basu-Mitra（2003）	√	√	√		×	√	√	×		若 SWO 同时满足 SP 与 FA，则它必不可数值代理，而不管它是否连续。该结论强化了 Diamond（1965）结论，排除了同时满足 SP 与 FA 的 SWO 被数值代理的可能。
Fleurbaey-Michel（2003），Basu-Mitra（2007）	√	√			×	√w	√	×		若把 Basu-Mitra（2003）结论中的强帕累托条件 SP 放宽成弱帕累托条件 WP，SWO 仍然不可量化。
Fleurbaey-Michel（2003），										没有不以选择公理为基础定义的 SWO 同时满足 SP（WP）与 FA。反之若存在同时满足 SP 与 FA 的 AWO，那么它一定以选择公理为基础。
Lauwers（2010），Zame（2007）	√	√ ×	√ ×			√?	√?		× √	若接受选择公理，则同时满足 SP 与 FA 的 SWO 或者不完备或者不可数值构造。

注：1. “√s” 和 “√w” 分别表示满足强帕累托公理 SP 和弱帕累托公理 WP，“√?” 表示“若…成立。”

2. 最后一栏的第一行表示若 SP 与 FA 成立则不可构造，第二行表示可构造但不完备。

比上述问题更严重的是佛洛拜伊和米切尔（Fleurbaey & Michel，2003）年提出的一个猜想：没有不以选择公理①为基础定义的 AWO 同时满足 SP 与 FA。换句话说，如果存在同时满足 SP 与 FA 的 AWO，那么它一定是以选择公理为基础定义的。选择公理则蕴涵排中律，而在排中律基础上，不完备性就意味着无法做出选择。此后，赛姆（Zame，2007）和 劳沃斯（Lauwers ，2010）通过研究结果又提出了另一个不可能定理：同时满足 SP 与 FA 的 AWO 或者不完备或者不可构造。劳沃斯的证明思路是这样的：若要在无限代理福利流上定义同时满足 SP 与 FA 的 AWR 具有完备性，必须要以非拉姆塞集的存在为前提，而非拉姆塞集是不可构造的。反过来，若要 AWR 同时满足 SP 与 FA 并且是可构造的，则它必然是不完备的。在接受选择公理从而接受排中律的前提下，不完备性就成了从 AWR 到 AWO 的一道不可逾越的鸿沟，导致有序选择无法进行。

在两个不可能性定理下，摆在我们面前的选择只能是：要么放弃选择公理，要么保留选择公理，但（1）保持 SP（WP）、FA 与数值可构造性但放弃完备性；（2）保持 SP（WP）、FA 与完备性而放弃数值可构造性；（3）修改或放弃以 SP（WP）和 PA 为标志的可持续标准。选择公理是比代际偏好关系更为基本的数学公理。虽然它在数学上也引起分球奇论之类的问题（胡作玄，1985；张奠宙，1984；Wikipedia，Axiom of Choice，2012），但自从哥德尔 1940 年证明了它与 ZF 公理系统的相容性后，已经被纳入 ZF 系统构成了 ZFC 系统，而 ZFC 系统则是现代数学的基础。从实践方面来看选择公理的直观性及解决问题的有效性使得它现在除了直觉主义外依然是当代大多数数学家使用的有力工具，放弃它会产生更大的混乱。所以不能放弃选择公理。此外放弃可持续总福利函

① 选择公理通俗地说就是任给一个非空集合都能从中选出一个元素。严格定义是：$\forall X \neq \phi$，定义 $\tilde{X} = 2^X - \{\phi\}$，若存在 $f: \tilde{X} \to X$，使得对一切 $A \subseteq \tilde{X}$，都有 $f(A) \in A$，其中 $f(\cdot)$ 叫选择函数。由于 A 是集簇 $\tilde{X}$ 的任意非空子集，所以在 $\tilde{X}$ 包含有限多子集且每个子集包含有限多元素时问题非常直观且好解决：只需对 $\tilde{X}$ 的所有子集编号然后将它们按号排列并且对每个子集中的元素也编号并按号排列，然后规定 $f(\cdot)$ 就是选取每个子集的 1 号元素即可。这样既解决了元素选择问题，又构造了选择方法。但是，若上述两个条件有一个不满足，比方说存在 $\tilde{X}$ 的无限不可数子集，则无法从该子集中选择元素。

数的数值构造与我们的初衷不符，所以不能是（2）。于是可能的选择只有（1）和（3）下面把朴素弱可持续性理论纳入公理化方法对这两种选择做深入分析。

三 对弱可持续核算的理论分析

（一）不完备但可构造的可持续总福利

不完备但可构造的可持续总福利函数有非贴现功利主义函数和罗尔斯最大－最小可持续函数系列两大类。下面分别证明它们：（1）都能够造出相应数学形式；（2）都与 SP、FA 相容；（3）但却都不具备完备性。

1. 非贴现功利主义

非贴现功利主义弱偏好 R 可以通过构造如下的数学形式来定义（Asheim，2010）：对一切 ${}_tU \in \mathbb{R}^{|t\mathbb{N}|}$ 及 $t \leqslant T \in \mathbb{N}$，令 $\sigma({}_tU_T) = \sum_{s=t}^{T} U_s$。则对任意 ${}_tU, {}_tV \in \mathbb{R}^{|t\mathbb{N}|}$，定义 ${}_tUR_t Vt \Leftrightarrow$ 存在 $T \in \mathbb{N}$，使 $\sigma({}_tU_T) \geqslant \sigma({}_tV_T)$ 且 ${}_{T+1}U \geqslant {}_{T+1}V$。

在有限代人构成的代理福利流上，非贴现功利主义总福利函数就是这有限代人的代理福利之和。因为对有限代而言，无论代数 T 多大，$\sigma({}_tU_T)$ 总收敛，所以上述定义有意义。但对无限代人而言，$T \to \infty$ 时就不能保证 $\sigma({}_tU_T)$ 收敛。故只好采用上述两段定义法：前半段和有限代上的定义一致，后半段则依旧采用各代代理福利相比较的方法。但由于 T 可以任意大，故可以用它来逼近无限代人代理福利流上的非贴现总福利。

此外，根据巴苏和米特拉（Basu & Mitra，2003）的证明结果，非贴现功利主义代际偏好与 SP、FA 相容。这说明以 SP 和 FA 为标准的可持续性与贴现功利主义的数学形式无矛盾。

比方说，如果像非贴现功利主义那样认为代际公平就是所有代人的代理福利都相同，那么经过任何变换后所有代人的代理福利仍然相同。阿舍姆（Asheim，2010）断言非贴现功利主义偏好和下面定义的字典－最小偏好都满足贴现公利主义的时间分离和驻点公理，但这一点有待进一步验证。

非贴现功利主义的问题是它的不完备性。这是因为对任意的 ${}_tU, {}_tV \in$

$\mathbb{R}^{|t\mathbb{N}|}$，若$\neg({}_tUR_tV)$，则对任意的$T \in \mathbb{N}$，$\sigma({}_tV_T) > \sigma({}_tU_T)$与${}_{T+1}V > {}_{T+1}U$中至少有一个成立。这就意味着$\sigma({}_tV_T) > \sigma({}_tU_T)$且${}_{T+1}U \geqslant {}_{T+1}V$，或$\sigma({}_tU_T) \geqslant \sigma({}_tV_T)$且${}_{T+1}V > {}_{T+1}U$的可能都是存在的。根据非贴现功利主义的定义，在两种情况下都不能得出${}_tVP_tU$。故非贴现功利主义具有不完备性。

2. 字典－最小代际偏好（Leximin）

字典－最小代际偏好是为克服最大－最小偏好（Maximin）的理论缺陷而设计的。为了深刻理解字典－最小代际偏好的定义，必须首先明白最大－最小偏好与帕累托有效之间的矛盾性。考虑由两代人构成的代理福利流（1，2）和（1，3）。按照最大－最小原则，因为$inf\{1,2\}=1$且$inf\{1,3\}=1$，所以（1，2）与（1，3）无差异。但按照强帕累托标准，（1，3）强偏好于（1，2）。为解决这个矛盾，对任意两个由n代人构成的代理福利流，定义字典－最小原则如下（Sen，1970）：

（1）比较二者的福利最小者；若最小福利相等则：

（2）比较二者的福利第2小者；若第2小福利相等则：

（3）比较二者的福利第3小者。这样一直进行下去……

⋮

（n）比较二者的福利最大者。

这样得出的结果必然和强帕累托标准下的结果一致。例如，按照字典－最小原则，也有（1，3）强偏好于（1，2）。

显然，字典－最小原则虽然能够克服最大－最小原则与帕累托标准之间的矛盾，但在很大程度上已经失去了最大－最小原则原来提高最小福利的原始精神。因为两个福利流中最小福利相同时做出的选择可能加剧了代际分配不公。如按字典－最小原则，（1，3）强偏好于（1，2），但前者的代际分配不公比后者严重。

由上述定义可见：字典－最小弱偏好R已经通过比较福利值大小的方法构造出来了。可以使用和前面一样的方法定义强偏好P和无差异I。根据波赛特等人（Bossert et al，2007）的研究结果，字典－最小原则与SP及FA可持续标准相容。比方说FA，如果代际公平是所有代理福利都不低于某个最低福利水平，则它们变换以后也不低于这个水平。

然而，字典 - 最小偏好也是不完备的。证明如下：

若字典 - 最小偏好完备，则必有：$\neg ({}_tUR_tV) \rightarrow ({}_tVP_tU)$。但这是不可能的。因为 $\neg ({}_tUR_tV)$ 意味着 ${}_tU$ 和 ${}_tV$ 的代理福利从小到大排列后，存在 $T \in \mathbb{N}$，使得当 $t \leq s \leq T$ 时，$U_s = V_s$，而当 $s = T+1$ 时，$V_s > U_s$。但这并不能保证 ${}_tVP_tU$，因为 T 不是任意的。$V_{T+1} > U_{T+1}$ 并不能保证当 $s > T+1$ 时 V_s 与 U_s 之间有何关系。

总之，非贴现功利主义和字典 - 最小偏好虽然都满足以帕累托有效和有限匿名性为标准的可持续标准，但它们都不具有完备性。在保持选择公理时必须保持排中律，而保持排中律时不完备性就意味着无论在理论还是在实践上都无法对代理福利流进行比较，因而也就不能用来构造可持续总福利函数。

（二）完备、可构造的不可持续总福利及其构造

非贴现功利主义和字典 - 最小偏好一开始就假设了一个建立在代理福利流上的数值化总福利函数，然后用它来定义代际偏好的性质，而由它们构造出的总福利函数却都不完备。这意味着这种事先假定的总福利函数的构造是不合法的。而贴现功利主义和祁琪妮斯基都是首先在代理福利流上定义了一个满足自反性、传递性和完备性的代际偏好，然后再通过连续性假设证明了它们可以被数值函数表示，并且构造了表示这些偏好的数值函数的具体形式。这样的代际偏好自然是具有完备性的。下面分别分析贴现功利主义和祁琪妮斯基代际偏好的（1）公理系统及相应的总福利函数，（2）有限匿名性意义上的代际不公平性，以及（3）有限匿名性的几个替代方案。

1. 贴现功利主义代际偏好

贴现功利主义的代际偏好公理是库普曼（Koopmans，1960）提出的，其中除了关于偏好关系的自反性、传递性、完备性和连续性等一般公理外，还有以下几条特殊公理：

当代可分性 SEP：对一切 ${}_tU, {}_tV \in \mathbb{R}^{|t\mathbb{N}|}$ 及 $T \in \mathbb{N}$，若 $({}_tU_T, {}_{T+1}U)R({}_tV_T, {}_{T+1}U)$，则 $({}_tU_T, {}_{T+1}V)R({}_tV_T, {}_{T+1}V)$。

通俗地说，即对由任意时间段 T 划分而成的当代与后代，后代的代理福利流变化不影响由当代的代理福利流所决定的代际偏好。

后代可分性SEF：对一切 ${}_tU, {}_tV \in \mathbb{R}^{|t\mathbb{N}|}$ 及 $T \in \mathbb{N}$，若 $({}_tU_T, {}_{T+1}U)R({}_tU_T, {}_{T+1}V)$，则 $({}_tV_T, {}_{T+1}U)R({}_tV_T, {}_{T+1}V)$。

通俗地说：对由任意时间段 T 划分而成的当代与后代，当代的代理福利流变化不影响由后代的代理福利流所决定的代际偏好。

正如库普曼在1960年指出的那样：这两个公理成立的结果是可以保证总福利函数是分为当代福利和后代福利两部分的递增函数。

驻点公理ST：若存在 ${}_tZ = (Z_t, Z_{t+1}, \cdots) \in \mathbb{N}$，使得对一切 ${}_tU, {}_tV \in \mathbb{R}^{|t\mathbb{N}|}$，都有 $(Z_t, {}_{t+1}U)R(Z_t, {}_{t+1}V)$ 当且仅当 ${}_{t+1}UR_{t+1}V$。

驻点公理的本质是时间的推移对代际偏好的结构没有影响，即当代人的代际偏好结构也是所有代人的代际偏好结构。这一点在现实中显然是很难严格满足的。但同时该公理也在很大程度上是合理的：作为人类，不同代人的大多数偏好在相当长的时间内是稳定的。

以上三条公理涉及偏好的时间性质。此外，库普曼在1960年公理体系中还包括：

弱敏感公理WS：存在 ${}_tU$、${}_tV$ 及 ${}_tZ \in \mathbb{R}^{|t\mathbb{N}|}$，使得 $(U_t, {}_{t+1}Z)P(V_t, {}_{t+1}Z)$。

弱敏感性公理的本质是代际偏好对代理福利的变化敏感。即对任意代理福利流，其中当代的代理福利变化会影响人们对它的代际偏好。

强帕累托有效蕴涵单调性与弱敏感性。这个命题的前半部分在给出强帕累托有效公理时已经说明了。后半部分的证明也很简单：若强帕累托有效成立，可选择 ${}_tU$、${}_tV \in \mathbb{R}^{|t\mathbb{N}|}$，使得 $U_t > V_t$ 且对其他一切 $s \geq t+1$，都有 $U_s = V_s$。根据强帕累托有效，对一切 ${}_tZ \in \mathbb{R}^{|t\mathbb{N}|}$ 必有 $(U_t, {}_{t+1}Z)P(V_t, {}_{t+1}Z)$。这也就是弱敏感公理。

贴现功利主义公理体系与强帕累托有效公理相容，但与匿名公理不相容。上面已经说过强帕累托蕴涵弱敏感性和强单调性，而根据库普曼（1960）的证明，这两个公理与当代可分性、后代可分性及驻点公理也是相容的，故强帕累托与贴现功利主义公理体系相容。匿名公理与贴现功利主义公理体系的不相容是显然的：在贴现功利主义中，时间越靠后，代理福利对总福利的影响就越小。这显然和表示偏好与时间先后无关的匿名公理是矛盾的。

根据库普曼（1970）的证明，有：

贴现功利主义总福利函数存在且可构造．代理福利流$_tU = (U(C_t), U(C_{t+1}), \cdots)$上的代际偏好序 AWO 若满足连续性、强帕累托有效、当代可分性、后代可分性和驻点公理，则必存在总福利函数 W：$[0,1]^{|_t\mathbb{N}|} \to \mathbb{R}$，它能够数值代理 SWO 且具有如下形式：

$$W({}_tC) = U(C_t) + \delta W({}_{t+1}C) = \sum_{s=t}^{\infty} \delta^{s-t} U(C_s), 0 < \delta < 1 \qquad (2.2.2)$$

其中代理福利 $U(C_s)$ 是通过正规化处理的有界函数，即 $0 \leqslant U(C_s) \leqslant 1$。

有几个问题需要说明。第一，与历史文献不同，这里 $_tC = (C_{t+1}, C_{t+2}, \cdots)$ 中右边的 C_s 表示第 s 代人的广义消费向量，因此$_tC$ 事实上是一个广义消费向量构成的无限列矩阵。第二，总福利函数通过代理福利流 $_tU = (U(C_t), U(C_{t+1}), \cdots)$ 这个中间变量最终成了各代消费流或广义消费矩阵的函数，因此就可直接表示为 $W({}_tC)$。第三，根据驻点公理，代际偏好结构不随时间推移而变化，故代理福利流和总福利函数中表示偏好结构随时间变化的下标可以去掉，即 $W_t({}_tC) = W({}_tC)$ 且 $U_t(C_t) = U(C_t)$。第四，时间可分性意味着总福利可以分解成各代代理福利之和。第五，各代代理福利对代际偏好影响的大小随时间减弱，故在由代理福利加总成总福利时要乘以随时间递减的系数 δ^{s-t}，$0 < \delta < 1$。这些性质对分析很多问题都非常有用。

结合前面讲过的丹斯伽普特－赫尔－索洛研究结果及本节第四部分的结论，就有：

贴现功利主义总福利函数完备可构造，且在一定的资源、技术和经济约束下有最优解但既不满足消费量或代理福利不减，也不满足有限匿名性意义上的可持续性。

2. 祁琪妮斯基代际偏好

祁琪妮斯基（1996）认为贴现功利主义总福利函数中，一代人的代理福利在时间上越靠前，对总福利的影响就越大，这事实上是一种当代独裁。反过来，如果一代人的代理福利时间上越靠后，对总福利的影响越大，则是后代独裁。代际公平的本质要求既没有当代独裁，也没有后代独裁。基于这一思想，她提出了一种新的代际公平思想，即所谓“可持续公理。”

非当代独裁是通过当代独裁来定义的：

当代独裁 DP：对一切 ${}_tU, {}_tV, {}_tY, {}_tZ \in \mathbb{R}^{|t\mathbb{N}|}$，若 ${}_tUP_tV$，则存在 $T' \in t\mathbb{N}$，使得 $({}_tU_T, {}_{T+1}Y)P({}_tV_T, {}_{T+1}Z)$ 对一切 $T \geqslant T'$ 成立。

此公理的含义是明显的：若 ${}_tU$ 强偏好于 ${}_tV$，则必定存在一个时间 T'，使得 T' 后各代是不能改变这种偏好关系的。即只有 T' 代前的当代才能决定这个偏好关系。显然，贴现功利主义是当代独裁的：因为 $0 < U(C_s) < 1$ 且 $0 < \delta < 1$，故级数 $W({}_tC) = \sum_{s=t}^{\infty} \delta^{s-t} U(C_s)$ 收敛。因此只要 T' 充分大，则其尾项 $\sum_{s=T'}^{\infty} \delta^{s-t} U(C_s)$ 就充分小，因此它对 $W({}_tC)$ 的影响也就充分小，结果造成当代独裁。代际公平首先要排除这种可能。具体地即：

非当代独裁 NDP：当代独裁公理不成立。

非后代独裁也是通过后代独裁来定义的：

后代独裁 DF：对一切 ${}_tU, {}_tV, {}_tY, {}_tZ \in \mathbb{R}^{|t\mathbb{N}|}$，若 ${}_tYP_tZ$，则存在 $T' \in t\mathbb{N}$，使得 $({}_tU_T, {}_{T+1}Y)P({}_tV_T, {}_{T+1}Z)$ 对一切 $T \geqslant T'$ 成立。

此公理的含义是：若 ${}_tY$ 强偏好于 ${}_tZ$，则必定存在一个时间 T'，使得 T' 以前各代人是不能改变这种偏好关系的。即只能由 T' 代以后的后代才能决定这个偏好关系。显然，贴现功利主义没有后代独裁性。一般地，代际公平也要排除后代独裁。具体地：

非后代独裁 NDF：后代独裁公理不成立。

可持续公理：任何代际公平既非当代独裁，又非后代独裁。

祁琪妮斯基（1996）证明在库普曼关于代际偏好的公理体系中用可持续公理取代驻点公理而其余公理保持不变，再加入帕累托有效公理后得到的公理体系是相容的，并且能够通过它构造出一种新的总福利函数。同时满足这些公理的代际偏好可以数值表示为一个实值、有界、非负可数可加集函数。根据数学上的约瑟达－赫维特（Yosida，Hewitt，1952，1974）定理，任何一个非负、有界、实值、可数、可加集函数都可以分解为一个纯非负可数可加集函数与一个非负测度两项之和。如果用这个纯非负可数可加集函数表示所有代人的代理福利的贴现值之和 $\sum_{s=t}^{\infty} \delta^{s-t} U_s(C_s)$，用非负测度表示后代的一个底线福利 $\varphi({}_tC)$，则这个函数正好满足可持续性公理。严格地说，有：

祁琪妮斯基总福利函数：建立在代理福利流$_tU$ = ($U(C_t)$, $U(C_{t+1})$, …) 上代际偏好序 AWO 若满足连续性、强帕累托有效、当代可分性、后代可分性和可持续公理，则必存在总福利函数 $W:[0,1]^{|t\mathbb{N}|} \rightarrow \mathbb{R}$ 数值代理 AWO，它具有如下形式：

$$W({}_tU) = \sum_{s=t}^{\infty} \delta^{s-t} U_s(C_s) + \varphi({}_tC)$$

可以在一定的资源－技术－经济约束下，以祁琪妮斯基总福利函数最大化作为代际效率标准来分析代际公平与代际效率的关系。然而，阿舍姆（1996）证明如果不加入更多条件，这个规划的最优解不一定存在。原因从祁琪妮斯基总福利函数的形式就可看出来：只要贴现因子 δ 小于 1，根据贴现功利主义的结论，上述函数的前半部存在最优解。问题是使得前半部最大的那个最优路径未必就能使后半部也最大。反过来也一样：使得后半部最大的路径未必使前半部最大，故两项的和函数未必有最优解。本书第四章将要证明在一定条件下此规划是有最优解的，这个最优解正是可持续国民财富。

总之，贴现功利主义和祁琪妮斯基总福利函数都有完备性且都可数值构造。其中贴现功利主义在一定的资源－技术－经济约束下存在总福利最大意义上的有效（最优）解，但最优路径既不满足消费量或代理福利不减意义上的可持续性，也不满足有限匿名性意义上的可持续性。而祁琪妮斯基总福利函数虽然满足既非当代独裁又非后代独裁意义上的可持续性，但如果除了资源－经济－技术约束不加其他约束条件，则不一定有最优解（Asheim，1996；Figuieres and Tidball，2010）。此外，阿舍姆（2010）还提出了一种根据汉蒙德代际公平原则构造递归总福利函数的方法。这种代际公平也具有完备性，但由于不能给出具体的总福利函数，故不能用来构造可持续国民财富。这样看来，能够构造可持续国民财富的总福利函数，只有在贴现公理主义或祁琪妮斯基规划中加入其他约束条件才有可能实现。下面分析索洛－哈特维克（Solow，1974，1986；Hartwick，1977，1978）在贴现功利主义规划中加入资产完全替代性假设后得出的可持续国民总产值（绿色 GDP）及其问题。而菲贵尔斯－提德堡（Figuiers and

Tidball, 2010）改造后的祁琪妮斯基可持续社会福利函数将在第三章作为本书证明可持续个体总效用函数存在的依据给出来。

四 完全替代性、真实储蓄与绿色 GDP

（一）基本模型

为分析方便，把贴现功利主义总福利函数（2.2.2）写成如下连续时间的形式：

$$W(t)=W(\{C(s),s\in[t,\infty)\})=\int_t^{\infty}U(C(s))e^{-\rho(s-t)}ds \tag{2.2.2a}$$

其中 $\{C(s),s\in[t,\infty)\}$ 表示当时间 s 在 $[t,\infty)$ 中连续变化时广义消费向量 $C(s)$ 构成的连续统，从而总福利函数就是这个连续统在时间段 $[t,\infty)$ 上每一点的广义消费产生的代理福利的贴现和。

设广义资本存量函数和总生产函数分别为 $K(t)$ 和 $F(K(t))$，则时刻 t 的经济－技术约束为：

$$\dot{K}(t)=F(K(t))-C(t) \tag{2.2.3}$$

其中 $\dot{K}(t)=I(t)$ 为广义资产投资向量。而时刻 t 的资源约束则为：

$$(K^0,C^0)\leqslant(K(t),C(t))\leqslant(K^m,\infty) \tag{2.2.4}$$

其中 $K^0=(K_1^0,K_2^0,\cdots,K_n^0)$、$C^0=(C_1^0,C_2^0,\cdots,C_n^0)$、$K^m=(\underbrace{K_1^m,K_2^m,\cdots,K_n^m}_{n})$ 及 $\infty=(\underbrace{\infty,\infty,\cdots,\infty}_{n})$ 均与（2.2.1）中相同。

于是，时刻 t 在资源、经济和技术约束下的贴现功利主义最优规划可表示为：

$$\begin{cases}\max W(t)=\int_t^{\infty}U(C(s))e^{-\rho(s-t)}ds\\ s.t.\dot{K}(t)=F(K(t))-C(t)\\ (K^0,C^0)\leqslant(K(t),C(t))\leqslant(K^m,\infty)\end{cases} \tag{2.2.5}$$

（二）技术进步、资本积累与消费量可持续

丹斯伽普特－赫尔（Dasgupta，1974；Heal，1979）在只有一种人造

资本 $K(t)$ 、一种可枯竭资源 $S(t)$ 及代理福利函数 $U(C(s))$ 为单调递增凹函数的假设下，研究了上述模型的一种特殊形式：

$$\begin{cases} \max W(t) = \int_t^{\infty} U(C(s))e^{-\rho(s-t)}ds \\ s.t \dot{K}(t) = F(K(t),Z(t)) - C(t) \\ (K^0,S^0) \leqslant (K(t),S(t)) \end{cases} \tag{2.2.5a}$$

其中 K^0 和 S^0 分别为人造资本和可枯竭资源的初始存量。$Z(t) = -\dot{S}(t)$ 表示可枯竭资源的负增长量，即投入总生产中的可枯竭资源量。这一点和后来的总生产函数中自然资本用存量表示略有区别，但本质上一样。他们的研究结果表明：模型（2.2.5a）存在最优消费路径 $C^*(t)$ 且最优消费路径满足：

$$\dot{C}^*/C^* = [F_K - \rho]/[-C^* U_{cc}/U_c] \tag{2.2.5b}$$

其中 F_K 为人造资本的边际报酬，U_{cc} 和 U_c 分别为代理效用的二阶与一阶导数。考虑到代理效用为凹函数，其二阶导数必为负数，从而 $-C^* U_{cc}/U_c > 0$ 。又由于边际报酬 F_K 递减，故用 K 无限代替 S 的方式进行生产时由于边际报酬递减率的作用最终必有 $F_K < \rho$ ，从而 $\dot{C}^*/C^* < 0$ ，结果是消费递减且趋于0。换句话说模型（2.2.5a）存在最优解但却不能保证消费量不减意义上的代际公平。

索洛（Solow，1974）在丹斯伽普特-赫尔模型中用罗尔斯的最大-最小代理福利取代了贴现功利主义代理福利，又把总生产函数具体化为科布-道格拉斯函数 $F(K(t),Z(t)) = K^{\alpha}(t)Z^{\beta}(t)$ ($\beta < \alpha < \alpha + \beta < 1$) 后，发现通过资本积累可以保持各代消费不变，即 $\dot{C}^*(t)/C^*(t) = 0$ ，但消费不变路径却不能是代际有效的。换句话说，通过资本积累可达到消费量不减意义上的代际公平但却达不到总福利函数最大意义上的代际有效。

斯蒂格利茨（Stiglitz，1974）在丹斯伽普特-赫尔模型中让其他假设不变但把总生产函数具体化为加入技术进步的科布-道格拉斯函数 $F(K(t),Z(t),t) = K^{\alpha}(t)Z^{\beta}(t)e^{vt}$（其中 $v>0$ 为技术进步率）后发现模型（2.2.5a）的最优解 $C^*(t)$ 满足 $\dot{C}^*(t)/C^*(t) > 0 \Leftrightarrow v/\rho > 1-\alpha$，

（$\dot{C}^*(t)/C^*(t)<0 \Leftrightarrow v/\rho<1-\alpha$）。这就说明只要技术进步率 v 足够大到能补偿贴现率 ρ 与可枯竭资源对生产的贡献率 $\beta=(1-\alpha)$ 之积，即 $v \geq \rho(1-\alpha)$，则最优消费就可以不减，从而保证了消费不减意义上的代际公平和总福利函数最大化意义上的代际有效。范林特（Valente，2005）进一步证明：最优代理福利不减的必要条件是技术进步率与资源再生率之和大于贴现率。

然而，在总生产函数中，资源再生率受客观规律制约，技术进步是一个不能保证的因素。这就意味着代际公平约束下的代际有效是一个不能保证的要求。

（三）资产完全替代与代理福利、总福利的可持续性

自然资本损耗被人造资本积累补偿后可维持消费水平不变（Solow，1974）这个思想被哈特维克（Hartwick，1977）、索洛（Solow，1986）和阿罗森（Aronsson，1997）等完善为：不管不同资本各自的投资价值为多少，只要资本之间存在完全替代性，则当资本的总投资价值不变时，就可通过资本间的替代来保持各代人的代理福利水平不变，这就是有名的哈特维克原则。下面从基本模型（2.2.5a）出发，通过综合佩瑟（Pezzey，2002）和阿舍姆（Asheim et al，2001）的工作，给出 Hartwick 原则的证明思路与相应的可持续判定准则。

显然，模型（2.2.5a）的当前值汉弥尔顿算子为：

$$H(C,\dot{K},\Psi)=U(C)+\Psi\dot{K}\text{①} \tag{2.2.6}$$

这里 $I=\dot{K}$ 为总投资，$\Psi=(\Psi_1,\Psi_2,\cdots,\Psi_n)$ 为投资向量 $\dot{K}=(\dot{K}_1,\dot{K}_2,\cdots,\dot{K}_n)$ 的影子价格向量。

根据当前值汉弥尔顿条件，若式（2.2.6）有解，则其最优解 $(C^*(t),\dot{K}^*(t))$ 必满足以下条件：

---

① (2.2.5a) 式应直接使用贴现值汉弥尔顿算子 $\tilde{H}(C,I,\Psi)=e^{-\rho(s-t)}U(C)+\tilde{\Psi}\dot{K}=e^{-\rho(s-t)}(U(C)+\Psi\dot{K})=e^{-\rho(s-t)}H(C,I,\Psi)$，这儿 $\Psi=e^{\rho(s-t)}\tilde{\Psi}$。但为了分析方便，这里直接用当前值汉弥尔顿算子(2.2.6) 来分析。当前值汉弥尔顿算子除对 K 的偏导数为(2.2.8)外，对其余两个变量的偏导数与贴现值汉弥尔顿算子的相同。细节请参考坎弥恩等(Kamien and Schartz,1991)。

$$H^*(t) = \hat{H}(K^*(t), \Psi(t)) = \max_{\dot{K}(t)=F(K(t))-C(t)} H(C, \dot{K}, \Psi) \tag{2.2.7}$$
$$= H(C^*(t), \dot{K}^*(t), \Psi(t))$$

其中第一个等式后面的函数符号变为 $\hat{H}(\cdot)$ 是因为这里把 $H^*(t)$ 看成了 $K^*(t)$ 和 $\Psi(t)$ 的函数，这个函数是最优解 $C^*(t)$ 和 $\dot{K}^*(t)$ 带入原函数 $H(C, \dot{K}, \Psi)$ 计算的结果。根据当前值汉弥尔顿算子法，(2.2.7) 的必要条件满足：

$$\nabla_K \hat{H}(K^*(t), \Psi(t)) = \rho\Psi(t) - \dot{\Psi}(t) \tag{2.2.8}$$

这里 $\nabla_K \hat{H}_K$ 表示 $\hat{H}(\cdot)$ 对 K^* 的偏导数构成的向量。(2.2.7) 第一个等式两边求对时间的导数并利用包络定理和 (2.2.8) 得：

$$\dot{H}^*(t) = \nabla_K \hat{H}\dot{K}^* + \nabla_k \hat{H}_\Psi \dot{\Psi} = \rho\Psi\dot{K}^* \tag{2.2.9}$$

另一方面，把最优解代入 (2.2.6) 并在两边求关于时间的导数得：

$$\dot{H}^*(t) = \nabla_c U(C^*(t))\dot{C}^*(t) + d(\Psi(t)\dot{K}^*(t))/dt \tag{2.2.10}$$

由 (2.2.9) 和 (2.2.10) 两式得：

$$\nabla_c U(C^*(t))\dot{C}^*(t) + d(\Psi(t)\dot{K}^*(t))/dt = \rho\Psi(t)\dot{K}^*(t) \tag{2.2.11}$$

然后把 (2.2.2a) 两端求关于时间的导数，右边分步积分，再利用 (2.2.11) 得：

$$\dot{W}^*(t) = \Psi(t)\dot{K}^*(t) \tag{2.2.12}$$

现在设收入的边际效用随时间变化的函数为 $\lambda(t)$，则消费名义价格向量 $p(t)$、投资名义价格向量 $q(t)$ 和名义利率 $r(t)$ 与其相应的影子消费价格向量 $\nabla U(C^*(t))$、投资影子价格向量 $\Psi(t)$ 和贴现率 ρ 的关系分别为：

$$\begin{aligned} p(t) &= \nabla U(C^*(t))/\lambda(t) \\ q(t) &= \Psi(t)/\lambda(t) \\ r(t) &= \rho - \dot{\lambda}(t)/\lambda(t) \end{aligned} \tag{2.2.13}$$

假设经济中所有消费者是效用最大化者，而投资是利润最大化者。利用这两个假设并代入（2.2.8）和（2.2.13），即得到（2.2.11）以名义价格表示的形式：

$$p(t)\dot{C}^*(t) + d(q(t)\dot{K}^*(t))/dt = r(t)q(t)\dot{K}^*(t) \tag{2.2.14}$$

上式中 $q(t)\dot{K}^*(t)$ 是名义价格下的净投资，它表示人造资产、自然资产、人力资产和社会资产四大资产名义价值的净变化额，通常表示自然资产的减少与人造、人力和社会资产的增加之间的补偿关系。很多文献中把这种以名义价格反映不同资本之间补偿关系的净投资叫名义真实储蓄（Genuine Saving in Nominal Prices），不妨用GSN表示，即：

$$GSN(t) = q(t)\dot{K}^*(t) \tag{2.2.15}$$

名义净投资和名义总消费之和叫名义国内净产值（Net Domestic Product in Nominal Prices），不妨用NDPN表示，即：

$$NDPN(t) = p(t)C^*(t) + q(t)\dot{K}^*(t) = p(t)C^*(t) + GSN(t) \tag{2.2.16}$$

把（2.2.13）中的第二式代入（2.2.12）得：

$$\begin{aligned}\dot{W}^*(t) &= \Psi(t)\dot{K}^*(t) = \lambda(t)q(t)\dot{K}^*(t) = \lambda(t)GSN(t)\\ &= \lambda(t)[NDPN(t) - p(t)C^*(t)]\end{aligned} \tag{2.2.17}$$

由于收入的边际效用 $\lambda(t)$ 总是大于0，故上式表明：

$$\dot{W}^*(t) \geqslant 0 \Leftrightarrow GSN(t) \geqslant 0 \tag{2.2.18}$$

（2.2.17）同时表明：名义国内净产值 $NDPN(t)$ 与总福利的变化没有直接关系。

另一方面，由（2.2.6）得：$\dot{W}^*(t)=\Psi(t)\dot{K}^*(t)=H^*(t)-U(C^*(t))$，从而有：$\dot{W}^*(t)=0 \Leftrightarrow H^*(t)=U(C^*(t))$。第二个方程两端对时间求导数，再将（2.2.9）和（2.2.13）代入得：

$$dU(C^*(t))/dt = \dot{H}^*(t) = \rho\Psi\dot{K}^* = \rho\lambda(t)GSN(t) \tag{2.2.19}$$

综合（2.2.17）与（2.2.19）得：

$$GSN(t) \geqslant 0 \Leftrightarrow \dot{W}^*(t) \geqslant 0 \Leftrightarrow dU(C^*(t))/dt \geqslant 0 \tag{2.2.20}$$

（2.2.17）与（2.2.20）揭示了名义真实储蓄与代理福利及总福利之间的内在联系，其深刻含义是：如果不同资本之间存在完全替代性，则虽然某一种资本形式，比方说自然资本，被人造、人力或社会资本所替代，但若人造、人力和社会资本的投资量不小于自然资本的折旧量，从而使得名义净资本总价值即真实储蓄额不小于0，则（2.2.20）表明各代总福利也不减；如果名义净资本即名义真实储蓄余额为0，则各代人的代理福利和总福利均为常数。这不仅证明了哈特维克原则而且还提供了关于各代总福利的更多信息。它表明真实储蓄额可以作为总福利和代理福利不减意义上的可持续性的一个判定准则。

然而，由于真实储蓄额不包含消费资产而且又是一个名义量，所以不能直接作为可持续国民财富的核算指标。此外，由于现在还看不出名义国内净产值变化与代理福利及总福利的直接关系，因此它暂时也不能用来判断代理福利和总福利的可持续性。为此，可通过一个特殊的价格指数来把名义真实储蓄和名义国内净产值转化成真实储蓄和国内净产值，再研究它们与福利可持续性的关系。瑟夫通－维奥等（Sefton-Weale，2000；Asheim，2001）发现：通过Divisia价格指数把名义价格化为真实价格之后得到的真实储蓄和国内净产值可以分别作为总福利可持续的判定标准和财富核算指标。

Divisia消费价格指数就是使得因价格变化而导致的消费价值为$\dot{P}C=0$的价格指数。换句话说在这个价格指数折算得到的实际价格体系中，消费价值的变化都是因消费量的变化而导致的真实消费。具体地：

Divisia消费价格指数即满足条件$\frac{\dot{\pi}(t)}{\pi(t)}=\frac{\dot{p}(t)C^*(t)}{p(t)C^*(t)}$的价格指数$\pi(t)$。

Divisia价格指数下的实际消费价格、实际投资价格和实际利率分别如下：

$$
\begin{aligned}
P(t) &= p(t)/\pi(t) \\
Q(t) &= q(t)/\pi(t) \\
R(t) &= r(t) - \dot{\pi}(t)/\pi(t)
\end{aligned}
\tag{2.2.21}
$$

显然，在通过 Divisia 价格指数折算后的真实价格体系（$P(t), Q(t), R(t)$）中，有：

$$\begin{aligned}\dot{PC}^* &= \frac{d}{dt}\left(\frac{p(t)}{\pi(t)}\right)C^*(t) = \frac{\pi(t)\dot{p}(t)C^*(t) - \dot{\pi}(t)p(t)C^*(t)}{\pi^2(t)} \\ &= \frac{\dot{p}(t)C^*(t) - (\dot{\pi}(t)/\pi(t))p(t)C^*(t)}{\pi(t)} = 0\end{aligned} \tag{2.2.22}$$

实际价格下的真实储蓄为：

$$GS(t) = Q(t)\dot{K}^*(t) = GSN(t)/\pi(t) \tag{2.2.23}$$

实际价格下的国内净产值为：

$$NDP(t) = P(t)C^*(t) + Q(t)\dot{K}^*(t) = P(t)C^*(t) + GS(t) \tag{2.2.24}$$

（2.2.24）第一个方程两边对时间求导数，再利用（2.2.22）、（2.2.21）和（2.2.14）得：

$$\begin{aligned}dNDP(t)/dt &= R(t)(NDP(t) - P(t)C^*(t)) \\ &= R(t)Q(t)\dot{K}^*(t) = R(t)GS(t)\end{aligned} \tag{2.2.25}$$

由（2.2.25）、（2.2.23）、（2.2.21）及（2.2.15）得：

$$dNDP(t)/dt = R(t) \cdot GS(t) = \frac{R(t)}{\pi(t)\lambda(t)}\dot{W}(t) \tag{2.2.26}$$

此式揭示了实际价格下的国内净产值、真实储蓄及总福利三者之间的内在关系。通常都会有 $\lambda(t) > 0$、$\pi(t) > 0$ 且 $R(t) \geq 0$，故上式表明：

（1）$GS(t) \geq 0 \Leftrightarrow dNDP(t)/dt \geq 0 \Leftrightarrow \dot{W}(t) \geq 0$，即各代总福利不减等价于国内净产值不减，也等价于真实储蓄不小于0；

（2）$GS(t) = 0 \Leftrightarrow dNDP(t)/dt = 0 \Leftrightarrow \dot{W}(t) = 0$，即各代总福利不变等价于国内净产值不变，也等价于真实储蓄率为0；

（3）$GS(t) < 0 \Leftrightarrow dNDP(t)/dt < 0 \Leftrightarrow \dot{W}(t) < 0$，即当真实储蓄小于0时，国内净产值和各代总福利都递减。

可见，真实储蓄的符号为总福利的可持续性提供了一个判定标准，它能判定国内净产值与各代总福利是否可持续。国内净产值则既给各代总福利可持续提供了一个判定标准，又是可持续国民财富核算的具体指标。由于这个原因，国内净产值在很多情况下都被称作可持续国内净产值（SNDP：sustainable net domestic product）或绿色 GDP。

特别地，瑟夫通 - 维奥 - 阿舍姆（Sefton-Weale，1996；Asheim，1997）还证得在真实利率 $R(t)=R$ 为常数时，有：

$$NDP(t)=R\int_t^{\infty}P(s)C^*(s)e^{-R(s-t)}ds=R\Theta(t) \tag{2.2.27}$$

其中 $\Theta(t)=\int_t^{\infty}P(s)C^*(s)e^{-R(s-t)}ds$ 叫财富（wealth），它是从当代开始未来所有代人的消费价值之和。可持续国内净产值就是财富 $\Theta(t)$ 在真实利率 R 下的利息。可持续国内净产值可持续也就等价于财富的可持续（Pezzey，2002）。正因为如此，财富现被世界银行和一些外国政府用来作为可持续核算指标（The Worldbank，2004）。

魏茨曼和佩瑟（Weitsman，1997；Pezzey，2002）的研究先后表明：在广义资本向量 K 中引入技术进步和国际市场价格变动等因素后上述结论仍然成立。具体地，设时刻 t 由技术进步和国际市场价格变动等因素引起的 K 的价值变动为 Ψ^t，则可以把 n 维向量 K 扩展为 $n+1$ 维，使其最后一维的值为常数“1”，表明价值 Ψ^t 不是由资本组合 K 本身产生的，而是由包括技术进步在内的其他因素所引起的。此时有：$\tilde{K}=(K,1)=(K_1,K_2,\cdots,K_n,1)$。对应地，扩展了的资本向量 $\tilde{K}$ 的影子价格相应地就为 $\tilde{\Psi}=(\Psi,\Psi^t)=(\Psi_1,\Psi_2,\cdots,\Psi_n,\Psi^t)$。其中 Ψ^t 为资本“1”的影子价格，叫资本组合（$K_1,K_2,\cdots,K_n$）的时增价值（time-augmented），用来反映时刻 t 非投资因素引起的投资组合的价格变化（Pezzey，2002）。时刻 t 的时增价值为 Ψ^t 而非 $\Psi(t)$，表示时增价值与 t 有关，但不是由投资的时间价值所引起的。时增变量是分析技术进步等因素对可持续性影响的关键变量，但可以通过上述方式直接加入初始模型（2.2.5）中。由于从（2.2.5）到结论的整个分析过程没有对影子价格向量的特殊要求，所以上述没有加入时增变量的分析结果在加入时增变量后仍然成立（Pezzey，2002）。而加入时增变量后的结论也只需要在原来结论中把普通的资本向量和对应的影子价格向量换成加入了时增变量以后的资本向量和对应的影子价格即可。

综上所述，在资本可完全替代假设下，弱可持续国民财富核算的指标体系及其内部结构可以概括成表：

表 2.2.3 弱可持续国民财富核算的指标体系及内部结构

指标名称	基本算法	内在关系
真实储蓄	$GS(t)=Q(t)\dot{K}^*(t)$	广义资产净投资
可持续国内净产值	$NDP(t)=P(t)C^*(t)+GS(t)$	$\frac{dNDP(t)}{dt}=R(t)\cdot GS(t)$
财富	$\Theta(t)=\int_t^\infty P(s)C^*(s)e^{-R(s-t)}ds$	$\Theta(t)=NDP(t)/R$
各代总福利	$W(t)=\int_t^\infty U(C(s))e^{-\rho(s-t)}ds$	$\frac{dNDP(t)}{dt}=R(t)\cdot GS(t)=\frac{R(t)}{\pi(t)\lambda(t)}\dot{W}(t)$

（四）Serafy 可持续收入：一个特例

对于可枯竭不可再生自然资源如煤炭和石油等，瑟诺菲（Serafy，1989）给出了一个简单且具有可实践性的弱可持续核算指标。它虽然不是直接来源于上述绿色 GDP 系列，但却是建立在弱可持续核算的资源可完全替代假设基础之上的。该指标的构建思路是：任何可枯竭自然资源必然会在某个时刻开采完毕。因此要保持可枯竭资源在代际公平和代际效率意义上的可持续性，只需要有资源开采权的先代从资源开采的净收益中拨出一定的份额在资本市场投资，以便在资源枯竭后的所有后代能够分配到和其先代同样的真实收入。这个真实收入就是 Serafy 可持续收入。

不妨设可枯竭资源在第 n 代开采完毕。开采期内的每代人开采的资源带来的净收益为 R，它为资源销售收益与开采成本之差。又设所有代人相同的 Serafy 收入为 X，则前 n 代人必须从自己的资源开采净收益 R 中预留 $R-X$ 作为投资基金，以便资源枯竭后的后代能得到和当代同样的收入 X。不妨把这个预留基金叫可持续基金。如果每代人的投资收益率均为 r，则所有代人的 Serafy 收入的贴现值必然等于所有资源开采净收益贴现值，即：

$$\sum_{t=0}^{n}\frac{R}{(1+r)^t}=\sum_{t=0}^{\infty}\frac{X}{(1+r)^t} \tag{2.2.28}$$

由于 $\sum_{t=0}^{n}\frac{R}{(1+r)^t}=R\frac{1-1/(1+r)^{n+1}}{1-1/(1+r)}$，且 $\sum_{t=0}^{\infty}\frac{X}{(1+r)^t}=$

$\frac{X}{1-1/(1+r)}$，故有：

$$R\frac{1-1/(1+r)^{n+1}}{1-1/(1+r)}=\frac{X}{1-1/(1+r)} \tag{2.2.29}$$

解方程即得 Serafy 收入为：

$$X=R\left[1-\frac{1}{(1+r)^{n+1}}\right] \tag{2.2.30}$$

同时得投资基金或可持续基金为：

$$R-X=\frac{R}{(1+r)^{n+1}} \tag{2.2.31}$$

由（2.4.29）与（2.4.30）可知：若资源价格不变，则当开采代数 n 既定时，每代人的开采净收益 R 越大，说明资源总量越大，从而可供前 n 代人开采的量也就越大，预留的可持续基金就越大，Serafy 收入也就越大；当前 n 代人的开采净收益 R 既定时开采代数 n 越多，也说明资源总量越大，此时虽然每代人预留的可持续基金较少，但由于预留的代数增多，因此总预留基金仍然可以保证 Serafy 收入增加。在开采代数 n 和开采净收益 R 都既定时，投资收益率 r 越大，每代人预留的可持续基金较少，但由于可持续基金的投资收益率增加，因此总预留基金也可以保证 Serafy 收入增加。总之：Serafy 可持续收入为开采代数 n 、每代开采净收益 R 和可持续基金投资收益率 r 的增函数。它不仅可作为可枯竭不可再生自然资源的一个弱可持续核算指标，而且它所包含的可持续发展基金思想还为可枯竭不可再生自然资源的运营提供了可操作的实践依据。

五　弱可持续核算的基本问题

然而，弱核算却面临严重问题，具体地可以分述为以下几个方面：

1. 广义资产的不完全替代性问题。不同种类的资产、满足不同层次需求的资产、满足同种需求的不同需要的资产以及满足同种需求同种需要的资产的不同量之间的替代都有一定限度，超过这个限度，它们只能互补而不能替代。这就使得以资产完全替代性为前提的真实储蓄、可持续国内净产值这样的可持续国民财富核算指标失去了成立的现实依据。

2. 代理福利函数 $U(C(t))$ 的存在性及构造问题。代际偏好和总福利函数的构造以代理福利函数的存在性为前提。但代理福利函数作为一代人在一定消费水平上的社会福利函数其存在性受阿罗不可能定理等问题的困扰；其内容反映的是一定时代的代内偏好因而受这个时代的意识形态、经济结构和社会状况的支配，结果使得其自变量选择和函数形式的构造都变得十分困难。

3. 可持续总福利函数 $W(t)$ 的存在性与构造问题。即便代理福利函数 $U(C(t))$ 的存在和构造不成问题，建立在代理效用流 $U(C(t))$ 上的可持续总福利函数 $W(t)$ 也未必存在，正如公理化弱可持续核算的不可能定理所揭示的那样。

4. 可持续国民财富的存在性与构造问题。即便以某种方式定义的可持续总福利函数 $W(t)$ 存在且可构造，也不能保证一定资源、技术和经济约束下的规划（2.2.5）有最优解，这也就意味着可持续国民财富的存在性是一个不能保证解决的问题。存在性问题不解决，可持续国民财富的构造也就无从谈起。

5. 广义资产定价问题。弱核算指标中的资产价值等于资产的影子价格与有效量之积，两者都在资产的代际有效配置中决定。由（2.2.5）及（2.2.13）可见：广义消费资产及资本资产的影子价格只能由总生产函数 $F(K(t))$、总福利函数 $W(t)$ 及收入的边际效用 $\lambda(t)$ 共同决定。而这样一来首先是满足一定条件的总生产函数、总福利函数及收入边际效用的构造，其次是要有存在影子价格的合理定价机制。显然，无论是通过市场机制来定价还是政府通过理论推断来定价，影子价格的确定都是非常困难的事。

上述问题构成了可持续国民财富核算的基本问题，其他可持续核算理论都是在解决其中一个或几个的过程中发展起来的。本章其余两节分别评估强可持续核算理论与可持续经济福利指数对上述问题的研究进展，然后在其他各章分析这些研究存在的问题并提出解决问题的理论与方法。

第三节　强可持续国民财富核算

第二节的研究表明：在具有完备和可构造性的总福利函数中只有贴现功利主义总福利函数在资产完全替代性假设下存在最优解，并且如果广义净投资（真实储蓄）不小于0，则总福利水平和可持续国内净产值（绿色GDP）都可持续，于是得到了可持续国民财富的核算指标即以广义净投资为判定标准的可持续国内净产值。然而资产完全替代性是一个不能成立的假设。不同种类的资产、满足不同层次需求的资产、满足同种需求的不同需要的资产以及满足同种需求同种需要的资产的不同量之间的替代都有一定限度，超过这个限度，它们只能互补而不能替代。针对这个问题的解决方法之一是强可持续核算。

强可持续核算思想源于罗马俱乐部增长的极限理论，但成形于20世纪90年代前后对弱可持续核算完全替代性假设的批判（Barbier，1987；Daly，1990），经过20多年具体核算指标的研究，近年来主要集中于对自然资本替代极限的系统研究和设计。其基本特征是：（1）认为无论技术水平多高自然资产都存在不可替代的底线；（2）不是直接以社会福利，而是以作为福利基础的自然资产为核算对象；（3）可持续标准是维持每代人的自然资产底线不减或不变；（4）核算的理论和方法不是代理福利或总福利优化，而是遵循生态学、环境科学或生态经济学所揭示的某些规律，比方说生态可恢复性等等。

具体地，强可持续核算认为太阳－地球生态系统所提供的空间场所、生态服务和自然资源是人类社会可持续发展的唯一前提与基础。人类社会只有服从这个系统的规律才能在维持生存底线的基础上提高人类的福利水平。可持续核算就是对自然资产的底线与超越底线的余额进行界定与度量，以维持可再生资源的生长量能补偿其开采量，环境污染吸收量能补偿污染释放量，以及不可再生资源的替代品数量能补偿其耗损量（Daly，1990），从而使每一代人都能生活在公平的环境与自然资源中。

本节首先系统分析强可持续核算的指标及其存在的问题，然后研究关键自然资产与自然资产的替代极限问题，最后提出关键广义资产与资产替代极限的理论和方法。

一 传统强可持续国民财富核算及其问题

可以按照是否可再生和可循环等基本特点把环境与自然资源分为可再生资源、不可再生但可循环资源以及不可再生不可循环资源三个基本类型（Tietenberg，2003）。可再生资源就是那些被破坏或使用后能够以一定方式补充的资源，如太阳能、水、空气和动植物资源。这些资源的补充速度是由它们自身的特点、生态状况及人类技术水平等因素所决定的。不可再生但可循环资源就是那些被破坏或使用后不能补充但其物质形态通过加工处理后可重新使用的资源如矿物质、纸和玻璃等，这类资源的循环利用情况取决于一定时代的经济和技术水平。不可再生不可循环资源指那些被破坏或使用后既不能补充也不能重新利用的资源如化石能源、电能和热能等等。不同类型的环境与自然资源有着不同的可持续性，因而也就有着不同的可持续核算指标。下面分别分析。

（一）可再生资源的强可持续核算

可再生资源的强可持续核算指标主要有净原初产量人类专用和生态足迹两个，它们相互间有较大区别但又有着很强的内在联系。

1. 净原初产量人类专用 HANPP

净原初产量人类专用（HANPP：Human Appropriation of net primary production）思想最早起源于怀特克与莱肯斯（Whittaker and Likens，1973）20世纪70年代提出的生物质（biomass）人类年使用量问题。费托瑟克等（Vitousek et al，1986）明确提出了净原初产量人类专用这个概念，把它定义为太阳－地球生态系统一年中通过光合作用从太阳能转化而来的生物质总量扣除原初生产者所必需的部分后所剩的余额被人类专用的部分。太阳－地球生态系统一年通过光合作用从太阳能转化而来的生物质总量叫全球总原初产量（GPP：Global Primary Production）。原初生产者（PP：Primary Producers）是指通过光合作用把太阳能转化为生物能的植物以及维持这些植物能够发挥正常生产功能的动物、微生物及其相互作用构成的整个生态系统。设原初生产者所需生物质总量为PPP。全球总原初产品中扣除了原初生产者所必需的部分后所剩的余额叫净原初产量（NPP：Net Primary Production），而净原初产量中被人类用掉的部分就是净原初产量人类专用，用来反映原初生产力保持代际公平时太阳－地球生态系统面临的生态压力。具体地：GPP、NPP、PP和HANPP之间的关系可表示为下式：

$$
\begin{aligned}
GPP &= \text{辐射到地球生态环境中的太阳能总量} - \text{地球水汽循环所需热量} \\
NPP &= GPP - PPP \qquad\qquad (2.3.1)\\
HANPP &= \text{被人类使用掉的}\ NPP
\end{aligned}
$$

净原初产量人类专用大小可用多种物质单位度量。第一种方法是干生物质的重量单位，通常以petagram（Pg/Yr）为单位，1Pg/Yr = 10^{15} g/Yr或10^{12} kg/Yr或10^{9} t/Yr，，这儿g/Yr、kg/Yr和t/Yr分别表示“克/年”“公斤/年”和“吨/年”。第二种方法是能量单位，通常以热量单位年卡路里值MJ/Yr来表示。第三种方法是用年碳重量表示，通常为以年公斤碳kg C/Yr来表示。三种计量单位之间的换算关系为：1kg干生物质 = 0.5kgC = 18.5MJ（Habel，2007）。

净原初产量人类专用有多种核算方法，这些方法相互之间有一定的区别，核算的结果也存在差异，所有方法都需要改进，但其发明者费托瑟克等（Vitousek et al，1986）的核算方法在概念上较为清晰。他认为HANPP有低估、中估和高估三种核算方法：低估核算只记入被人类直接消耗的生物质能如食物、木材等等，中估核算需在低估核算中加入受人类控制的生态系统如耕地等，而高估核算还需在中估核算中加入人类活动导致的生态生产力的变化。可以根据原始文献把NPP及HANPP的三种核算方法概括为表2.3.1，其中NPP栏所列项目为原初生产力，而HANPP栏所列项目为人类直接或间接使用项目。

费托瑟克等人的核算方法为HANPP提供了一个基本框架，但这样分类核算的方法所包含的项目繁多并且在实际操作上有较大困难。很多人对此进行了改进。影响较大的是奈特－汉贝奥（Wright，1990；Habel，1997，2001）方法。在该方法中HANPP被定义为没有人类活动影响时的净原初产量NPP_0与人类收获行为后的净原初产量NPP_t两项之差，即

表 2.3.1 HANPP 核算方法*

NPP(Pg/Yr)	HANPP(Pg/Yr)		
	低估核算值	中估核算值	高估核算值
耕地	人类食物	食物耕地	农业系统 NPP 损减
森林	木材产品	林地	森林转化为牧地数量
草原	家畜饲料	牧地	沙漠化数量
沙漠	沙漠动植物	人类对沙漠的影响	沙漠生产力耗减
沼泽、湿地等	沼泽、湿地动植物	人类占有沼泽、湿地	沼泽湿地退化
湖泊、河流和海洋	水产品	水产生态系统	水产生态系统退化①
大气	空中生物	空中生态系统	大气生态系统退化

* 由于各种方法估算的 HANPP 差距较大且本书的主要目的是研究核算方法而非核算结果，所以表中未列出具体核算值。

① 原文中没有水产生态系统和大气环境退化等项，这与当时地球水域污染及温室气体排放导致的 NPP 损减尚不明显有关，而现在这两项必须被列入。

$HANPP = NPP_0 - NPP_t$，其中 NPP_t 等于生态系统中可供人类收获的净原初产量 NPP_{act} 与人类实际收获的净原初产量 NPP_h 之差，即 $NPP_t = NPP_{act} - NPP_h$。$NPP_t$ 与 NPP_{act} 的主要区别是人类收获还伴有一定的净原初产量损耗，因此可供人类收获的 NPP_{act} 和人类实际收获的净原初产量 NPP_t 还不相同，中间的差异是就是人类生产和收获行为所导致的净原初产品变化量 ΔNPP_{lc}，它具体表现为没有人类收获时实存的净原初产量 NPP_0 与可供人类收获的 NPP_{act} 两项之间的差额，即 $\Delta NPP_{lc} = NPP_0 - NPP_{act}$。从此式中解出 NPP_{act} 并代入前面 HANPP 的表达式得：

$$HANPP = NPP_0 - NPP_t = NPP_h + \Delta NPP_{lc} \tag{2.3.1a}$$

亦即净原初产量人类专用等于人类收获的净原初产量与人类生产和收获行为所导致的净原初产量损耗两项之和。

由于净原初产量人类专用的定义与核算方法目前还不统一，所以对它的数值估算很不完善而且相互之间有较大差异。汉贝奥等（Habel，2007；Erb et al 2005）对不同学者对不同年份、不同国家和地区的 HANPP 估算值进行了汇总和对比。根据上述作者的研究结果，2000 年全球 HANPP 及其占 NPP_0 比例的基本情况如表 3.3.2。由表可见：2000 年全球 HANPP 数量及其占总 NPP_0 比例分别为 15.6 Pg C/yr 和 23.8%，地上 HANPP 数量

及其占地上 NPP_0 的比例分别为 10.20Pg C/yr 和 28.8%。此外，汉贝奥等按照费托瑟克方法估算的 1970 年低估、中估和高估 HANPP 值占 NPP_0 的比例分别为 7.8%、27.4% 和 37.0%。

表 2.3.2　2000 年全球净原初产量及其构成

原初产量及其构成	总 NPP		地上 NPP	
	Pg C/yr	%	Pg C/yr	%
NPP_0	65.51	100.0	35.38	100.0
NPPact	59.22	90.4	33.54	94.8
NPPlc	6.29	9.6	1.84	5.2
NPPh	8.18	12.5	7.22	20.4
人类引起的火灾	1.14	1.7	1.14	3.2
NPPt	49.90	76.2	25.18	71.2
HANPP	15.60	23.8	10.20	28.8
流回自然界	2.46	3.7	1.50	4.2

为了使各代人有一个起码的生存和发展环境，净原初产量人类专用必需不超过净原初产量的某个比例，因为只有这样才能保持太阳－地球生态系统原初生产者的生产能力正常运行。因此可以用净原初产量人类专用占净原初产量的比例来反映人类生存与发展的可持续性。亦即可持续标准为：

$$HANPP \leqslant \gamma NPP \text{ 或 } \gamma NPP - HANPP \geqslant 0, 0 < \gamma < 1 \qquad (2.3.1b)$$

由于净原初产量是辐射到地球生态系统中的太阳能总量扣除了地球水汽循环所需热量和净原初生产者所需能量之外的余额，因此它给出了一个维持地球生态系统及其可再生资源原初生产力的必要条件。

2. 生态足迹 EF

生态足迹概念是由维克纳基尔和李斯（Wakernagel, 1991, 1996, 1999; Rees, 1992, 1996）于 20 世纪 90 年代提出的。其基本思想是核算人类在其专用生态系统中一年消耗的生物资源与排放的污染总量，然后与相应的生物承载力进行比较来评价经济发展的环境与自然资源可持续性。生态足迹核算方法提出以来产生了巨大影响，越来越多的国家和国际组织加入了生态足迹核算行列。环球生态足迹网（global footprint network）每年都公布关于生态足迹的理论研究成果和相关数据。中国学者徐中民1999年率先展开生态足迹的研究及核算以来，已有大量学者开始用这一方法在宏观和微观两个层次研究中国的环境可持续发展问题。中国环境与发展国际合作委员会和世界自然基金会（CCICED）也联合发布了中国生态足迹报告。

和净原初产量人类专用一样，生态足迹的计算方法与核算结果也不统一。魏德曼和巴雷特（Wiedmann，Barrett，2010）对不同计算方法与核算结果进行了很好的比较研究。根据他们的研究结果和环球生态足迹网2008年提供的方法，生态足迹就是一定技术水平和管理水平下，一定经济单位所需要的为其生产消费品和吸收污染的陆地和水体面积。这儿的经济单位指一切需要消费品和排放污染的个人或个人构成的集体，包括国家、单位与个人。换句话说，生态足迹可以在国家、单位与个人等多个层次计算，但为了方便这儿只讲在国家层面的计算方法。陆地和水体面积可以通过化为全球公亩（global hectare）的方式统一起来。具体地有：

$$EF = P/Y \cdot YF \cdot EQF \tag{2.3.2}$$

其中 EF 为生态足迹，P 为一国居民所需的消费品或污染排放量，Y 为一国陆地和水体的平均产出率，具体为一单位陆地和水体的平均消费品产出量或污染吸收量，从而 P/Y 就是为这个国家提供消费品或吸收污染的平均陆地和水体面积。YF 为产出因子，表示特定空间使用类型的产出率，如同样的土地用于农业和工业有不同的产出因子。EQF 表示等量因子，表示一单位陆地和海体面积能够换算成全球公亩的数量。不同使用类型的陆地和水体有不同的等量因子。把生产消费品或吸收污染所需的所有平均陆地和水体通过产出因子和等量因子换算成全球公亩再相加即得生态足迹。一国的技术水平和管理水平发生了变化，其生态足迹也要发生相应的变化。

一国的生物承载力即为这个国家所有陆地与海体按照其产出因子和等量因子换算的全球公亩，用来反映这个国家在一定技术和管理水平下所能够承载的消费品生产与污染吸能力的最大量，具体地有：

$$BC = A \cdot YF \cdot EQF \tag{2.3.2a}$$

其中 A 为一个国家具有的一定使用类型的陆地或水体面积，YF 与 EQF

同上。

一国的生态足迹和生物承载力之差即为该国的净生态足迹，即：

$$NEF = EF - BC \tag{2.3.2b}$$

若净生态足迹 $NEF > 0$，则表明该国为生态足迹赤字国，即本国的陆地和水体面积生产消费品和吸收污染的能力小于本国居民的实际需要，必须从国外进口生态足迹以满足本国需求；若 $NEF < 0$，表明本国为生态足迹盈余国，本国可以出口盈余生态足迹或进行净生态足迹积累。若 $NEF = 0$，则表明该国处于生态足迹均衡状态，该国陆地和海体面积提供的生物承载力正好能满足本国的生态足迹需求。这样就建立了一个国家的生态足迹账户。通过各个国家的生态足迹账户可以建立全球生态足迹账户以及相应的生态足迹盈余、赤字及国际贸易状况。一国或全球可持续的必要条件是净生态足迹不超过 0 或净生物承载力不小于 0，即：

$$NEF \leqslant 0, EF \leqslant BC \text{ 或 } BC - EF \geqslant 0 \tag{2.3.2c}$$

有大量关于国家范围、地区范围和全球范围生态足迹账户的核算数据，而且很多数据还在不断更新。由于生态足迹的计算方法略有不同，所以它们的具体核算结果也有一定的差异，但总的来说，这些数据还是能在一定程度上反映国家或全球范围内人类生态足迹对生物承载力的压力。环球生态足迹网 2008 年计算并公布了生态足迹一个比较成熟的计算方法和按这个方法计算的不同国家、地区和全球生物承载力、生态足迹、人均生态足迹及其他相关数据。其中一组数据是根据国际能源组织（IEA）的数据得到的 1961 ~ 2003 年全球生态足迹估算值。估算值分为世界各国和国际组织在仅遵守各种签署政策时的生态足迹和既遵守各种签署政策又接受一定宏观调控时的生态足迹两种。根据这些数据，1960 年以来全球生态足迹急剧增长，大约在 1986 年前后超过全球生物承载力，由原来的生态足迹盈余地球变成了现在的生态足迹赤字地球，而且这个赤字还在急剧增加（图 2.3.1）。

该组织也估算了世界上几个大经济体的生态足迹及生态足迹的国家贸易情况，勾勒出了全球生态足迹地图。根据这个估算结果，从 2005 年开始北非洲、中国、印度、欧盟、美国和墨西哥都是生态足迹赤字比较严重

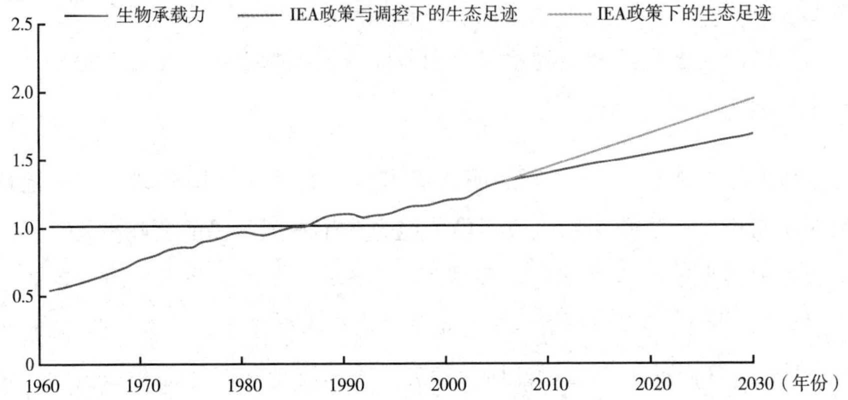

图 2.3.1 IEA 估算的 1960～2030 年全球生态足迹与生物承载力

的国家，而加拿大、南美洲、俄罗斯和西南非洲则是生态盈余地区（Ewing，2008）。另外，根据中国环境与发展国际合作委员会和世界自然基金会2010年公布的数据，中国从1970年前后开始就进入了生态足迹赤字国，而且赤字不断加剧。中国2003年人均生态足迹为1.6全球公顷，在全球147个国家中排第69位，其中碳排放足迹占了将近一半（成升魁等，2010）。

3. HANPP 与 EF 的比较及问题

综上所述，HANPP与EF都试图通过一定的方式度量人的社会－经济行为对环境与自然资源造成的压力并通过压力的某个临界值给出社会－经济可持续的某种条件。HANPP度量人类需求对净原初产量造成的压力，而EF度量人类需求对生物承载力造成的压力。显然，如果生态足迹中的平均产出率以1单位陆地或水体的平均原初产量表示，则就可以利用生态足迹的计算公式把净原初产量化为相应的生态足迹。由此可见：HANPP与EF本质上是统一的，只是同度量因子不同而已。

但是，EF相较于HANPP有以下优势：EF给出了环境与生态可持续的关键点即生物承载力，而HANPP虽然认为环境与生态的可持续点是净原初产量的某个比例，但没有提供这个比例的可行算法。此外，EF把一国的总需求与它所拥有的国土和水体面积紧密联结起来从而不仅可以像GDP一样计算一国的总生态足迹账户，也可以建立生态足迹的国际账户从而考察一国的生态足迹国际收支状况和国际贸易等现象，而 HANPP 虽然原则上可以这样做但实际上没有这些功能。此外，EF 可以在经济单位的任何层次——国家层次、企业层次和个人层次——计算，所以可提供从宏观、中观和微观三个层次都可行的可持续监测指标，但 HANPP 也没有发展出这样的功能。正因为如此，EP 现在正在成为一个比 HANPP 影响更大、更流行的强可持续核算指标。

然而，HANPP 与 EF 却都有类似的问题。首先，二者都只包括地球生态系统每年转化而来的太阳能，却没有包括地球以化石能的方式积累起来的太阳能，也未包括生物质能以外的其他不可再生资源。其次，虽然二者都包含着资源或生态可持续的临界值的思想，但却都未给出临界值的可行算法。HANPP 认为原初生产力的某个份额必须为原初生产者所用，但却没有提供原初生产者所需量的具体算法。EF 以生物承载力作为可持续的临界值且认为全球生态足迹早已超出了这个临界值，因而人类的社会 - 经济行为是不可持续的，但却没有给出超出程度与相应后果之间的作用关系，导致它实际上很难对宏观政策的制定与实施真正发挥作用。最后，二者都注重可持续性的量的方面，但却轻视了环境与资源可持续性一些关键点如完整的生态功能、资源的基本生产能力以及人类生存、安全、健康的必要条件等等，这些关键点有的可量化，但很多都难以量化。

由于 HANPP 与 EF 的上述缺陷，有些学者如魏德曼（Wiedmann，2010）等提出了 EF 与联合国的 SEEN 核算系统并轨、通过生态服务与生物生产率的结合发展动态 EF 理论、通过环境投入 - 产出方法来改进 EF 等思想。这些都是很好的探索。但无论如何，HANPP 与 EF 都不是不可再生资源的核算指标，而且二者都没有建立起生态、环境与自然资源可持续的完整理论，更谈不上通过代际福利的理论框架来分析生态、环境与自然资源在代际公平与效率意义上的可持续性。在这三个问题上有比 HANPP 与 EF 更有效的强可持续核算理论，本章稍后进行分析。

（二）不可再生资源的强可持续核算

不可再生资源储量有限，因此本质上讲都是不可持续的，因为总有一代人之后它们就要枯竭。对于这样的资源弱可持续核算是通过广义净投资不小于 0 或可持续基金的方式来解决的（参考第二章第二节（四））。但这种解决办法没有考虑不可再生资源的替代极限问题。那么不可再生资源的替代极限到底如何界定？前面已经说过不可再生资源具体分为可循环与不可循环两大类，而两类的替代极限是不相同的。可循环资源被开发利用后其物质存在方式发生了变化但其物质本身却没有消失，因此从理论上讲可以通过一定的循环技术回收改造使它们重新满足人类需求，可持续性的问题只是循环技术的可行性与循环经济或不经济的问题。而不可循环资源被使用后其物质形态再也不能恢复了，如果没有替代资源，它们一旦枯竭人类进化和社会发展就会停止，所以必须设计某种特殊的指标来核算它们。

比较成功而且广泛用于能源行业的一个核算指标是能源自投资回报（EROEI：energy returned on energy invested）或能源投资回报（EROI：energy return on investment）（Cleveland et al，1984，1991，1997，2011）。它是从某种特殊途径获得的可用能源与为获取这种能源而消耗的能源二者之间的比例，即：

$$EROEI = \text{获得的可用能源} / \text{能源生产消耗} \tag{2.3.3}$$

这儿的能源生产消耗包括能源生产的直接消耗和间接消耗两部分。直接消耗是能源生产过程中直接消耗掉的能源如油田钻井机械运行过程中的燃油和电力消耗。间接消耗则是能源生产所需设备和服务的行业耗费掉的能源如石油机械设备行业的能源耗费。获得的可用能源是通过一定的能源消耗新生产出来的可用能源，而不是通过消耗能源加工出来的能源，就像用煤炭加工乙醇一样。

EROEI 的大小可提供一个判断社会 - 经济可持续性的标准。若 EROEI≤1，则说明能源行业生产的可用能源最多能弥补本行业所需能源，其他行业和整个社会不能得到发展所必需的能源，因此人类社会 - 经济的发展就不可持续。此时投入的能源叫能源沉没。若 EROEI > 1，则说明能源生产行业除了给本行业提供足够能源外还能够给其他行业和全社会提供能源，因此社会 - 经济就有可持续发展的可能，此时能源行业提供给全社会的净能源（NE：Net Energy）大小就成了社会 - 经济可持续程度的一个度量标准：

$$NE = \text{获得的可用能源} - \text{能源生产消耗} \tag{2.3.3a}$$

能源自投资回报率或净能源量虽然表面上看只是能源的行业性指标，而且从核算方法来看也十分简单，只是一个简单的投入－产出比或投入－产出差，但它和普通商品的投入产出关系有本质区别。由于能源是人类生存和发展的基础，所以若能源自投资回报率不超过 1，则表明人类的能源自生产不可持续因而不可能得到社会－经济发展的能源，因此社会－经济发展就是不可持续的。因此社会－经济可持续发展的必要条件为：

$$EROEI > 1 \text{ 或 } NE > 0 \tag{2.3.3b}$$

EROEI 必须大于 1 才能给全社会提供额外能源的可持续思想适用于一切对人类社会的生存和发展有普遍意义的资源。很多经济史学家都试图用 EROEI 的这种思想来解释人类文明的兴衰，例如迪克森（Dixon，2007）的研究表明罗马帝国后期 EROEI 水平的下降导致了西罗马帝国的崩溃。同理也可以通过各种能源的 EROEI 状况来分析现代和未来社会的可持续发展的约束条件。例如默菲（Murphy，2010）通过对美国 EROEI 与美国经济能源密集度的分析为研究美国社会－经济的可持续性提供了重要依据。但是，EROEI 也面临一些问题。首先是 EROEI 核算所必需的能源产业链长度如何确定的问题：生产一定量的可用能源所需的直接和间接能源投入是在一个很长的产业链中完成的，产业链从何算起是计算能源间接消耗所必需的。其次，产出能源的时间价值问题：耗费一定能源所生产的新能源可能在短期内小于所耗费的能源，但从长时间尺度来看它可能是未来一种能自我补充的能源，例如投入煤炭所生产的太阳能光电板。如果仅仅用短期投入－产出来计算 EROEI，则很可能与它在未来很长一段时间所加工的太阳能实际情况不符。最后，也是最重要的一点，即 EROEI 只计算能源自身的投入－产出关系而未考虑能源生产所导致的环境污染。而一旦考虑到环境污染，则 EROEI 就不仅仅是一个不可再生资源的可持续核算指标了，因为环境污染影响可再生资源的产出率因而就无法把它和可再生资源的核算指标截然分开了。这就涉及传统强可持续核算指标的理论和方法论缺陷，下面对它们进行系统总结。

（三）传统强可持续核算指标的缺陷

综上所述：强可持续核算对各种环境与自然资源设计了具体的核算指标，并且根据这些资源的不同性质提出了各种资源可持续的临界点，如净原初产量人类专用的 $HANPP \leqslant NPP$、生态足迹的 $EF \leqslant BC$ 和能源自投资回报率的 $EROEI > 1$ 等。然而，它们都有明显的缺陷：

（1）它们受各自研究领域及相关学科的限制，都未给各自提出的可持续关键点提供令人信服的理论依据和可行的核算方法；

（2）由于生态学、生态经济学及其他相关学科发展水平的限制，迄今为止还没有找到各种具体核算指标之间的内在关系，因此就无法建立包括生态、环境与自然资源全面可持续的理论和指标体系；

（3）都只强调环境与自然资源作为人类可持续发展的必要条件方面，而忽视了环境与自然资源对社会福利本身的全面影响，这不仅使得代际效率与代际公平相统一意义上的可持续核算无法展开，就连对环境与自然资源的可持续性问题的分析也深受限制。

下面要分析的关键自然资本理论在一定程度上能够克服以上缺陷。

二　关键自然资本及其问题

（一）关键自然资本的起源与进展

关键自然资本（CNC：Critical Natural Capital）的思想根植于胡耶廷（Hueting，1980）关于环境功能对人类生活作用的研究。根据这项研究，完整的环境功能是人类生活所必需的，而各种环境功能又交织在一起相互影响，一些功能的获得可能会导致另一些功能的丧失，因此如何保持那些对人类生活而言关键的环境功能就显得尤为重要。这种对人类生活而言关键的环境功能被当成资本看就是关键自然资本。

关键自然资本这个概念最早是由特勒尔（Turner，1993）提出的。按照他的定义，关键自然资本就是资源存量维持在生态稳定和生态可恢复性的那个限度。显然，在他那儿“关键性”就是生态稳定性与可恢复性。使得关键自然资本这个概念引起比较广泛的注意是在俄金斯（Ekins，2003）对欧盟部分国家一项旨在弄清局部环境重大功能的项目 CRITINC 所做的总结。在总结这个项目的研究成果和方法时，俄金斯运用了关键自然资本这个概念，并把它定义为能够发挥其他任何自然或人造资本所无法替代的重要环境功能的自然资本。这里的“自然资本”就是被当作资本看待的自然、环境与生态资源，“关键性”就是对人类生活而言的“不可替代性”。俄金斯认为这些不可替代点包括人类的基本生存条件、生态可恢复性、经济可维持性、环境美学以及环境伦理的起码要求等各个方面。此后这种以“不可替代性”为关键点的理论得到广泛认同（Douguet et al，2003；Dietz et al，2007；Brand，2009），并逐渐变成了关键自然资本的核心内涵。

可以按已有的研究结果对关键自然资本的不可替代点进行概括。下面在布兰德（Brand，2009）研究的基础上进一步根据其重要程度对自然资本的不可替代点做分析总结。

人类生存底线：环境与自然资源为人类生活提供必需品的功能是不能替代的（Dobson，1998）。这些生活必需品包括按人口平均的能够维持起码健康水平的食品、饮用水、空气和服装。净原初产量、生态足迹和能源自投资回报率都在一定程度上试图找出这个替代极限，但正如前所述，它们都存在缺陷。

起码的生态功能包括生物多样性、生态可恢复性和生态独一无二性等（De Groot et al，2003，2006）。这一方面是因为太阳－地球－人类生态系统的稳定性和可恢复性是人类生存底线功能的保证，如果生态稳定受到破坏甚至不能恢复，则地球生态系统不仅可能丧失人类生存必需品的供给功能，而且还直接影响着人类的生存。净原初产量、生态足迹和能源自投资回报率三大指标的缺陷也正在于它们没有揭示相应指标所应当包含的生态属性和相互关系。

底线经济功能：即为人类生产必需品的功能，它以一定的生产技术为基础。生产技术就是把一组原材料和生产要素转化为能够满足人类需求的产品的过程。这个过程的正常进行既需要自然界提供可直接加工的原材料，也需要从自然界获得相应的能源和生产工具。因此起码的原料、能源和工具供给功能构成了自然资本的底线经济功能。从这个意义上讲，能源自投资回报率不小于1无非是底线经济功能的一个具体指标。

人类可持续生存与发展功能：环境与自然资源是由每一代人构成的人

类共同体的共同资产，也是人类共同体的生存和发展场所。任何一代人在维持当代的生存发展权的同时都无权侵犯后代的生存和发展权，因此保持作为人类共同体基本生存与发展权的环境功能也是不可替代的（Turner，1993；Dietz and Neumayer，2007）。

必要的社会－文化功能：对同一社会中已经解决了生存、健康和发展问题的部分群体而言，或者当人类满足了生存、健康和发展等基本需要以后，还要求自然界具有提供保健、娱乐、科学研究、文化认同和美学等服务的功能（De Groot et al，2003）。

环境伦理与宗教功能：和社会－文化功能一样，对满足了基本生活需要的人而言，物种和环境保护本身就具有某种特殊的价值。比方说：大自然经过千百万年进化而来的高级物种本身就应该得到保护，高级动物生存权应该得到尊重，甚至在自然面前人和动物应该平等（Haider et al，2007）等。

通过对关键性的上述描述与界定，可以概括出关键自然资本的一些基本特征。

（二）关键自然资本的基本特征

首先，关键自然资本的“关键性”具有二重性。一方面，“关键性”取决于用来界定它的关键社会福利：一种资产之所以关键，就是因为它对某些人类关键福利而言具有不可替代性。例如在一个收入分配严重不公的世界中，那些挣扎在死亡线上的人不可能和富人一样以环境伦理或环境美学功能为关键点。另一方面，“关键性”又取决于自然资本自身的性质及其对人类福利的作用，太阳－地球－人类大系统的客观规律给这些关键点提供了客观依据。一旦关键自然资本遭到破坏，它自身很难恢复或需要很长时间才能恢复，并且人类的关键福利就要遭受不可挽回的损失。关键自然资本就是以建立在一定收入水平基础上的社会福利为出发点，根据环境与自然资源自身的客观规律而设计的可持续自然资本核算体系。

其次，就关键性的社会属性而言，关键自然资本具有层次性。这是由人类需求的层次性和收入水平的高低所决定的。当收入水平较低时人们总是首先满足较低层次的需求，随着收入水平的提高和底层需求的满足，人们满足的需求层次也不断提高。最底层是每代人的基本生存和发展需要如上述的生存底线、生态稳定性和经济底线功能，其次是可持续性和社会伦理需求，最高层则是美学和环境伦理等需求。需求层次的划分为关键自然资本的层次划分提供了基本依据。在此基础上又可根据其客观自然属性对关键自然资本进行进一步划分。

再次，就关键性的自然属性而言，关键自然资本具有功能的多样性与交叠性。每一种关键自然资本都有满足人类多种需要的功能，这些功能交织在一起存在于同一实体或过程之中难以分离，使得一种功能的发挥必然影响其他功能。这是由环境与自然资源的系统性与复杂性所决定的。例如：森林作为自然资源和旅游场所有其重要的经济价值，但作为动植物的栖息地、水土保持的基本环节和氧气－二氧化碳循环的基本要素又有着极其重要的生态功能。显然，经济功能和生态功能在很大的程度上是互不相容的：作为木材资源的森林被砍伐后其生态功能就不复存在。

最后，关键自然资本具有复杂的产权关系。首先是代际产权问题：关键自然资本作为人类共同体所必需且不可替代的自然资产，是当代和后代人共同所有的。但尚未出生或没有长成的后代却不能与上一代人进行平等的产权谈判，只能被动地接受上一代人的分配结果。其次，即便是同一代人之间，关键自然资本的产权关系也难以明晰，这是由关键功能的多样性与交叠性所决定的。例如如果把一片森林的经济功能权授予某个具体的经济单位，则随着森林的开发整个社会的生态保障权就会受到侵害。

关键自然资本的性质决定了对其界定与核算的复杂与困难性：“关键性”的二重性使得对关键自然资本的界定难以排除主观价值判断的影响；关键功能的层次性、多样性与交叠性意味着关键自然资本的度量与核算也是困难的；关键自然资本复杂的产权关系使得通过产权界定、产权交易等人造资产管理的手段进行关键自然资本的可持续管理也行不通。尽管如此，还是可以根据①以经济社会发展水平为基础的分层社会福利函数，和②太阳－地球生态系统构成要素与客观规律给关键自然资本核算提供一个基本框架。关键自然资本的关键性就是太阳－地球生态系统所具有的满足人类各层次需要的不可替代性功能。

虽然不同的人满足需求层次的顺序可能不完全相同，但正如实验心理学的研究所表明的那样，大多数人的需求层次是按照生存、安全、健康、社会和自我完善的顺序依次上升的。当收入水平较低时满足较低层次需求，随着收入水平的提高和低层需求的满足开始满足较高层次的需求。很多情况下某些需求的满足又创造着新的需求。这种需求分层结构给关键自然资本的界定与核算提供了原始依据，这种层次结构可用表 2.3.1 中最左边一栏自上而下的指标来反映。必须注意到不同层次需求的满足一开始就是一个与收入水平紧密相连的过程。

另一方面，任一层次的关键自然资本都是太阳 - 地球生态系统中某种不可替代的功能。这个系统是由在太阳系中运行的地球所包含的大气、地表和地下三大子系统按照一定的自然规律构成的有机体。比方说，如果大量的地下资源开采破毁了地球内部的热力学结构，则不仅会引起地球表面的地质灾害，还可能破坏因地下岩浆自转导致的地球磁场最终使地球无法抵御来自太阳风的侵害，这对人类生存会造成严重影响。所以太阳 - 地球生态系统自身的稳定性与可恢复性是任何层次的关键功能得以存在的前提与基础，离开了这个基本的关键功能，其他一切关键功能都谈不上，所以布兰德（Brand，2009）把生态可恢复性作为最基本的关键自然资本无疑是正确的。如表 2.3.1 中最左一列从上到下每个层次都包含这个基本关键功能。

同时，太阳 - 地球生态系统又是由大气、地表和地下等子系统按照一定的方式相互联结而成的有机整体，人类只不过是这个系统中主要居住在陆地上又与其他子系统不断交换着物质、能量和信息的组成部分。生产 - 消费过程是人类与其他子系统进行物质、能量和信息交换的方式之一，但不是唯一方式。比方说氧气 - 二氧化碳的循环就不必通过生产这个中间环节，而是直接进行。这是经济学中一个非常古老的例子，但在现代却有着十分重要的时代意义：有些自然资源是人类可直接消费的必需品，如果不能保持它作为必需品的关键值，当这种关键自然资本丧失后再人工生产，则成本就十分昂贵了。太阳 - 地球生态系统的稳定性与生态可恢复性本就是关键自然资本中最基本的部分，其他子系统的关键功能都是建立在这个基本关键功能基础之上的。把太阳 - 地球生态系统自身的基本关键功能和其他子系统的关键功能列举出来就可以给各个需求层次的关键功能构建提供具体内容，表 2.3.1 中最上面一行从左到右列举了其中的主要组成部分。

这样就可以按照纵向的需求层次来构造横向的关键自然资本内容。比方说第一需求层次是人类生存层次，这个层次的关键自然资本除包括了太阳－地球生态系统的稳定性和可恢复性这些基本关键功能外，不仅包括了强可持续核算一些影响较大的指标如生态足迹，而且包括了其他一些强可持续核算指标如人均淡水量甚至弱可持续核算指标如底线经济功能等。其他三个需求层次的关键自然资本也可根据本层需求的性质和关键自然资本的内容进行构建，具体如表 2.3.1 所示。

表 2.3.1　关键自然资本的层次与范围

<table>
<tr><th rowspan="2">层次＼范围</th><th rowspan="2">地球－太阳生态系统</th><th rowspan="2">大气</th><th colspan="8">地表</th><th rowspan="2">地下</th></tr>
<tr><th>耕地</th><th>林地</th><th>草原</th><th>湿地</th><th>湖泊</th><th>河流</th><th>沙漠</th><th>海洋</th></tr>
<tr><td>生存</td><td>生态稳定与可恢复性</td><td colspan="10">底线人均氧气量；底线人均淡水量；NPPγ－HANPP≥0；BC－EF≥0；EROEI－1≥0；底线循环技术；底线经济功能等。</td></tr>
<tr><td>安全、健康</td><td>生态稳定与污染净化</td><td colspan="10">大气、土壤、水域与海洋污染的上限；底线绿色消费品；底线生物多样性等。</td></tr>
<tr><td>社会</td><td>生态稳定与社会需求</td><td colspan="10">国家与领土功能；子孙后代栖息地；宗教与文化归属地；底线科学研究基地等。</td></tr>
<tr><td>自我完善</td><td>生态稳定与自我完善需求</td><td colspan="10">底线旅游娱乐场所；环境伦理功能；诗化或美学自然功能；特殊风景胜地等。</td></tr>
</table>

关键自然资本各个层次的内容往往是同一自然资本的不同方面，是不能截然分开的，这样列举仅仅是为了分析的方便。如底线生物多样性虽然列在安全－健康需求层次，因为作为自然界千百万年来进化的结果，人类身体的健康离不开丰富多彩的食品消费。但另一方面生物多样性又是保持底线经济功能和底线旅游娱乐场所等关键功能必不可少的。此外，不同需求层次以及同层次内部的不同关键功能相互之间可能存在矛盾，如环境伦理功能与绿色消费功能之间的矛盾：猎食野生动物可能最符合绿色消费标准，但却违背环境伦理标准。当然这个矛盾的解决不难：通过发展绿色养殖业即可解决，但要解决所有关键功能之间的矛盾却非易事。如何根据生

态学、生态经济学及其他相关学科的研究成果构造符合上述层次与范围结构要求，且完备而相容的关键自然资本核算体系是可持续国民财富核算的艰巨任务之一。联合国的SEEA系统提供了一个参考体系，但与关键自然资本核算的上述要求还相差甚远。

（三）关键自然资本核算的突破与问题

综上所述，关键自然资本核算在以下三个方面比其他强可持续核算有突破：

第一，它从人类需求分层出发给出了一个不同层需求的不可替代性生态、环境与自然资源功能的核算体系；不仅包括了已有强可持续核算的指标，而且还构建了新的强可持续核算指标；不仅为解决强可持续核算的第一个问题提供了思路，而且还大大扩展了强可持续核算指标体系的范围，提出了一种全新的可持续核算思想。

第二，它按照需求层次和太阳－地球生态系统的具体内容两个维度对关键自然资本的内部结构进行了初步分析。虽然由于生态学、生态经济学及其他相关学科发展水平的限制尚未解决核算体系的完备性和相容性等问题，但在克服传统强可持续核算的第二个缺陷上往前推进了一大步。

第三，也是最重要的一项：由于把人类需求层次与传统强可持续核算指标体系的构建紧密结合了起来，所以它不仅克服了传统强可持续核算的缺陷，扩展了它的范围，而且还通过关键福利这个概念为弱可持续核算与强可持续核算的统一提供了一条可行的思路，因而在克服强可持续核算的第三个缺陷上前进了一大步。

然而，关键自然资本核算理论还存在以下问题：

第一，关键自然资本理论仅仅是在自然资本理论的基础上发展起来的，而自然资本理论最初主要是想通过资本这个概念的影响力来强调环境与自然资源对人类生存与发展的重要性。从这两个概念的进化历史来看，很多情况下二者都没有在很严格的意义上使用资本这个概念。但是如果要在严格意义上使用资本这个概念，则关键自然资本显然不能准确表达环境与自然资源所包含的对人类需求而言的那种关键性或不可替代性，因为资本在经济学中是指那些为了未来消费而放弃的当前资产或资源，它通常通过充当原料或其他生产要素而生产新的产品。而大部分环境与自然资源既有可直接消费的功能，又有被进一步加工成新产品的功能。如果用关键自然资本这个概念，则显然只强调后一种功能。所以应该使用关键自然资产这个更为合适的概念。

第二，即便用更为广义的关键自然资产取代关键自然资本这个概念，也只能表示那些对人类需求而言具有不可替代性的生态、环境和自然资源。但对社会福利而言，除了必须具备一定不可替代的关键自然资产外，还必须具备一定不可替代的人造资产、社会资产和人力资产。这样看来关键自然资产的概念在范围上还是太狭窄，不能包括对人类福利而言具有不可替代性的所有关键资产，因此关键自然资产的概念必须进一步扩展以便包括所有对人类福利而言具有不可替代性的关键资产。事实上，可以从两个方面把关键自然资本推广到关键广义资产：一是“关键”思想从资本到资产的推广：关键资产不仅包括关键资本品，而且还包括关键消费品，或者包括同一物品的消费与投资功能两者。二是“关键”概念从自然资产向广义资产的推广：关键广义资产既包括关键自然资产，也包括关键人造资产、关键人力资产和关键社会资产。关键资产就是对人类关键福利而言具有不可替代作用的自然、人造、人力和社会资产的总和。关键广义资产不同程度地保留了关键自然资本的部分性质，只是这些性质比原来有了更加丰富的内容和新的特点。

第三，关键自然资本理论虽然从人类需求出发构建对人类福利而言具有不可替代性的生态、环境与自然功能核算体系，为弱可持续核算和强可持续核算体系的统一提供了一条可行的思路，但还是没有把关键自然资本指标的构建建立在代际效率与代际公平相统一的可持续核算框架中，因此无法通过能够反映代际公平和代际效率两者的总福利函数进行可持续核算分析，因而也就不能进行关键和非关键自然资本的准确分界，不能进行关键自然资本的准确定价和有效管理。

下一节分析的可持续经济福利指数系列试图在考虑关键广义资产对社会福利影响的同时，给出代理社会福利函数的一个构造，并试图由此构造总福利函数，以求克服弱可持续核算和强可持续核算理论的部分缺陷。

第四节　可持续经济福利指数

一　可持续经济福利指数及其进展

可持续福利指数的研究起源于对传统GDP能否度量社会福利的质疑，目的是克服GDP在反映社会福利上的缺陷，重构一定的社会福利指数使它能够更好地反映社会福利。可持续福利指数与弱可持续核算理论紧密相连但又不相同：前者起源于解决传统GDP与社会福利的背离问题，因此从最接近社会福利的私人总消费出发，用影响社会福利的其他因子逐步调整以接近社会福利；而后者则起源于解决传统GDP未计入环境和自然资源的问题，因此从GDP出发通过相关因子调整以便克服GDP在财富核算上的缺陷。但二者又是紧密相连的：GDP中纳入环境与自然资源的影响后也就更加接近真实社会福利，因此可持续福利指数应该并且实际上也包含了弱可持续核算的相关内容。鉴于此，有些文献把二者都列入弱可持续核算系列（Islam and Clarke，2005）。

可持续福利指数最早起源于诺德豪斯和托宾等人（Nordhaus and Tobin，1972）提出的经济福利测度（MEW：Measure of Economic Welfare），但影响最大的却是大力－科布等（Daly-Cobb，1989）提出并被劳恩等（Lawn et al，1999；Lawn，2000a，2003，2005，2007）发展了的可持续经济福利指数系列，具体包括可持续经济福利指数（ISEW：Index of Sustainable Economic Welfare）、真实进步指标（GPI：Genuine Progress Indicator）与可持续净收益指标（SNBI：Sustainable Net Benefit Index）三个指数。下面首先概述可持续福利指数系列的基本思想、进展与总公式，然后分析它们和代理福利函数的内在一致性并在代理福利函数的层次上分析其理论缺陷，最后提出代理福利函数本身的构建思路及需要解决的问题。

（一）可持续福利指数系列的基本思想、研究进展与总公式

可持续福利指数系列最早起源于经济福利测度MEW，它是诺德豪斯和托宾（Nordhaus-Tobin，1972）研究美国1929～1965年的GNP增长与社会

福利变化之间的关系时提出的一种社会福利度量指数。该指数的基本思想是以直接影响社会福利的个人消费作为测度社会福利的核心指标，再用其他相关因子调整而不是直接以 GNP（GDP）作为社会福利的测度值。但他们的实证研究却表明：被研究期内美国的 MEW 增长率与 GNP 及 NNP 增长率之间的差距不大，因此认为 MEW 与 GNP 二者之间有强相关性，没有必要设计专门的社会福利测度指标。但是他们设计的 MEW 既没有考虑收入分配因素也没有纳入自然资产折旧对社会福利的影响（Lawn，2007）。

可持续福利指数系列的第一次重大进展是由大力－科布等（Daly-Cobb，1989）研究美国 1951～1986 年的经济增长与社会福利变化时第一次明确提出的 ISEW。ISEW 在 MEW 的基础上考虑了收入分配因素的影响，扣除了一系列社会－经济成本，排除了非福利增长性国防支出，纳入了自愿劳动服务的福利增加值。这些调整不仅大大增强了 ISEW 反映社会福利的程度，而且还为后来 ISEW 的改进提供了基本思路。现在的 ISEW 系列基本上就是沿着这条思路发展起来的。为了强调该指标所反映的不同思想或引起大众注意，ISEW 分别于 1995 年和 1999 年开始有了新的名称 GPI 和 SNBI（Lawn，2005），但 ISEW 还是最正规、用得最广的名称。名称的区别主要在于它们试图反映的代理福利的侧重点不同，但却包含着大体一致的思想，并且有着同样的理论缺陷。

具体地，ISEW 以费舍（Fisher，1906）的心理收入理论为基础（Lawn，2003），认为每代人的可持续经济福利就是这代人通过消费得到的净心理收入。净心理收入等于总心理收入与总心理支出之差。最基本的心理收入项就是国民账户体系中作为福利基础的个人消费。由此出发凡产生满足感的一切项目均列为心理收入项而加入，凡产生不满足感的一切项目均列为心理支出项而扣除，不能直接加入或扣除的项目则用其他它办法调整。在广义资产分析框架下，上述调整或加减的项目可以按人造资本、人力资本、自然资本和社会资本依次进行。从统计数据来源来看，上述过程首先是直接应用国民账户系统中的数据，然后是用国民账户的数据估算值，最后对不能用现成数据估算的项目则运用一定的定价技术进行推断（Wen and Lawn，2008；Wen，2008）。具体地有：

$$ISEW = \text{总心理收入} - \text{总心理支出} - \text{总自然资产耗损} \quad (2.4.1)$$

可以根据劳恩（Lawn，2005，2006）对 ISEW 账户的研究，利用贝克（Beca，2010）对各种核算项目和估值方法的调整，通过本书第一节提出的广义资产理论对上述总核算公式中的各个指标账户进行具体描述。为理解方便，每个账户的核算项目后边都说明其列入理由和估值方法。下面展开分析。

（二）可持续经济福利指数账户

可持续经济福利指数账户由总心理收入账户和总心理支出账户两大子账户构成。每个子账户中的项目可以通过人造资产、人力资产、社会资产和自然资产构成的广义资产框架进行分析。由于自然资产耗损产生的心理支出没有其他三项资产的心理支出那样直接，或者因为自然资产账户包含项目太多，故很多原始文献都将其单列，形成了“ISEW = 总心理收入 - 总心理支出 - 自然资产耗损”的账户。但自然资产账户单列与不单列两种核算方法的本质是一样的。本书中两种方法通用。

1. 心理收入账户

总心理收入账户的出发点是作为社会福利基础的私人消费支出。它相当于 GDP 中的总消费扣除了耐用品消费后的余额。由于在公众偏好既定时心理收入的大小取决于社会的实际消费量，而耐用品不是一次就消费完毕的，因此其消费产生的心理收入的计算方法和非耐用品的不同。从对心理收入有直接影响的私人消费支出开始，而不是从社会总产品开始计算心理收入，这是 ISEW 与 GDP 的根本区别之一。

作为普通消费量和价格乘积意义上的私人消费通过反映收入分配不公程度的指数调整后即得收入分配调整后的私人消费。这个项目的设计对传统 GDP 及绿色 GDP 的最大进步是以直接影响社会福利的私人消费为福利基础且反映了收入分配对社会福利的影响。收入分配调整系数通常为基尼系数或阿特金森（Atkinson，1970）指数，其中报告期可选择收入分配状况较好的年份或理论上较好的值域如 2.5 ~ 3.5 的基尼系数。

耐用品购买支出不像非耐用品那样等于现期消费值，而是要在购买后若干年内才能消费完毕，因此每年的消费值等于其年折旧额。从构成上看，耐用品包括个人耐用品支出（如冰箱、洗衣机、电视和汽车等）和政府耐用品支出（如公路、铁路、机场、公园和市政设施等）两部分，其中政府耐用品支出和 ISEW 账户中其他各种政府购买项目合起来大致构成了传统宏观经济学意义上的政府购买，它是宏观经济调控的基本变量之一。但在 IESW 框架中不是政府支出越多心理收入越大，而是要计算政府耐用品支出的净收益亦即当年总消费与一次性支出的差额。

生产物品增长即机器、设备、厂房等人造资产的增长。人造资本投资会导致消费物品和生产物品二者的增长，因此产生预期性心理收入。此外，公共医疗、教育、文化和体育支出、未计报酬的自愿劳动及净闲暇增加等人力资产，开采率不超过再生率与技术进步率之和减去人口变化率①的可再生自然资源以及良好的社会关系和认同感等都可以带来心理收入，故依次列入心理收入账户。

最后，按照 ISEW 的传统说法，国际净借贷出现盈余时产生心理收入，因为通过盈余可支持一国未来投资和消费支出。同理国际净借贷出现赤字时则产生心理支出，因为赤字可增加未来债务。但本书第一章的研究表明这种判断过于轻率。国际净借贷到底如何影响心理收入最终取决于一国居民的代际偏好。

2. 心理支出账户

总心理支出分为人造资产、人力资产、社会资产与自然资产心理支出四大部分之和。

人造资产心理支出包括个人耐用品支出和生产性物品折旧等项目。个人耐用品支出在当年支出但当年并未完全消费，因此应该属于心理支出。生产性物品的损耗使其生产功能下降，而折旧是为补偿这种耗损而发生的支出。折旧未增加生产性物品的生产能力，因此不能算作心理收入。但是否应算作心理支出仍有争议。本书认为折旧是为补偿人造资本损耗而不得不发生的支出，所以应列入心理支出。

人力资产心理支出由私人防御性医疗和教育支出以及未充分就业成本等项目构成。防御性医疗和教育支出分别是为保持身心健康和文化程度不低于某个水平而发生的支出。它相当于人力资本折旧，因此和人造资本折

① 具体地即：开采率≤再生率＋技术进步率－人口变化率。这一约束的目的是保证人均可再生资源量不变，具体可参考贝克（Beca，2010）。

旧一样应该列入心理支出。未充分就业在经济上导致人力资源浪费，同时还会引起各种社会和个人问题，当然应该列入心理支出。

社会资产心理支出包括国防与维稳成本、乘车成本、非自愿事故成本及家庭破裂的损失等项目。其中国防与维稳成本是为了维持国家安全和社会稳定等发生的成本，这些成本的效用不是增加福利，而是减少损害，因此应列入心理支出账户。此外其余各项显然都属于心理支出项。

最后，不可再生资源耗减、耕地－森林－草地－养殖水体减少与退化、水－空气－固体－噪声及核污染损失、臭氧层破毁及温室效应等导致的损失、湿地－沼泽地减少与退化和生物多样性丧失显然都属于心理支出项。

3. *核算方法*

各个项目的核算包括实物核算与价值核算两部分。实物核算属于实物统计学范畴，价值核算则除了实物核算外还必须知道各种资产的价格。市场交易性资产可以用市场价格近似代理其影子价格，但非市场交易性资产和非交易性资产的定价问题就变得非常复杂而具体了。ISEW 没有、也不可能提出一般的资产定价方法，甚至对很多资产的价值核算连价格都不用，而是用某些变量来代理。因此 ISEW 的价值核算方法总的看起来没有多少新的进展，依具体资产而定，大都不很成熟而且处于发展变化之中（Beca，2010）。具体可参考表 2.4.1 中的说明部分。有几种价值核算方法需要特别说明。

首先是经过收入分配调整的私人消费。其中私人消费的核算前面已经说过。收入分配调整的基本思想就是穷人 1 单位消费的满足感比富人的大，因此收入分配越不公平，同样的私人消费产生的心理收入就越小。如果用基尼系数，则基尼系数越大则收入分配越不公平。因此一种方法就是私人消费除以基尼系数便得到收入分配调整的私人消费。用 Atkinson 指数可以得到类似方法（Lawn，2006）。

其次是资本折旧的核算。其基本思想是保持按劳动力平均的资本存量不变，即 K/L = 常数，从而 $d(K/L) = 0$。解得资本折旧应为 $dK = K(dL/L)$，即上一年资本存量 × 劳动力资源变化率（Beca，2010）。大部分有形资本如人造固定资本和土地、水体、森林等自然资本折旧都可以用这种方法核算。

再次是自然资产的价值核算方法。自然资产的价值由其资源供给功能、污染吸收功能和生命支撑功能三部分组成。资源供给包括不可再生资源、可再生资源和提供各种经济资源的地表、水体和大气构成。不可再生资源只要开发利用，肯定就不可能是强可持续的，因为总有一天会被用完，所以关键点只能是第三节讲过的能源自投资回报率不小于 1 或 Serafy 使用成本值 $R - X = R/(1 + r)^n$ 大于 0，其中 R 、n 、r 和 X 分别表示可枯竭资源的年开采值、开采年数、贴现率及年 Serafy 收入。可再生资源则可以用生态足迹、净原初产量人类专用或下列公式来核算：可再生资源价值变化 = 资源原初价值 ×（再生率 + 技术进步率 - 人口变化率）。经济地表和水体可以用和人造固定资本相同的方法计算。污染吸收功能就是维护环境的吸收功能不变的支出，可用 SNA 中的环境污染治理支出估算。最后，关键生命支撑功能的投资是为维持生态稳定和可恢复性所必需的支出，可以通过生态经济学的方法来估算。

最后，ISEW 中各项目的核算与在 SNA 系统中一样是流量统计。事实上 ISEW 中很多项目值都取自 SNA 系统或根据 SNA 系统的流量值估算的。项目在某时段的流量值等于这个时段终点与起点的存量值之差。对时点 t 的单一总量比方说资本存量 K_t 而言，从时点 $t - 1$ 到 t 的流量值为投资 $I_t = K_t - K_{t-1}$ ；又如对时点 t 的超额资本存量 $SK_t = K_t - CK_t$ 而言，从时点 $t - 1$ 到 t 的流量值为 $SK_t - SK_{t-1} = (K_t - CK_t) - (K_{t-1} - CK_{t-1}) = (K_t - K_{t-1}) - (CK_t - CK_{t-1})$ ，其中 K_t 和 CK_t 分别为第 t 年的资本和关键资本存量。亦即超额资本变化量 = 总资本变化量 - 关键资本变化量，或净超额投资 = 总投资 - 关键资本投资。这种方法不仅在 ISEW 系列中经常使用，也是本书后面提出的可持续国民财富核算使用的基本方法。

表 2.4.1　可持续经济福利账户

主要项目	项目说明
(1)心理收入 = (1.1) + (1.2) + (1.3) + (1.4) + (1.5) + (1.6) + (1.7)	个人消费支出 × 收入分配调整系数 + 净耐用品消费 + 人造资本投资 + 人力资本投资 + 社会资本投资 + 自然资本投资。

续表

主要项目	项目说明
(1.1)收入分配调整后的个人消费(+)	穷人1单位消费的满足感比富人的大。故总消费要用收入分配系数调整后才是真实消费。
(1.1.1)私人消费支出(+)	居民的总消费支出是度量社会福利的基础和起始项目。包括对本国产品个人消费与对外国产品个人消费两部分。
(1.1.2)收入分配调整系数(+/-)	度量收入分配不公程度的系数;通过基尼系数或Atkinson指数设计;收入分配越不公平,调整系数越小。
(1.2)耐用品净消费(+/-)	耐用品各年的总消费服务与一次性支出之间的差额。
(1.2.1)个人耐用品与公共设施服务(+)	个人耐用品及公共设施各年分批提供消费服务,每年服务总额为当年折旧与年均残值之和。
(1.2 2)个人耐用品支出(-)	当年支出但当年并未完全消费,故应从当年个人消费当中减去。但在某年一次性支出后可消费多年。
(1.3)生产物品增长(人造资本投资)(+)	机器、厂房和设备等生产资料的增加给总产品生产提供了必要条件,故应该列为心理收入项。
(1.4)人力资产收入(+/-)	身心健康、教育水平和文化程度等带来的收入。
(1.4.1)公共医疗、教育、文化和体育支出(+)	公共支出中用于医疗、教育、文化和体育的支出额。
(1.4.2)未计报酬家务劳动和自愿劳动的价值(+)	未计报酬的家务劳动和自愿劳动提供的服务价值,应计入收入项。
(1.4.3)净闲暇变化(+/-)	闲暇增加是一种收入,闲暇减少是一种支出,都应计入收入项。
(1.5)社会资产收入(+/-)	良好的社会关系和认同感等等带来的满足感。
(1.6)自然资产收入(+/-)	
(1.6.1)净资源供给功能①:可再生资源净福利(+/-)	资源原初价值×(再生率+技术进步率-人口变化率)。
(1.7)国际净借贷(+/-)	国际净借贷出现盈余或赤字时对一国的心理收入有不同程度的影响。
(2)心理支出=(2.1)+(2.2)+(2.3)+(2.4)	人造资产支出+人力资产支出+社会资产支出。
(2.1)人造资产支出(-)	
(2.1 1)生产性物品折旧	上一年生产性物品存量×劳动力资源变化率。
(2.2)人力资产支出(-)	
(2.2.1)私人防御性医疗和教育支出(-)	私人为保持身体健康和文化程度不低于某个水平而发生的支出。
(2.2.2)未充分就业成本(-)	失业导致经济损失和社会问题,故有经济和社会的双重损失。

续表

主要项目	项目说明
(2.3)社会资产支出(－)	
(2.3.1)国防与维稳支出(－)	维持国家安全和社会稳定等社会资本的支出。
(2.3.2)乘车成本(－)	乘车节约的时间可通过闲暇增加来反映，但必须扣除购车和交通拥堵等导致的成本。
(2.3.3)非自愿事故成本(－)	各种生产、流通和消费活动中产生的意外事故导致的损失。
(2.3.4)犯罪成本(－)	刑事及经济犯罪等导致的损失与预防犯罪和避免损失的支出。
(2.3.5)家庭破裂的损失(－)	离婚影响孩子、增加财产处置和诉讼费，因此是一种社会成本。
(3)自然资产支出＝(3.1)＋(3.2)＋(3.3)(－)	资源供给耗减＋环境吸收功能耗减＋生命支撑功能耗减。
(3.1)净资源供给功能＝(3.1.1)＋(3.1.2)(－)	
(3.1.1)不可再生资源耗减(－)	Seraphy使用成本：$R/(1+r)^n$。
(3.1.2)净耕地、森林、草地与养殖水体减少与退化(－)	上一年固定资源存量×人口变化率。
(3.2)净环境吸收功能＝(3.2.1)(－)	
(3.2.1)水、空气、固体、噪音及核污染损失(－)	各种污染导致动植物疾病、死亡或减产；人的健康和其他福利损失。
(3.3)净生命支持功能＝(3.3.1)＋(3.3.2)＋(3.3.3)	维持生态稳定与可恢复性所需支出。
(3.3.1)臭氧层破毁及温室效应等导致的损失(－)	臭氧层破坏和温室效应可导致人类疾病、生物质量和数量下降、洪水泛滥和淡水资源匮乏等生态灾难。
(3.3.2)湿地、沼泽地减少与退化(－)	湿地和沼泽地减少可导致洪水泛滥、淡水减少、空气干燥、碳汇功能失调及生物链断裂等生态问题。
(3.3.3)生物多样性丧失(－)	生物多样性丧失导致生物链断裂，生态系统功能失调，人类营养不全以及人类健康损失。
ISEW＝(1)－(2)－(3)	ISEW＝总心理收入－总心理支出－自然资产支出。

①自然资产净供给功能中仅列入可再生资源是因为只有可再生资源通过“开采率≤再生率＋技术进步率－人口变化率”才可能带来心理收入，而其余自然资产只要使用都有净支出，故全部列入自然资产心理支出项。

注：1. 根据Lawn（2005）文献整理。

2. 每类项目仅列举几个代表性的资项目以说明ISEW的基本思想，其它项目不可能全部、也没必要全部列举。

3. 很多项目在有盈余时带来心理收入，而为赤字时产生心理支出。这样的项目既可列入心理收入项，又可列入心理支出项。为分析方便，这里约定全部列入心理收入项。

（三）ISEW 与 GDP 的差别

很多学者对不同国家和地区的 ISEW 值作了估算并和同期 GDP 做了比较。除诺德豪斯－托宾（1972）和大力－科布（1989）对美国的经典研究外，对其他一些国家和地区 ISEW 的估算及其与 GDP 的对比研究状况如表 2.4.2。从这些研究结果来看，虽然不同国家和地区的 ISEW 值与同期的 GDP 值之间有一定的差别，但却呈现出非常相似的总体趋势。即：从 1950 到 1992 年的 42 年里，几乎所有国家的 GPI（＝ISEW）开始时和 GDP 同步增长，但随着 GDP 水平的不断提高，GPI 的增速不断放慢并在 GDP 的某个水平上开始下降（Lawn，2006）。这似乎从某种程度支持了马克斯－尼夫（Max-Neef，1995）提出的"增长门槛假说（Threshold Hypothesis）"，即随着经济不断增长，社会福利也增加，但增加速度越来越小，直至从某个转折点开始 GPI 随 GDP 的增长反而下降。

表 2.4.2　各国 ISEW 研究与计算状况

研究者与研究时间	被研究国家和地区
第芬巴赫（Diefenbacher，1994）	德　国
莫菲特与威尔逊（Moffatt and Wilson，1994）	苏格兰
罗森伯格与奥俄吉玛（Rosenberg and Oegema，1995）	荷　兰
杰克森与斯蒂姆尼（Jackson and Stymne，1996）	斯德哥尔摩
杰克森（Jackson，1997）	英　国
桂恩诺与体瑟（Guenno，and Tiezzi，1998）	意大利
卡斯坦尼达（Castaneda，1999）	智　利
汉缪尔顿（Hamilton，1999）	澳大利亚
劳恩、温宗国等（Lawn et al ，2008）	亚太地区
温宗国等（Wen Zongguo et al，2008）	中　国

就劳恩和温宗国（2008）对亚太地区部分国家 GPI 与人均 GDP 的对比研究来看，不同国家也呈现出不同的特点。如图 2.1.1，横坐标表示以 2004 年国际元为单位的人均 GDP，纵坐标为 2004 年国际元计算的 GPI。由图 2.1.1 可见：日本、印度、泰国和越南的 GPI 随 GDP 增加而上升，但 GPI 增幅明显低于 GDP 增幅。新西兰和澳大利亚的 GPI 则随 GDP 的增加而减少。中国 GPI 随 GDP 的增加有微小增加，但增幅不大。总之，GPI

要么随 GDP 的增加而减少，要么虽然随 GDP 增加而增加，但增幅远小于 GDP 增幅。这似乎也支持“增长门槛假说”。

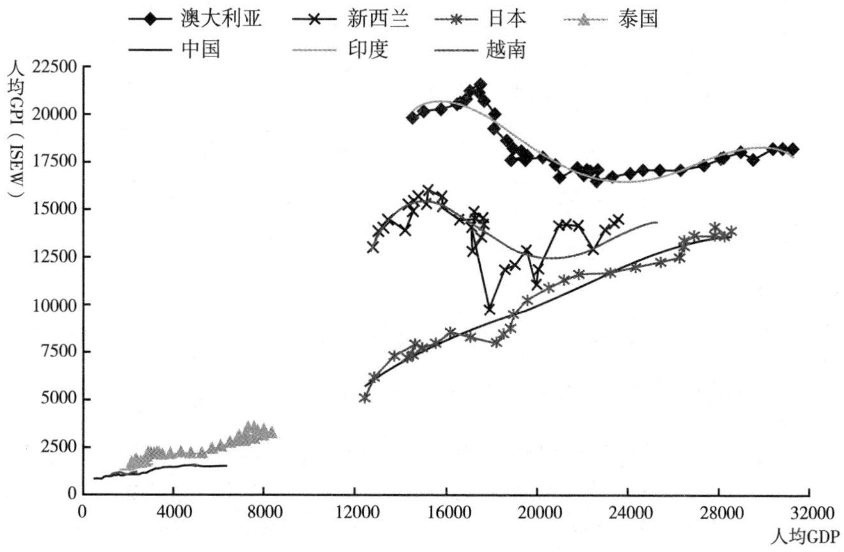

图 2.1.1　亚太地区部分国家 GPI 与 GDP 比较［劳恩－温宗国（2008）］

（四）可持续福利指数的成就与问题

综上所述，ISEW（GPI、SNBI）在可持续核算研究上取得了如下成就：

首先，ISEW 以社会福利本身为直接核算对象，实际上突破了弱可持续核算仅仅把代理福利作为一个假设提出来而不考虑其构建问题这种做法的局限性，试图解决代理社会福利函数的构建问题，这样就为通过社会福利分析和构建代际效率与代际公平相统一意义上的可持续核算框架提供了可能。有作者甚至通过 ISEW 和贴现功利主义的结合对构建总福利函数进行了更为深入的探索（Brennan，2008）。

其次，ISEW 从社会福利的基础私人消费出发，通过收入分配及其他影响社会福利的因素调整，再加入或扣除非市场交易品和非交易品的价值，这样构建的代理社会福利函数既克服了弱可持续核算的绿色 GDP 从 GDP 出发用影响社会福利的正、负外部性直接加减而不考虑收入分配等因素对社会福利影响的方法论缺陷，又克服了强可持续核算只强调环境与自然资源作为人类可持续发展的必要条件，而忽视它们对社会福利本身影响的缺陷。

再次，虽然 ISEW 没有建立起系统的关键资产可持续核算体系，但它通过对心理支出扣除的方式确保了部分关键资本的可持续性。生产性物品折旧的计算确保了劳动力平均的人造资本可持续。可再生资源净福利、不可再生资源耗减及可更新资源（耕地、森林、草地与养殖水体等）的耗减扣除保证了关键自然资本的可持续，而私人防御性医疗和教育支出与国防与维稳支出则分别保证了关键人力资本和关键社会资本的可持续性。

最后，虽然 ISEW 的目的是福利核算，而 GDP 的目的是产值核算，因此二者的核算出发点和方法是截然不同的。但是 ISEW 却使用了 GDP 核算项目中的很多具体内容。将表 2.4.1 中的具体内容代入式（2.4.1）中，对照 GDP 的相应项目进行整理，不难发现：

$$
\begin{aligned}
ISEW = {} & \text{私人非耐用品消费} \times \text{收入分配调整系数} + \text{耐用品净消费} \\
& (= \text{私人耐用品净消费} + \text{私人公共设施净消费}) + \text{国际净借贷} \\
& (= \text{私人国际净借贷} + \text{公共国际净借贷}) + \text{四大资本净投资} \\
& (= \text{四大资本总增加值} - \text{四大资本总耗减值} = \text{四大资本私人} \\
& \text{净投资} + \text{四大资本公共净投资})
\end{aligned}
\tag{2.4.1a}
$$

通过这个式子中自变量与“GDP = 总消费 + 总投资 + 总公共支出 + 净出口”中自变量的对应关系可以得到 ISEW 与 GDP 之间的特定关系，从而为目前依然占统治地位的 GDP 导向型经济的宏观调控提供某种矫正。另一方面，通过 ISEW 中所包含的广义资产核算也可以建立它与联合国 SEEA 系统之间的对应关系，因为 SEEA 系统除了包含传统 SNA 的所有内容外还包含了许多传统 SNA 所没有但 ISEW 需要的项目。最为重要的是：ISEW 通过私人非耐用品消费的收入分配调整和耐用品净消费的核算方法建立了一个以广义消费和广义投资为自变量的非线性社会福利函数，向突破传统 GDP 及现有一切 GDP 替代指标的线性特征，构建更加可行的社会福利函数迈出了关键一步。

然而，ISEW 也面临严重问题。具体如下：

首先，由式（2.4.1a）可知：国际净借贷是直接加在 ISEW 中，公共支出被分解后加在 ISEW 的广义资产消费和投资中，因此国际净借贷和公共支出在 ISEW 中和在 GDP 中有同样的地位。此外，虽然 ISEW 中非市场交易品、非交易品和市场交易品有不同的定价方式，但其市场交易品的价格在 ISEW 和 GDP 中也有相同的地位。只有收入分配影响 ISEW 和 GDP 的方式不同。这就说明，除了第一章第三节的条件 5 外，GDP 度量社会福利必须满足的其他条件 ISEW 也必须满足，它才能度量社会福利，而由第一章的研究结果，这些条件在现实中大都很难满足。

其次，虽然 ISEW 在人造资产的基础上，纳入了人力资产、自然资产和社会资产的很多内容，但从未提出一套完整的广义资产理论，因而谈不上对广义资产范围、层次和数量关系的系统分析。虽然提出了一些具体资产可持续的标准，但没有从资产互补和替代的角度分析资产的替代极限问题，因而也就提不出一套完整的标识关键资产的理论和方法。虽然提出了一些具体资产的价值核算方法，但还是没有建立起有效的广义资产定价理论和方法。可见：弱可持续核算的资产定价问题、强可持续核算的替代极限问题以及两种核算理论都必需的广义资产集的构造问题在这里依然存在。

再次，ISEW 虽然在从私人消费和收入分配系数出发构建社会福利这一点上是一大进步，但正如其早期批评者所指出的那样，它从来没有为自己这种构建方法给出坚实的理论基础（Arkinson，1995；Neumayer，1999，2000）。劳恩等（Lawn，2003）使用的费舍（Fisher，1906）净心理收入理论仅仅是运用到消费心理学中的成本-收益方法，心理收益和心理成本等概念只有一种直观的描述作用，在度量效用或负效用上基本没有可行性，而且在序数效用论取代了基数效用论后也变成了一种过时的工具。波雷纳（Brenna，2008）和贝克（Beca，2010）近年来提出的理论也和上述劳恩-费舍理论一样都没有深入到，因而也就谈不上解决广义资产代际公平与效率相统一意义上的可持续指标的存在与构建问题。这样由于阿罗不可能性等问题的挑战，代理社会福利构建的合法性都存在问题，更谈不上指标构建了。

最后，也是最为致命的一点是 ISEW 只考虑一代人实际拥有的广义资产通过个人消费产生的满足感所建立的全体成员的集体福利或代理福利，通常取决于个人效用水平与集体偏好二者；而不考虑一代人拥有的消费量产生的集体福利与留给后代的消费量给后代带来的集体福利通过代际偏好在当代产生的福利二者生成的总福利，它取决于各代人的代理福利和当代人的代际偏好两者。这样它只能为构建总福利提供代理福利的前提，但还不能建立相应的总福利，因而不能对社会福利做动态分析，也就无法完成可持续国民财富核算指标的构建和对发展悖论的分析和解决。

本章小结

本章研究 GDP 的替代方案，即可持续国民财富核算的基本思路、进展与问题。

可持续国民财富核算首先是财富概念的重建与扩展。财富是满足人类需求、影响人类福利的所有资源或资产。从范围来看，人类需求除包括 GDP 核算的人造财富外，还包括自然财富、人力财富和社会财富等不同需求种类；从层次来看，它包括生理需求、安全需求、社会需求与自我完善需求等由低到高的需求层次。不同的需求种类或层次之间存在着有限替代但不可完全替代。这种相互间存在有限替代关系的不同种类、不同层次的需求构成了人类的广义需求集。能够满足人类广义需求的财富就是广义财富。

可持续国民财富核算就是从一定的可持续发展理论出发，对可持续广义国民财富的定义、存在性证明、指标设计及价值核算的理论与方法论体系。可持续性这个概念产生后经历过一段时间的分歧与进化，但其基本精神始终是在代际公平约束下通过提高代际效率来增进总社会福利。可以根据代际公平和代际效率的基本类型对可持续发展理论做基本分类。根据可持续发展理论的基本类型可将可持续核算分为弱可持续核算、强可持续核算及可持续福利核算三大传统。

弱可持续核算直接以广义财富为人类需求集合，假定每代人的代理福利函数存在，通过对代理福利流上的代际偏好做某种假设并在这些假设中加入能够满足某种代际效率与代际公平标准的可持续标准来构建相应的可持续总福利函数，再以可持续总福利函数为目标函数来求得相应的国民财富核算指标。但这样一来就出现了代际偏好公理与以代际公平及代际效率相统一为特征的可持续性要求之间的不相容性问题。按照不相容性的类型可以将弱可持续核算理论分为两大类：第一类可构造具备帕累托有效与有限匿名意义上的可持续总福利函数但却不完备，因而不能用来构造具有实践价值的可持续国民财富核算指标，具体包括非贴现功利主义总福利函数和按罗尔斯最大－最小原则构造的总福利函数系列。第二类具有完备性且可构造总福利函数但却不具备帕累托有效与有限匿名意义上的可持续性，具体包括贴现功利主义和祁琪妮斯基总福利函数。

但是在资产完全替代性假设下贴现功利主义总福利函数 $W(t)$ 却存在最优解，其最优解满足 $dNDP(t)/dt = R(t) \cdot GS(t) = (R(t)/\pi(t)\lambda(t))\dot{W}(t)$，其中 $GS(t)$ 和 $NDP(t)$ 分别为时刻 t 的广义净投资和国民净产值。由此可得：如果广义净投资 $GS(t)$ 不小于 0，则可持续国内净产值 $NDP(t)$ 与最优总福利水平 $W(t)$ 不减。这样便得到了可持续国民财富的一个核算指标即以广义净投资为判定标准的可持续国内净产值。特别地，若真实利率 $R(t)$ 不随时间变化，则可持续国内净产值可持续也等价于财富 $\Theta(t)$ 的可持续。这样就得到了一个由广义净投资、可持续国内净产值、财富和各代总福利构成的弱可持续核算指标体系（表 2.2.3）。特别地，可枯竭不可再生自然资源的每代可持续使用值为 $X = R[1 - 1/(1+r)^{n+1}]$。

然而，弱可持续国民财富核算却面临以下问题：代理福利函数的存在性缺乏现实依据且受到阿罗不可能定理的威胁，可持续总福利函数的存在与构造面临代际偏好与可持续公理的不相容性，可持续国民财富指标的存在所要求的广义资产完全可替代假设与现实不符，可持续国民财富影子价格的确定也面临严重困难。这些问题对弱可持续国民财富核算构成了巨大挑战，其他可持续核算理论都是通过解决这些问题中的一个或几个发展而来的。

传统强可持续核算坚持自然资产的不可替代极限，主张以作为社会福利基础的自然资产为核算对象，认为可持续标准是维持每代人自然资产底线不减或不变，分别提出了可再生资源的净原初产量人类专用和生态足迹、不可再生资源的能源自投资回报率等具体核算指标，并根据这些资源的不同性质对它们可持续的临界点进行了相应描述。然而，由于受各自研究领域及相关学科的限制，它们都未给这些可持续关键点提供可行的理论依据与核算方法，没有找到各种具体核算指标之间的内在关系，忽视了环境与自然资源对社会福利本身的全面影响，使得代际效率与代际公平相统一意义上的可持续核算无法展开。

关键自然资本理论试图通过构造对人类需求而言具有某种关键功能的自然资本核算体系来克服强可持续核算割裂自然资本与人类福利二者关系的缺陷，认为关键自然资本就是对人类的某些关键福利而言具有不可替代功能的生态、环境与自然资源。关键自然资本的“关键性”由其需求依据和客观属性双重因素构成。关键自然资本的需求依据具有从低到高依次满足的层次性，其客观属性具有多样性和重叠性。关键自然资本的产权关系具有私有产权和公共产权、代内产权和代际产权等特征构成的复杂性。可以从建立在一定收入水平基础上的社会需求层次为出发点，根据关键自然资本自身的客观属性而设计自然资本核算体系。然而，关键自然资本这个概念不能概括许多生态、环境与自然资源都有的那种既能直接消费又有一定投资功能的双重属性，未纳入人造资产、社会资产和人力资产都有的不可替代功能，也不能通过反映代际公平和代际效率两者的总福利函数进行可持续性分析。

可持续经济福利指数（ISEW）系列试图解决代理社会福利函数的构建与可持续性问题。它从作为社会福利基础的私人消费出发，通过收入分配及其他影响社会福利的因素调整，再加入或扣除非市场交易物品和非交易物品的价值来构建社会福利函数，既克服了弱可持续核算（绿色GDP）从GDP出发用影响社会福利的正、负外部性直接加减而不考虑收入分配等因素对社会福利影响的方法论缺陷，又克服了强可持续核算只强调环境与自然资源作为人类可持续发展的必要条件，而忽视它们对社会福利本身影响的缺陷，还通过对心理支出扣除的方式确保了部分关键自然资本的可持续性。但ISEW也面临问题：首先，除扩展了资产范围，从真实消费构造社会福利，考虑收入分配对社会福利的影响外，GDP度量社会福利的其他缺陷ISEW均未克服；其次，ISEW使用的净心理收入及其他理论在度量代理福利上基本没有可行性，通过代理福利和代际偏好构建总社会福利问题基本没有进展，因而无法解决广义资产代际公平与效率统一意义上的可持续指标的存在与构建问题，更谈不上广义资产的定价理论的建立。最后，ISEW 未从资产互补和替代的角度分析资产的替代极限问题，因而也就提不出一套完整的标识关键资产的理论和方法。

总之，可持续国民财富核算指标的存在性与构造以可持续总社会福利函数的存在性与具体形式为前提。由于任何社会都是由个人构成的，所以可持续社会总福利函数只能建立在可持续个人效用函数基础上，更何况即便像传统做法那样通过代理效用函数来建立社会总福利函数，也要以从个人效用函数出发建立代理效用函数为前提。此外，可持续性作为代际公平与代际效率某种形式的统一，最终必须要有其微观依据。所以，可持续个人总福利函数的定义、存在性与构造就成了可持续国民财富核算的出发点。本书第三章探讨可持续个人效用函数的定义、存在性与构造问题。

第三章　个体可持续行为

根据第二章的分析，要从理论上证明可持续社会总福利函数的存在性，各代代理福利函数都必须存在，建立在代理福利函数流上的代际偏好必须满足自反性、传递性、完备性、单调性和连续性五大性质，而且必须修改或放弃 SP（WP）和 PA 公理而代之以其他形式的可持续性。那么如何证明代理福利函数存在并主张建立在其上的代际偏好具有上述性质呢？显然，代际偏好如果具有上述性质，它们也不是经济学家在假定存在的代理福利流上人为设计出来的，而是社会成员个体偏好相应性质通过代理福利流的反映，其基础归根到底是社会成员的个体偏好，所以必须从对个体偏好的分析开始。于是由代理福利函数出发通过抽象的代际偏好构建社会总福利函数的传统问题现在转化为从个体代际偏好出发通过一定集体选择机制显示当代公共代际偏好及其他公共偏好的问题。具体的就是要解决以下两组问题：（1）如何定义社会成员的个体代际偏好？如何主张个体代际偏好具有某种形式的可持续性？如何主张具有这种可持续性的个体代际偏好可以量化成可持续个体总效用函数？这种可持续个体总效用函数具有什么形式？（2）如何从个体总效用函数出发证明社会总福利函数存在并继承了个体总效用函数的可持续性？这样的可持续社会总福利函数具有什么形式？对第二组问题的探讨放到第四章，本章分析和解决第一组问题。具体地：第一节通过偏好实验的结果来概括个体偏好的一般特征并由此分析个体代际偏好的微观行为依据；第二节研究个体代际偏好的性质并由此定义个体总效用函数；第三节证明可持续个体总效用函数的存在性；第四节通过可持续个体总效用函数来研究个体的可持续行为。

第一节　偏好实验与个体偏好

个体偏好问题历来是经济学最基本的理论问题，也是经济理论赖以建立和无法避开的基本前提。主流经济学一直以来都以人造财富需求集合上的“经济人”假设作为个体偏好的基本特征，所做的工作也主要是通过个体在人造财富集上的选择行为来显示个体偏好，将个体选择行为序拓扑化，通过序拓扑方法研究个体偏好序的数值代理，由此建立相应的个体效用函数并通过对个体效用函数的数学分析建立经济学理论。它在研究方法上以理论分析为主，而较少考虑这些理论的现实依据。其需求集合只包含人造财富，而将自然、社会和人力财富排除在外，因此不能反映人类需求的全部范围。同时，它未看到需求层次及不同层次需求之间的不完全替代性，结果将其理论运用到可持续发展时就产生了哈特维克法则那样的人造财富对其他财富的过度替代问题。另外，它的“经济人”假设主张个体都是利己且理性的，未考虑微观个体中不同程度地存在的利他现象，也无法解决利己且理性行为所导致的“囚徒困境”及“搭便车”等非理性结果，未考虑主观偏好与道德偏好的关系，自然也无法为道德偏好及其包含的代际偏好提供有力的现实依据。

如第二章所述，可持续发展理论重新审视了人类需求的范围－层次问题，将主流经济学以人造财富为核心的需求集扩展到包含人造、人力、自然和社会四大财富的广义需求集，分析了广义需求的分层和不同层需求的不完全替代问题，为关键资产的可持续性奠定了需求理论基础。但其研究方法和主流经济学一样以理论分析为主，缺乏对微观个体深入系统的观察和实验基础。至于“经济人”假设的理论缺陷以及与之相对的利他主义问题，甚至在“经济人”假设的老祖宗亚当·斯密那里已引起过注意，其他古典经济学家如约翰·穆勒、瓦尔拉斯等也都讨论过这个问题。边际革命未将这种讨论正式纳入分析框架，可能正如凯恩斯指出的那样，是因为自利与利他相比抓住了人性中更主要的东西。在贝克尔（Becker，1974，1976）关于利他主义在家庭经济学中的开拓性研究及社会生物学家对利他主义的研究之后，经济学家对利他主义的处理方式已经不是作为利己的补充附带地提及，而是试图以正式的经济学语言，构造利他主义行为的微观基础，将它纳入正式的分析框架（杨春学，2001）。近年来我国有些学者也认为传统“经济人”只适合表征人的物质而非人文与生态需求，提出了将生态需求引入消费者行为、将生态投入引入生产者行为的微观行为理论（钟茂初，2006），主张用实验经济学方法构建具有自利和社会二元理性的“社会经济人”并将其作为可持续发展经济学的微观依据（胡石清，乌家培，2009，2011）。对微观个体需求范围－层次及“经济人”假设的这些开拓性研究虽然对克服主流经济学的理论缺陷、全面深入认识个体偏好有重大意义，研究方法上也逐渐在传统以假设－模型为基本特征的理论分析中融入了生物学、行为科学及社会学等相关学科的方法和成果。但总的来看，多数研究还是缺乏实验经济学那种专门的偏好实验基础。

本节在对现有个体偏好理论进行概括总结的基础上，对实验经济学的偏好实验进行系统分析，总结偏好实验所揭示的广义需求集与个体偏好的主要研究结果，在此基础上通过研究给出广义需求集的范围－层次结构，分析建立在广义需求集上的个体偏好的基本特征，为广义财富的互补与替代关系的确定探寻思路，通过已有偏好实验结果和现实观察构建微观行为依据比较充分的个体偏好理论，通过这种个体偏好理论来分析个体代际偏好问题，寻求个体代际偏好的微观行为依据。

一　实验经济学与偏好实验

实验经济学（Experimental Economics）（MBA 智库，2014；Vernon，2008）是通过实验方法研究经济问题的经济学科。其基本特征是：研究者从特定的研究目的出发，挑选一定的受试对象，以仿真方法创造与经济现实相似的实验室环境，不断改变实验参数以获得研究数据，对得到的实验数据分析、加工、整理，用以检验已有的经济理论及其前提假设，发现新的理论，为决策提供理论依据，为经济学理论体系的构建提供现实基础。实验经济学的关键是经济实验的设计、经济数据的获取以及经济数据的分析，因而是传统实证经济学（Positive Economics）的深化、技术化和专门化。但实证经济学使用的数据未必一定要通过经济实验来获得，经济运行中通过其他渠道产生的数据同样也是实证经济学用来分析的对象，因此实证经济学未必是实验经济学。

实验经济学根植于近代西方实验科学的传统，两百多年来很多经济学家通过经济观察、数据搜集及各个领域的自发性实验研究为这个学科的诞生创造着条件。主流经济学的很多基本理论如边际效用递减率、边际报酬递减率乃至凯恩斯宏观经济学中的边际消费倾向递减率等都是建立在对经济行为的观察和总结基础上的。从经济现实出发研究经济问题的方法从来都未停止过，但总的来说由于人们在很长一段时间里一直固守经济理论难以实验这个思维定式，致使通过经济实验主动建立、检验和推广经济理论的研究影响不大。弗农·史密斯（Vernon Smith，1962）经过长达六年的经济实验后发表的“竞争市场行为的实验研究”一文被认为是实验经济学诞生的标志，2002 年他因实验经济学的研究而获诺贝尔经济学奖则标志着实验经济学作为一个独立的学科已步入主流经济学的舞台，在全世界范围内得到普遍认可。

实验经济学诞生半个多世纪以来，在博弈论和市场理论等经典领域取得了重大进展，使一般均衡理论、工业组织理论、社会选择理论和公共选择理论等理论由抽象回到现实，通过计算机的广泛运用使复杂经济现象的实验与调控成为可能。更重要的是，实验经济学可以再造实验和反复验证，用现实数据代替历史数据，克服以往经验检验的不可重复性；可以操纵实验变量和控制实验条件，排除非关键因素对实验的影响，克服以往经验检验被动性的缺陷；用基于实验的数据分析取代单纯的数学推导，解决了以往高度抽象和简化的研究与现实世界不一致的问题；将人类行为当作研究对象从而使经济理论有了坚实的基础，使经济运行机制的设计有了可行依据，最终大力推动了经济学科的发展与运用。

实验经济学作为一门新兴学科很多地方仍然需要完善，如实验设计者和参与者的主观因素对实验结果的影响、实验者与被实验者之间那种类似于量子力学实验中的相互干扰、特别是实验室环境中得到的实验结果向真实社会经济环境类推的困难性、如何将经济实验从局部和微观经济领域向更广领域的拓展等。但是实验经济学作为与理论经济学相对的一种新方法却获得了不可替代的基础地位。它的诞生意味着在经济学结束了以基于假设的逻辑－数学模型进行理论推导为主的研究方法，开始了首先通过实验提出理论假设、在假设基础上运用逻辑和数学模型建立理论体系并推导出主要结论、再对理论结果进行经验实证并由此展开深入理论分析的实验－理论互相推动的完整方法，标志着经济学中类似于自然科学那种实验学科与理论学科的完整学科体系已经形成。理论经济学是实验经济学研究结果的升华与成熟的标志，而实验经济学是理论经济学得以成立、成熟与发展的基础与动力。

偏好实验即通过观察或实验来寻求有关个体偏好的资料，检验或修正偏好假说，为建立科学客观的偏好理论提供依据和奠定基础。具体的就是要揭示偏好产生的心理及社会背景、偏好产生的机制与过程、偏好对象的范围－层次结构、不同偏好物之间的互补－替代关系、收入及其他约束条件对偏好的影响、偏好的时间－空间－风险结构、利己偏好与他涉偏好①的关系、代内偏好与代际偏好的关系、偏好的理性与非理性关系以及偏好的理论表述方式等。偏好实验是实验经济学最基本的研究领域之一。这些研究多数与心理学相结合，通过设计动物和人类行为实验，在经济行为的认知心理（Tversky & Kahneman，1974，1979）、广义需求与需求分层（Kagel，1975；Lutz and Lux，1979；Lavoie，1992）、数理心理学（Luce，2000）与偏好公理（Colin et al.，1994；Kagelet，1981）、风险偏好（Chenet al，2006）与时间偏好（Shane，2002）、他涉偏好（Rabin，1993；Camerer，1997；Fehr and Schmidt，1999；Bolton and Ockenfels，2000；Dufwenberg，2004；Faruk，2008）及其构成（Güth，1982；Forsythe，1994；Berg，1995；Fehr，1996；Fehr and Gachter，2000；Andreoni et al.，2008；Young，2008）等方面进行了有效探索，对主流经济学"经济人"假设的理性与利己等原则提出了挑战，形成了一门新的经济学科即行为经济学（Camerer and Loewenstein，2002），为此，丹尼尔·卡尼曼（Daniel Kahneman）和维农·史密斯（V. Smith）同获2002

① 很多文献中他涉偏好（other-regarding preferences）也被称作社会偏好（social preferences）（Fehr et al，2005；陈叶烽等，2011）。但这种社会偏好与社会选择理论中的社会偏好是根本不同的：前者表示个体对他人福利的某种偏好，而后者仅表示作为"每个个体表达的偏好综合而成的整个群体的偏好"，其行为主体是整个社会（陈叶烽等，2011），以及本书后面要用到的作为社会福利函数基础的社会偏好。为了区别这两种偏好的不同性，本书将个体涉及他人的偏好称作他涉偏好。

年度诺贝尔经济学奖。实验经济学与行为经济学是既联系又区别。前者主要强调运用实验方法研究经济问题；而后者则是心理学与经济学结合的产物，主张通过人的行为分析来检验或修正主流经济学关于人的理性、自利及偏好等基本经济行为的假设。但同时，行为经济学对人的行为的分析离不开经济实验。事实上迄今为止实验经济学的主要实验大多集中在关于人的行为的实验上，以至于很多人都将行为经济学与实验经济学混为一谈。此外还有一些经济学家从社会、历史、文化等不同角度进行了偏好的实验研究，这些研究突破了行为经济学将偏好实验仅限于心理学领域的局限。所有上述探索在个体偏好物的范围－层次结构及人际－代际偏好等方面都取得了相当的进展，为深入分析个体总效用函数提供了丰富的现实依据。通过这些依据可建立比较有说服力的广义需求与个体总效用函数理论。

二　个体偏好对象的结构与不完全替代性

偏好实验表明个体偏好对象具有如下范围－层次结构：个人偏好是对广义需求的偏好，广义需求是分层次的，不同范围－层次的需求之间具有不完全替代性。

首先，个人偏好是对广义需求的偏好。正如第二章所述的可持续发展经济学家所主张的那样，人们的需求不仅包括对人造商品和人工服务这些传统GDP核算的人造财富[①]的需求，而且还包括对自然财富、人力财富和社会财富的需求。人造、自然、人力和社会财富并在一起就构成以个体偏好为对象的总体范围。这是一个任何人都能体会的常识。只是由于人造财富的稀缺性、消费的有偿性以及其他财富在理论分析上的困难使得经济学研究的重点逐渐集中到了单纯的人造财富，而忽视了对其他财富需求的关注。

其次，广义需求是分层次的。事实上新古典经济学家门格尔和马歇尔早就注意到了需求的分层现象（Lutz and Lux，1979；Lavoie，1992）。堪吉尔等人（Kagel et al.，1975）用老鼠所做的关于需求的实验表明：老鼠对水与食品两种不同层次的需求之间是不可替代的；一些需求比另一些更

① 需要再次提醒的是：本书中财富、资产及物品等概念作为人类需求对象而言其含义都是一致的，因此在不同的上下文中可根据传统文献的习惯交替使用。

为基本，基本程度较高的需求首先满足。广义需求的分层有多种方法（Hainnes，1982；Lea at al.，1987；1989），但这些分类都大同小异。马斯洛的金字塔式分层方法在这里和其他地方一样仍然比较符合实际。按照这种方法，人类需求由低到高可分为生理需求、安全需求、社会需求与自我完善需求四个层次。同层需求又分为很多不同的亚需求，如生理需求由空气、食物、水、性和睡眠等构成。亚需求又分为多种不同需要，如食品亚需求由大米、面粉和蔬菜等构成。人类必须首先满足低层需要然后才能满足高层需要。

最后，实验经济学的研究进一步发现了与弱可持续核算理论揭示的不同的需求特征：对大多数人而言，低层需求对高层需求存在有限替代性但高层需求对低层需求不可替代，同层需求的不同需要之间则存在不完全替代性（Kagel，1975；Lavoie，1992）。这就意味着在每一需求层次都存在既不可被高层需求替代又不可被同层需求替代的关键需要。与各个层次关键需要相对应的资产构成了关键资产。

各种广义需求按不同层次展开就得到了人类广义需求空间，这一点与弱可持续核算理论的结论没有太大差别。它包含了影响人类福利的所有可能需求及其层次关系，为克服主流经济学不考虑需求分层和需求再造的理论缺陷、比较不同需求之间的替代与互补关系提供了依据。这意味着新古典经济学那种不考虑广义需求和需求分层并且以需求的完全替代性为前提的传统需求理论必须被放弃而代之以更加符合实际的需求理论。表3.1.1可表示这种需求空间的基本结构，其中从左到右反映人类需求层次的提高，而从上到下则反映被需求物的范围，上下左右交汇处则反映一定被需

表3.1.1 人类需求空间

范围＼层次	生理需求	安全需求	社会需求	自我完善需求
自然资产	空气、水和自然资源等	污染治理、生态安全等	国土需求、公共环境等	娱乐场所、诗化自然等
人造资产	衣、食、住等	资本、医疗、武器等	交通、通信、公园等	奢侈品与服务等
人力资产	健康等	劳动与社会保障等	教育、知识与能力等	信仰、道德、美等
社会资产	配偶、儿女等	社会稳定、国家安全等	公平、正义、友谊等	成就、赞誉、归属感等

求物满足的需求层次。例如：自然财富可以按照需求满足由低到高的层次分为满足生理需求的空气、水和绿色资源，满足健康安全需求的环境质量和生态安全，满足社会需求的公共资源和公共环境以及满足自我完善需求的娱乐场所和诗化自然等财富形式。

三　自利偏好与他涉偏好

自利偏好即个体偏好仅仅取决于他自身的消费水平与消费组合，而与他人福利无关。他涉偏好（other-regarding preferences）则指个体偏好既取决于他自身的消费量与消费组合，也取决于他人福利。需要指出的是他涉偏好还有“亲社会偏好”（prosocial preferences）、“互动偏好”（interdependent preferences）和“社会偏好”（social preferences）等叫法。但“亲社会偏好”含有一定亲和他人或社会的意思，这与出于互惠这样的功利目的而惠及他人的行为不太符合，因为互惠情况下若别人不友好则可能产生以怨报怨的不亲和行为。“互动偏好”则主要强调个体与他人及社会类似于互惠这样的互动行为，不能准确反映个体可能存在的真正利他的行为。而“社会偏好”在传统经济学文献中则专指建立在个体偏好基础之上的集体偏好，是本书后面可持续社会福利赖以建立的理论基础，与他涉偏好的含义相差更远，因此用他涉偏好最为准确（具体可参考陈叶烽等，2011）。

主流经济学的“经济人”假设是典型的自利偏好，其效用函数仅仅包含个体在收入分配约束下的商品－服务组合，而不包括他人效用的影响，即：

$$v_k = v_k(c_k) = \tilde{v}_k(p, f_k), pc_k \leq f_k, f_e \leq F \tag{3.1.1}$$

其中 $v_k = v_k(c_k)$ 为个体 k 的总效用，它仅取决于 k 的消费向量 $c_k = (c_{1k}, c_{2k}, \cdots, c_{nk})$，其分量为在社会资源配置中得到的各种消费品数量，各分量大小合起来反映 k 在社会资源配置中得到的实物收入总量，各分量之间的对比关系反映个体 k 在既定收入水平下对各种商品的偏好，n 为消费品种类数。这种关系亦可用价格体系 $p = (p_1, p_2, \cdots, p_n)$ 和货币收入总额 f_k 下的间接效用函数 $v_k = \tilde{v}_k(p, f_k)$ 来反映。显然 k 的效用水平仅取决于他在收入分配约束$f_1+f_2+\cdots+f_\hbar \leqslant F$中得到的货币收入水平$f_k$和价格水平$p$，或实际消费$c_k$，而不包含他人福利的影响，$\hbar$为社会成员个数，$F$为总产值。这里$f_e \leqslant F$，$f=(f_1,f_2,\cdots,f_\hbar)$，$e=(1,1,\cdots,1)$为收入分配约束条件的简略式，表明个体选择在收入分配约束下实现效用最大化。

最迟也是从 Edgeworth 开始，个体效用函数中开始既包括个体总消费，也包括他人福利的影响，个体效用于是变成了这两部分的函数（杨春学，2011）。即：

$$\begin{aligned} & u_k = u_k(c_k, v_l) = (1-\alpha_k)v_k(c_k) + \alpha_k v_l(c_l) = \tilde{u}_k[v_k(c_k), v_l(c_l)] \\ & pc_k \leqslant f_k, pc_l \leqslant f_l, k, l = 1,2,\cdots,\hbar, fe \leqslant F \end{aligned} \tag{3.1.2}$$

其中$u_k = u_k(c_k, v_l)$为个体k的总效用，它既取决于他自身在社会资源配置$fe \leqslant F$中得到的总消费c_k，又取决于他人l在此配置中得到的c_l产生的效用水平$v_l = v_l(c_l)$；这里其他符号的含义与式（3.1.1）同，α_k表示他人l的效用对个体k的影响系数，其影响方式和影响大小则有不同说法，如互利和利他说等，因此正是需要通过偏好实验或其他方式来研究确定的。特别地，若$\alpha_k = 0$，就得到了自利偏好。第一行最后一个等式说明：含有他涉偏好的个体偏好本质上是建立在所有个体自利偏好基础上的，其中每个个体的自利偏好就是他对特定资源配置方式中自身消费的偏好。

一般地，个体k的他涉偏好不止涉及一人。现设$l \neq k$表示$\hbar$个社会成员中任一他人。若k对l有他涉偏好，则二者的他涉系数$\alpha_{kl} \neq 0$，否则$\alpha_{kl} = 0$。α_{kk}表示k的“自涉系数”。于是考虑到所有他涉偏好时个体k的总效用可表示如下：

$$\begin{aligned} u_k &= u_k(v_1(c_1),\cdots,v_k(c_k),\cdots,v_\hbar(c_\hbar)) \\ &= \alpha_{kk}v_k(c_k) + \sum_{l \neq k}^{\hbar} \alpha_{kl} v_l(c_l) \\ pc_l &\leqslant f_l, l = 1,2,\cdots,\hbar, fe \leqslant F \end{aligned} \tag{3.1.2a}$$

即：考虑到对所有人的他涉偏好时，k的个体偏好对象为资源配置$pc_k \leqslant f$，$fe \leqslant F$下所有社会成员的效用组$(v_1,\cdots,v_k,\cdots,v_\hbar) = (v_1(c_1),\cdots,v_k(c_k),\cdots,v_\hbar(c_\hbar))$，只不过$k$的效用$v_k = v_k(c_k)$在其中有独特地位而已。不影响理解，约定式（3.1.2a）中包含他涉偏好的个体偏好u_k对自利偏好组$(v_1,\cdots,v_k,\cdots,v_\hbar)$的函数符号直接用$u_k(\cdot)$表示，而不是像式（3.1.2）

中那样用 $\tilde{u}_k(\cdot)$ 表示。以下同。此外式（3.1.2a）只是个体偏好的一种功利主义表示方法，能够比较直观地说明问题，更一般的表示方法应该是下列效用函数：

$$
\begin{aligned}
&u_k = u_k(v_1(c_1),\cdots,v_k(c_k),\cdots,v_\hbar(c_\hbar)) \\
&pc_l \leqslant f_l, l = 1,2,\cdots,\hbar, fe \leqslant F
\end{aligned}
\tag{3.1.2b}
$$

其中他涉偏好的存在与否以及大小方向均可用偏导数 $\partial u_k/\partial v_k, l \neq k$ 的大小和符号来表示。偏好函数 $u_k = u_k(\cdot)$ 的存在性、函数形式及其对各个自变量的偏导数等正是偏好实验要研究解决的问题。

实验经济学通过大量实验来研究个体偏好，这些实验涉及各种类型，不同类型的实验采用不同的实验方法。陈叶烽等（2011）将典型的他涉偏好分为利他偏好、差异厌恶偏好和互惠偏好三种基本类型，分别对应人的善良、公正和互助三种特征，其他实验则分解为这三种基本类型的各种组合。其中互惠偏好相当于第二章说过的主观偏好，而利他和差异厌恶偏好则相当于道德偏好。基本偏好实验信息及其理论模型可分别概括为表3.1.2和表3.1.3。利他偏好的程度一般用独裁者实验（表3.1.2－实验类型3）中独裁者的分配额来测度。互惠偏好的程度用个体之间的信任水平来测度，通常用问卷调查法和信任博弈实验法来检验（表3.1.2－实验类型6）。差异厌恶偏好程度通过对差异厌恶（表3.1.3－实验类型2）中行为人的劣势厌恶系数 α_i 和优势厌恶系数 β_j 的取值大小来检验。其他偏好的程度可用以上各种方法组合测量。

表3.1.2　个体行为博弈实验中的他涉偏好［陈叶烽等（2011）表1］

实验类型	实验描述	现实举例	经济人模型的均衡解	实验结果	他涉偏好类型
1. 囚徒博弈实验	两个实验对象进行囚徒博弈，分别有合作和不合作两个决策，双方博弈的收益支付矩阵为： 　　合作　　不合作 合作　H,H　　S,T 不合作 T,S　　L,L 其中H＞L,T＞H,L＞S	负外部性产品比如环境污染、噪音等的生产。	双方均选择不合作。	50%的人选择合作，而且互相交流机制能有效增强合作的频率。	互惠偏好。

续表

实验类型	实验描述	现实举例	经济人模型的均衡解	实验结果	他涉偏好类型
2. 最后通牒实验	双人或多人分别扮演提议者和响应者角色对财富 S 进行分配方案的选择博弈，提议者分配 x 个筹码给对方，如果响应者拒绝则双方收益为 0，如果响应者接受，则提议者获得 $S-x$，响应者获得 x。	易腐烂商品的垄断定价。	提议者分配 $x=\varepsilon$，其中 ε 为任意小的一个正数，响应者接受该分配额。	平均分配额在 $0.3S$ 和 $0.5S$ 之间，当 $x<0.2S$ 时大约一半的人会拒绝。	互惠偏好、利他偏好、差异厌恶偏好。
3. 独裁者实验	在最后通牒博弈基础上取消了响应者的拒绝权利，即独裁者决定对 S 财富的分配，若独裁者分配 x 个筹码给对方，双方收益即决定为 $(S-x,x)$。	慈善的捐赠行为。	独裁者分配给接受者 $x=0$。	平均来看独裁者会分配给接受者 $x=0.2S$。	利他偏好。
4. 第三方惩罚实验	在独裁者基础上加入了一个局外者即第三方，该第三方可以对独裁者的分配行为进行带有成本的惩罚。	对不公现象的社会谴责和批评。	独裁者照样分配给接受者 $x=0$，而第三方不会选择惩罚。	当独裁者给接受者的分配额小于一定数目时，第三方会对独裁者进行惩罚而且分配数目越小惩罚越大。	利他偏好。
5. 公共品博弈实验	拥有初始禀赋 y 的 n 个实验对象同时对一个公共项目进行投资，投资额为 g_i $(0\leqslant g_i\leqslant y)$，此时每人收益为 $\pi_i=y-g_i+mG$，其中 G 为各实验对象的投资总额，m 为公共品投资回报率。	团队合作，小型社会中的公共产出，共有资源的过度使用等。	每个实验对象投资额为 $g_i=0$。	在一次性匿名实验中人们会投资 50% 的初始禀赋，如果实验次数增加，则投资额越来越小，交流机制和惩罚机制可以有效提升合作水平。	互惠偏好，利他偏好，差异厌恶偏好。
6. 信任博弈实验	双人分别扮演委托人和代理人角色并拥有初始禀赋 S，委托人可以从初始禀赋 S 中选择投资 y $(0\leqslant y\leqslant S)$ 给代理人，代理人自动获得 $3y$ 后可以选择返还一个 x $(0\leqslant x\leqslant 3y)$ 给委托人。此时委托人收益为 $S-y+x$，而代理人收益为 $S+3y-x$。	没有法律合同的买卖行为。	委托人选择投资 $y=0$；代理人选择返还 $x=0$。	平均来看，实验者会选择 $y=0.5S$ 投资给代理人，而代理人会选择返还一个略小于 $0.5S$ 的值给委托人，而且 x 与 y 成正比。	互惠偏好，利他偏好。

续表

实验类型	实验描述	现实举例	经济人模型的均衡解	实验结果	他涉偏好类型
7. 礼物交换实验	雇主提供给一个工资 w 给雇员，雇员选择一个工作努力程度 e（$1 \leq e \leq 10$），并付出成本 $c(e)$，此时雇员工作产出效益为 $10e$，雇主收益为 $10ew$，雇员收益为 $w - c(e)$。	雇主和雇员的上下关系。	雇员选择最小努力程度即 $e = 0$，而雇主提供最小工资。	雇员的努力程度和雇主的工资水平成正比。	互惠偏好，利他偏好。

偏好实验不仅通过各种方式证明他涉偏好的存在性，而且还试图通过数理心理学（Luce，2000）、偏好公理（Colin et al.，1994；Kagelet，1981）及数学模型（Kohler，2003；Ottone，2006）等方式对它们进行描述，最终形成了兼备实验基础和数学模型因而比较完善的他涉偏好理论体系如表 3.1.3。

最后，近年来开始出现关于可持续发展行为的实验经济学研究文献。这些实验涉及公众消费行为的变化、环境保护动机和偏好的显示、对可持续发展政策和措施的反应及可持续发展教育效果的测试等方面（Ehmke et al.，2008；Michaude，2008），旨在为可持续发展市场机制构建、宏观政策制定及其他措施提供依据。

概括偏好实验及其理论模型的研究结果可得“新型经济人”理论，具体概括如下：

第一，个体行为系统偏离传统“经济人”的自利假设，个体偏好不仅依赖于个体自身的收入与消费，而且也受到他人收入与消费或多或少及各种形式的影响。他涉偏好和自利偏好一样是个体偏好不可缺少的组成部分。

第二，他涉偏好理论模型虽然形式多样，但各模型之间存在密切的内在联系和共同特点：它们都与实验相对应，应实验而生，目的是解决实验中出现的与经济人假设相左的悖论；从形式上来看，各个模型大多以博弈论为基本分析工具，都是在效用函数中加入了各种他涉偏好的结果；虽然放弃了“经济人”的自利假设，但仍然建立在理性基础之上，从而为超越“经济人”的自利而又保留其理性特征提供了可能（陈叶烽等，2011）。对可持续发展的实验研究近年来也取得了一定进展。

表 3.1.3　几个基本他涉偏好的理论模型（根据陈叶烽等（2011）研究整理）

类型	设计者	模型描述	成就及问题
1. 基于动机的互利模型	Rabin(1993)、Dufwenberg(2004)	在局中人 i 与 j 的博弈中，i 的效用函数为： $U_i(a_i,b_j,c_i) = \pi_i(a_i,b_j) + \tilde{f}_j(b_j,c_i)[1 + f_i(a_i,b_j)]$ 其中 a_i、b_j 和 c_i 分别为局中人 i 自身的策略、i 信念中局中人 j 的策略和 i 信念中局中人 j 认为 i 会采用的策略；U_i、$\pi_i(a_i,b_j)$、$\tilde{f}_j(b_j,c_i)$ 和 $f_i(a_i,b_j)$ 分别为局中人 i 的总效用函数、i 的博弈带来的纯利益效用、i 认为 j 对他的善意函数和 i 对 j 的反应函数；当 $\tilde{f}_j(b_j,c_i) < 0$ 时，i 认为 j 对他不友善，因而他也就对 j 以怨报怨，即 $f_i(a_i,b_j) < 0$，此时总效用 U_i 通常小于 $\pi_i(a_i,b_j)$；当 $\tilde{f}_j(b_j,c_i) > 0$ 时，i 认为 j 对他友善，因而他也就对 j 以德报德，即 $f_i(a_i,b_j) > 0$，此时总效用 U_i 通常大于 $\pi_i(a_i,b_j)$。	1. 各种效用都是局中人策略的函数，但策略很容易表达成资源分配的方式；2. 模型通过善意函数与反应函数二者表达了局中人的心理特征；3. 总效用分为博弈带来的利益效用与他涉偏好两部分之和。这些都比较符合博弈者的心理实际。但存在局限于两人等问题。为此 Dufwenberg 等(2004)对其做了推广。
2. 结果导向的差异厌恶模型	Loewenstein (1989)、Bolton (1991)、Fehr 和 Schmidt (1999)、Bolton 和 Ockenfels (2000)	参与者 i 对社会分配 $X = (x_1, x_2, \cdots, x_n)$ 的效用函数为： $U_i(x) = x_i - \frac{\alpha_i}{n-1}\sum_{j\neq i}\max(x_j - x_i, 0) - \frac{\beta_i}{n-1}\sum_{j\neq i}\max(x_i - x_j, 0)$ 其中 $0 \leq \beta_i < 1$，$\beta_i \leq \alpha_i$，$x_j - x_i$ 为社会分配中 j 比 i 多得的程度，即 i 相对于 j 的劣势不均等，从而 $\frac{\alpha_i}{n-1}\sum_{j\neq i}\max(x_j - x_i, 0)$ 为 i 的总劣势不平等带来的效用损失；同理 $\frac{\beta_i}{n-1}\sum_{j\neq i}\max(x_i - x_j, 0)$ 为 i 的总优势不平等带来的效用损失；$0 \leq \beta_i \leq \alpha_i$ 说明不论怎样的分配差距都会带来效用损失，但来自劣势不平等的损失不小于来自优势不平等的损失。显然，效用最大化的分配为 $x_i = x_j$。	此模型反映了大多数人都有的差异厌恶心理，且通过 $\beta_i \leq \alpha_i$ 反映了对劣势差异更加厌恶。但是如果不能测定 β_i 与 α_i 之间的准确对比关系，则很难反映差异厌恶的真实状况，因为虽然人们对优势和劣势差异都有一定的程度的厌恶，但对劣势差异厌恶的程度要大得多。

续表

类型	设计者	模型描述	成就及问题
3. 社会福利偏好模型	Andreoni 和 Miller（2002）	参与者 i 对社会分配 $x = (x_1, x_2, \cdots, x_n)$ 的效用函数为：$U_i(x_1, x_2, \cdots x_n)$，且 $\partial U_i / \partial x_j > 0$，$j = 1, 2, \cdots, n$。显然平均主义、罗尔斯－最大最小原则及无稀缺性限制时的功利主义等效用函数都满足这一条件。Andreoni 等（2002）首先验证了参与人效用函数的连续、单调和凸性等理性特征，然后通过独裁者实验发现：参与人中 30% 的人具备平均主义倾向，即愿意增进最小支付人的利益；20% 的人具备功利主义倾向，即愿意扩大所有参与人的支付总和；50% 的人则呈现出完全意义上的自私性。	社会福利偏好模型是经济学中历史悠久、影响较大的模型。尽管有偏好实验表明了它可能存在且具有某些理性特征，但要使这些实验从实验室走向现实，还有很大困难。很明显：在资源稀缺性约束下通过他人分配额增加（因而自己减少）来增加自己的效用，是不现实的。
4. 社会福利和互惠偏好综合模型	Charness 和 Rabin（2002）	模型：由 A、B 二人博弈中 B 的效用函数为：$U_B(x_A, x_B) = x_B + (\rho r + \sigma s + \theta q)(x_A - x_B)$，其中 $r = \begin{cases} 1 \text{ 若 } x_A < x_B \\ 0 \text{ 若 } x_A \geqslant x_B \end{cases}$，$s = \begin{cases} 1 \text{ 若 } x_A > x_B \\ 0 \text{ 若 } x_A \leqslant x_B \end{cases}$，$q = \begin{cases} 1 \text{ 若 } A \text{ 不友善} \\ 0 \text{ 若 } A \text{ 友善} \end{cases}$；$\theta$ 为互利参数，ρ 和 σ 为分配偏好模型中的参数，它们之间的不同关系分别代表不同的分配偏好：$\rho \leqslant \sigma \leqslant 0$ 时效用函数表示的是竞争偏好，$\sigma < 0 < \rho < 1$ 时效用函数表示差异厌恶偏好，$0 < \sigma \leqslant \rho \leqslant 1$ 时则表示社会福利偏好。	显然，和上述三大模型一样，B 的效用函数也是由自利部分 x_B 和他涉部分 $(\rho r + \sigma s + \theta q)(x_A - x_B)$ 构成的，其中他涉部分因参数 ρ、σ 和 θ 的不同而表示不同的他涉类型。例如若 A 不友善且 $x_A > x_B$ 时，$U_B(x_A, x_B) = x_B + (\sigma + \theta)(x_A - x_B)$，此时若还有 $\sigma < \theta$，则表明 A 的支付超出 B 的部分给 B 带来负效用，负效用的增加额则受互利参数 θ 的影响。
5. 其他综合模型	除上述社会福利和互惠偏好综合模型以外，还有 Kohler（2003）提出的差异厌恶－社会福利最大化模型和 Falk 等（2006）提出的差异厌恶－互惠偏好综合模型（具体可参考陈叶烽等（2011））。但这些模型的基本思路都是试图将个体偏好表示为一个利己部分与一个他涉部分之和，面临的问题也是相似的：偏好的测度、实验设计、实验结果以及实验室结果在真实环境中的实用性等。		

第三，他涉偏好理论虽然因其实验和理论两方面的成就在主流经济学乃至整个经济学界产生越来越大的影响，但仍然存在一系列重大问题：他涉偏好是否真实反映个体在现实生活中的真实行为？特定实验环境下由实验者和参与者人为得出的实验结果能否切合实际地外推到现实环境？如何避免实验结果中实验者的目的性行为和参与者的取悦倾向？参与者的行为到底能反映多少一般的个体行为？所有、多数还是少数？

第四，个体他涉偏好的存在及其内在联系有其生物种群及社会历史文化基础，同时又是社会偏好赖以建立的前提与基础。因此从存在差异性的具体他涉偏好过渡到具有公共目标意义的社会偏好时，必须重视并利用生物进化中的种群选择与教育、法规与公共政策等社会行为对他涉偏好形成的重要作用。

第二节　个体偏好公理与个体总效用函数

本节首先在对他人按代内－代际分类的基础上构建个体总偏好的状态集，其次在这个状态集合上建立个体偏好公理并证明个体总效用函数的存在性，最后通过个体总效用函数分析个体代际偏好特征，为分析个体可持续行为奠定基础。

一　个体偏好的状态集

他涉偏好是个体偏好中涉及他人效用的部分，相当于式（3.1.2a）中 $l \neq k$ 时 α_{kl} 对应的各项，其数值特征是全面描述他涉偏好的关键。他涉偏好取决于当事个体与他人的关系及他人的构成与特点。当事个体与他人的关系可以按强弱程度划分为血缘关系、经济关系及其他社会关系，各种关系交织在一起形成复杂的人际关系网。血缘关系构成了人类种族繁衍的基本线索，又包含着经济关系及其他一切人际关系的萌芽。从血缘关系出发，按照是否共存于同一时间段内，可将人际关系分为代内与代际两种基本关系。当然，这样区分仅仅是为了使分析成为可能，实际上的代内人际关系要比这复杂得多。

代内关系即共同存在于同一时间段内的各种横向人际关系。现代人类平均寿命约为75岁，因此各个年龄阶段的人们能够共存的平均时间段为25年，不妨将它叫作代宽。现代人平均初次生育年龄约为25岁，将它称作辈宽，因为这意味着每隔25年就有新一辈人诞生。显然，每一代人的代宽等于代内三辈人的辈宽之和。从纵向看共存于同一代宽内的人大致可按直系血缘关系分为父母、儿女和孙儿女三辈，其中每上一辈对下一辈的支配与偏好都强于同辈之间的偏好与支配；从横向看每一辈人大致可按旁系血缘及其他关系分为本身没有血缘但却是所有血缘关系创造者的配偶、有旁系血缘关系的兄弟姐妹及其配偶、有更远旁系血缘关系或没有血缘关系的族人、通过经济及其他关系联结的国人以及通过国际关系联系的世人等（表3.2.1）。父母、儿女和孙儿女三辈人虽然有着时间上的先后和血缘上的承启关系，但他们共存于同一时间段内因而属于不同辈但同代人。同代人通过各种现实的血缘纽带、经济利益、政治法律制度、社会历史文化传统和自然环境联结在一起，相对于不同代人而言有着更加现实紧密的相互依存和制约关系，更容易通过这些关系形成互惠和平等互动性较强的主观偏好。

代际关系即存在于不同代宽内的各代人之间的纵向人际关系。第一，代内关系的本质是强调时间上共存的各辈人之间存在的相互制约和依存性，因此就产生了人的生理年龄所决定的代宽及其所包含的辈数的固定性，也就决定了每一代人作为不同辈人的共存整体与其下一代在时间上前后承启且明确分界的特点。这一点导致了以代内相互制约和依存性为基础的代内他涉偏好和不同代人之间他涉偏好流的形成。例如，当代他涉偏好仅涉及父母、儿女和孙儿女三辈而不包括曾孙辈，因为父母辈健在时曾孙辈尚未出生而曾孙辈出生时父母辈已逝。但从另一角度看，即便将不同代人按时间先后分开，以血缘关系为纽带的先辈对晚辈那种时间占优与辈际偏好也不会因为代与代的不同而割断，而会跨越代沟连续传递下去。这种先辈对晚辈的偏好通常比辈内偏好的程度要强，但与辈内偏好的相互性不同的是，它在很大程度上是从先辈到晚辈单向性的。例如父母对儿女的偏好虽然很强，但通常都是由父母辈操控的，儿女辈基本上无能为力，更不要说孙儿女辈了。让不让儿女出生、让什么样的儿女出生、给儿女一个怎样的经济、社会和自然环境等都由父母辈决定。由于单向性偏好中晚辈对先辈的相对弱势，因此就要求先辈有更多的公平、利他以及对人类的博爱等纯代际伦理才能保证晚辈福利。第二，虽然每一代宽及其包含的辈数是固定的，但时间的推移却是连续的，这就导致了不同代之间的代际交叠现象（Pezzey，1997）：当代儿女辈与孙儿女两辈与后一代中的曾孙辈实际上也要经历一个同代过程。即便在统计上将儿女辈与孙儿女两辈归到当代而将曾孙辈归到后一代，但在计算两代的代内他涉偏好时也无法排除儿女、孙儿女及曾孙辈实际上经历同一代时所产生的那种现实依存与制约关系对当代和后一代的影响。后一代的曾孙辈福利不仅通过同代现实依存与制约关系影响作为其父母辈和祖父母辈的当代儿女与孙儿女辈，而且在他出生前已通过当代父母预期到的这种影响而影响了当代父母辈，因为归根到底儿孙对其自身儿孙的偏好也是包含在父母对儿孙的偏好之中的。第三，有些人可能没有直系后代，如不生育或不想生育的人。但这些人的代际偏好可以表示为对其近亲的后代及对人类种群的一般性偏好。这种偏好可能没有对直系后代的偏好那样强烈，但也存在，因为任何个体的代际偏好事实上都由对自己后代及对人类种群的一般性偏好两部分组成。第四，任何一后人至少是两个先人的后代，而且越后面的后代越是有更多人的先人，所以每个人的后代自身也是相互交叠的。这就意味着：虽然随着后代与其祖先时间距离的增加得到单个祖先的代际偏好可能变弱，但却得到了更多祖先的关爱。反过来，随着后代时间距离的增加祖先也会偏好越来越多的后代，因此越来越接近对后代全体的偏好。第五，尚未出生的个体具有不确定和模糊性，这就使得祖先对其后代的个体偏好无法具体化，只作为对一代人的偏好而出现，而且越往后代，这种特征越明显。第六，代内偏好是对同时代个体福利的偏好，因此仅取决于各种现实的代内人际关系而与时间因素无关，而代际偏好则是对不同时间段上出现的不同代人福利的偏好，要受到时间及其与之相连的风险因素的影响。一般而言，一代人距离当代时间越远，与之相连的不确定性也就越大，当代个体对其偏好程度也就越弱。有些人可能只关心他能够看见的儿孙辈，而对更后面各代人的兴趣不大。个别人甚至会像那句有名的“我死以后哪怕洪水冲天”所说那样，根本不考虑远期后代的福利。这一点符合日常观察：人们对遥远时空中与自己关系不大或没有关系的人很难产生比较强烈的主观偏好。总之，辈际偏好、代际交叠、对后代集体的偏好以及时间与不确定性等因素共同决定了建立在代内偏好序列上的代际偏好。

将当事个体他涉偏好中所涉及的他人按照代内与代际关系展开就得到了一个他人集合，具体表示为表 3.2.1。其中代内关系由父母、儿女和孙儿女各辈中的家人、亲戚、族人、国人和世人等关系组成。他们通过血缘、利益、传统和法规等各种现实力量联结在一起，形成了相对于代际关系而言有着更加现实，因而更强更紧密的相互依存和制约关系，在此基础上容易形成互惠和公平等互动性较强的主观偏好。代际关系则是由上述关系组成的代内关系从现在到将来的具体展开，不同代人之间主要通过辈际偏好、代际交叠、对后代集体的偏好以及时间与不确定性等因素联结在一起，形成了相对于代内偏好而言较弱且受时间因素影响的代际偏好。通过这个人际关系表及其包含的人际关系，后面就可以研究个体偏好中代内偏好与代际偏好之间的关系。

表 3.2.1　代内关系与代际关系

当代			后 1 代			…
父母	儿女	孙儿女	曾孙儿女	玄孙儿女	来孙儿女	…
父母辈亲戚	儿女辈亲戚	孙辈亲戚	曾孙辈亲戚	玄孙辈亲戚	来孙辈亲戚	…
父母辈族人	儿女辈族人	孙辈族人	曾孙辈族人	玄孙辈族人	来孙辈族人	…
父母辈国人	儿女辈国人	孙辈国人	曾孙辈国人	玄孙辈国人	来孙辈国人	…
父母辈世人	儿女辈世人	孙辈世人	曾孙辈世人	玄孙辈世人	来孙辈世人	…

由于每一代代内个体与代际个体相比有更现实、更强、更紧密的相互依存和制约关系，所以个体偏好所涉及的所有个体都按照从当代到后代的顺序依次排列。设第 t 代第 k 个个体为 $k(t) \in H(t) = \{1,2,\cdots,\hbar\}$，$t \in [0, +\infty)$，其中 $\hbar \in \mathbb{N} = \{1, 2, \cdots, N, \cdots\}$为 $k(t)$ 的个体偏好可能涉及的所有个体总数，包括同一代内和不同代的所有个体。从理论上讲后代的个数可以无穷大，因此 $\hbar$ 也可以是无穷大的。设 $s \in t\mathbb{N} = \{t,t+1,\cdots\}$ 代的第 k 个个体为 $k(s)$，则 $k(t)$、$k(t+1)$、$k(t+2)$ … $k(s)$ 分别表

示 $k(t)$ 当代及其后 1 代、后 2 代直到后 $s-t$ 代的第 k 个个体。其中 $k \in \mathbb{N}_{h(s)} = \{1,2,\cdots,h(s)\}$ 为任意个体标号，$h(s)$ 为第 s 代个体总数。当 k 在 $\mathbb{N}_{h(s)}$ 中变化时得到的 $1(s)$ 、…、$k(s)$ 、…、$h(s)$ 表示第 s 代（即后 $s-t$ 代）的全部 $h(s)$ 个社会成员，即表 3.2.1 中每一代从父母、儿女开始直到孙辈国人、孙辈世人的所有个体。于是 $k(t)$ 偏好所涉及的自己和所有他人构成的集合 $\not{H}(t)$ 可按照 t 代及其后代的代内－代际关系重新排列如下：

$$\not{H}(t) = \{1,2,\cdots,\hbar\}$$
$$= \begin{pmatrix} 1(t), & 1(t+1), & \cdots, & 1(s), & \cdots \\ \vdots & \vdots & \cdots & \vdots & \cdots \\ k(t), & k(t+1), & \cdots, & k(s), & \cdots \\ \vdots & \vdots & \cdots & \vdots & \cdots \\ h(t), & h(t+1), & \cdots, & h(s), & \cdots \end{pmatrix}, \hbar = \sum_{s \in t\mathbb{N}} h(s) \qquad (3.2.1)$$

对于不同的 s 而言，个体数 $h(s)$ 可能不同，因此集合（3.2.1）不必是严格的矩阵。这样写仅仅是为了直观。

设第 s 代第 k 人 $k(s)$ 的任意 $n(s)$ 维消费向量为 $c_{k(s)} = (c_{1k(s)},\cdots, c_{ik(s)},\cdots,c_{n(s)k(s)}) \in \mathbb{R}_0^{+n}$，其中 $c_{ik(s)} \in \mathbb{R}_0^{+}$ 为任意非负实数，$i \in \mathbb{N}_{n(s)} = \{1,2,\cdots,n(s)\}$，则当 $k \in \mathbb{N}_{h(s)}$ 、$s \in t\mathbb{N}$ 变化时，$k(t)$ 自己及所有他人所有可能的消费组合按照（3.2.1）的形式可排列如下：

$$_tc = \begin{pmatrix} c_{1(t)}, & c_{1(t+1)}, & \cdots, & c_{1(s)}, & \cdots \\ \vdots & \vdots & \cdots & \vdots & \cdots \\ c_{k(t)}, & c_{k(t+1)}, & \cdots, & c_{k(s)}, & \cdots \\ \vdots & \vdots & \cdots & \vdots & \cdots \\ c_{h(t)}, & c_{h(t+1)}, & \cdots, & h_{1(s)}, & \cdots \end{pmatrix} = (c_{k(s)})_{h(t)\times|t\mathbb{N}|} \qquad (3.2.2)$$

其中第 k 行消费向量组成的向量流表示为：

$$_{k(t)}c = (c_{k(t)},c_{k(t+1)}\cdots,c_{k(s)},\cdots) \qquad (3.2.2a)$$

借助于此可研究 $k(t)$ 对其直系后代序列的偏好状况，其中前 T 个消费向量组成的向量流为：

$$_{k(t)}c_{k(T)} = (c_{k(t)},\cdots,c_{k(s)},\cdots,c_{k(T)}) \qquad (3.2.2b)$$

第 s 列消费向量构成的向量组或矩阵为：

$$c_{(s)} = \begin{pmatrix} c_{11(s)}, & \cdots, & c_{i1(s)}, & \cdots, & c_{n(s)1(s)} \\ \vdots & \cdots & \vdots & \cdots & \vdots \\ c_{1k(s)}, & \cdots, & c_{ik(s)}, & \cdots, & c_{n(s)k(s)} \\ \vdots & \cdots & \vdots & \cdots & \vdots \\ c_{1h(s)}, & \cdots, & c_{ih(s)}, & \cdots, & c_{n(s)h(s)} \end{pmatrix} = \begin{pmatrix} c_{1(s)} \\ \vdots \\ c_{k(s)} \\ \vdots \\ c_{h(s)} \end{pmatrix} \quad (3.2.2c)$$
$$= (c_{1(s)}, \cdots, c_{k(s)}, \cdots, c_{h(s)})'$$

这儿约定“ $'$ ”表示以向量 $c_{k(s)}$ 为单位构成的向量（$c_{1(s)}, \cdots, c_{k(s)}, \cdots, c_{h(s)}$）的转置，相应地该转置表示第 s 代所有 $h(s)$ 个个体消费向量的组合。

所有时间所有个体所有可能消费向量构成的集合即代内－代际消费资源配置状态集合，简称为消费状态集，其中元素简称为消费状态。具体如下：

$${}_tC = \{{}_tc = (c_{k(s)})_{h(t) \times |t\mathbb{N}|} \mid c_{k(s)} \in \mathbb{R}_o^{+n(s)}, k \in \mathbb{N}_{h(s)}, s \in t\mathbb{N}\} \quad (3.2.3)$$

其中消费向量流的代内－代际结构是由（3.2.1）式决定的，因此本集合仅仅是通过不同代内－代际交汇处的消费向量的所有可能取值生成的。$\mathbb{R}_o^{+n(s)}$ 表示由非负实数集 $\mathbb{R}_o^{+}$ 生成的 $n(s)$ 维向量。无论是他涉偏好的个体资源，还是集体资源的代内－代际配置，都是在这个集合上进行的。此外，状态集 C 还可以按照不同的研究问题分别表示成以下等价形式。首先是行等价式：

$$\begin{aligned} {}_tC = \{{}_tc &= ({}_{1(t)}c, \cdots, {}_{k(t)}c, \cdots {}_{h(t)}c)' \mid {}_{k(t)}c \\ &= (c_{k(t)}, \cdots, c_{k(s)}, \cdots), c_{k(s)} \in \mathbb{R}_o^{+n(s)}, s \in t\mathbb{N}\} \end{aligned} \quad (3.2.3a)$$

它表示第 t 代所有 $h(t)$ 个个体的所有可能消费向量流构成的集合，主要用来对同一代内部不同个体的消费流进行比较。其次是列等价式：

$$\begin{aligned} {}_tC = \{{}_tc &= (c_{(t)}, \cdots, c_{(s)}, \cdots) \mid c_{(s)} \\ &= (c_{1(s)}, \cdots, c_{k(s)}, \cdots, c_{h(s)})', c_{k(s)} \in \mathbb{R}_o^{+n(s)}, s \in t\mathbb{N}\} \end{aligned} \quad (3.2.3b)$$

它表示所有代所有人的所有可能消费矩阵构成的集合，主要用来对不同代人的消费流及相应的效用做比较研究。

于是资源配置状态集 ${}_tC$ 上，$k(t)$ 自己及其他所有的个体自利效用 $v_1, \cdots, v_k, \cdots, v_h$ 可按照代内－代际顺序相应排列成以下形式：

$$
{}_t v({}_t c) = \begin{pmatrix} v_{1(t)}, & v_{1(t+1)}, & \cdots, & v_{1(s)}, & \cdots \\ \vdots & \vdots & \cdots & \vdots & \cdots \\ v_{k(t)}, & v_{k(t+1)}, & \cdots, & v_{k(s)}, & \cdots \\ \vdots & \vdots & \cdots & \vdots & \cdots \\ v_{h(t)}, & v_{h(t+1)}, & \cdots, & v_{h(s)}, & \cdots \end{pmatrix} \tag{3.2.4}
$$

$$
= (v_{(t)}, v_{(t+1)}, \cdots, v_{(s)}, \cdots)
$$

$$
v_{k(s)} = v_{k(s)}(c_{k(s)}), k \in \mathbb{N}_{h(s)}
$$

其中

$$
v_{(s)} = (v_{1(s)}, \cdots, v_{k(s)}, \cdots, v_{h(s)})', s \in t\mathbb{N} \tag{3.2.5}
$$

为所有自利效用 $v_1, \cdots, v_k, \cdots, v_h$ 中第 $s \in t\mathbb{N}$ 代人的自利效用向量，它是 $k(t)$ 的第 $s-t$ 代（即总第 s 代）后代中第 k 人 $k(s)$ 在 $n(s)$ 维消费向量 $c_{k(s)} = (c_{1k(s)}, \cdots, c_{ik(s)}, \cdots, c_{n(s)k(s)})$ 上产生的自利效用水平。对不同代 s，个体数 $h(s)$ 和消费向量维数 $n(s)$ 也可能是不相等的，故（3.2.4）不必为严格矩阵。

将效用配置状态（3.2.4）按表 3.2.1 具体分配，可得到以表格形式表示的更加直观的效用配置状态，其中最后一行的代内偏好 $u_{k(t+1)}$、$u_{k(t+2)}$、$u_{k(s)}$ 本节稍后介绍，这里列举出来仅仅是为了保证表的完备性：

表 3.2.2　人际关系的结构

同代家人 $v_{k(t)}$	后 1 代 $v_{k(t+1)}$	后 2 代 $v_{k(t+2)}$		后 $s-t$ 代 $v_{k(s)}$	代际偏好
同代亲戚 $v_{1(t)}$	$v_{1(t+1)}$	$v_{1(t+2)}$	…	$v_{1(s)}$	
同代族人 $v_{2(t)}$	$v_{2(t+1)}$	$v_{2(t+2)}$	…	$v_{2(s)}$	
同代国人 $v_{3(t)}$	$v_{3(t+1)}$	$v_{3(t+2)}$	…	$v_{3(s)}$	
⋮	⋮	⋮	⋮	⋮	
同代世人 $v_{h(t)}$	$v_{h(t+1)}$	$v_{h(t+2)}$	…	$v_{h(s)}$	
代内偏好 $u_{k(t)}$	$u_{k(t+1)}$	$u_{k(t+2)}$		$u_{k(s)}$	$w_{k(t)} = ?$

现在通过第 $s \in t\mathbb{N}$ 代任意个体 $l \in \mathbb{N}_{h(s)}$ 的自利效用 $v_{l(s)} = v_{l(s)}(c_{l(s)})$ 来分析 $k(t)$ 的总偏好特征。显然，当 $s = t$ 且 $l = k$ 时，$v_{k(t)} = v_{k(t)}(c_{k(t)})$ 就是传统经济学中所说的 $k(t)$ 消费 $c_{k(t)}$ 产生的普通自利效用。传统经济学已经在个体对消费品理性偏好的单调性和连续性假设下证明了 $v_{k(t)}$ 是

$c_{k(t)}$ 的函数。当 $s=t$ 但 $l\neq k$ 时 $l(s)$ 为 $k(t)$ 的代内他人。此时，$k(t)$ 和 $l(s)$ 虽然有机会实际交往并根据这些交往体会他们的消费感受，但这些体会和 $l(s)$ 的真实感受是不同的。当 $s>t$ 时，由于 $k(t)$ 的后代 $l(s)$ 对 $k(t)$ 及其他第 t 代人来说具有不确定性，而且孙辈以后的后代尚未出生，所以他们消费 $c_{l(s)}$ 产生的实际效用水平对 $k(t)$ 而言是无法确定的。因此后两种情况下 $k(t)$ 只能根据 $l(s)$ 消费 $c_{l(s)}$ 产生的自利效用 $\boldsymbol{v}_{l(s)}$ 来推断 $l(s)$ 的满足感。它既不是 $l(s)$ 的真实满足感，也不是 $l(s)$ 的真实消费带给 $k(t)$ 的心理感受，而是 $k(t)$ 认为 $l(s)$ 消费 $c_{l(s)}$ 产生的满足感。这种感受虽然与 $k(t)$ 自身消费 $c_{k(t)}$ 产生的满足感不同但却同属于 $k(t)$ 的心理过程，因此也满足 $k(t)$ 对普通物品的那些偏好特征，因而也可以通过效用函数来数值代理。不妨设这个效用函数为 $\boldsymbol{v}_{kl(s)}=\boldsymbol{v}_{k(t)}[\boldsymbol{v}_{l(s)}(c_{l(s)})]$，$l\neq k$，其中 $c_{l(s)}$ 为 $l(s)$ 的消费向量，$\boldsymbol{v}_{l(s)}=\boldsymbol{v}_{l(s)}(c_{l(s)})$ 为 $l(s)$ 消费 $c_{l(s)}$ 产生的自利效用，$\boldsymbol{v}_{kl(s)}$ 为 $k(t)$ 认为 $l\in\mathbb{N}_{h(s)}$ 消费 $c_{l(s)}$ 产生的效用。本来应该有 $\boldsymbol{v}_{kl(s)}=\boldsymbol{v}_{k(t)l(s)}$，但因当代 t 是暂定的，故可以省去时间变量 t。需要预先指出的一点是：这里 $\boldsymbol{v}_{kl(s)}$ 虽然也涉及两个人的效用问题，但 $\boldsymbol{v}_{kl(s)}$ 是同一个体 $k(t)$ 认为任意个体 $l\in\mathbb{N}_{h(s)}$ 消费 $c_{l(s)}$ 产生的效用，是 $k(t)$ 的一种主观心理现象，而不涉及两个不同效用的人际比较问题，因此和下一章社会福利函数中要讨论的福利的人际比较虽然有联系，但又是根本不同的。换句话说，$\boldsymbol{v}_{kl(s)}$ 为 $k(t)$ 的个体效用。

当 $l=k$ 时，约定 $\boldsymbol{v}_{kk(t)}=\boldsymbol{v}_{k(t)}[\boldsymbol{v}_{k(t)}(c_{k(t)})]=\boldsymbol{v}_{k(t)}(c_{k(t)})$ 为 $k(t)$ 消费 $c_{k(t)}$ 直接产生的自利效用，则 $\boldsymbol{v}_{kl(s)}=\boldsymbol{v}_{k(t)}[\boldsymbol{v}_{l(s)}(c_{l(s)})]$ 就对一切 $l\in\mathbb{N}_{h(s)}$ 和 $s\in t\mathbb{N}$ 都有定义了。通过此式和消费（资源）配置状态集（3.2.3b）可以定义如下效用配置状态集，它对通过消费状态配置集来分析个体可持续行为来说是非常有用的：

$$
{}_tV=\left\{{}_{\cdot(t)}\boldsymbol{v}=(\boldsymbol{v}_{\cdot(t)},\cdots,\boldsymbol{v}_{\cdot(s)},\cdots)\ \middle|\ \begin{array}{l}\boldsymbol{v}_{\cdot(s)}=(\boldsymbol{v}_{\cdot 1(s)},\cdots,\boldsymbol{v}_{\cdot l(s)},\cdots,\boldsymbol{v}_{\cdot h(s)})'\\ \boldsymbol{v}_{\cdot l(s)}=\boldsymbol{v}_{\cdot}[\boldsymbol{v}_{l(s)}(c_{l(s)})]\in\mathbb{R},\\ l\in\mathbb{N}_{h(s)},s\in t\mathbb{N}\end{array}\right\}\quad(3.2.6)
$$

它表示所有代所有人的所有可能消费向量 ${}_tc$ 带给任一个体的可能效用矩阵，其元素 ${}_{\cdot(t)}\boldsymbol{v}$ 为 $l\in\mathbb{N}_{h(s)}$ 和 $s\in t\mathbb{N}$ 任意变化时，任意实数 $\boldsymbol{v}_{\cdot l(s)}\in$

$\mathbb{R}$ 按上述定义方式构成的个人代内效用向量 $\boldsymbol{v}_{\cdot(s)} = (\boldsymbol{v}_{\cdot 1(s)},\cdots,\boldsymbol{v}_{\cdot l(s)},\cdots,\boldsymbol{v}_{\cdot h(s)})'$ 生成的时间序列，简称个体代内向量流，用来表示消费配置状态${}_tc$ 通过 $\boldsymbol{v}_{\cdot l(s)} = \boldsymbol{v}_{\cdot l(s)}[\boldsymbol{v}_{l(s)}(c_{l(s)})]$ 生成的所有可能效用配置状态。如前所述，效用配置状态不仅与个体消费状态有关，而且还与任意个体对他人消费效用的偏好有关，这一关系通过效用配置状态下标“$\cdot l(s)$”中的点“.”来表示。这里加个“.”仅仅是为了表示${}_{\cdot(t)}\boldsymbol{v}$是任意个体认为的他人效用流，使得当个体具体化为 $k(t)$ 时只需用 $k(t)$ 代替“.”即可，比方说如果是 $k(t)$ 认为的他人效用流，则${}_{\cdot(t)}\boldsymbol{v}$就可通过 $\boldsymbol{v}_{kl(s)} = \boldsymbol{v}_{k(t)}[\boldsymbol{v}_{l(s)}(c_{l(s)})]$ 表示。至于效用流${}_{\cdot(t)}\boldsymbol{v}$中效用水平的不同则用实数 $\boldsymbol{v}_{\cdot l(s)} \in \mathbb{R}$ 的大小来表示。此外，效用值可以是负数，故有 $\boldsymbol{v}_{\cdot l(s)} \in \mathbb{R}$ 。这一点和消费配置状态流中对各代个人消费量的非负限制是不同的。

现在的问题是：同时具备自利与他涉偏好的个体总偏好 $R_{k(t)}$ 在${}_tV$上如何定义？它们有哪些特征？在满足什么条件时能够被数值代理？下面讨论这三个问题。

二 偏好公理与个体总效用函数

给出个体 $k(t)$ 总偏好关系的严格定义，即：

定义 3.2.1：设${}_tV$为（3.2.6）式定义的效用配置状态集，则对 $\forall\ {}_{\cdot(t)}\boldsymbol{v}$，${}_{\cdot(t)}\boldsymbol{v}' \in {}_tV$，有：

1）个体弱偏好 $R_{k(t)}$：${}_{\cdot(t)}\boldsymbol{v}R_{k(t)}\,{}_{\cdot(t)}\boldsymbol{v}'$ 当且仅当 $k(t)$ 对${}_{\cdot(t)}\boldsymbol{v}$至少和对${}_{\cdot(t)}\boldsymbol{v}'$一样偏好；

2）个体强偏好 $P_{k(t)}$：${}_{\cdot(t)}\boldsymbol{v}P_{k(t)}\,{}_{\cdot(t)}\boldsymbol{v}'$ 当且仅当 ${}_{\cdot(t)}\boldsymbol{v}R_{k(t)}\,{}_{\cdot(t)}\boldsymbol{v}'$ &¬（${}_{\cdot(t)}\boldsymbol{v}'R_{k(t)}\,{}_{\cdot(t)}\boldsymbol{v}$）；

3）个体无差异 $I_{k(t)}$：${}_{\cdot(t)}\boldsymbol{v}I_{k(t)}\,{}_{\cdot(t)}\boldsymbol{v}'$ 当且仅当 ${}_{\cdot(t)}\boldsymbol{v}R_{k(t)}\,{}_{\cdot(t)}\boldsymbol{v}'$ &（${}_{\cdot(t)}\boldsymbol{v}'R_{k(t)}\,{}_{\cdot(t)}\boldsymbol{v}$）。

首先需要指出的是在上述定义中使用${}_{\cdot(t)}\boldsymbol{v}$而非${}_{\cdot(t)}v$表示个体代内效用向量，是因为稍后要用${}_{\cdot(t)}v$表示代理效用流，而这二者是不同的。稍后将会看到后者是前者按时间先后顺序展开且数值代理的结果。以下${}_{\cdot(t)}\boldsymbol{z}$所表示的与${}_{\cdot(t)}\boldsymbol{v}'$同。上述定义中，${}_{\cdot(t)}\boldsymbol{v}$和${}_{\cdot(t)}\boldsymbol{v}'$均为效用配置状态集${}_tV$中的具体效用配置状态，它们是消费配置状态集${}_tC$中的元素按照（3.2.4）式的方式生成的。比如 ${}_{\cdot(t)}v$ 就是 $k(t)$ 建立在他自己及他人共 $\hbar\in\mathbb{N}$ 个个体效用基础上的 $\hbar$ 维效用簇，只是个体标号按照（3.2.1）式的代内－代际排列方式重新排列后才成了 ${}_{\cdot(t)}v$ 这种比较整体的方式。由于这种重新排列仅仅是标号方式，而不涉及消费及效用的变动，因此不影响个体 $k(t)$ 的总偏好。此外，${}_{\cdot(t)}v$ 和 ${}_{\cdot(t)}\not v$ 不是两个不同个体的效用配置状态，而是同一个体因消费配置状态集及偏好的不同而导致的两个不同效用配置状态，用来定义个体的总偏好。最后，这里之所以分别用 R、P 和 I，而不是像很多文献那样分别用“≳”、“＞”和“～”来表示弱偏好、强偏好和无差异，主要是为后面进行比较复杂的偏好运算做准备。

下面分析从个体总偏好出发构建个体总效用函数必须满足的条件。个体总偏好的状态集无论是直接的效用配置状态集还是间接的消费配置状态集，都与传统自利偏好的消费向量集一样是由实数向量构成的集合，因此其偏好公理与从普通自利偏好关系出发来建立效用函数那些公理是一致的。

（1）反身性：$\forall\ {}_{\cdot(t)}v\in{}_{t}V$，都有 ${}_{\cdot(t)}vR_{k(t)}\,{}_{\cdot(t)}v$。

即个体 $k(t)$ 认为任何效用配置状态 ${}_{\cdot(t)}v$ 都和它自身一样好。

（2）传递性：$\forall\ {}_{\cdot(t)}v,{}_{\cdot(t)}\not v,{}_{\cdot(t)}z\in{}_{t}V$，都有 ${}_{\cdot(t)}vR_{k(t)}\,{}_{\cdot(t)}\not v\ \&\ ({}_{\cdot(t)}\not vR_{k(t)}\,{}_{\cdot(t)}z)\rightarrow{}_{\cdot(t)}vR_{k(t)}\,{}_{\cdot(t)}z$。

即若个体 $k(t)$ 认为效用配置状态 ${}_{\cdot(t)}v$ 至少和 ${}_{\cdot(t)}\not v$ 一样好且 ${}_{\cdot(t)}\not v$ 至少与 ${}_{\cdot(t)}z$ 一样好，则 ${}_{\cdot(t)}v$ 至少和 ${}_{\cdot(t)}z$ 一样好。

把同时满足反身性和传递性的个体代际偏好叫前序（Preordering）、拟序（Quasi-ordering）或个体总效用关系（PAUR）。它是个体 $k(t)$ 在包括自己个体效用和对所有后代个体效用在内的个体效用配置集 ${}_{t}V$ 上建立的一种拟序。PAUR 给出了个体能够做出理性选择的必要条件。不满足反身性则意味着即便对同样的个体效用配置状态也可能无法做出选择。不满足传递性则意味着有可能做出循环选择。但是仅仅满足反身性和传递性并不意味着个体一定能进行理性选择。比方说在比较同时满足反身性和传递性的两个效用配置状态 ${}_{\cdot(t)}v$ 和 ${}_{\cdot(t)}\not v$ 时，依然可能做出 $\neg\ {}_{\cdot(t)}\not v$ 且 $\neg\ {}_{\cdot(t)}v$ 的选择，这意味着 ${}_{\cdot(t)}v$ 至少和 ${}_{\cdot(t)}v$ 之间的理性选择是无法做出。因此个体代际偏好还必须满足以下公理：

(3) 完备性： $\forall\ {}_{\cdot(t)}\boldsymbol{v},{}_{\cdot(t)}\boldsymbol{\nu} \in {}_tV$，若 ${}_{\cdot(t)}\boldsymbol{v} \neq {}_{\cdot(t)}\boldsymbol{\nu}$，则 ${}_{\cdot(t)}\boldsymbol{v}R_{k(t)\cdot(t)}\boldsymbol{\nu}$ 或 ${}_{\cdot(t)}\boldsymbol{\nu}R_{k(t)\cdot(t)}\boldsymbol{v}$。

即对于两个不同的效用配置状态 ${}_t\boldsymbol{v}$ 和 ${}_t\boldsymbol{\nu}$，个体 $k(t)$ 会认为必有一个至少和另一个一样好。满足完备性的个体总效用关系 PAUR 叫个体总效用序（PAUO）。

公理（1）、（2）、（3）虽然在这里和在消费者选择理论中一样有争议（Mas-Colell et al.，1995），但却是建立理性选择所必需的。能够用数值函数表示的个体总效用序 PAUO 就是个体总效用函数（PAUF）。

正像前面所指出的那样：由于 $k(t)$ 的个体偏好是建立在 $k(t)$ 的当代效用和 $k(t)$ 认为的后代代内效用水平构成的个体效用配置状态集上，因此无论是 $k(t)$ 在同一效用配置状态中对不同个体效用的比较，还是在不同效用配置状态之间的比较，都是由 $k(t)$ 在自身统一的需求心理基础上做出的，而不是像社会福利函数构建那样在不同个体效用之间或传统可持续理论那样在不同代人的代理效用之间进行比较，因此可以认为已经具备单位可比性①，并且社会福利函数构建或传统可持续理论要求的单位可比性的那些性质对个体总效用函数构建所要求的单位可比性仍然成立。具体地：

单位可比性 对 $\forall\ {}_{\cdot(t)}\boldsymbol{v},{}_{\cdot(t)}\boldsymbol{\nu} \in {}_tV$，有：

(1) ${}_{\cdot(t)}\boldsymbol{v} = {}_{\cdot(t)}\boldsymbol{\nu}$ 当且仅当 $\boldsymbol{v}_{\cdot l(s)} = \boldsymbol{\nu}_{\cdot l(s)}$ 对一切 $l \in \mathbb{N}_{h(s)}$ 及 $s \in t\mathbb{N}$ 成立；

反之若存在 $l \in \mathbb{N}_{h(s)}$ 及 $s \in t\mathbb{N}$ 使得 $\boldsymbol{v}_{\cdot l(s)} \neq \boldsymbol{\nu}_{\cdot l(s)}$，则 ${}_{\cdot(t)}\boldsymbol{v} \neq {}_{\cdot(t)}\boldsymbol{\nu}$；

(2) ${}_{\cdot(t)}\boldsymbol{v} \geqslant {}_{\cdot(t)}\boldsymbol{\nu}$ 当且仅当 $\boldsymbol{v}_{\cdot l(s)} \geqslant \boldsymbol{\nu}_{\cdot l(s)}$ 对一切 $s \in t\mathbb{N}$ 成立；

(3) ${}_{\cdot(t)}\boldsymbol{v} > {}_{\cdot(t)}\boldsymbol{\nu}$ 当且仅当 ${}_{\cdot(t)}\boldsymbol{v} \geqslant {}_{\cdot(t)}\boldsymbol{\nu}$ 但 ${}_{\cdot(t)}\boldsymbol{v} \neq {}_{\cdot(t)}\boldsymbol{\nu}$；

(4) ${}_{\cdot(t)}\boldsymbol{v} \gg {}_{\cdot(t)}\boldsymbol{\nu}$ 当且仅当 $\boldsymbol{v}_{\cdot l(s)} > \boldsymbol{\nu}_{\cdot l(s)}$ 对一切 $l \in \mathbb{N}_{h(s)}$ 及 $s \in t\mathbb{N}$ 成立。

使得个体总效用序可量化为个体总效用函数的关键是单调性与连续性。有了上述准备，可以定义个体偏好的单调性和连续性如下：

---

① 关于同一个体在不同状态下的单位可比性，可参考第四章第三节关于福利自我比较的部分。

(4) 连续性 (C)： $\forall\ {}_{\cdot(t)}\boldsymbol{v},{}_{\cdot(t)}\boldsymbol{\nu} \in {}_tV$，若存在效用配置状态 ${}_{(t)}\boldsymbol{v}$ 构成的序列 $\{{}_{\cdot(t)}v^n\}_{n\in\mathbb{N}}$，使得 $\lim_{n\to\infty}\sup_{l\in\mathbb{N}_{h(t)},s\in t\mathbb{N}}|\boldsymbol{v}^n_{\cdot l(s)} - \boldsymbol{v}_{\cdot l(s)}| = 0$ 成立，并且对一切 $n\in\mathbb{N}$ 都有 ${}_{\cdot(t)}\boldsymbol{v}^n R_{k(t)}\ {}_{\cdot(t)}\boldsymbol{\nu}$（或 ${}_{\cdot(t)}\boldsymbol{\nu}R_{k(t)}\ {}_{\cdot(t)}\boldsymbol{v}^n$），则有 ${}_{\cdot(t)}\boldsymbol{v}R_{k(t)}\ {}_{\cdot(t)}\boldsymbol{\nu}$（或 ${}_{\cdot(t)}\boldsymbol{\nu}R_{k(t)}\ {}_{\cdot(t)}\boldsymbol{v}$）。

效用配置状态序列 $\{{}_{\cdot(t)}v^n\}_{n\in\mathbb{N}}$ 中上标 n 是序列标号，故 $n\in\mathbb{N}$ 为任意自然数。但效用配置状态 ${}_{\cdot(t)}\boldsymbol{v}^n = (\boldsymbol{v}^n_{\cdot(t)},\ \boldsymbol{v}^n_{\cdot(t+1)},\ \cdots,\ \boldsymbol{v}^n_{\cdot(s)},\ \cdots)$ 和 $\boldsymbol{v}^n_{\cdot(s)} = (\boldsymbol{v}^n_{\cdot 1(s)},\ \cdots,\ \boldsymbol{v}^n_{\cdot l(s)},\ \cdots,\ \boldsymbol{v}^n_{\cdot h(s)})'$ 均为由起始于时间 t 的各代个体自利效用 $\boldsymbol{v}^n_{\cdot l(s)}$ 生成的，所以有 ${}_{\cdot(t)}\boldsymbol{v}^n,{}_{\cdot(t)}\boldsymbol{v}\in{}_tV$ 或 $\boldsymbol{v}^n_{\cdot l(s)},\boldsymbol{v}_{\cdot l(s)}\in\mathbb{R}$。即便时间从 $t=1$ 开始，从而代际效用流变为 ${}_{\cdot(1)}\boldsymbol{v}^n = (\boldsymbol{v}^n_{\cdot(1)},\ \boldsymbol{v}^n_{\cdot(2)},\ \cdots)$，表示序列的标号 $n\in\mathbb{N}$ 和表示代际效用流的标号 $s\in t\mathbb{N}$ 也是根本不同的。连续性无非是说：极限运算不改变效用配置状态流的偏好关系。这一点很大程度上是个体总偏好序能够被数值代理的数学要求，在现实选择中远远没有这里表述的那样严格，但也大致满足。

(5) 单调性 (M) 对 $\forall\ {}_{\cdot(t)}\boldsymbol{v},{}_{\cdot(t)}\boldsymbol{\nu}\in{}_tV$，若 ${}_{\cdot(t)}\boldsymbol{v} > {}_{\cdot(t)}\boldsymbol{\nu} \to {}_{\cdot(t)}\boldsymbol{v}R_{k(t)}\ {}_{\cdot(t)}\boldsymbol{\nu}$。

单调性是一个非常有用且有普遍现实性的公理。其现实背景无非是说好物品的拥有量和坏物品的稀缺量越多，人们对物品就越偏好。

与单调性紧密相连但又不相同的还有：

(6) 帕累托有效性： 对 $\forall\ {}_{\cdot(t)}\boldsymbol{v},{}_{\cdot(t)}\boldsymbol{\nu}\in{}_tV$，若 ${}_{\cdot(t)}\boldsymbol{v} > {}_{\cdot(t)}\boldsymbol{\nu} \to {}_{\cdot(t)}\boldsymbol{v}P_{k(t)}\ {}_{\cdot(t)}\boldsymbol{\nu}$，则说代际偏好是强帕累托有效的（SP）；对 $\forall\ {}_{\cdot(t)}\boldsymbol{v},{}_{\cdot(t)}\boldsymbol{\nu}\in{}_tV$，若 ${}_{\cdot(t)}\boldsymbol{v} \gg {}_{\cdot(t)}\boldsymbol{\nu} \to {}_{\cdot(t)}\boldsymbol{v}P_{k(t)}\ {}_{\cdot(t)}\boldsymbol{\nu}$，则说代际偏好弱帕累托有效（WP）。

显然，若个体代际偏好满足强帕累托有效，则它一定满足单调性。这是因为 ${}_{\cdot(t)}\boldsymbol{v}P_{k(t)}\ {}_{\cdot(t)}\boldsymbol{\nu} \to {}_{\cdot(t)}\boldsymbol{v}R_{k(t)}\ {}_{\cdot(t)}v$ 的缘故。此外，虽然帕累托有效并不是证明个体总效用函数存在必不可少的条件，但它与单调性紧密相连，而且后面好多地方还要用到，故列举在此。

可以根据渥尔德（Wold，1943）和德布鲁（Debru，1960）证明普通效用函数存在的方法，证明下述命题（Koopmans，1960）：

定理 3.2.1 若 $k(t)$ 的个体代际偏好 $R_{k(t)}$ 满足公理（1）–（5），则其总效用函数存在，且可数值表示为：

$$w_{k(t)} = \psi_{k(t)}({}_{k(t)}\boldsymbol{v}) = \psi_{k(t)}(\boldsymbol{v}_{k(t)},\boldsymbol{v}_{k(t+1)},\cdots,\boldsymbol{v}_{k(s)},\cdots),\ {}_{k(t)}\boldsymbol{v}\in{}_{k(t)}V \quad (3.2.7)$$

其中 $\boldsymbol{v}_{k(s)}=(\boldsymbol{v}_{k1(s)},\cdots,\boldsymbol{v}_{kl(s)},\cdots,\boldsymbol{v}_{kh(s)})'$，$s\in t\mathbb{N}$。

这里 $w_{k(t)}(\cdot)$ 为函数符号。需要注意的是 $w_{k(t)}(\cdot)$ 的自变量向量均采用拟矩阵的方式表示，主要是为了分析的方便。当涉及因变量与自变量相互关系的分析时，只需要从自变量拟矩阵的第一列第一个自变量开始按从上到下、从左往右的顺序进行即可。此外，虽然 $k(t)$ 的偏好 $R_{k(t)}$ 是建立在一般效用状态集${}_tV$上的，但在 $[R_{k(t)}: {}_{\cdot(t)}\boldsymbol{v}R_{k(t)}\,{}_{\cdot(t)}\boldsymbol{v}]$ 的数值代理中，${}_{\cdot(t)}\boldsymbol{v}$ 变成了 $k(t)$ 认为的第 t 代个体效用向量 ${}_{k(t)}\boldsymbol{v}$，故有 $w_{k(t)}({}_{\cdot(t)}\boldsymbol{v})=w_{k(t)}({}_{k(t)}\boldsymbol{v})$。该定理无非是说，如果定义在效用配置状态集${}_tV$上的个体总偏好满足公理（1）－（5），则存在个体总效用函数，它使得${}_tV$上任一个体效用配置状态对应于一个实数。这个实数由个体的自利偏好、他涉偏好及效用配置状态等因素共同决定。此外，虽然该定理的条件是针对个体效用配置状态集而言的，但由于自利效用函数 $\boldsymbol{v}_{l(s)}=\boldsymbol{v}_{l(s)}(c_{l(s)})$ 对消费向量 $c_{k(s)}$ 的连续性及个体效用 $\boldsymbol{v}_{kl(s)}=\boldsymbol{v}_{k(t)}[\boldsymbol{v}_{l(s)}(c_{l(s)})]$ 对个体自利效用 $\boldsymbol{v}_{l(s)}$ 的连续性，定理中的条件若换成是在消费状态集上，结论依然成立。

定理3.2.1只是保证了包含自利与他涉偏好的总偏好在满足一定条件时被数值代理为总效用函数，但并未回答总偏好中代内偏好与代际偏好二者之间有何关系，而这一点又是分析个体可持续行为的关键。下面讨论这个问题。

三　代内偏好与代际偏好

综上所述：个体偏好涉及的所有个体可按代内－代际关系排列为集合 $\mathcal{H}(t)$，相应可得代内－代际消费配置状态集 $C={}_tC$ 和效用配置状态集${}_tV$。任意个体效用配置状态 ${}_{\cdot(t)}\boldsymbol{v}\in{}_tV$，都可写成 ${}_{\cdot(t)}\boldsymbol{v}=(\boldsymbol{v}_{\cdot(t)},\cdots,\boldsymbol{v}_{\cdot(s)},\cdots)$的形式，其中 $\boldsymbol{v}_{\cdot(s)}=(\boldsymbol{v}_{\cdot 1(s)},\cdots,\boldsymbol{v}_{\cdot l(s)},\cdots,\boldsymbol{v}_{\cdot h(s)})'$，$\boldsymbol{v}_{\cdot l(s)}\in\mathbb{R}$ 为当代可能个体认为的第 s 代个体 $l\in\mathbb{N}_{h(s)}$ 消费 $c_{l(s)}$ 产生的个体效用，由 $\boldsymbol{v}_{\cdot l(s)}$ 构成的向量 $\boldsymbol{v}_{\cdot(s)}$ 即为当代个体认为的第 s 代代内个体效用向量。相应地，建立在代内个体效用向量集上的偏好就是代内偏好，它反映其他各代代内个体效用向量既定时当代个体对各代内部不同个体自利效用的偏好。同时，所有个体的效用配置状态就变成了各代代内个体效用向量按时间先后顺序展开形成的代内个体效用向量流，建立在这个向量流上的偏好就是代际偏好，它取决于各代代内个体效用向量按时间先后顺序排列的结构。由于所有个体都能够按（3.2.1）的方式被分配在第 $k(t)$、$k(t+1)\cdots k(s)\cdots$这样的时间结构中，所以个体总偏好就由这个时间结构所对应的代际偏好和相应时间上的代内偏好状况两者共同决定。代际偏好既定时相应时间上的代内偏好越强则个体总偏好也越强，反之越弱。相应时间上的代内偏好既定时不同的代际偏好也对应于不同的个体总偏好。如果能够解决代内偏好和代际偏好的具体结合方式问题，则个体总偏好就转化为以一定方式结合起来的代内偏好和代际偏好了。库普曼（1960）通过敏感性、当代可分性和后代可分性三大公理成功地解决了上述问题，把个体总偏好分解成一定代际偏好结构联结的代内偏好，又在驻点公理下将个体总偏好进一步分解为不同代内偏好的贴现和，第一次对个体总偏好进行了完整的数学分析。

根据库普曼的分析，为了将个体总偏好成功分解为代内偏好与代际偏好的某种结合，除了假定个体 $k(t)$ 的代际偏好关系 $R_{k(t)}$ 满足自反性、传递性、完备性、单调性和连续性等一般公理外，还必须满足以下几条特殊公理：

（7）弱敏感公理（WS）：存在 ${}_{\cdot(t)}v, {}_{\cdot(t)}\hat{v}, {}_{\cdot(t)}z \in {}_{t}V$，使 $(v_{\cdot(t)}, {}_{\cdot(t+1)}z)\ P_{k(t)}\ (\hat{v}_{\cdot(t)}, {}_{\cdot(t+1)}z)$。

弱敏感性公理的本质是个体 $k(t)$ 的代际偏好对个体 $k(t)$ 所在的当代效用水平变化敏感。即对 $k(t)$ 的任意个体效用向量流，$k(t)$ 个体效用变化会影响 $k(t)$ 对整个个体效用向量流的代际偏好。这一点显然在理论和现实中都成立。

敏感性的目的是保证选择是在两个不同的个体效用向量流之间做出。这要求两个个体效用向量流至少从某一代开始有不同的代内个体效用向量，否则如果所有代的代内个体效用向量都相同，则两个代内个体效用向量流就完全相同。总效用函数的构造不能仅仅是在两个相同的代内个体效用向量流上。简单地说弱敏感性公理无非是假定两个不同的代内效用流的第 t 代代内个体效用向量（即第一项）就不相同。当然，如果不是假定第 t 代个体效用向量不同，而是假定第 t 代以后某一代个体代内效用向量不同，弱敏感性公理依然成立。

显然，强帕累托有效蕴含弱敏感性。这是因为若强帕累托有效成立，可选择任意 ${}_{\cdot(t)}v, {}_{\cdot(t)}\nu \in {}_tV$，使得 $v_{\cdot(t)} > \nu_{\cdot(t)}$ 且对其他一切 $s \geq t+1$，都有 $v_{\cdot(s)} = \nu_{\cdot(s)}$。根据强帕累托有效，对一切 ${}_{\cdot(t)}z \in {}_tV$，必有 $(v_{\cdot(t)}, {}_{\cdot(t+1)}z) P_{k(t)} (\nu_{\cdot(t)}, {}_{\cdot(t+1)}z)$。这也就是弱敏感公理。

(8) 当代可分性（SEP）：对任意 ${}_{\cdot(t)}v, {}_{\cdot(t)}\nu \in {}_tV$ 及任意 $T \in \mathbb{N}$，若 $({}_{\cdot(t)}v_{\cdot(T)}, {}_{\cdot(T+1)}v) R_{k(t)} ({}_{\cdot(t)}\nu_{\cdot(T)}, {}_{\cdot(T+1)}v)$，则 $({}_{\cdot(t)}v_{\cdot(T)}, {}_{\cdot(T+1)}\nu) R_{k(t)} ({}_{\cdot(t)}\nu_{\cdot(T)}, {}_{\cdot(T+1)}\nu)$。

通俗地说，即对由任意时间段 T 划分而成的当代与后代，$k(t)$ 认为后代代内个体效用向量流的变化不受当代个体效用向量流的影响，因而不影响由当代个体效用向量流所决定的代际偏好。例如，若 $k(t)$ 更倾向于代际公平，则可能出现下列情况：（10，10）$R_{k(t)}$（8，10），但（8，8）$R_{k(t)}$（10，8），显然这违背了当代可分性。

(9) 后代可分性（SEF）：对一切 ${}_{\cdot(t)}v, {}_{\cdot(t)}\nu \in {}_tV$ 及任意 $T \in \mathbb{N}$，若 $({}_{\cdot(t)}v_{\cdot(T)}, {}_{\cdot(T+1)}v) R_{k(t)} ({}_{\cdot(t)}v_{\cdot(T)}, {}_{\cdot(T+1)}\nu)$，则 $({}_{\cdot(t)}\nu_{\cdot(T)}, {}_{\cdot(T+1)}v) R_{k(t)} ({}_{\cdot(t)}\nu_{\cdot(T)}, {}_{\cdot(T+1)}\nu)$。

通俗地说，对由任意时间段 T 划分而成的当代与后代，$k(t)$ 认为当代个体效用向量流的变化不受后代个体效用向量流的影响，因而不影响由后代个体效用向量流所决定的代际偏好。可以举出与当代可分性类似的例子。

库普曼（1960）在公理 WS、SEP 与 SEF 成立时证明了存在对两个自变元都连续且递增的二元函数 $w_{k(t)}(\cdot, \cdot)$，使得 $k(t)$ 的个体总效用函数分解为个体当代代内效用和个体后代总效用两部分的递增函数：

$$w_{k(t)} = w_{k(t)}({}_{k(t)}v) = \varpi_{k(t)}(u_{k(t)}, w_{k(t+1)}({}_{k(t+1)}v)) \tag{3.2.8}$$

首先，$u_{k(t)} = u_{k(t)}(v_{k(t)}) = w_{k(t)}(v_{k(t)}, {}_{k(t+1)}\hat{v})$ 为其他各代代内个体效用向量流 ${}_{k(t+1)}\hat{v}$ 既定时 $k(t)$ 建立在第 t 代代内个体效用向量 $v_{k(t)}$ 上的个体代理效用函数，它与第二章所讲的代理效用函数 $U_t = U_t(C_t)$ 相对应，用以反映 $k(t)$ 的第 t 代代内偏好，其中 ${}_{k(t+1)}\hat{v}$ 由第 t 代初始资源配置状态 ${}_t\hat{c} = (\hat{c}_{(t)}, \cdots, \hat{c}_{(s)}, \cdots)$ 决定，$c_{(s)} = (\hat{c}_{1(s)}, \cdots, \hat{c}_{l(s)}, \cdots, \hat{c}_{h(s)})'$，$\hat{c}_{l(s)} \in \mathbb{R}_0^{+n(s)}$，$s \in t\mathbb{N}$。显然 ${}_{k(t+1)}\hat{v}$ 既定时 $u_{k(t)}$ 的大小取决于 $v_{k(t)}$ 包含的个体效

用水平与 $k(t)$ 的个体代内偏好。其次，$w_{k(t+1)}=w_{k(t+1)}({}_{k(t+1)}\boldsymbol{v})=w_{k(t)}(\hat{\boldsymbol{v}}_{k(t)},{}_{k(t+1)}\boldsymbol{v})$ 为第 t 代代内效用向量 $\hat{\boldsymbol{v}}_{k(t)}$ 既定时 $k(t)$ 建立在第 $t+1$ 代以后各代的代内个体效用向量流${}_{k(t+1)}\boldsymbol{v}$ 上的函数，其中 $\hat{\boldsymbol{v}}_{k(t)}$ 也由第 t 代的初始资源配置状态${}_t\hat{c}$ 所决定。显然此时 $w_{k(t+1)}$ 的大小取决于 $k(t)$ 认为的第 $t+1$ 代以后所有代人的代内个体效用向量流${}_{k(t+1)}\boldsymbol{v}$。式（3.2.8）反映的这个性质叫个体总效用的时间可分性。在同样的假设下可对 $w_{k(t+1)}=w_{k(t+1)}({}_{k(t+1)}\boldsymbol{v})$ 运用时间可分性，这样连续运用 $s-t$ 次可得：

$$w_{k(t)}=w_{k(t)}({}_{k(t)}\boldsymbol{v})=w_{k(t)}(u_{k(t)},(u_{k(t+1)},\cdots(u_{k(s)},w_{k(s+1)})\cdots))\qquad(3.2.9)$$

其中：

$$\begin{aligned}u_{k(s)}&=u_{k(s)}(\boldsymbol{v}_{k(s)})=w_{k(t)}(\boldsymbol{v}_{k(s)},{}_{k(s+1)}\hat{\boldsymbol{v}})\\ w_{k(s+1)}&=w_{k(s+1)}({}_{k(s+1)}\boldsymbol{v})=w_{k(t)}(\hat{\boldsymbol{v}}_{k(s)},{}_{k(s+1)}\boldsymbol{v})\end{aligned}\qquad(3.2.10)$$

将这一过程无限重复下去，$k(t)$ 的个体总效用函数最后就被分解为 $k(t)$ 所有代理效用函数的复合函数：

$$\begin{aligned}w_{k(t)}&=w_{k(t)}({}_{k(t)}\boldsymbol{v})=w_{k(t)}(u_{k(t)},u_{k(t+1)},\cdots,u_{k(s)}\cdots)=w_{k(t)}({}_{k(t)}u)\\ {}_{k(t)}u&=(u_{k(t)},u_{k(t+1)},\cdots,u_{k(s)}\cdots),u_{k(s)}=u_{k(s)}(\boldsymbol{v}_{k(s)})\end{aligned}\qquad(3.2.11)$$

表达式 $w_{k(t)}({}_{k(t)}u)$ 中${}_{k(t)}u=(u_{k(t)},\ u_{k(k+1)},\ \cdots,\ u_{k(s)}\cdots)\in\mathbb{R}^{|t\mathbb{N}|}$，它与表达式 $w_{k(t)}({}_{k(t)}\boldsymbol{v})$ 中的${}_{k(t)}\boldsymbol{v}=(\boldsymbol{v}_{k(t)},\ \cdots,\ \boldsymbol{v}_{k(s)},\ \cdots)\in{}_tV$ 虽然有相同的形式，但内涵不同。${}_{k(t)}\boldsymbol{v}$ 表示代内个体效用向量 $\boldsymbol{v}_{k(s)}$ 的时间序列，其分量是个体效用向量，${}_{k(t)}u$ 表示个体代理效用 $u_{k(s)}$ 的时间序列，而 $u_{k(s)}=u_{k(s)}(\boldsymbol{v}_{k(s)})$ 作为 $\boldsymbol{v}_{k(s)}$ 的函数是标量。从而 $w_{k(t)}(\cdot)$ 正好反映了 $k(t)$ 是建立在下面定义的代理效用流集合${}_tU$ 上的代际偏好，其中 $\mathbb{R}^{|t\mathbb{N}|}$ 为 $|t\mathbb{N}|$ 维实数向量空间。

$$\begin{aligned}{}_tU=\{{}_{\cdot(t)}u&=(u_{\cdot(t)},u_{\cdot(t+1)},\cdots,u_{\cdot(s)}\cdots)\mid u_{\cdot(s)}\\ &=u_{\cdot(s)}(v_{\cdot(s)}),s\in t\mathbb{N}\}=\mathbb{R}^{t\mathbb{N}}\end{aligned}\qquad(3.2.6a)$$

库普曼（1960）证明具有上述性质的一个函数形式是线性时间可加函数：

$$w({}_{k(t)}u)=u_{k(t)}+\delta_{k(t)}w_{k(t+1)},0<\delta_{k(t)}<1\qquad(3.2.8a)$$

此式是推出贴现功利主义总效用函数的关键。

总之，代内－代际资源配置状态$_{l(t)}c$出发，经过个体自利效用$\boldsymbol{v}_{l(t)}$、个体效用$\boldsymbol{v}_{kl(s)}$和个体代理效用$u_{k(t)}$，最后将个体总效用$w_{k(t)} = \tilde{w}_{k(t)}({}_tc)$表示为消费资源配置状态$_tc$的函数。具体过程与机制可概括如下：

$$\begin{cases} w_{k(t)} = w_{k(t)}(u_{k(t)}, u_{k(t+1)}, \cdots, u_{k(s)} \cdots) = w_{k(t)}({}_tu) & (3.2.11) \\ {}_{k(t)}u = (u_{k(t)}, u_{k(k+1)}, \cdots, u_{k(s)} \cdots) & (3.2.11) \\ u_{k(s)} = u_{k(s)}(\boldsymbol{v}_{k(s)}) & (3.2.10) \\ \boldsymbol{v}_{k(s)} = (\boldsymbol{v}_{k1(s)}, \cdots, \boldsymbol{v}_{kl(s)}, \cdots, \boldsymbol{v}_{kh(s)})' & (3.2.6), s \in t\mathbb{N} \\ \boldsymbol{v}_{kl(s)} = \boldsymbol{v}_{k(t)}[\boldsymbol{v}_{l(s)}(c_{l(s)})], \boldsymbol{v}_{kl(s)} \in \mathbb{R}, l \in \mathbb{N}_{h(s)} & (3.2.6) \\ {}_tc = (c_{(t)}, c_{(t+1)}, \cdots, c_{(s)}, \cdots) & (3.2.2) \\ c_{(s)} = (c_{l(s)}, \cdots, c_{l(s)}, \cdots, c_{h(s)})', c_{l(s)} \in \mathbb{R}_0^{+n(s)} & (3.2.2c) \end{cases}$$

(3.2.12)

至于个体总效用函数的具体形式和相关性质，则还要根据对个体代际偏好所做的具体假设而定。其中有个体偏好依据并且后面对构造个体可持续总效用函数有用的是贴现功利主义个体总效用函数。下面看库普曼如何通过引进驻点公理证明它的存在性。

（10）驻点公理（ST）：若存在$_{\cdot(t)}z = (z_{\cdot(t)}, z_{\cdot(t+1)}, \cdots) \in \mathbb{R}^{|t\mathbb{N}|}$，使得对一切$_{\cdot(t)}u, {}_{\cdot(t)}v \in \mathbb{R}^{|t\mathbb{N}|}$，都有$(z_{\cdot(t)}, {}_{\cdot(t+1)}u) R_{k(t)} (z_{\cdot(t)}, {}_{\cdot(t+1)}v)$当且仅当$_{\cdot(t+1)}u R_{k(t)} {}_{\cdot(t+1)}v$。

现在约定满足驻点公理的时间可加性个体总效用函数都用$\omega_{k(t)} = \omega_{k(t)}(\cdot)$表示。稍后将表明这样的效用函数正是贴现功利主义效用函数。驻点公理的本质是时间的推移对个体代际偏好的结构没有影响，即当代个体的代际偏好结构也是其后一代个体的代际偏好结构。在SEP与SEF两公理成立从而（3.2.12）成立时这意味着$\omega_{k(t)}(z_{k(t)}, {}_{k(t+1)}u) \geq \omega_{k(t)}(z_{k(t)}, {}_{k(t+1)}v)$当且仅当$\omega_{k(t+1)}({}_{k(t+1)}u) \geq \omega_{k(t+1)}({}_{k(t+1)}v)$，又当且仅当$\omega_{k(t)}({}_{k(t+1)}u) \geq \omega_{k(t)}({}_{k(t+1)}v)$。这又意味着存在连续递增函数$g(\cdot)$，使得：

$$\omega_{k(t+1)}({}_{k(t+1)}u) = g[\omega_{k(t)}({}_{k(t+1)}u)] \qquad (3.2.13)$$

这儿$\omega_{k(t)}({}_{k(t+1)}u)$是$k(t)$的个体总效用函数$\omega_{k(t)}({}_{k(t)}u)$中自变量$_{k(t)}u$替

换成$_{k(t+1)}u$而得到的。由于$g(\cdot)$是$\omega_{k(t)}({}_{k(t+1)}u)$的递增函数，从而$\omega_{k(t)}({}_{k(t+1)}u)$通过$\omega_{k(t+1)}({}_{k(t+1)}u)$保持了$_{k(t+1)}u$的代际偏好序。将（3.2.12）与（3.2.13）结合起来，再一次考虑到$g(\cdot)$是递增函数，可得：

$$\omega_{k(t)} = \omega_{k(t)}({}_{k(t)}u) = \varphi_{k(t)}[u_{k(t)}, \omega_{k(t)}({}_{k(t+1)}u)] \tag{3.2.14}$$

其中$\omega_{k(t)}[u_{k(t)}, \omega_{k(t)}({}_{k(t+1)}u)]$是$u_{k(t)}$和$\omega_{k(t)}({}_{k(t+1)}u)$的单调增函数。（3.2.14）是一个由个体的代际偏好公理推出个体总效用函数的非常有用的递推公式。它与式（3.2.8）的唯一区别是此式中递推因子$\omega_{k(t)}({}_{k(t+1)}u)$的函数式的下标始终固定在$k(t)$上，说明时间的推移对个体代际偏好的结构没有影响，而式（3.2.8）中函数式的下标要随代数的变化而变化，说明时间推移对个体偏好结构有影响。

驻点公理在现实中显然是较难严格满足的，但它同时在很大程度上又是合理的：作为人类，大多数不同代人的偏好结构在相当长的时间内是稳定的。驻点公理在库普曼公理体系中具有十分重要的地位，它和当代可分性及后代可分性一起保证了贴现功利主义总效用函数的时间特征。同时，它还构成了贴现功利主义个体总效用函数与下面马上要说的祁琪妮斯基可持续个体总效用函数的根本区别。

根据库普曼（1960）的证明，有：

定理 3.2.2 若建立在代理效用流$_{k(t)}u = (u_{k(t)}, u_{k(t+1)}, \cdots, u_{k(s)}, \cdots) \in \mathbb{R}^{|t\mathbb{N}|}$上的个体代际偏好序（PAUO）满足连续性、帕累托强有效、当代可分性、后代可分性和驻点公理，则存在个体总效用函数（PAUF）$\omega_{k(t)}: [0,1]^{|t\mathbb{N}|} \to \mathbb{R}$，它能够数值代理 PAUO 且具有如下形式：

$$\begin{cases} \omega_{k(t)}[{}_{k(t)}u({}_{k(t)}c)] = u(c_{k(t)}) + \delta_{k(t)}\omega_{k(t)}[{}_{k(t+1)}u({}_{k(t+1)}c)] \\ = \sum_{s=t}^{\infty} \delta_{k(s)} u(c_{k(s)}) = \sum_{s=t}^{\infty} \delta_{k(t)}^{s-t} u_{k(s)} \\ = \omega_{k(t)}({}_{k(t)}u), 0 < \delta_{k(t)} < 1, u_{k(s)} = u(c_{k(s)}) \end{cases} \tag{3.2.15}$$

直觉地看，连续性保证了总效用函数$\omega_{k(t)}(\cdot)$的存在；敏感性（强帕累托有效性）与时间可加性保证了$k(t)$的总效用$\omega_{k(t)}({}_{k(t)}u)$是其当代个体代理效用$u_{k(t)}$与后代个体代理效用$u_{k(s)}$（$s > t$）的贴现和$\sum_{s=t}^{\infty} \delta_{k(t)}^{s-t} u_{k(s)}$；

驻点公理保证了 $\omega_{k(t)}({}_{k(t)}u)$ 是其后一代总效用 $\omega_{k(t+1)} = \omega_{k(t)}[{}_{k(t+1)}u({}_{k(t+1)}c)]$ 的单调递增函数，这一特征保证了式（3.2.15）中前半部分的递推公式及 $\delta_{k(s)} = \delta_{k(t)}^{s-t}$ ，而 $k(t)$ 的现期偏好则保证了 $0 < \delta_{k(t)} < 1$，此性质与递推公式一起就可得式（3.2.15）最后的级数函数及其收敛性。

式（3.2.15）提供了将个体总效用看成个体代理效用流${}_{k(t)}u$ 和代内消费流${}_{k(t)}c$ 的函数时三者之间的关系，其中${}_{k(t)}c$ 及${}_{k(t)}u$ 分别由式（3.2.2b）与（3.2.11）决定。这样个体总效用函数便通过个体代理效用流${}_{k(t)}u$ 这个中间变量最终还原成了各代广义消费流或广义消费矩阵的函数，因此可直接表示为 $\omega_{k(t)}({}_{k(t)}u) = \omega_{k(t)}[{}_{k(t)}\tilde{u}({}_{k(t)}c)] = \varpi_{k(t)}({}_{k(t)}c)$ 。其中${}_{k(t)}u = {}_{k(t)}u[{}_{k(t)}v({}_{k(t)}c)] = {}_{k(t)}\tilde{u}({}_{k(t)}c)$，即因变量对不同的自变量有不同的函数形式。

有几点需要说明。库普曼（1960）文献中首先从代际偏好序出发，通过连续性（原文假设1，对应于本节的（4））保证了个体总效用函数的存在性。其次，为了避免数学运算上的烦琐性，通过假设5，把各代代理效用函数值 $u_{k(s)}(c_{k(s)})$ 作了正规化处理，即任给 $s \in t\mathbb{N}$ ，假定 $0 \leqslant u_{k(s)}(c_{k(s)}) \leqslant 1$ 。如果不做正规化处理，证明可能比较复杂，但其结论仍然成立。再次，在连续性和正规化基础上，再加入弱敏感性（原文假设2，对应于本节的WS，被强帕累托有效所蕴含）、时间可分性（原文假设3及假设3′，对应于本节的SEP和SEF）证明了总效用函数的时间可加性，即 $\omega_{k(t)}({}_{k(t)}c) = u_{k(t)}(c_{k(t)}) + u_{k(t+1)}(c_{k(t+1)}) + \omega_{k(t+3)}({}_{k(t+3)}c)$ 。最后，若驻点公理成立，则只有一种可能，即存在 $0 < \delta_{k(t)} < 1$ ，使得式（3.2.15）成立。

贴现功利主义公理体系与强帕累托有效公理相容，但与有限匿名公理不相容。因而个体总福利函数式（3.2.15）就不具备有限匿名公理意义上的可持续性。从库普曼（1960）证明可以看出，弱敏感性公理与当代可分性、后代可分性及驻点公理是相容的。但前面的分析已经表明强帕累托有效蕴含弱敏感性，故强帕累托有效与贴现功利主义公理体系相容。但在贴现功利主义代际偏好式（3.2.15）中，时间越靠后，个体代内效用对总效用的影响就越小，反之个体代内效用对总效用的影响就越大。这显然与表示偏好与时间先后无关的匿名性公理是矛盾的，矛盾的根源是下面将要证明的贴现功利主义公理体系所包含的当代独裁。

那么，在个人偏好公理体系（1）－（10）中是否能加入某种形式的可持续公理，或者用某种可持续公理替代公理（1）－（10）中的某些公理，使得这种重新构建的公理体系一方面能反映个体的某种代际公平需求，另一方面又具有相容性，从而可以证明某种形式的可持续个体总效用函数存在呢？更加具体地说：能否给个体代际偏好加入某种形式的可持续公理，最终克服第二章分析的 BFL（Basu-Mitra，2003，2007；Fleurbaery-Michel，2003；Lauwers，2010；Zame，2007）不可能问题？祁琪妮斯基（1996）通过独立公理取代贴现功利主义公理体系中以 SEP 与 SEF 为标志的时间可分性，再在其中加入了既非当代独裁又非后代独裁的可持续公理替代驻点公理来实现总效用函数的可持续性，构造了另一种可持续个体总效用函数。下面通过分析祁琪妮斯基的方法来证明可持续个体总效用函数的存在性。

第三节　BFL 不可能性问题与可持续个体总效用函数

由第二节的分析过程可知：即便用具体的个体代际效用流和个体代际偏好分别取代了传统可持续理论的代理效用流和抽象的代际偏好关系，摆在我们面前的选择和传统可持续发展理论一样仍然是，要么放弃选择公理，要么保留选择公理，但（1）保持帕累托有效性、有限匿名性与数值可构造性但放弃完备性；（2）保持帕累托有效性、有限匿名性与完备性而放弃数值可构造性；（3）修改或放弃以帕累托有效性、有限匿名性为标志的可持续标准。选择公理是比代际偏好关系更为基本的数学公理，所以无论从理论还是实践上看都不能放弃它。放弃数值可构造性与我们构造可持续总效用函数的初衷不符，所以放弃（2）也不行。于是可能的选择只有（1）和（3）。非贴现功利主义和字典－最小偏好虽然都满足以帕累托有效和有限匿名性为标准的可持续性，但它们都不具有完备性。在保持选择公理时必须保持排中律，而保持排中律时不完备性就意味着无论在理论还是在实践上都无法对代理效用流进行比较，因而也就不能用来构造个体可持续总效用函数。于是剩下的选择只有（3）。本节证明：用祁琪妮斯基（Chichilnisky，1996）的独立性公理取代贴现功利主义公理体系中的时间可加性公理（SEP&SEF），用可持续公理取代传统可持续理论的有限匿名公理与贴现功利主义公理体系中的驻点公理，就可以将个体代际偏好序构造成相应的可持续个体总效用函数，找到一条走出BFL不可能性困境的出路。

一　可持续公理

（11）独立性公理： 对任意的 ${}_{\cdot(t)}\boldsymbol{v}, {}_{\cdot(t)}v \in \mathbb{R}^{|t\mathbb{N}|}$，${}_{\cdot(t)}uI_{k(t)\cdot(t)}v$ 当且仅当任给 $s,r \in t\mathbb{N}$，$s>r$，都存在仅仅与 s 和 r 有关的正值函数 $\lambda=\lambda(s,r)$，$\lambda>0$，使得下式成立：

$$(u_{\cdot(s)}-u_{\cdot(r)})/(v_{\cdot(s)}-v_{\cdot(r)})=\lambda(s,r) \tag{3.3.1}$$

独立性公理无非是说不同两代人效用水平的边际替代率仅取决于这两代人的代序数而与它们效用水平的高低无关。具体地，如果 ${}_{\cdot(t)}u$ 和 ${}_{\cdot(t)}v$ 两个代际效用流无差异，则对任意代序数 $s,r\in t\mathbb{N}$，$s>r$，$u_{\cdot(s)}$ 相对于 $u_{\cdot(r)}$ 的变化幅度必然与 $v_{\cdot(s)}$ 相对于 $v_{\cdot(r)}$ 的变化幅度同比例增长，即存在仅与 s 和 r 有关的正值函数 $\lambda=\lambda(s,r)$，使得式（3.3.1）成立。反过来，若存在仅与任意 s 和 r 有关的正值函数 $\lambda=\lambda(s,r)$ 使得式（3.3.1）成立，则说明 ${}_{k(t)}u$ 和 ${}_{k(t)}v$ 对应不同时间上的两个后代之间的效用水平同幅度增长，这说明 ${}_{\cdot(t)}u$ 和 ${}_{\cdot(t)}v$ 无差异。

独立性公理在祁琪妮斯基体系中相当于时间可加性公理（SEP&SEF）在库普曼体系中的地位。即当独立性公理成立时总效用函数可以用代理效用流的线性函数来表示。事实上在祁琪妮斯基（1996）原始文献中，独立性公理就是通过总效用函数表示为代内效用流的线性函数来定义的（即原文定义7）。具体地即，对任意的 ${}_{k(t)}u\in\mathbb{R}^{|t\mathbb{N}|}$，都存在 ${}_{k(t)}\delta({}_{k(t)}u)=(\delta_{k(t)},\cdots,\delta_{k(s)},\cdots,\delta_{k(r)},\cdots)\in\mathbb{R}^{|t\mathbb{N}|}$，使得：

$$w_{k(t)}({}_{k(t)}u)={}_{k(t)}\delta({}_{k(t)}u)\cdot{}_{k(t)}u=\sum_{s=t}^{\infty}\delta_{k(s)}u_{k(s)}(c_{k(s)}) \tag{3.3.2}$$

需要指出的是：如果没有库普曼体系中的驻点公理，总福利函数虽然可以根据独立性公理表示成式（3.3.2）的线性形式，但不能证明 $w({}_{k(t)}u)$ 具有式（3.2.15）的形式，因而也就不能证明式（3.3.2）具有下面要讲的当代独裁。下面首先给出祁琪妮斯基用来取代有限匿名公理和驻点公理的连续性公理，然后证明它与其他公理一起可得到相应的可持续总效用函数，最后说明祁琪妮斯基总效用函数不满足驻点公理但可以看成有限匿名公理的弱化或放宽形式，因而本质上讲继承了传统可持续性的基本精神。

祁琪妮斯基（1996）认为贴现功利主义总福利函数中，如果一代人的代内福利在时间上越靠前，对总福利的影响就越大，这就是一种当代独裁。反过来，如果一代人的代内福利时间上越靠后，对总福利的影响越大，则是后代独裁。代际公平的本质要求既没有当代独裁，也没有后代独裁。基于这一思想，她提出了一种新的代际公平思想，即所谓“可持续公理。”

由于在她的理论中，非当代独裁是通过对当代独裁的否定来定义的，故需要首先给出当代独裁的定义。

当代个人独裁（DP），即对一切 ${}_{\cdot(t)}u, {}_{\cdot(t)}v, {}_{\cdot(t)}y, {}_{\cdot(t)}z \in \mathbb{R}^{|t\mathbb{N}|}$，若 ${}_{\cdot(t)}uP_{k(t)}\,{}_{\cdot(t)}v$，则存在 $T' \in t\mathbb{N}$，使得 $({}_{\cdot(t)}u_{\cdot(T)}, {}_{\cdot(T+1)}y)P_{k(t)}({}_{\cdot(t)}v_{\cdot(T)}, {}_{\cdot(T+1)}z)$ 对一切 $T \geqslant T'$ 成立。

此公理的含义是明显的：若 ${}_{\cdot(t)}u$ 强偏好于 ${}_{\cdot(t)}v$，则必定存在一个时间 T'，使得 T' 后各代是不能改变这种偏好关系的。亦即只能由 T' 代前的人构成的当代才能决定这个偏好关系。显然，贴现功利主义是当代独裁的。这是因为 $0 < u(c_{k(s)}) < 1$ 有界且 $0 < \delta_{k(t)} < 1$，故级数 $\omega({}_{k(t)}c) = \sum_{s=t}^{\infty}\delta_{k(t)}^{s-t}u(c_{k(s)})$ 收敛。因此只要 T' 充分大，则其尾项 $\sum_{s=T'}^{\infty}\delta_{k(t)}^{s-t}u(c_{k(s)})$ 可以充分小，因此对 $\omega({}_{k(t)}c)$ 的影响也就充分小，结果造成当代独裁。具体证明如下：

因为 $\sum_{s=t}^{\infty}\alpha^{s}u_{k(s)}$ 收敛，故任给 $\varepsilon' > 0$，存在 $T' \in \mathbb{N}$，若 $T > T'$，$\sum_{s=T+1}^{\infty}\alpha^{s}u_{k(s)} < \varepsilon'$。又 $\sum_{s=t}^{\infty}\beta^{s}v_{k(s)}$ 收敛，故任给 $\varepsilon'' > 0$，存在 $T'' \in \mathbb{N}$，若 $T > T''$，$\sum_{s=T+1}^{\infty}\beta^{s}v_{k(s)} < \varepsilon''$。令 $\varepsilon''' = \min\{\varepsilon', \varepsilon''\}$，则存在 $T''' \geqslant$

$\max\{T',T''\}$，若 $T > T'''$，则必有：

$\left|\sum_{s=T+1}^{\infty}\alpha^{s}u_{k(s)} - \sum_{s=T+1}^{\infty}\beta^{s}v_{k(s)}\right| \leqslant \sum_{s=T+1}^{\infty}\alpha^{s}u_{k(s)} + \sum_{s=T+1}^{\infty}\beta^{s}v_{k(s)} <$ $\varepsilon' + \varepsilon'' \leqslant \varepsilon'''$。即：

$$-\varepsilon''' < \sum_{s=T+1}^{\infty}\alpha^{s}u_{k(s)} - \sum_{s=T+1}^{\infty}\beta^{s}v_{k(s)} < \varepsilon''' \tag{1}$$

同理可证得对 ${}_{k(t)}\mathrm{y}, {}_{k(t)}\mathrm{z} \in \mathrm{R}^{|tN|}$，存在充分小的 $\varepsilon > 0$，使得下式成立：

$$-\varepsilon < \sum_{s=T+1}^{\infty}\alpha^{s}y_{k(s)} - \sum_{s=T+1}^{\infty}\beta^{s}z_{k(s)} < \varepsilon \tag{2}$$

现在设 ${}_{k(t)}uP_{k(t)\,k(t)}v$，则存在 $\alpha,\beta \in (0,1)$，使得 $\sum_{s=t}^{\infty}\alpha^{s}u_{k(s)} >$ $\sum_{s=t}^{\infty}\beta^{s}v_{k(s)}$。从而存在 $\sigma > 0$，使得 $\left|\sum_{s=t}^{\infty}\alpha^{s}u_{k(s)} - \sum_{s=t}^{\infty}\beta^{s}v_{k(s)}\right| \geqslant \sigma$。即：

$$\left(\sum_{s=t}^{T}\alpha^{s}u_{k(s)} - \sum_{s=t}^{T}\beta^{s}v_{k(s)}\right) + \left(\sum_{s=T+1}^{\infty}\alpha^{s}u_{k(s)} - \sum_{s=T+1}^{\infty}\beta^{s}v_{k(s)}\right) > \sigma \tag{3}$$

又由于 ε' 和 ε'' 均可充分小，故总可以选择足够小的 ε' 和 ε''，使得 $\varepsilon''' <$ σ。将此结果代入式（3）并利用式（1）得：

$$\sum_{s=t}^{T}\alpha^{s}u_{k(s)} - \sum_{s=t}^{T}\beta^{s}v_{k(s)} \geqslant \sigma \pm \varepsilon''' > 0 \tag{4}$$

选择充分小的 $\varepsilon > 0$，使得 $\sigma \pm \varepsilon''' \pm \varepsilon > 0$，并将（2）代入（4）得：

$$\begin{aligned}&\sum_{s=t}^{T}\alpha^{s}u_{k(s)} + \sum_{s=T+1}^{\infty}\alpha^{s}y_{k(s)} - \sum_{s=t}^{T}\beta^{s}v_{k(s)} - \sum_{s=T+1}^{\infty}\beta^{s}z_{k(s)}\\ &= \left(\sum_{s=t}^{T}\alpha^{s}u_{k(s)} - \sum_{s=t}^{T}\beta^{s}v_{k(s)}\right) + \left(\sum_{s=T+1}^{\infty}\alpha^{s}y_{k(s)} - \sum_{s=T+1}^{\infty}\beta^{s}z_{k(s)}\right)\\ &\geqslant \sigma \pm \varepsilon''' \pm \varepsilon > 0\end{aligned}$$

最后证得 $({}_{k(t)}u_{k(T)}, {}_{k(T+1)}y)P_{k(t)}({}_{k(t)}v_{k(T)}, {}_{k(T+1)}z)$。此命题成立的关键是 ε''' 和 ε 均可充分小而 σ 是大于0的实数。

可见：贴现功利主义总效用函数导致对后代不公的根本原因是当代独裁。因此为了构造可持续个体总效用函数，必要条件之一是：

（12）非当代个体独裁公理（NDP）：不存在当代个体独裁，即当代个体独裁公理不成立。

和当代个体独裁一样，后代个体独裁也会导致代际不公：

后代个人独裁（DF）即对一切 ${}_{\cdot(t)}u, {}_{\cdot(t)}v, {}_{\cdot(t)}y, {}_{\cdot(t)}z \in \mathbb{R}^{|t\mathbb{N}|}$，若 ${}_{\cdot(t)}yP_{k(t)\cdot(t)}z$，则存在 $T' \in t\mathbb{N}$，使得 $({}_{\cdot(t)}u_{\cdot(T)}, {}_{\cdot(T+1)}y)P_{k(t)}({}_{\cdot(t)}v_{\cdot(T)}, {}_{\cdot(T+1)}z)$ 对一切 $T \geqslant T'$ 成立。

此公理的含义是：若 ${}_{\cdot(t)}y$ 强偏好于 ${}_{\cdot(t)}z$，则必定存在一个时间 T'，使得 T' 以前各代人是不能改变这种偏好关系的。即只能由 T' 代以后的人构成的后代才能决定这个偏好关系。贴现功利主义没有后代个体独裁性，但 $\varphi_{k(t)}({}_{k(t)}u) = \lim_{T\to\infty}\inf_{s>T}u_{k(s)}$ 是后代个体独裁的。这儿 $u_{k(s)}$ 是代际效用流 ${}_{k(t)}u$ 中第 s 代人的效用水平，$s \in t\mathbb{N}$。显然，由于任给 ${}_{k(t)}\mathrm{u} \in \mathrm{R}^{|tN|}$ 及 $s \in t\mathbb{N}$，都有 $u_{k(s)} < \infty$，故有 $\inf_{s>T}u_{k(s)} < \infty$。由下确界数列 $\{\inf_{s>T}u_{k(s)}, T = t, t+1, \cdots\}$ 的性质，必有 $\inf_{s>T}u_{k(s)} \leqslant \inf_{s>T+1}u_{k(s)} \leqslant \cdots$。由单调有界数列的收敛原理，总效用函数 $\varphi_{k(t)}({}_{k(t)}u)$ 必存在。下面证明它是后代独裁的。

这是因为：一方面，对一切 ${}_{k(t)}u, {}_{k(t)}v, {}_{k(t)}y, {}_{k(t)}z \in \mathbb{R}^{|t\mathbb{N}|}$，若 ${}_{k(t)}yP_{k(t)\,k(t)}z$，则必有 $T' \in \mathbb{N}$ 及 $\sigma > 0$，使得当 $T > T'$ 时，$\inf_{s>T}y_{k(s)} - \inf_{s>T}z_{k(s)} > \sigma$。另一方面，根据 $\varphi_{k(t)}({}_{k(t)}u)$ 的定义，选择充分小的 ε，使得 $\sigma - 2\varepsilon > 0$，且存在 $T'' \in \mathbb{N}$，使得当 $T > T''$ 时有：

$$-\varepsilon < \varphi_{k(t)}({}_{k(t)}u_{k(T)}, {}_{k(T+1)}y) - \inf_{s>T}y_{k(s)} < \varepsilon \text{ 及}$$
$$-\varepsilon < \varphi_{k(t)}({}_{k(t)}v_{k(T)}, {}_{k(T+1)}z) - \inf_{s>T}z_{k(s)} < \varepsilon\text{。}$$

令 $T''' = \max\{T', T''\}$，则当 $T > T'''$ 时有：

$$\varphi_{k(t)}({}_{k(t)}u_{k(T)}, {}_{k(T+1)}y) - \varphi_{k(t)}({}_{k(t)}v_{k(T)}, {}_{k(T+1)}z)$$
$$> \inf_{s>T}y_{k(s)} - \varepsilon - \inf_{s>T}z_{k(s)} - \varepsilon > \sigma - 2\varepsilon > 0$$

最后证得 $({}_{k(t)}u_{k(T)}, {}_{k(T+1)}y)P_{k(t)}({}_{k(t)}v_{k(T)}, {}_{k(T+1)}z)$。

一般地，代际公平也要求排除后代独裁。具体地：

(13) 非后代个体独裁公理（NDF）：不存在后代独裁，亦即后代独裁公理不成立。

弱敏感性蕴含非后代支配，即 *WS*→*NDF*。反设不成立，则必有 *WS*→

DF。由 WS 成立可知：存在 ${}_{\cdot(t)}y, {}_{\cdot(t)}z \in \mathbb{R}^{|t\mathbb{N}|}$，其中 ${}_{\cdot(t+1)}y = {}_{\cdot(t+1)}z$ 且满足 ${}_{\cdot(t)}yP_{k(t)}\,{}_{\cdot(t)}z$。又由于 $WS \rightarrow DF$，故对一切 ${}_{\cdot(t)}u, {}_{\cdot(t)}v, {}_{\cdot(t)}y, {}_{\cdot(t)}z \in \mathbb{R}^{|t\mathbb{N}|}$，若 ${}_{\cdot(t)}yP_{k(t)}\,{}_{\cdot(t)}z$，则存在 $T' \in t\mathbb{N}$，使得对一切 $T \geq T'$ 都有 $({}_{\cdot(t)}u_{\cdot(T)}, {}_{\cdot(T+1)}y)P_{k(t)}({}_{\cdot(t)}v_{\cdot(T)}, {}_{\cdot(T+1)}z)$。特别地，令 ${}_{\cdot(t)}u = {}_{\cdot(t)}v = {}_{\cdot(t)}y$，则有 $({}_{\cdot(t)}u_{\cdot(T)}, {}_{\cdot(T+1)}y) = {}_{\cdot(t)}y$，但当 $T \geq 1$ 时，$({}_{\cdot(t)}v_{\cdot(T)}, {}_{\cdot(T+1)}z) = ({}_{\cdot(t)}y_{\cdot(T)}, {}_{\cdot(T+1)}y) = {}_{\cdot(t)}y$。这说明 $({}_{\cdot(t)}u_{\cdot(T)}, {}_{\cdot(T+1)}y)\ I_{k(t)}\ ({}_{\cdot(t)}v_{\cdot(T)}, {}_{\cdot(T+1)}z)$。矛盾。故 $WS \rightarrow NDF$。

由于前面已证明了强帕累托有效蕴含弱敏感性，故强帕累托有效也蕴含非后代独裁。

若代际偏好满足 NDP 的同时还满足 NDF，则就可得到祁琪妮斯基可持续偏好：

（14）可持续偏好（NDP&NDF） 即同时满足非当代独裁和非后代独裁的完备代际偏好。

这样就可以用建立在 $k(t)$ 个体代理效用流之上的个体代际偏好来代替传统可持续理论建立在社会代理福利流上的抽象代际偏好，克服传统可持续理论社会代理福利函数的存在性及代际偏好没有个体承担者等问题的困扰，首先建立微观个体的可持续代际偏好，然后再从微观个体的可持续代际偏好出发建立宏观社会可持续代际偏好及相应的可持续社会总福利函数。

微观个体代际偏好的可持续性包含在许多偏好实验结果之中，并且有着大量的个体行为与生物学依据。虽然在当代与后代之间难以进行囚徒博弈与礼品交换实验这些需要双方互动的实验，但其他实验结果均包含个体的可持续性行为特征。独裁者实验中，平均看来独裁者会分配给接收者一定的份额，这一现象完全可以运用到当代对后代的代际资源分配中。最后通牒实验中，当筹码分配差距较大时很多人会拒绝参加，结果导致平均分配额维持在一个差距不是很大的范围内，这意味着公众具有差异厌恶，因而也有代际差异厌恶偏好。第三方惩罚实验中，当独裁者给接收者的分配额小于一定数目时，第三方会对独裁者进行惩罚而且分配数目越小惩罚越大。这个第三方在可持续发展机制中可以通过可持续法律来承担。在公共品博弈实验中，一次性匿名实验人们会投资 50% 的初始禀赋，如果实验次数增加，则投资额会越来越小，交流机制和惩罚机制可以有效提升合作水平。这说明可持续性作为一种公共物品，是可以通过一定机制诱发和维持的。此外，大量观察和调查表明：关注自己子孙后代的生存、健康和发展并一定程度地关注人类社会的生存、健康和发展这是绝大多数人的基本需求之一。贝克尔（Becker，1974，1976）关于利他主义的开拓性研究表明：绝大多数人对其儿孙辈福利的偏好甚至强于对同时代他人福利的偏好。西门（Simon，1983）和伯格斯特姆等人（Bergstrom et al.，1993，1995）从进化论、基因遗传和文化遗传等方面研究了利他基因对人类种群生存所做的贡献和通过自然选择被保存和强化的过程（杨春学，2001）。如果是这样，那么直接以人类种群的生存和发展为目的的可持续性行为必然有很强的生物学和文化基础。可见，大量研究都为个体可持续性行为的存在提供了强有力的支持，从而解决了传统代际偏好没有微观个体承担者的问题。

需要说明的是：祁琪妮斯基的原始定义（定义6）还要求可持续偏好满足敏感性。但由于前面已经证明了敏感性蕴含着 NDF，因此如果加上敏感性，就没必要加入 NDF 了。而可持续公理的本质是要强调既非 NDP，又非 NDF，故可在可持续偏好中去掉敏感性要求。此外，强帕累托有效蕴含敏感性，而强帕累托有效又是一个比敏感性运用广泛得多，且又有一定常识基础的性质，所以在运用强帕累托有效性的地方尽可能不用敏感性公理。再次，在祁琪妮斯基原始文献中，敏感性不像在库普曼（1960）文献中那样精确，只是大体表示某些代内效用水平能够影响总效用函数。

定理 3.3.1（Chichilnisky 原文定理 1）[①]下列个体总效用函数在 $0 < \varphi_{k(t)}({}_{k(t)}u)$ 时满足可持续性：

$$\begin{aligned} w_{k(t)}({}_{k(t)}u) &= \omega_{k(t)}({}_{k(t)}u) + \varphi_{k(t)}({}_{k(t)}u) \\ &= \sum_{s=t}^{\infty} \delta_{k(t)}^{s-t} u_{k(s)} + \lim_{T\to\infty} \inf_{s>T} u_{k(s)}, 0 < \delta_{k(t)} < 1 \end{aligned} \tag{3.3.3}$$

其中 $\omega_{k(t)}({}_{k(t)}u) = \sum_{s=t}^{\infty} \delta_{k(t)}^{s-t} u_{k(s)}$，$0 < \delta_{k(t)} < 1$，且 $\varphi_{k(t)}({}_{k(t)}u) = \lim_{T\to\infty} \inf_{s>T} u_{k(s)}$。

① 此定理证明与原文不同。

显然只需要证明代际偏好 $w_{k(t)}(\cdot)$ 既非当代独裁，又非后代独裁即可。

反设 $w_{k(t)}(\cdot)$ 当代独裁。则对于任意给定的 ${}_{k(t)}u, {}_{k(t)}v, {}_{k(t)}y, {}_{k(t)}z \in \mathbb{R}^{|t\mathbb{N}|}$，若 $w_{k(t)}({}_{k(t)}u) > w_{k(t)}({}_{k(t)}v)$，必存在 $T''' \in t\mathbb{N}$，使得对一切 $T \geqslant T'''$，都有下式成立：

$$w_{k(t)}({}_{k(t)}u_{k(T)}, {}_{k(T+1)}y) > w_{k(t)}({}_{k(t)}v_{k(T)}, {}_{k(T+1)}z) \tag{1}$$

现在取 ${}_{k(t)}u, {}_{k(t)}v \in \mathbb{R}^{|t\mathbb{N}|}$，使得对任意 $T \in t\mathbb{N}$，当 $s \leqslant T$ 时有 $u_{k(s)} < v_{k(s)}$，即 ${}_{k(t)}u_T < {}_{k(t)}v_T$；当 $s > T$ 时有 $u_{k(s)} > v_{k(s)} + \omega_{k(t)}({}_{k(t)}v) - \omega_{k(t)}({}_{k(t)}u) + \delta$，其中 $\delta > 0$ 为常数。

因为 ${}_{k(t)}u_T < {}_{k(t)}v_T$，所以有：$\sum_{s=t}^{T}\delta_{k(t)}^{s-t}u_{k(s)} - \sum_{s=t}^{T}\delta_{k(t)}^{s-t}v_{k(s)} < 0$。又因为 $\omega_{k(t)}({}_{k(t)}u)$ 收敛，故任给 $\varepsilon' > 0$，存在 $T' \in t\mathbb{N}$，当 $T \geqslant T'$ 时，$\sum_{s=T+1}^{\infty}\delta_{k(t)}^{s-t}u_{k(s)} < \varepsilon'$。又 $\omega_{k(t)}({}_{k(t)}v)$ 收敛，故任给 $\varepsilon'' > 0$，存在 $T'' \in t\mathbb{N}$，当 $T \geqslant T''$ 时，且 $\sum_{s=T+1}^{\infty}\delta_{k(t)}^{s-t}v_{k(s)} < \varepsilon''$。令 $T''' = \max\{T', T''\}$，则当 $T \geqslant T'''$ 时有：

$$\begin{aligned}\omega_{k(t)}({}_{k(t)}u) - \omega_{k(t)}({}_{k(t)}v) &= \sum_{s=t}^{T}\delta_{k(t)}^{s-t}u_{k(s)} - \sum_{s=t}^{T}\delta_{k(t)}^{s-t}v_{k(s)} + \sum_{s=T+1}^{\infty}\delta_{k(t)}^{s-t}u_{k(s)} \\ &- \sum_{s=T+1}^{\infty}\delta_{k(t)}^{s-t}v_{k(s)} < \sum_{s=t}^{T}\delta_{k(t)}^{s-t}u_{k(s)} - \sum_{s=t}^{T}\delta_{k(t)}^{s-t}v_{k(s)} + \varepsilon' \leqslant 0\end{aligned} \tag{2}$$

从而有：

$$\begin{aligned}\varphi_{k(t)}({}_{k(t)}u) &= \lim_{T\to\infty}\inf_{s>T}u_{k(s)} \\ &> \lim_{T\to\infty}\inf_{s>T}(v_{k(s)} + \omega_{k(t)}({}_{k(t)}v) - \omega_{k(t)}({}_{k(t)}u) + \delta) \\ &= \lim_{T\to\infty}\inf_{s>T}v_{k(s)} + \omega_{k(t)}({}_{k(t)}v) - \omega_{k(t)}({}_{k(t)}u) + \delta \\ &= \varphi_{k(t)}({}_{k(t)}v) + \omega_{k(t)}({}_{k(t)}v) - \omega_{k(t)}({}_{k(t)}u) + \delta\end{aligned} \tag{3}$$

将（2）和（3）结合起来得：

$$\left.\begin{aligned}&w_{k(t)}({}_{k(t)}u) - w_{k(t)}({}_{k(t)}v) = \omega_{k(t)}({}_{k(t)}u) \\ &+ \varphi_{k(t)}({}_{k(t)}u) - \omega_{k(t)}({}_{k(t)}v) - \varphi_{k(t)}({}_{k(t)}v) > 0\end{aligned}\right\} \Leftrightarrow w_{k(t)}({}_{k(t)}u) > w_{k(t)}({}_{k(t)}v) \tag{4}$$

现在取 ${}_{k(t)}y = {}_{k(t)}u$ 并构造 ${}_{k(t)}z$，使得：当 $t \leqslant s \leqslant T$ 时 $z_{k(s)} = v_{k(s)}$，而当 $s > T$ 时，$z_{k(s)} = u_{k(s)}$，则显然：

$$\begin{aligned}
&w_{k(t)}({}_{k(t)}u_{k(T)},{}_{k(T+1)}y)-w_{k(t)}({}_{k(t)}v_{k(T)},{}_{k(T+1)}z)\\
&=w_{k(t)}({}_{k(t)}u)-w_{k(t)}({}_{k(t)}v_{k(T)},{}_{k(T+1)}u)\\
&=\sum_{s=t}^{T}\delta_{k(t)}^{s-t}u_{k(s)}+\sum_{s=T+1}^{\infty}\delta_{k(t)}^{s-t}u_{k(s)}+\varphi_{k(t)}({}_{k(t)}u)\\
&-\sum_{s=t}^{T}\delta_{k(t)}^{s-t}v_{k(s)}-\sum_{s=T+1}^{\infty}\delta_{k(t)}^{s-t}u_{k(s)}-\varphi_{k(t)}({}_{k(t)}u)\\
&=\sum_{s=t}^{T}\delta_{k(t)}^{s-t}u_{k(s)}-\sum_{s=t}^{T}\delta_{k(t)}^{s-t}v_{k(s)}<0
\end{aligned}\tag{5}$$

这意味着 $w_{k(t)}({}_{k(t)}u_{k(T)},{}_{k(T+1)}y)<w_{k(t)}({}_{k(t)}v_{k(T)},{}_{k(T+1)}z)$，显然与（1）矛盾。矛盾的根源是因为式（3.3.3）中虽然前半部分包括一个贴现功利主义函数，它对后代效用不敏感，但后半部分包括一个对后代效用敏感的项 $\varphi({}_{k(t)}u)$，因此总的结果是非当代独裁。此外，从证明过程可以看出：非当代独裁的根本原因是 $k(t)$ 有着很强的后代偏好。

下面证明定理后半部。反设 $w_{k(t)}(\cdot)$ 后代独裁，则任给 ${}_{k(t)}u,{}_{k(t)}v,{}_{k(t)}y,{}_{k(t)}z\in\mathbb{R}^{|t\mathbb{N}|}$，若有 $w_{k(t)}({}_{k(t)}y)>w_{k(t)}({}_{k(t)}z)$，则存在 $T'''\in t\mathbb{N}$，使得对一切 $T\geqslant T'''$，都有下式成立：

$$w_{k(t)}({}_{k(t)}u_{k(T)},{}_{k(T+1)}y)>w_{k(t)}({}_{k(t)}v_{k(T)},{}_{k(T+1)}z)\tag{6}$$

现在取 ${}_{k(t)}y,{}_{k(t)}z\in\mathbb{R}^{|t\mathbb{N}|}$，使得对任意 $T\in t\mathbb{N}$，当 $s\leqslant T$ 时有：$y_{k(s)}>z_{k(s)}$，即 ${}_{k(t)}y_T>{}_{k(t)}z_T$；当 $s>T$ 时有 $y_{k(s)}=z_{k(s)}$。显然有：

$$\begin{aligned}
&w_{k(t)}({}_{k(t)}y)=\omega_{k(t)}({}_{k(t)}y)+\varphi_{k(t)}({}_{k(t)}y)\\
&>\omega_{k(t)}({}_{k(t)}z)+\varphi_{k(t)}({}_{k(t)}z)=w_{k(t)}({}_{k(t)}z)
\end{aligned}\tag{7}$$

构造 ${}_{k(t)}u$，使得当 $s\leqslant T$ 时有 $u_{k(s)}=z_{k(s)}$，当 $s>T$ 时有 $u_{k(s)}=y_{k(s)}$。构造 ${}_{k(t)}v$，使得当 $s\leqslant T$ 时有 $v_{k(s)}=y_{k(s)}$，当 $s>T$ 时有 $v_{k(s)}=z_{k(s)}$。利用构造结果及式（7）得：只要 $T\geqslant T'''=t+1$，就有：

$$\begin{aligned}
&w_{k(t)}({}_{k(t)}u_{k(T)},{}_{k(T+1)}y)-w_{k(t)}({}_{k(t)}v_{k(T)},{}_{k(T+1)}z)\\
&=\sum_{s=t}^{T}\delta_{k(t)}^{s-t}z_{k(s)}+\sum_{s=T+1}^{\infty}\delta_{k(t)}^{s-t}y_{k(s)}+\varphi_{k(t)}({}_{k(t)}y)\\
&-\left[\sum_{s=t}^{T}\delta_{k(t)}^{s-t}y_{k(s)}+\sum_{s=T+1}^{\infty}\delta_{k(t)}^{s-t}y_{k(s)}+\varphi_{k(t)}({}_{k(t)}y)\right]\\
&=\sum_{s=t}^{T}\delta_{k(t)}^{s-t}z_{k(s)}-\sum_{s=t}^{T}\delta_{k(t)}^{s-t}y_{k(s)}<0
\end{aligned}\tag{8}$$

这显然与（6）矛盾。矛盾的根源是因为式（3.3.3）中虽然后半部分包含一个对后代效用敏感的项 $\varphi({}_{k(t)}u)$，但其前半部分是一个对当代敏感的贴现功利主义福利函数，这样总的结果亦非后代独裁。此外，从证明过程可以看出：非后代独裁的根本原因是 $k(t)$ 有着很强的当代偏好。

祁琪妮斯基总效用函数式（3.3.3）非常有趣：虽然它是分别对当代和后代敏感的两项之和，但两项相加之后则既非当代独裁又非后代独裁，因而形成一个完整的可持续个体总效用函数。

可持续公理替换驻点公理是贴现功利主义总效用函数变成可持续总效用函数的关键。正如前面的分析所表明的那样，除了这两个公理之外，构造这两个总效用函数的其他公理本质上是一致的：连续性和敏感性两者通用，时间可分性（SEP&SEF）等价于独立性。但贴现功利主义总效用函数不满足可持续性，同样地，可以证明可持续效用函数式（3.3.3）不满足驻点公理。

反之，设式（3.3.3）也满足驻点公理，则任给 ${}_{k(t)}u, {}_{k(t)}v \in \mathbb{R}^{|t\mathbb{N}|}$，${}_{k(t+1)}uR_{k(t)\,k(t+1)}v$ 当且仅当 $w_{k(t)}({}_{k(t+1)}u) \geqslant w_{k(t)}({}_{k(t+1)}v)$，进而当且仅当：

$$w_{k(t)}({}_{k(t)}u) = \psi_{k(t)}[u_{k(t)}, w_{k(t)}({}_{k(t+1)}u)] \geqslant w_{k(t)}({}_{k(t)}v) = \psi_{k(t)}[u_{k(t)}, w_{k(t)}({}_{k(t+1)}v)]$$

显然，在式（3.3.3）中，

$$\begin{aligned} w_{k(t)}({}_{k(t)}u) &= \sum_{s=t}^{\infty} \delta_{k(t)}^{s-t} u_{k(s)} + \varphi_{k(t)}({}_{k(t)}u) \\ &= u_{k(t)} + \delta_{k(t)} \omega_{k(t)}({}_{k(t+1)}u) + \varphi_{k(t)}({}_{k(t)}u) \\ &= u_{k(t)} + w_{k(t)}({}_{k(t+1)}u) \end{aligned}$$

其中 $w_{k(t)}({}_{k(t+1)}u) = \delta_{k(t)} \omega_{k(t)}({}_{k(t+1)}u) + \varphi_{k(t)}({}_{k(t)}u)$。

于是 $w_{k(t)}({}_{k(t)}u) \geqslant w_{k(t)}({}_{k(t)}v)$ 可能是：

$\omega_{k(t)}({}_{k(t+1)}u) \geqslant \omega_{k(t)}({}_{k(t+1)}v)$ 且 $\varphi_{k(t)}({}_{k(t+1)}u) < \varphi_{k(t)}({}_{k(t+1)}v)$

但 $\omega_{k(t)}({}_{k(t+1)}u) - \omega_{k(t)}({}_{k(t+1)}v) \geqslant \varphi_{k(t)}({}_{k(t+1)}v) - \varphi_{k(t)}({}_{k(t+1)}u)$

由于 $\varphi_{k(t)}({}_{k(t+1)}u) < \varphi_{k(t)}({}_{k(t+1)}v)$，所以对于更偏好后代福利的个体而言就有 ${}_{k(t+1)}vP_{k(t)\,k(t+1)}u$。矛盾。可见：可持续总效用函数不满足驻点公理。

现在剩下的问题是：可持续个体总效用函数式（3.3.3）存在吗？下面根据姚斯达－贺维特（Yosida-Hewitt，1952）的理论在祁琪妮斯基（1996，定理2）的基础上证明它的存在性。

二　可持续个体总效用函数的存在性

通过任意一个实值线性函数都可以定义一个整数集 Z 的子集簇（$\mathfrak{I}$，

Z）上的非负有界可加集函数（non-negative bounded additive measure）①。具体地，对${}_{k(t)}u \in R^{|tR|}$且${}_{k(t)}u \geq 0$，可定义$\hat{w}:(\mathfrak{I},Z) \to \mathbb{R}$，使得对$\forall A \in (\mathfrak{I},Z)$，有：

$$w_{k(t)}({}_{k(t)}u) = \hat{w}_{k(t)}(A) = \sum_{k(s) \in A} \delta_{k(s)} u_{k(s)}(c_{k(s)}) \tag{3.3.4}$$

特别地，若$A = t\mathbb{N}$，则有：

$$w_{k(t)}({}_{k(t)}u) = \hat{w}_{k(t)}(t\mathbb{N}) = \sum_{s=t}^{\infty} \delta_{k(s)} u_{k(s)}(c_{k(s)}) \tag{3.3.4a}$$

即$k(t)$的个体代理效用流中各代效用之贴现和。式（3.3.4a）和式（3.2.15）虽然在形式上相同，但含义完全不同。式（3.2.15）是个体效用流上的代际偏好满足贴现功利主义偏好公理时推出的结果，其本质是反映总效用函数的时间可加性，而式（3.3.4a）则利用非负实值序列$\{\delta_{k(s)}, s = t, t+1, \cdots\}$将代际效用流$\{u_{k(s)}, s = t, t+1, \cdots\}$变换成了一个定义在$t\mathbb{N} \in (\mathfrak{I},Z)$上的非负有界可加集函数，从而可以运用有界可加集函数的性质和理论对满足独立性公理的祁琪妮斯基个人代际偏好进行分析。

根据姚斯达－贺维特定理，任何非负有界可加集函数都可以分解成一个可数可加集函数（countably additive measure）②与一个纯有限可加集函数（purely finite additive measure）③之和。具体地，对式（3.3.4a）中的非负有界可加集函数$w({}_{k(t)}u) = \hat{w}(t\mathbb{N})$，${}_{k(t)}u \geq 0$，必存在$t\mathbb{N}$上的非负可数可加集函数：

---

① 设$(\mathfrak{I},Z)$为由整数Z的所有可能子集构成的集合且对集合的并和交运算封闭，则$(\mathfrak{I},Z)$上的有界可加集函数即函数$f:(\mathfrak{I},Z) \to \mathbb{R}$，它满足下列条件：1）$\forall A \in (\mathfrak{I},Z)$，$-\infty < f(A) < +\infty$；2）$f(\varphi) = 0$；3）$\sup_{A \in (\mathfrak{I},Z)} |f(A)| < +\infty$；4）$\forall A,B \in (\mathfrak{I},Z), A \cap B = \varphi \to f(A \cup B) = f(A) + f(B)$。特别地，若1）变为1）′ $\forall A \in (\mathfrak{I},Z), 0 \leq f(A) < +\infty$，则称$f$为非负有界可加集函数。

② 可加集函数$f:(\mathfrak{I},Z) \to \mathbb{R}$称为可数可加集函数，若其定义中其他条件不变，但4）换为4）′：$\forall A_n \in (\mathfrak{I},Z), \cap_{n=1}^{\infty} A_n = \varphi \to f(\cup_{n=1}^{\infty} A_n) = \sum_{n=1}^{\infty} f(A_n)$；非负的可数可加集函数叫非负可数可加集函数。

③ 非负可加集函数$f:(\mathfrak{I},Z) \to \mathbb{R}$称为纯有限可加集函数，若任给非负可数可加集函数$g:(\mathfrak{I},Z) \to \mathbb{R}$，都有：$\forall A \in (\mathfrak{I},Z), 0 \leq g(A) \leq f(A) \to g(A) = 0$。

$$w_{ck(t)}(t\mathbb{N}) = \sum_{s=t}^{\infty} \sigma_{k(s)} u_{k(s)}(c_{k(s)}), 0 < \sigma_{k(s)} < 1, 0 \leqslant u_{k(s)}(c_{k(s)}) < \infty \tag{3.3.5}$$

与纯有限可加集函数 $w_{pk(t)}({}_{k(t)}u) \geqslant 0$，使得下式成立：

$$w_{k(t)}({}_{k(t)}u) = \hat{w}_{k(t)}(t\mathbb{N}) = w_{ck(t)}({}_{k(t)}u) + w_{pk(t)}({}_{k(t)}u) \tag{3.3.6}$$

式（3.3.6）中 $w_{ck(t)}({}_{k(t)}u)$ 表示定义在代际效用流 ${}_{k(t)}u$ 上的函数，而 $\hat{w}_{k(t)}(t\mathbb{N})$ 表示定义在集合 $t\mathbb{N} \in (\Im, Z)$ 上的非负可加集函数，二者通过非负序列 $\{u_{k(s)}, s = t, t+1, \cdots\}$ 与正值序列 $\{\sigma_{k(s)}, s = t, t+1, \cdots\}$ 联系起来。之所以是 $\{\sigma_{k(s)}, s = t, t+1, \cdots\}$ 而非 $\{\delta_{k(s)}, s = t, t+1, \cdots\}$ 的原因无非是表明后者与非负有界可加集函数相对应，而前者与非负有界可数可加集函数相对应。

特别地，若 $\sigma_{k(s)} = \sigma_{k(t)}^{s-t}$ 为 $\sigma_{k(t)}$ 的 $s-t$ 次方，又 $u_{k(s)}(c_{k(s)}) = u(c_{k(s)})$，则（3.3.6）变为：

$$w_{k(t)}({}_{k(t)}u) = \omega_{k(t)}({}_{k(t)}u) + w_{pk(t)}({}_{k(t)}u) \tag{3.3.6a}$$

其中 $\omega_{k(t)}({}_{k(t)}u) = \sum_{s=t}^{\infty} \sigma_{k(t)}^{s-t} u(c_{k(s)})$ 为贴现功利主义总效用函数，它和式（3.2.15）的唯一区别是贴现因子为 $\sigma_{k(s)}$ 而非 $\delta_{k(t)}$。使用两个不同贴现因子的唯一原因是想表明可持续总效用函数中的贴现因子和贴现功利主义中的贴现因子有不同的来源和意义，但可以把贴现功利主义的贴现因子当成可持续总效用函数的特殊情况。弄清了这种关系后，若无特殊说明就约定 $\omega_{k(t)}({}_{k(t)}u)$ 是贴现因子为 $\sigma_{k(s)}$ 的贴现功利主义总效用函数。

此外，整数 $(\Im, Z)$ 所有子集构成的域上最典型的纯有限可加集函数为定义在 $\mathbb{R}^{|t\mathbb{N}|}$ 上的 liminf 函数（Chichilnisky 原文例 4），具体地，即：

$$w_{pk(t)}({}_{k(t)}u) = \varphi_{k(t)}({}_{k(t)}u) = \lim_{T\to\infty} \inf_{s\geqslant T} u_{k(s)} \tag{3.3.7}$$

将式（3.3.5）和式（3.3.7）代入式（3.3.6）得：

定理 3.3.2（Chichilnisky 原文定理 2）可持续个人效用函数存在且具有以下形式：

$$\begin{aligned} w_{k(t)}({}_{k(t)}u) &= \omega_{k(t)}({}_{k(t)}u) + \varphi_{k(t)}({}_{k(t)}u) \\ &= \sum_{s=t}^{\infty} \sigma_{k(t)}^{s-t} u_{k(s)} + \lim_{T\to\infty} \inf_{s\geqslant T} u_{k(s)} \end{aligned} \tag{3.3.8}$$

这样就得到了祁琪妮斯基可持续个体总效用函数的具体形式。由上述证明过程可知：$w_{pk(t)}({}_{k(t)}u)$ 与纯时间因素无关而仅仅与时间变化引起的效用水平变化有关。即：对同样的代际效用流 ${}_{k(t)}u$，任给 $s,l \in t\mathbb{N}$，都有 $w_{pk(t)}({}_{k(s)}u) = w_{pk(t)}({}_{k(l)}u)$。这是因为 $w_{pk(t)}({}_{k(t)}u)$ 是由无穷远后代的效用水平决定的，而与任何有限代人的效用水平无关。但对不同的 ${}_{k(t)}\mathrm{u}, {}_{k(t)}v \in \mathrm{R}^{|tR|}$，若 ${}_{k(t)}u \leqslant {}_{k(t)}v$，则有 $w_{pk(t)}({}_{k(t)}u) \leqslant w_{pk(t)}({}_{k(t)}v)$。这一点由下确界和极限运算的性质很容易看出来。

虽然祁琪妮斯基总效用函数存在所要求的连续性、敏感性及独立性与库普曼功利主义总效用函数存在所要求的是一致的，但二者的存在性理由是完全不同的。由前面证明过程可见：祁琪妮斯基总效用函数的存在是因为独立性公理保证了式（3.3.4a）的成立，然后对此式运用 Yosida-Hewitt 定理就得到了所要结果，而库普曼功利主义总效用函数的存在性则是在其公理体系的基础上构造出来的。如果说祁琪妮斯基总效用函数的第一部分恰巧具有贴现功利主义函数的形式，那也是 Yosida-Hewitt 定理所保证的非负可数可加集函数使然，而不是因为库普曼证明中使用的那些逻辑。正因为如此，祁琪妮斯基总效用函数中 $w_{ck(t)}(t\mathbb{N}) = \sum_{s=t}^{\infty}\sigma_{k(s)}u_{k(s)}(c_{k(s)})$ 未必像贴现功利主义总效用函数那样满足 $\sigma_{k(s)} = \sigma_{k(t)}^{s-t}$ 和 $u_{k(s)}(c_{k(s)}) = u(c_{k(s)})$。如果满足也是后来为了分析的方便人为设定的，而不是本来如此。

此外，由于纯有限可加集函数 $w_{pk(t)}({}_{k(t)}u)$ 可以为 0，因此，纯粹从数学形式上来看，库普曼贴现功利主义总效用函数可以看成是祁琪妮斯基可持续个人总效用函数在不满足可持续公理但满足驻点公理时的特殊情况。但实际上前面已经证明了只要代理效用流满足可持续公理就不满足驻点公理。此外，祁琪妮斯基（1996，定理 3）又认为可持续总效用函数式（3.3.6）的最优解既不能是对应贴现功利主义总效用函数式（3.2.15）的某个最优解，也不能被逼近贴现功利主义总效用函数最优解的一个序列逼近，从而从根本上证明了可持续总效用函数虽然包括了一个贴现功利主义效用函数项，但二者是本质上不同的两个总效用函数。由于祁琪妮斯基（1996）提出这一判断时给出的条件并不严密，而且也没有给出严格证明，只是通过一个例子进行了说明，所以下面在原定理中加入 $\lim_{T\to\infty}\inf_{s\geqslant T}u_{k(s)}$ 不为常数这个条件并严格证明它。

具体地有：

定理 3.3.3（Chichilnisky 原文定理 3）若 ${}_{k(t)}\hat{u} = (\hat{u}_{k(t)}, \hat{u}_{k(t+1)}, \cdots)$ 为可持续总效用函数（3.3.6）在 $\Omega \in (\Im, Z)$ 上的唯一最优解，即：

$$\begin{aligned}\hat{w}_{k(t)} &= \max_{{}_{k(t)}u\in\Omega} w_{k(t)}({}_{k(t)}u) = w_{k(t)}({}_{k(t)}\hat{u}) \\ &= \sum_{s=t}^{\infty}\sigma_{k(t)}^{s-t}\hat{u}_{k(s)} + \lim_{t\to\infty}\inf_{s\geqslant t}\hat{u}_{k(s)}\end{aligned} \tag{3.3.9}$$

又设 ${}_{k(t)}\tilde{u} = (\tilde{u}_{k(t)}, \tilde{u}_{k(t+1)}, \cdots)$ 是其贴现功利主义部分 $\omega_{k(t)}({}_{k(t)}u) = \sum_{s=t}^{\infty}\sigma_{k(t)}^{s-t}u(c_{k(s)})$ 在 Ω 上的唯一最优解，即：

$$\tilde{\omega}_{k(t)} = \max_{{}_{k(t)}u\in\Omega}\omega_{k(t)}({}_{k(t)}u) = \omega_{k(t)}({}_{k(t)}\tilde{u}) = \sum_{s=t}^{\infty}\sigma_{k(t)}^{s-t}\tilde{u}_{k(s)}$$

且序列 $\{{}_{k(t)}u^n, n = 1, 2, \cdots\}\subset\Omega$ 有极限 $\lim_{n\to\infty}{}_{k(t)}u^n = {}_{k(t)}\tilde{u}$，则只要 $\lim_{T\to\infty}\inf_{s\geqslant T}u_{k(s)}$ 不为常数，则 $\lim_{n\to\infty}{}_{k(t)}u^n \neq {}_{k(t)}\hat{u}$。

证明。假设 $\lim_{n\to\infty}{}_{k(t)}u^n = {}_{k(t)}\hat{u}$，则任给 $\varepsilon > 0$，存在 $N' \in \mathbb{N}$，当 $n > N'$ 时，有 $\|{}_{k(t)}u^n - \hat{u}\| = \sup_{s\in t\mathbb{N}}|u_{k(s)}^n - \hat{u}| < \varepsilon/2$。因为 $\lim_{n\to\infty}{}_{k(t)}u^n = {}_{k(t)}\tilde{u}$，所以任给 $\varepsilon > 0$，存在 $N'' \in \mathbb{N}$，当 $n > N''$ 时，有 $\|{}_{k(t)}u^n - \tilde{u}\| = \sup_{s\in t\mathbb{N}}|u_{k(s)}^n - \tilde{u}| < \varepsilon/2$。于是任给 $\varepsilon > 0$，存在 $N = \max\{N', N''\}$，当 $n > N$ 时，有 $\|\hat{u} - \tilde{u}\| = \sup_{s\in t\mathbb{N}}|\hat{u} - \tilde{u}| \leqslant \sup_{s\in t\mathbb{N}}|\hat{u} - u_{k(s)}^n| + \sup_{s\in t\mathbb{N}}|u_{k(s)}^n - \tilde{u}| < \varepsilon/2 + \varepsilon/2 = \varepsilon$。由 ε 的任意性可知只能有 $\hat{u} = \tilde{u}$。由于 $\omega({}_{k(t)}u)$ 的解是唯一的，故 $\omega_{k(t)}({}_{k(t)}\hat{u}) = \omega_{k(t)}({}_{k(t)}\tilde{u})$，从而：

$$w_{k(t)}({}_{k(t)}\hat{u}) = \omega_{k(t)}({}_{k(t)}\hat{u}) + \lim_{T\to\infty}\inf_{s\geqslant T}\hat{u}_{k(s)} = \omega_{k(t)}({}_{k(t)}\tilde{u}) + \lim_{T\to\infty}\inf_{s\geqslant T}\hat{u}_{k(s)}$$

这只能说明 $w({}_{k(t)}u)$ 的最优值是 $\omega_{k(t)}({}_{k(t)}u)$ 的最优值与 $w_{pk(t)}({}_{k(t)}u) = \lim_{T\to\infty}\inf_{s\geqslant T}u_{k(s)}$ 之和。这只能说明 $\lim_{t\to\infty}\inf_{s\geqslant t}\hat{u}_{k(s)} > 0$ 为常数。矛盾。

上述定理和可持续公理、非驻点性及可持续总效用函数存在性的证明一样仅仅是为了说明可持续总效用函数根本不同于贴现功利主义总效用函数的地方。至于可持续总效用函数一般最优解是否存在？如果不存在则在什么条件下存在？$w_{pk(t)}({}_{k(t)}u) = \lim_{T\to\infty}\inf_{s\geqslant T}u_{k(s)}$ 为常数时最优解是否存在？以及可持续总效用函数若存在则具有什么形式与性质？这些都是更基本更重要的问题，要涉及微观个体的代际偏好、个体选择与公共选择的关系以及广义资产的代际配置方式等更为基本的问题，留到后面专门探讨。

总之，可持续总效用函数只是以任意 $T \in \mathbb{N}$ 为界，定义前 T 代为当代而 $T+1$ 代以后所有代都为后代，以既无当代独裁又无后代独裁作为可持续标准证明了满足这种标准的可持续总效用函数的存在性。就当代和后代都不能独裁这一点而言，交换当代与后代的地位是不能影响代际偏好的，所以这样的可持续性可以看成满足当代与后代两代人的有限匿名公理，这样祁琪妮斯基可持续总效用函数就变成了有限匿名公理在两代人之间的特例，其本质是保证有限代人构成的当代与无限代人构成的后代之间的代际公平。这一点和有限匿名公理无非是在时间中展开的不同代人在罗尔斯“无知的面纱”意义上的公平一样。罗尔斯“无知的面纱”意义上不同代人之间的公平是他们在逻辑上面临同样可能性时的公平（Figuieres and Tidball，2010）。

第四节　个体可持续选择

个体可持续总效用函数 $w({}_{k(t)}u)$ 的存在是可持续经济分析的理论基础。有了个体可持续总效用函数，就可以和传统经济学那样在一定的预算约束下分析微观个体的可持续选择行为，并在可持续个体选择理论框架中进行需求、供给及均衡分析，以此为基础推导社会可持续总福利函数并构造可持续国民财富核算体系。但是，这些任务的完成都依赖于个体可持续总效用函数最优解的存在性、性质及具体形式。本节通过分析个体可持续总效用函数的最优解来构造其具体形式并分析其现实依据与意义。具体的就是：①个体可持续最优选择的定义；②个体可持续最优解的存在性；③个体可持续最优解的具体形式、现实依据与意义。

一　个体可持续最优解的定义

前面已经说过，任何时代的任一个体都是在这个时代的资源、技术与收入分配约束下进行跨代选择。资源约束即地球这个资源存货库中所具有的广义资源的状态、质量与数量约束，广义资源即对人类有用的一切自然、人造、人力和社会资源的总体。第二章已按资源生产方式将广义资源分为以下四类：一为可枯竭、可恢复资源如地表水气系统，其耗损可以通过自我恢复来减缓或弥补；二为可枯竭、可再生资源如所有生物资源，其耗损可通过自然增长来减缓或弥补；三为可枯竭、不可恢复、不可再生但可循环利用资源如矿物质，其损耗可通过循环利用来缓解；四为可枯竭、不可恢复、不可再生且不可循环利用的资源如石油，这类资源的损耗只能通过替代资源来补充。从使用方式来看可以将广义资源分为三类：一为既可直接消费又可作为原料或生产要素使用的资源如空气、淡水、森林等；二为不可直接消费只能作为原料、循环利用物或生产要素使用的资源如各种矿物质；三为不可直接消费、不能作为原料、循环利用物或生产要素使用但对可恢复功能有影响的资源如污染物。资源在产生和利用两方面的具体特征决定了其跨代配置的不同特点。

技术约束即一定时代广义物品的投入与最大产出之间的比例约束，这个比例越小约束越严，反之越宽。技术约束通常用广义生产函数向量表示，其分量分别表示各种产品在一定投入下的最大产量。广义生产函数向量的分量既包含了人造资源、人力资源和社会资源这些人类劳动和其他因素的联合产品，又包含了不经过人工生产而形成的纯粹自然物品。广义生产函数的产出分量总体上都等于现有存量加上自然增长量和人工生产量，投入分量等于各种广义资源的生产投入量，但因资源的类型不同有不同的具体形式。每一代人从上一代那里继承下来的这个地球及其所包含的一切资源形成了这代人的资源存量。人造资源、社会资源及不可恢复不可再生自然资源的自然增长量等于0，可恢复与可再生自然资源自然恢复或增长量由其性质及其所处的环境决定。所有自然资源的人工产量为0，而人造、人力和社会资源的人工产量则由相应时代的科学技术水平、劳动者素质及生产组织管理方式等因素决定。所有资源的生产投入量同样取决于这一时代的科学技术水平、劳动者素质及生产组织管理方式等因素。

收入分配约束则是一定的资源和技术约束下各种广义物品总量在不同

代之间及代内不同个体之间的分配方式。它通常用广义物品的代内 - 代际配置矩阵来表示，如前几节中的消费品矩阵${}_tc$。广义资源的配置方式及相应的经济、法律制度对收入分配约束方式的形成及其他方面有决定性的作用。现代世界各国以及国与国之间基本上都实行一定产权架构下的市场配置与政府调控混合而成的资源配置方式，只不过在不同经济体中两种成分的比例与作用方式不同而已。每一代个体就是在这样的资源、技术和收入分配约束下通过个体效用优化来进行个人广义资源的代际 - 代内配置，并通过这种个体配置行为决定那个时代的资源开发利用、技术进步、社会福利改进和广义资源的代内 - 代际配置。一定时代的个体跨代选择就是在上述各种约束下建立在广义物品的代际 - 代内分配集合上的选择，相应的个体代际偏好则是建立在广义物品的代际 - 代内分配集合上的偏好。

个体可持续最优解即个体 $k(t)$ 的总效用函数 $w_{k(t)}({}_{k(t)}u)$ 在既定资源 - 技术 - 收入分配约束下取得最大值的个体代理效用流 ${}_{k(t)}\hat{u} = {}_{k(t)}u({}_{k(t)}\hat{c})$，具体地即下面规划的解：

$$\begin{cases} \max w_{k(t)}({}_{k(t)}u) = \omega_{k(t)}[{}_{k(t)}\tilde{u}({}_{k(t)}c)] + \phi_{k(t)}[{}_{k(t)}\tilde{u}({}_{k(t)}c)] \\ s.t\ 对\ k = 1\cdots l\cdots h \\ 及\ \forall s \in t\mathbb{N} \end{cases} \begin{cases} \dot{k}_{k(s)} = f_{k(s)} - c_{k(s)} & (1) \\ c_{k(s)}, k_{k(s)}, f_{k(s)} \geq 0, k_{k(t)}\ 给定 & (2) \\ \sum_{k(s)=1}^{h(s)} \dot{k}_{k(s)} = K_{s+1} - K_s & (3) \\ F_{s+1}(K_{s+1}) = F_{s+1} & (4) \\ F_{s+1} = \sum_{k(s+1)=1}^{h(s+1)} f_{k(s+1)} & (5) \end{cases} \quad (3.4.1)$$

这是一个比较复杂的动态规划。其中 $w_{k(t)}({}_{k(t)}u)$ 为 $k(t)$ 的目标函数，${}_{k(t)}\tilde{u}({}_{k(t)}c) = {}_{k(t)}u[{}_{k(t)}v({}_{k(t)}c)]$为代理效用函数流${}_{k(t)}u = {}_{k(t)}u(\cdot)$与代内效用函数向量流${}_{k(t)}v = {}_{k(t)}v({}_{k(t)}c)$的复合函数流，具体复合方式由式(3.2.8)、(3.2.7)、(3.2.3a) 及 (3.2.2) 表示，它反映了个体总效用通过代理效用流和代内效用向量最终建立在代际 - 代内消费资源配置集合上这个事实。约束条件则是一个由各代个体消费、从而各代个体收入与投资、进而各代广义资源生产与分配构成的体系，其中当事个体 $k(t)$ 的约束仅仅是一项。因为个体总效用中包含了他涉效用，他涉效用离不开他人的收入和消费，因此当然需要考虑所有他人的约束条件。

具体下面分别论述。

约束条件（1）反映个体 $k(s)$ 的收入在当前消费和对后代投资之间的配置，其中 $c_{k(s)}$、$f_{k(s)}$ 和 $\dot{k}_{k(s)}$ 分别是 $k(t)$ 的第 $s-t$ 代后代 $k(s)$ 的消费向量，收入向量和储蓄（投资）向量，$s \in t\mathbb{N}$ 。$f_{k(s)} = (f_{1k(s)}, \cdots, f_{ik(s)}, \cdots, f_{n(s)k(s)})$ 为 $k(t)$ 认为的后代个体 $k(s)$ 通过收入分配约束（5）得到的资源个量，可以按是否受人类活动影响分为人工资源和非人工资源两大类。人工资源是通过人类有目的的劳动或其他活动形成的资源，具体由全部人造资源、人力资源、社会资源及部分环境与自然资源构成，而非人工资源则指不含有任何人类活动影响的纯自然和生态资源。人工资源与非人工资源不同，但又相互影响：非人工资源给人工资源提供相应的生产条件，人工资源反过来又通过人类活动影响非人工资源，这些影响包括对自然资源的利用和污染排放等。有些非人工资源如空气、泉水、生态服务等无须加工可直接消费。$f_{k(s)}$ 是一定时期内通过人类活动或自然过程形成的资源存量，具体等于期初存量与本期增量之和，但增量形式因资源类型的不同而不同。人工资源增量等于期内社会成员通过一定投入形成的产出量。有些人工资源如农作物在无人工投入时也有自然增长量，但其自然增长量因资源具体形式而不同。非人工资源的人工产量均为 0，但可恢复与可再生自然资源自然增长量不为 0，不可恢复不可再生但可循环利用自然资源的增长量等于可循环量，不可恢复不可再生自然资源的自然增长量等于 0。当 $s = t$ 时，$f_{k(t)}$ 即为初始资源存量 $k_{k(t)}$ 通过储蓄－投资－生产－分配路径得到的初始收入。$c_{k(s)}$ 是 $f_{k(s)}$ 中被 $k(s)$ 用掉的部分，既包括 $k(s)$ 的直接消费量，也包括为生产这些消费量而投入的资源量。生产本代消费品的投入和为后代的生产投入二者是不同的，前者计入本代使用而从 $f_{k(s)}$ 中扣除而后者从后代的资源总量中作为成本被扣除。$\dot{k}_{k(s)}$ 指 $k(s)$ 从 $f_{k(s)}$ 中扣除 $c_{k(s)}$ 后留给后代的资源量，不包括 $k(s)$ 生产自身消费品的投入。具体地有：

$$\begin{aligned}\dot{k}_{k(s)} &= (\dot{k}_{1k(s)}, \dot{k}_{2k(s)}, \cdots, \dot{k}_{n(s)k(s)}) = f_{k(s)} - c_{k(s)} \\ &= (f_{1k(s)} - c_{1k(s)}, f_{2k(s)} - c_{2k(s)}, \cdots, f_{n(s)k(s)} - c_{n(s)k(s)})\end{aligned} \tag{3.4.2}$$

即 $\dot{k}_{k(s)}$ 的资源分量等于 $f_{k(s)}$ 的资源分量扣除 $c_{k(s)}$ 的相应资源分量。如果 $f_{k(s)}$ 的资源分量等于 0 或小于 $c_{k(s)}$ 的相应分量，则 $\dot{k}_{k(s)}$ 的相应分量为负数，说明 $k(s)$ 占用了后代资源。当然这里的当代与后代资源之分以一定的代际伦理为前提，否则是难以确定的。同时，$\dot{k}_{k(s)}$ 又是 $k(s)$ 对其后一代即第 $s-t+1$ 代的投资，形成了其第 $s-t+1$ 代资本存量的增量，即 $k_{k(s+1)}=\dot{k}_{k(s)}+k_{k(s)}$。根据约束条件（2），第 t 代的资源存量 $k_{k(t)}$ 既定，此后每一代 $k(s)$ 的资本存量随着上一代对其投资的大小而变化。

式（2）、(3)、(4) 均为资源约束。(2) 意味着各代消费 $c_{k(s)}$、资本存量 $k_{k(s)}$ 和收入水平 $f_{k(s)}$ 都不小于0，这些都是显而易见的事实。同时要求 $k(t)$ 的初始资源约束 $k_{k(t)}$ 给定，其大小及其与他人的差距决定了他通过资本积累（3）、产品生产（4）和收入分配（5）获得收入 $f_{k(t)}$ 的能力，因而也就决定了 $k(t)$ 起点的公平程度。但到此为止 $k_{k(t)}$ 只能当作一个假设前提而运用，其具体确定涉及代内和代际资源配置的初始方式和资源的具体形式。大量资源如生态安全、社会稳定等公共物品虽然每个人都在使用，但在技术上是无法分配到个人的。这就决定了后面要说的个体可持续最优选择的难以确定性。

式（3）表示第 s 代个体 $k(s)$ 对第 $s+1$ 代的投资 $\dot{k}_{k(s)}$ 与第 $s+1$ 代的总资本存量 K_{s+1} 之间的关系。设第 t 代的资本存量为 $k_{k(t)}$，它通过金融-投资系统累积而成的本代总资本存量 $\sum_{k(s)=1}^{h(s)}k_{k(s)}=K_s$ 生产出总产品 $F_s(K_s)=F_s$，然后通过收入分配 $F_s=\sum_{k(s)=1}^{h(s)}f_{k(s)}$ 转化为本代个体总收入 $f_{k(s)}$，再从中扣除本代个人消费 $c_{k(s)}$ 便得到本代个人对下一代的投资 $\dot{k}_{k(t)}=k_{k(t+1)}-k_{k(s)}$，所有个体对下一代的投资之和即构成了下一代的总投资 $\sum_{k(s)=1}^{h(s)}\dot{k}_{k(s)}=\dot{K}_s$ 及下一代的总资本存量 $K_{s+1}=K_s+\dot{K}_s$。一般地，这个过程循环运行，就得到了 $\dot{k}_{k(s)}=k_{k(s+1)}-k_{k(s)}$ 和（3）式。其中 $h(s)$ 为第 s 代的人口总数。不同代 s 的总人口 $h(s)$ 是不同的，由此可以研究人口变动对代际资源配置和可持续最优解的影响。需要注意的是资本存量 $k_{k(s)}$ 不同于下标 $k(s)$ 中的正整数 k。好在以后基本用社会总资本存量向量 $K_{k(s)}$，所以不会引起误解。设 $k(s)$ 留给第 $s+1$ 代的第 i 种资源量 $\dot{k}_{ik(s)}$ 占第 s 代留给第 $s+1$ 代第 i 种资源总量 $\dot{K}_{i(s)}$ 的比例或代际分配系数为：

$$\kappa_{ik(s)}=\dot{k}_{ik(s)}/\dot{K}_{i(s)},i=1,2,\cdots,n(s),\sum_{k(s)=1}^{h(s)}\kappa_{ik(s)}=1 \qquad (3.4.3)$$

由此可得到 $k(s)$ 对所有资源的代际分配系数向量：

$$\kappa_{k(s)} = (\kappa_{1k(s)}, \cdots, \kappa_{ik(s)}, \cdots, \kappa_{n(s)k(s)}) \tag{3.4.3a}$$

当 $i = 1,2,\cdots,n(s)$，$k = 1,2,\cdots,h$ 同时变化时，可得到第 s 代的代际分配系数矩阵：

$$\kappa_{(s)} = (\kappa_{ik(s)})_{h(s)\times n(s)} = (\dot{k}_{ik(s)}/\dot{K}_{i(s)})_{h(s)\times n(s)} \tag{3.4.3b}$$

此二式在后面深入研究代内收入分配结构时有用。

运用式（3.4.3b），可得到 $k(s)$ 对第 $s+1$ 代投资与 $s+1$ 代资本存量之间如下关系：

$$\begin{cases}\dot{k}_{k(s)} = (\dot{k}_{1k(s)}, \cdots, \dot{k}_{ik(s)}, \cdots, \dot{k}_{n(s)k(s)}) = \kappa_{k(s)} diag\dot{K}_s \text{ 或} \\ K_{s+1} = K_s + \dot{K}_s = K_s + \dot{k}_{k(s)} diag^{-1}\kappa_{k(s)}\end{cases} \tag{3.4.2a}$$

这里 $diag\dot{K}_s$ 为对角线元素分别为 $\dot{K}_s$ 的分量 $K_{i(s)}, i = 1,2,\cdots,n(s)$ 对角矩阵，$diag^{-1}\kappa_{k(s)}$ 为对角矩阵 $diag\kappa_{k(s)}$ 的逆矩阵，其对角线元素分别为 $1/\kappa_{ik(s)}, i = 1,2,\cdots,n(s)$ 的对角矩阵。此关系式对分析 $k(s)$ 代内－代际资源配置行为是非常有用的。需要注意的是上述第二式反映了第 $s+1$ 代总资本存量与第 s 代任意个体 $k(s) \in \mathbb{N}_{h(s)}$ 投资向量 $\dot{k}_{k(s)}$ 之间的关系。

式（4）为技术约束，它反映第 $s+1$ 代的总资本投入 K_{s+1} 向量与其最大产出向量 $F_{s+1} = F_{s+1}(K_{s+1})$ 之间的关系，其中劳动投入 L_{s+1} 是作为人力资本投入合并到 K_{s+1} 中的。技术约束取决于一个时代的科学技术水平、劳动者素质、生产组织管理方式及社会法律政治等因素。

式（5）表示第 $s+1$ 代的收入分配约束，具体展开后为：

$$\begin{aligned} F_{s+1} &= (F_{1s+1}, F_{2s+1}, \cdots, F_{ns+1}) = \sum_{k(s+1)=1}^{h(s+1)} f_{k(s+1)} \\ &= \left(\sum_{k(s+1)=1}^{h(s+1)} f_{1k(s+1)}, \sum_{k(s+1)=1}^{h(s+1)} f_{2k(s+1)}, \cdots, \sum_{k(s+1)=1}^{h(s+1)} f_{n(s)k(s+1)}\right) \end{aligned} \tag{3.4.4}$$

它表明第 $s+1$ 代人通过收入分配所得到的第 i 种产品占总产品的比例或代内收入分配系数为：

$$g_{ik(s+1)} = f_{ik(s+1)}/F_{is+1}, i = 1,2,\cdots,n(s+1), \sum_{k(s+1)=1}^{h(s+1)} g_{ik(s+1)} = 1 \tag{3.4.4a}$$

相应地，$k(s+1)$ 的代内收入分配系数向量为：

$$g_{k(s+1)} = (g_{1k(s+1)}, \cdots, g_{ik(s+1)}, \cdots, g_{n(s+1)k(s+1)}) \tag{3.4.4b}$$

当 $i = 1,2,\cdots,n(s+1)$ 和 $k = 1,\cdots,h$ 同时变化时，就得到了第 $s+1$ 代的代内收入分配系数矩阵，它可以完整地反映这一代的收入分配状况：

$$g_{(s+1)} = (g_{ik(s+1)})_{h(s+1)\times n(s+1)} = (f_{ik(s+1)}/F_{is+1})_{h(s+1)\times n(s+1)} \tag{3.4.4c}$$

$k(t)$ 就是在各代这样的收入分配约束下进行（3.4.1）描述的跨代资源配置来实现个体总效用的动态优化。

有了收入分配结构（3.4.4a）后，第 s 代的资源约束就可以表示为下式：

$$f_{k(s)} = (f_{1k(s)}, \cdots, f_{ik(s)}, \cdots f_{n(s)k(s)}) = g_{k(s)} diagF_s \tag{3.4.5}$$

其中 $diagF_s$ 为对角线元素依次为 F_s 的分量 $F_{is}, i = 1,2,\cdots,n(s)$ 时的对角矩阵。$\mathrm{F_s}$ 为第 s 代总产量向量，$g_{k(s)} = (g_{1k(s)}, \cdots, g_{ik(s)}, \cdots, g_{n(s)k(s)})$ 为 $k(s)$ 的收入分配系数向量。当 $k = 1,\cdots,h$ 变化时，就得到第 s 代的代内收入分配矩阵，它完整地反映这一代的资源分布状况：

$$f_{(s)} = (g_{ik(s)} F_{is})_{h(s)\times n(s)} \tag{3.4.5a}$$

下面从分析跨代决策（3.4.1）－（1）开始分析模型（3.4.1）的动态优化过程。式（1）具体展开后可表为：

$$\dot{k}_{k(s)} = \begin{cases} f_{k(t)} - c_{k(t)}, s = t \\ f_{k(s)} - c_{k(s)}, s \geqslant t+1 \end{cases} \tag{3.4.2b}$$

其中第一式表示 $k(t)$ 通过第 t 代收入分配所获得的以实物形态表示的总收入 $f_{k(t)}$ 按其代际偏好分为当代消费 $c_{k(t)}$ 和对后代投资 $\dot{k}_{k(t)}$，对后代投资 $\dot{k}_{k(t)}$ 又通过约束条件（3.4.1）－（2）、（3）表示的金融中介和储蓄转化为第 $t+1$ 代的总资本存量 $K_{t+1} = K_t + \dot{K}_t$，再通过 $t+1$ 代总生产函数 $F_{t+1} = F_{t+1}(K_{t+1})$ 转化为第 $t+1$ 代的总产出 F_{t+1}，然后再通过第 $t+1$ 代的收入分配结构（3.4.3a）或 $f_{(t+1)} = (f_{ik(t+1)})_{h(t+1)n(t+1)}$ 转化为 $k(t)$ 的后一代即 $k(t+1)$ 的总收入 $f_{k(t+1)}$。然后又由 $k(t+1)$ 进行与其前辈 $k(t)$ 类似的代际配置。通过这种逐代的消费－储蓄－投资－生产－收入分配的递推最终完成了 $k(t)$ 的总收入在其后代之间的配置。

具体地，将式（3.4.1）－（3）替换为（3.4.2），再代入（3.4.1）－（4）和（5），将式（3.4.1）－（5）替换为（3.4.5），然后将（3.4.1）完成替换后的各式均代入（3.4.1）－（1），可得到（3.4.1）的标准形式：

$$\begin{cases} \max w_{k(t)}({}_{k(t)}u) = \omega_{k(t)}[{}_{k(t)}\tilde{u}({}_{k(t)}c)] + \phi_{k(t)}[{}_{k(t)}\tilde{u}({}_{k(t)}c)] \\ s.t \text{ 对 } k = 1\cdots, \begin{cases} \dot{k}_{k(s)} = g_{k(s)} diag F_s[K_s + \dot{k}_{k(s)} diag^{-1} \kappa_{k(s)}] - c_{k(s)} \\ c_{k(s)}, k_{k(s)}, f_{k(s)} \geq 0, \dot{k}_{k(t-1)} = k_{k(t)} \text{ 给定} \end{cases} \\ h \text{ 及 } \forall s \in t\mathbb{N} \end{cases} \quad (3.4.1a)$$

它表明 $k(t)$ 的可持续最优选择是由他认为的每代个体的消费 $c_{k(s)}$、资本存量 $k_{k(s)}$、对下一代投资 $\dot{k}_{k(s)}$、代际分配系数 $\kappa_{k(s)}$ 及代内收入分配系数 $g_{k(s)}$ 共同决定的。

需要注意的是，这个过程 $k(t)$ 的储蓄不同于同一代人内部为了未来的消费而放弃的当前消费，它是为了后代而放弃的当前消费。同时这种储蓄是广义资源的储蓄，既包括通常的人造资源，也包括自然资源、人力资源和社会资源。此外，$k(t)$ 的对后代储蓄不是直接转移给后代，而是通过储蓄－投资－生产－收入分配的过程以本利和的方式转移给后代。在 $k(t)$ 的储蓄 $\dot{k}_{k(t)}$ 既定时其后代实际上得到的收入水平还要取决于第 t 代的金融状况（如利率、融资方式等）、$t+1$ 代的生产技术和收入分配等多重因素。其他各代的情况在递推过程中和第 t 代同。$k(t)$ 的最优代际资源配置就是在这样的过程中实现的。

个体可持续选择始终是以收入分配约束下的既定 $f_{k(s)} = (f_{1k(s)}, \cdots, f_{ik(s)}, \cdots, f_{n(s)k(s)})$ 为依据，通过三条途径进行选择以实现目标函数 $w_{k(t)}({}_{k(t)}u)$ 最大化：

$$\begin{aligned} w_{k(t)} &= w_{k(t)}({}_{k(t)}u) = w_{k(t)}[{}_{k(t)}u({}_{k(t)}v)] = w_{k(t)}\{{}_{k(t)}u[{}_{k(t)}v({}_{k(t)}c)]\} \\ &= w_{k(t)}({}_{k(t)}\tilde{u}({}_{k(t)}c)) \end{aligned}$$

其中各个层次的自变量由式（3.2.8）、（3.2.7）、（3.2.3a）及（3.2.2）表示，它反映了个体总效用通过代际偏好和代内效用流最终建立在代际－代内消费品配置集合上这个事实。这三条途径是：第一，在代际资源配置过程（3.4.1）－（1）中通过代内不同消费品 $c_{k(s)} = (c_{1k(s)}, \cdots, c_{ik(s)}, \cdots, c_{n(s)k(s)})$ 的配置影响自身代内自利效用，最终影响个体可持续总效用；第二，通过代际资源配置过程（3.4.1）-（3）影响各代资本存量因而影响资源总量，进而影响各代总消费向量与各代代内效用水平，最终影响个体可持续效用；第三，通常情况下只是在社会收入分配结构这个外生因素所决定的$f_{k(s)}$的约束下进行选择，但有时候$k(t)$也可能通过对收入分配结构的$f_{(s)}$干预改变各代消费矩阵，进而改变各代自利效用向量、代际效用流，最终改变个体可持续效用。具体在两代特例的情况下可以将上述路径用下图表示：

$$
\begin{array}{l}
f_{k(t)} \to c_{k(t)} \to v_{k(t)}(c_{k(t)}) \to u_{k(t)}(v_{k(t)}) \to w_{k(t)}({}_{k(t)}u) \\
\quad\searrow \dot{k}_{k(t)} \to \dot{K}_t \to K_{t+1} \to F_{t+1} \to f_{k(t+1)} \to c_{k(t+1)} \nearrow \\
\downarrow \to f_{(t+1)} \to c_{(t+1)} \to v_{(t+1)}(c_{(t+1)}) \to u_{k(t+1)}(v_{(t+1)}) \nearrow
\end{array}
$$

其中第一、二、三行箭头分别表示上述第一、二、三条作用路径。

二 连续时间个体可持续最优解

个体可持续选择（3.4.1）是一个非常复杂的过程。为了运用动态优化方法分析其最优解的存在性问题，必须将其推广到连续时间状态，即时间变量s在$[t, +\infty)$上连续变化时的状态。

首先，连续时间状态下，资源代际配置状态变为：

$$
c(s)=\begin{pmatrix}
c(1(s),1(s),s),\cdots,c(i(s),1(s),s),\cdots,c(n(s),1(s),s) \\
\vdots \qquad\qquad \cdots \quad \vdots \qquad\qquad \cdots \quad \vdots \\
c(1(s),l(s),s),\cdots,c(i(s),l(s),s),\cdots,c(n(s),l(s),s) \\
\vdots \qquad\qquad \cdots \quad \vdots \qquad\qquad \cdots \quad \vdots \\
c(1(s),h(s),s),\cdots,c(i(s),h(s),s),\cdots,c(n(s),h(s),s)
\end{pmatrix}, s \in [t,\infty)
$$

$$
=[c(1(s),s),\cdots,c(l(s),s),\cdots,c(h(s),s)]' \qquad (3.2.5a')
$$

其中$c(i(s),l(s),s)$为第s代第$l \in \mathbb{N}_{h(s)}$个人对第$i \in \mathbb{N}_{n(s)}$种物品的消费，其数量随时间s连续变化，但这种变化同时又是对不随时间连续变化的资源$i(s)$在同样不随时间连续变化个体$k(s)$之间分配的结果。资源种类标记$i(s)$与个体标记$k(s)$对$c(i(s),l(s),s)$的作用表现为标记不同时间s上资源种类数$n(s)$和个体总数$h(s)$的不同以及不同资源$i(s)$和个体$l(s)$的识别两个方面。然而，如果$n(s)$和$h(s)$能超越时间s的影响，即

$n(s)=n$ 且 $h(s)=h$，则由于 $i(s)$ 和个体 $l(s)$ 都分别表示从 1 到 n 和从 1 到 h 的自然数，其具体时间标志可以通过标识消费数量的时间 s 来表明。此时 $c(i(s),l(s),s)$ 中的资源种类标记和个体标记就可以从自变量变成种类标记放到下标上，具体地即 $c(i(s),l(s),s)=c_{il}(s)$，这样就可以对消费资源配置的连续变化依资源种类和个体进行分析了。但当一般地指时刻 s 的资源和个体时，仍然可用原来的标号。庆幸的是可以通过下面方法做到这一点。因为任意代的资源种类数 $n(s)$ 与个体数 $h(s)$ 都有限，故可令 $n=[\sup_{s\in[t,+\infty)}n(s)]+1$，$h=[\sup_{s\in[t,+\infty)}h(s)]+1$，这里 $[\cdot]$ 表示不超过"·"的最大整数。任给 $s\in[t,+\infty)$，若 $n(s)<n$ 或 $h(s)<h$，只需注意到当 $i=n(s)+1,\cdots,n$ 或者 $k=h(s)+1,\cdots,h$ 时，$c_{il}(s)=0$ 即可，从而所有代的资源数和个体数都可看成是相同的，并且分别是 n 和 h。于是连续时间的代际－代内资源配置行为都可以通过以下 nh 个自变量的个体可持续效用函数来实现：

$$\begin{aligned} c(s) &= [c_{il}(s)]_{i\in\mathbb{N}_n,l\in\mathbb{N}_h}=[c(i(s),l(s),s)]_{i\in\mathbb{N}_n,l\in\mathbb{N}_h} \\ &= [c_1(s),\cdots,c_l(s),\cdots,c_h(s)]' \end{aligned} \tag{3.2.5a''}$$

其中 $c_{il}(s)=c(i(s),l(s),s)$ 表示时刻 s 的个体 $l(s)\in\mathbb{N}_h$ 对资源 $i(s)\in\mathbb{N}_{n(s)}$ 的消费量；$c_l(s)=(c_{1l}(s),\cdots,c_{il}(s),\cdots,c_{nl}(s))$ 为 $l(s)\in\mathbb{N}_h$ 对所有资源的消费向量，$c(s)=[c_{il}(s)]_{i\in\mathbb{N}_n,l\in\mathbb{N}_h}$ 表示连续消费量 $c_{il}(s)$ 构成的 n 列 h 行矩阵。

其次，时刻 s 所有人的自利效用构成的向量为：

$$\begin{aligned} \boldsymbol{v}(s) &= (\boldsymbol{v}_1(s),\cdots,\boldsymbol{v}_l(s),\cdots,\boldsymbol{v}_h(s))' \\ &= (\boldsymbol{v}_1(c_1(s)),\cdots,\boldsymbol{v}_l(c_l(s)),\cdots,\boldsymbol{v}_h(c_h(s)))' \\ &= \boldsymbol{v}(c(s)),\ s\in[t,\infty) \end{aligned} \tag{3.2.2'}$$

其中 $\boldsymbol{v}_l(s)=\boldsymbol{v}_l(c_l(s))$ 表示时刻 s 的个体 $l(s)\in\mathbb{N}_h$ 在消费 $c_l(s)$ 产生的自利效用。由于每个 $l(s)$ 的自利效用都是其自身消费组合 $c_l(s)$ 的函数，故所有个体的自利效用向量就是所有 $c_l(s)$ 构成的广义矩阵 $c(s)$ 的 hn 元函数，这就是 3.2.2′最后一个等式。

由此可得：$k(t)$ 认为 $l(s)\in\mathbb{N}_h$ 的效用函数为 $\boldsymbol{v}_{k(t)l}(s)=\boldsymbol{v}_{k(t)}[\boldsymbol{v}_l(c_l(s))]$，从而该函数向量为 $\boldsymbol{v}_{k(t)}(s)=(\boldsymbol{v}_{k(t)1}(s),\ \cdots,\ \boldsymbol{v}_{k(t)l}$

(s)，$\cdots,\boldsymbol{v}_{k(t)h}(s))'$。值得注意的是：由于 $k(t)$ 表示当代个体，故将其放在下标上不影响动态分析。此外函数符号 $\boldsymbol{v}_{k(t)l}[\cdot]$ 表示了 $k(t)$ 认为 $l(s)$ 的效用函数，它与 $k(t)$ 和 $l(s)$ 两者有关。虽然下标 l 中不显含时间变量 s，但由于括号里的自变量含有 s，表明下标上的 l 为第 s 代个体。由 $\boldsymbol{v}_{k(t)}(s)$ 可得 $k(t)$ 的各代个体代理效用函数：

$$\begin{aligned} u_{k(t)}(s) &= u_{k(t)}[\boldsymbol{v}_{k(t)}(s)] = u_{k(t)}(\boldsymbol{v}_{k(t)1}(s),\cdots,\boldsymbol{v}_{k(t)l}(s),\cdots,\boldsymbol{v}_{k(t)h}(s))' \\ &= u_{k(t)}(\boldsymbol{v}_{k(t)1}[c_1(s)],\cdots,\boldsymbol{v}_{k(t)l}[c_l(s)],\cdots,\boldsymbol{v}_{k(t)h}[c_h(s)])',s\in[t,\infty) \\ &= u_{k(t)}[\boldsymbol{v}_{k(t)}(c(s))] = \tilde{u}_{k(t)}(c(s)) \end{aligned} \tag{3.2.7'}$$

显然，由于 $u_{k(t)}(s)$ 是 $\boldsymbol{v}_{k(t)}(s)$ 的函数，而 $\boldsymbol{v}_{k(t)}(s)$ 又是 $c(s)$ 的函数，故 $u_{k(t)}(s)$ 最终是 $c(s)$ 的复合函数，具体即上式中最后一个等式。

将连续时间的 $u_{k(t)}(s)=\tilde{u}_{k(t)}(c(s))$，$s\in[t,\infty)$ 代入 $w_{k(t)}=w_{k(t)}(\cdot)$，即得连续时间个体总效用函数：

$$\begin{aligned} w_{k(t)}(t) &= w_{k(t)}(u_{k(t)}(s),s\in[t,\infty)) \\ &= w_{k(t)}\{u_{k(t)}[\boldsymbol{v}_{k(t)}(c(s))],s\in[t,\infty)\} \\ &= w_{k(t)}[\tilde{u}_{k(t)}(c(s)),s\in[t,\infty)] \\ &= \tilde{w}_{k(t)}[c(s),s\in[t,\infty)] \end{aligned} \tag{3.2.10'}$$

即 $w_{k(t)}$ 为 $k(t)$ 认为从 t 开始的连续无穷代人的代际效用连续统 $u_{k(t)}(s)$，$s\in[t,\infty)$ 带来的个体总效用。相应地，用同样的办法可得到连续时间可持续个体总效用函数：

$$\begin{aligned} w_{k(t)}(t) &= \omega_{k(t)}[\tilde{u}_{k(t)}(c(s)),s\in[t,+\infty)]+ \\ &\quad \varphi_{k(t)}[\tilde{u}_{k(t)}(c(s)),s\in[t,+\infty)] \\ &= \int_t^{\infty} e^{-\rho(s-t)}\tilde{u}_{k(t)}(c(s))ds + \lim_{T\to\infty}\inf_{s\geq T} \\ &\quad \{\tilde{u}_{k(t)}(c(s)),s\in[t,\infty)\} \end{aligned} \tag{3.3.8'}$$

值得注意的是，上式中为了避免数学形式过于烦琐，$k(t)$ 的贴现率 $\rho_{k(t)}$ 去掉下标，直接用 ρ 表示。

此外，在连续时间状态下，不是考虑从 s 到 $s+1$ 的离散变化，而是考虑时间 s 的微小变化带来的影响，故 $\forall l=1,\cdots,k,\cdots,h$，离散时间状态下的$f_{l(s+1)}$、$\dot{k}_{l(s)}$、$k_{l(s)}$、$\dot{K}_s$、$K_{s+1}$和$F_{s+1}$则分别表示为$f_l(s)$、$\dot{k}_l(s)$、$k_l(s)$、$\dot{K}(s)$、$K(s)$和$F(s)$，其中：

$$
\begin{aligned}
f_l(s) &= (f_{1l}(s),\cdots,f_{il}(s),\cdots,f_{nl}(s))\\
\dot{k}_l(s) &= (\dot{k}_{1l}(s),\dot{k}_{2l}(s),\cdots,\dot{k}_{nl}(s)) = f_l(s) - c_l(s)\\
&= (f_{1l}(s) - c_{1l}(s),f_{2l}(s) - c_{2l}(s),\cdots,f_{nl}(s) - c_{nl}(s))\\
k_l(s) &= (k_{1l}(s),\cdots,k_{il}(s),\cdots,k_{nl}(s))
\end{aligned}
$$

而$\dot{K}(s)$、$K(s)$和$F(s)$则可根据其定义将连续状态的$\dot{k}_{l(s)}$和$k_{l(s)}$依次代入来计算。

需要注意的是，凡是涉及时刻s特定个体变量的地方，如个体投资、消费与收入等，都用这一代相应变量中的时间因素s与个体标志l来表明不同时间上个体变量的不同，如$k_{il}(s)$就表示时刻s的个体l对资源i的投资数量，不必像离散时间状态下那样用含有时间的个体下标专门表示。但关于时刻s的总量如$\dot{K}(s)$、$K(s)$和F_{s+1}等则不必考虑特定个体，因此去掉下标。

将上述所有连续时间变量代入（3.4.1），即得连续时间个体可持续选择模型：

$$
\begin{cases}
\max w_{k(t)}(t) = \int_t^{\infty} e^{-\rho(s-t)}\tilde{u}_{k(t)}(c(s))ds + \lim\limits_{T\to\infty}\inf\limits_{s\geq T}\{\tilde{u}_{k(t)}(c(s))\}\\
\begin{array}{l}s.t\ 对\ l = 1,\cdots,k,\cdots,h\\ 及\ \forall s \in t\mathbb{N}\end{array}
\begin{cases}
\dot{k}_l(s) = f_l(s) - c_l(s) & (1)\\
c_l(s),k_l(s),f_l(s) \geq 0,k_l(t)\ 给定 & (2)\\
\sum_{l=1}^{h}\dot{k}_l(s) = \dot{K}(s) & (3)\\
F(K(s)) = F(s) & (4)\\
F(s) = \sum_{l=1}^{h} f_l(s) & (5)
\end{cases}
\end{cases}
\quad (3.4.1b)
$$

连续时间状态下，式（3.4.2a）变为：

$$\dot{k}_l(s) = (\dot{k}_{1l}(s),\cdots,\dot{k}_{il}(s),\cdots,\dot{k}_{nl}(s)) = \kappa_l(s)diag\dot{K}(s) \quad (3.4.2a')$$

其中$diag\dot{K}(s)$为对角线元素依次为$\dot{K}(s)$的分量$K_i(s), i = 1,2,\cdots,n$的对角矩阵。由此可得：

$$\dot{K}(s) = \dot{k}_l(s)diag^{-1}\kappa_l(s) \quad (3.4.2a'')$$

其中 $diag^{-1}\kappa_{k(s)}$ 为对角矩阵 $diag\kappa_{k(s)}$ 的逆矩阵，其对角线元素依次为 $1/\kappa_{1l}(s),\cdots,1/\kappa_{il}(s),\cdots,1/\kappa_{nl}(s)$ 。

连续时间状态下，式（3.4.5）变为：

$$f_l(s) = (f_{1l}(s),\cdots,f_{il}(s),\cdots,f_{nl}(s)) = g_l(s)diagF(s) \qquad (3.4.5'')$$

其中 $diagF(s)$ 为对角线元素依次为 $F(s)$ 的分量 $F_i(s), i = 1,2,\cdots,n$ 的对角矩阵。

将式（3.4.1b）－（3）替换为（3.4.2a″），代入（3.4.1b）－（4）和（5），再将式（3.4.1b）－（5）替换为（3.4.5″），然后将（3.4.1b）完成替换后的各式均代入（3.4.1b）－（1），最后得到连续时间状态动态优化的标准模型：

$$\begin{cases} \max w_{k(t)}(t) = \int_t^{\infty} e^{-\rho(s-t)}\tilde{u}_{k(t)}(c(s))ds + \lim\limits_{T\to\infty}\inf\limits_{s\geq T}\{\tilde{u}_{k(t)}(c(s))\} \\ s.t \begin{matrix} l = 1,\cdots,k,\cdots,h \\ \forall s \in t\mathbb{N} \end{matrix} \begin{cases} \dot{k}_l(s) = g_l(s)diagF\left[\int_t^s \dot{k}_l(x)diag^{-1}\kappa_l(x)dx\right] - c_l(s) \\ c_l(s),k_l(s),f_l(s) \geq 0, k_l(t) \text{ 给定} \end{cases} \end{cases}$$

（3.4.1c）

其中对 $l = 1,\cdots,k,\cdots,h$ ，有：

$$\begin{aligned} \int_t^s \dot{k}_l(x)diag^{-1}\kappa_l(x)dx &= (\int_t^s \frac{\dot{k}_{1l}(x)}{\kappa_{1l}(x)}dx,\cdots,\int_t^s \frac{\dot{k}_{il}(x)}{\kappa_{il}(x)}dx,\cdots,\int_t^s \frac{\dot{k}_{nl}(x)}{\kappa_{nl}(x)}dx) \\ &= (\int_t^s \dot{K}_1(x)dx,\cdots,\int_t^s \dot{K}_i(x)dx,\cdots,\int_t^s \dot{K}_n(x)dx) \\ &= \int_t^s \dot{K}(x)dx = K(s) \end{aligned}$$

为第 s 代总资本存量函数。第一个约束条件浓缩了个体投资 $\dot{k}_l(s)$ 、代际资源配置系数 $\kappa_l(s)$ 、总资本存量 $K(s)$ 、技术水平 $F(K(s))$ 和代内收入分配系数 $g_l(s)$ 的全部信息，表明个体的代内－代际选择是由上述条件共同约束下做出的。

连续时间的个体最优选择在第四章构造连续时间社会选择模型和第五章用该模型证明可持续国民财富的存在性时都很重要。下面首先讨论个体可持续最优解的存在性问题。

三　个体可持续最优解的存在性

从最严格的角度来看，个体可持续最优解的存在性问题就是有约束规划（3.4.1c）是否存在最优解的问题。这是一个连续时间动态规划，所以可以运用连续时间动态优化理论来分析其最优解。但事实上由于目标函数 $w_{k(t)}(t)$ 的第二部分是极限，故很难验证最优解存在的那些条件是否满足，因此用最优解存在的条件来分析（3.4.1c）是否有解是不现实的。

事实上，规划（3.4.1c）的目标函数是由 $\omega_{k(t)}[\tilde{u}_k(c(s))] = \int_t^{\infty} e^{-\rho(s-t)}\tilde{u}_{k(t)}(c(s))ds$ 与 $\varphi_{k(t)}[\tilde{u}_k(c(s))] = \lim_{T\to\infty}\inf_{s\geqslant T}\{\tilde{u}_{k(t)}(c(s))\}$ 两部分组成的，因此求其最优解，就是寻求一个代际－代内资源配置方式 $c^*(s)$，使得两项之和 $w_{k(t)}[\tilde{u}_{k(s)}(c^*(s))] = \omega_{k(t)}[\tilde{u}_{k(s)}(c^*(s))] + \varphi_{k(t)}[\tilde{u}_{k(s)}(c^*(s))]$ 最大化。总效用 $w_{k(t)}(\cdot)$ 的值取决于贴现功利主义部分 $\omega_{k(t)}(\cdot)$ 在 $[T, +\infty)$ 上的完整值和 $\tilde{u}_{k(t)}(c^*(s))$ 在时间很远处的极限值 $\varphi_{k(t)}(\cdot)$ 两者。根据贴现功利主义效用函数的性质，$\omega_{k(t)}(\cdot)$ 在 $[t, +\infty)$ 上存在最优解，其最优解 $\tilde{u}_{k(t)}(c^*(s))$ 在某个时间点上达到最大，然后随时间的增加不断减少，最终趋近于 0。这就是说，随着 $T \in [t, +\infty)$ 的不断增加，$\tilde{u}_{k(t)}(c^*(s))$ 在 $[T, +\infty)$ 上的值越大，说明前代转移给后代的资源越多，总效用 $\omega_{k(t)}(\cdot)$ 的值就越小。反之，$\omega_{k(t)}(\cdot)$ 的值就越大。另外，$\inf_{s\geqslant T}\{\tilde{u}_{k(t)}(c(s)), s \in [t,\infty)\}$ 是 T 的不减函数且有上界，故极限 $\varphi_{k(t)}(\cdot)$ 存在。又根据可持续性要求，此极限必大于 0。且当 T 充分大时 $\tilde{u}_{k(t)}(c^*(s))$ 的值波动幅度越小，最终趋近于某个 $\tilde{u}_{k(t)} > 0$。同时 $\tilde{u}_{k(t)}(c^*(s))$ 越大，$\inf_{s\geqslant T}\{\tilde{u}_{k(t)}(c(s)), s \in [t,\infty)\}$ 值越大，极限值 $\varphi_{k(t)}(\cdot)$ 越大。反之 $\varphi_{k(t)}(\cdot)$ 就越小。现设 $k(t)$ 有更强的后代偏好，则资源配置方式 $c(s)$ 必然使 $\tilde{u}_{k(t)}(c(s))$ 不减，从而 $\varphi_{k(t)}(\cdot)$ 不减。但 $\tilde{u}_{k(t)}(c(s))$ 不减同时意味着 $\omega_{k(t)}(\cdot)$ 不增。于是作为两项之和的可持续效用 $w_{k(t)}(\cdot) = \omega_{k(t)}(\cdot) + \varphi_{k(t)}(\cdot)$ 的大小就取决于 $\varphi_{k(t)}(\cdot)$ 与 $\omega_{k(t)}(\cdot)$ 的具体消长关系，不能一般确定。反过来，若 $k(t)$ 有更强的当代偏好，资源配置方式 $c(s)$ 必然使 $\tilde{u}_{k(t)}(c(s))$ 不增，从而 $\varphi_{k(t)}(\cdot)$ 不增，而

$\omega_{k(t)}(\cdot)$ 不减，最终使得 $w_{k(t)}(\cdot)$ 也不能确定。

菲贵尔斯与提德堡（Figuieres and Tidaball，2010）在 $k(t)$ 的初始资源为常量和非连续时间效用函数的情况下系统研究了这一问题。如果把他们在单个资源的情况下所做的研究推广到广义资源，则问题就转化为在（3.4.1）中的初始资源向量 $f_{k(t)} = g_{k(t)} diagF_t(K_{(t)}) = \hat{f}_{k(t)}$ 为常量时研究下列规划的解的存在性与构造问题：

$$\begin{cases} \max w_{k(t)}({}_{k(t)}u) = \omega_{k(t)}[{}_{k(t)}\tilde{u}({}_{k(t)}c)] + \phi_{k(t)}[{}_{k(t)}\tilde{u}({}_{k(t)}c)] \\ s.t \text{ 对 } k = 1,\cdots,h \begin{cases} \dot{k}_{k(s)} = \hat{f}_{k(t)} - c_{k(s)} \\ c_{k(s)}, k_{k(s)}, f_{k(s)} \geq 0, k_{k(t)} \text{ 给定} \end{cases} \\ \text{及 } \forall s \in t\mathbb{N} \end{cases} \tag{3.4.1d}$$

根据他们的研究，如果极限 $\lim_{s\to\infty} f_{k(s)} = f^*$ 存在且为非负常数，则可持续规划（3.4.1d）的解可分解为下列贴现功利主义规划（3.4.1e）与 $\varphi_{k(t)}$ 在同样约束下的规划（3.4.1f）二者解的某种组合：

$$\begin{cases} \max \omega_{k(t)}[{}_{k(t)}\tilde{u}({}_{k(t)}c)] = \sum_{s=t}^{\infty} \sigma_{k(t)}^{s-t} \hat{u}_{k(s)}(c_{k(s)}) \\ s.t \text{ 对 } k = 1,\cdots, \begin{cases} \dot{k}_{k(s)} = \hat{f}_{k(t)} - c_{k(s)} \\ c_{k(s)}, k_{k(s)}, f_{k(\infty)} = f^* \geq 0, k_{k(t)} \text{ 给定} \end{cases} \\ h \text{ 及 } \forall s \in t\mathbb{N} \end{cases} \tag{3.4.1e}$$

$$\begin{cases} \max \phi_{k(t)}[{}_{k(t)}\tilde{u}({}_{k(t)}c)] = \lim_{T\to\infty} \inf_{s\geq T} \hat{u}_{k(s)}(c_{k(s)}) \\ s.t \text{ 对 } k = 1,\cdots, \begin{cases} \dot{k}_{k(s)} = \hat{f}_{k(t)} - c_{k(s)} \\ c_{k(s)}, k_{k(s)}, f_{k(\infty)} = f^* \geq 0, k_{k(t)} \text{ 给定} \end{cases} \\ h \text{ 及 } \forall s \in t\mathbb{N} \end{cases} \tag{3.4.1f}$$

两式中约束条件 $f_{k(\infty)} = f^*$ 表示贴现功利主义规划的代理效用流在时间无穷远处的资源存量为常量。他们进一步证明 $\varphi_{k(t)}$ 的最优不动值即为使其取最大值的绿色黄金规则值（GGR）（Green Golden Rule），并且证明了 $f_{k(s)}$ 仅为不可再生不可恢复资源时 $\varphi_{k(t)}$ 的 GGR 值对应的任意有限代消费值均为 0。即为了保证后代有最优不动福利，有限时间内的任何一代都不能消费这种资源以保证无穷远后代有非 0 消费。因此（3.4.1d）是否有解就取决于在 $\lim_{s\to\infty} f_{k(s)} = f^*$ 时（3.4.1e）和（3.4.1f）是否有解，而（3.4.1d）的解的存在性问题也就被分解成了其后代福利部分 $\varphi_{k(t)} = \lim_{T\to\infty} \inf_{s\geq T} u_{k(s)}(c_{k(s)})$ 为某个最优不动值时当代福利 $\omega_{k(t)} = \sum_{s=t}^{\infty} \sigma_{k(t)}^{s-t} u_{k(s)}(c_{k(s)})$ 的最大化问题。问题是：即便 $\varphi_{k(t)}$ 有大于 0 的最优不动值，$\omega_{k(t)}$ 的最优解因而可持续规划 $w_{k(t)} = \omega_{k(t)} + \varphi_{k(t)}$ 的最优解存在吗？

菲贵尔斯与提德堡（2010）的研究表明：至少在只有一种资源 $f_{k(s)}$ 且个人效用函数为 $u_{k(s)} = u(c_{k(s)})$ 时（3.4.1d）无解，其中 $c_{k(s)}$ 为个体 $k(s)$ 对这种资源的消费量。这是因为：为了使 $\varphi_{k(t)}$ 在某个转换时间 T（switching time）后达到其绿色黄金规则值，必须将初始消费量 $c_{k(t)}$ 减少到 $\omega_{k(t)}$ 的最优消费路径 $c_{k(s)}^{DU}$ 的初始消费量 $c_{k(t)}^{DU} < c_{k(s)}^{DU}$ 以下，即 $c_{k(t)} < c_{k(t)}^{DU}$，否则因为 $\omega_{k(t)}$ 为贴现功利主义效用函数，其最优消费路径 $c_{k(s)}^{DU}$ 必然在 T 充分大时趋近于0，导致 $u_{k(s)}$ 值趋近于0，从而 $\varphi_{k(t)}$ 值充分小，不可能达到其绿色黄金规则值。而且消费量 $c_{k(t)}$ 与 $c_{k(t)}^{DU}$ 相比越小，$\varphi_{k(t)}$ 达到绿色黄金规则值的转换时间 T 越远。反之 T 越远，消费量 $c_{k(t)}$ 与 $c_{k(t)}^{DU}$ 相比就越小。由于 $\varphi_{k(t)}$ 的绿色黄金值仅取决于时间无穷远处的极限值，与具体时间 T 无关，因此任意给定转换时间 T，将初始消费量 $c_{k(t)}$ 提高到 $c_{k(t)}^{DU}$ 时，消费 $c_{k(s)}$ 也会相应提高，$s \in t\mathbb{N}$，从而导致 $w_{k(t)} = \omega_{k(t)} + \varphi_{k(t)}$ 的值增加，而且 T 值越大，$w_{k(t)}$ 增加的幅度越大。这说明 $w_{k(t)}$ 是时间 T 的增函数，不可能在某个有限时间点 T 上取得极大值。即（3.4.1d）无解。通过在广义资源 $\hat{f}_{k(t)}$ 约束下定义单个资源的对数和效用函数 $u_{k(s)} = u(c_{k(s)}) = \sum_{i=1}^{n(s)} \ln c_{ik(s)}$，很容易将上述结论推广到广义资源集上，其中 $c_{k(s)}$ 为广义资源消费向量。这就是一度流行的可持续最优解不存在性问题（Asheim，1996；Figuieres and Tidball，2010）。那么到底能否以及如何解决这个问题呢？

通过上述分析过程可知：可持续最优解不存在性问题的本质是 $w_{k(t)}$ 的值随转换时间 T 的增加而增加。增加的原因之一是转换时间 T 越大，初始消费量 $c_{k(t)}$ 越大。另一个原因是在时间 T 增大的过程中，绿色黄金规则效用值 $\varphi_{k(t)} = \lim_{T\to\infty} \inf_{s\geq T}\{\tilde{u}_{k(s)}(c_{k(s)}(s))\} = \tilde{u}_{k(t)}(c_{k(t)}^{GGR})$ 不变但贴现功利主义效用值 $\omega_{k(t)}$ 却不断增加。第一个原因显然不能消除，因为转换时间增大与初始消费量增加是互为因果。但第二个原因可以通过修正可持续代际偏好，使得 $\omega_{k(t)}$ 因 T 增大而增加的部分正好可以被 $\omega_{k(t)}$ 与 $\varphi_{k(t)}$ 的一个新组合值对冲，结果使得 $w_{k(t)}$ 可能在某个有限时间点上取极大值。具体地，可以选择代际偏好调整系数 $\theta \in [0,1]$，重新构造可持续效用函数

$$w_{k(t)} = w_{k(t)}(\tilde{u}_{k(s)}(c_{k(s)})) = \theta\omega_{k(t)}(\tilde{u}_{k(s)}(c_{k(s)})) + (1-\theta)\varphi_{k(t)}(\tilde{u}_{k(s)}(c_{k(s)}))$$

将规划（3.4.1d）变为：

$$\begin{cases} \max w_{k(t)} = \theta\omega_{k(t)}(\tilde{u}_{k(s)}(c_{k(s)})) + (1-\theta)\varphi_{k(t)}(\tilde{u}_{k(s)}(c_{k(s)})) \\ s.t\text{ 对 } k = 1,\cdots,h \begin{cases} \dot{k}_{k(s)} = \hat{f}_{k(t)} - c_{k(s)} \\ c_{k(s)}, k_{k(s)}, f_{k(s)} \geqslant 0, k_{k(t)}\text{ 给定} \end{cases} \\ \text{及 } \forall s \in t\mathbb{N} \end{cases} \tag{3.4.1g}$$

其中后代福利份额从 1 减少为 $1-\theta$，当代份额从 1 减少为 θ，在某个 θ 值上 $w_{k(t)}$ 就可能存在最优消费路径。

菲贵尔斯与提德堡（2010）在只有一种资源的情况下通过 Stone-Weierstrass 定理证明了：

定理 3.4.1 如果（1）贴现功利主义总效用函数 $\omega_{k(t)}$ 存在最优消费路径 $c_{k(s)}^{DU}$；（2）祁琪妮斯基余项 $\varphi_{k(t)}$ 存在绿色黄金规则消费路径 $c_{k(s)}^{GGR}$；（3）任给 $c_{k(s)}^{DU}$ 与 $c_{k(s)}^{GGR}$ 的凸组合 $c_{k(s)}^{\gamma} = \gamma c_{k(s)}^{DU} + (1-\gamma)c_{k(s)}^{GGR}$ 也属于（3.4.1g）的可行路径，$\gamma \in [0,1]$；（4）将 $c_{k(s)}^{\gamma}$ 代入（3.4.1g）得到的 $w_{k(t)}(\tilde{u}_{k(s)}(c_{k(s)}^{\gamma})) = \theta\omega_{k(t)}(\tilde{u}_{k(s)}(c_{k(s)}^{\gamma})) + (1-\theta)\varphi_{k(t)}(\tilde{u}_{k(s)}(c_{k(s)}^{\gamma}))$ 为 γ 的连续函数；则对 $\theta \in [0,1]$，存在 $\gamma = \gamma(\theta) \in [0,1]$，使得通过它构造的 $c_{k(s)}^{GGR}$ 与 $c_{k(s)}^{DU}$ 的凸组合 $c_{k(s)}^{\gamma}$ 为 $w_{k(t)}(\tilde{u}_{k(s)}(c_{k(s)}^{\gamma}))$ 的最优解。

需要说明的是：绿色黄金规则消费 $c_{k(s)}^{GGR}$ 是个体 $k(t)$ 在初始资源约束下使无穷远后代效用最大化的稳定消费，它取决于个体 $k(t)$ 的初始资源和 $s \to \infty$ 时 $k(t)$ 后代最大稳定效用。绿色黄金规则资源和投资与绿色黄金规则消费相对应。这个定理表明：只要条件（1）-（4）满足，则（3.4.1g）的最优解存在，且等于其贴现功利主义部分的最优解与绿色黄金规则消费的线性凸组合，组合系数 $\gamma = \gamma(\theta)$ 由目标函数中贴现功利主义效用函数与祁琪妮斯基余项的组合系数 θ 及其他参数共同决定。丹斯伽普特－赫尔（Dasgubptah-Heal，1974）证明了贴现功利主义代际效用函数 $\omega_{k(t)}$ 存在最优消费路径 $c_{k(s)}^{DU}$，其增长率取决于资本边际报酬与贴现率之差。由于边际报酬递减率使得某个时刻后资本边际报酬必然小于贴现率，因而最优消费量 $c_{k(s)}^{DU}$ 递减，最终趋近于 0。这说明贴现功利主义动态规划在一定条件下存在最优解，条件（1）满足。又祁琪妮斯基（1995）证明若各代效用函数 $\tilde{u}_{k(s)}(c_{k(s)})$ 为凹函数，则在投资与消费之间的边际替代率等于资源边际增长率时绿色黄金规则资源－消费－投资组存在，因而条件（2）满足。条件（3）显然是一个可行假设。最后，若各代偏好满足偏好公理，各代效用函数 $\tilde{u}_{k(s)}(c_{k(s)}^{\gamma})$ 都是关于消费路径 $c_{k(s)}^{\gamma}$ 的连续函数，而 $c_{k(s)}^{\gamma} = \gamma c_{k(s)}^{DU} + (1-\gamma)c_{k(s)}^{GGR}$ 又是 γ 的连续函数，因而 $\tilde{u}_{k(s)}(c_{k(s)}^{\gamma})$ 归根到底是关于 γ 的连续函数。由于 $\omega_{k(t)} = \sum_{s=t}^{\infty}\sigma^{s-t}\tilde{u}_{k(s)}(c_{k(s)}^{\gamma})$ 一致收敛，故它最终关于 γ 连续。又因为 $\lim_{s\to\infty}c_{k(s)}^{DU} = 0$，$\lim_{s\to\infty}c_{k(s)}^{GGR} = c_{k(t)}^{GGR}$，所以 $\varphi_{k(t)} = \lim_{s\to\infty}\tilde{u}_{k(s)}(c_{k(s)}^{\gamma}) = \lim_{s\to\infty}\tilde{u}_{k(s)}(\gamma c_{k(s)}^{DU} + (1-\gamma)c_{k(s)}^{GGR}) = \tilde{u}[(1-\gamma)c_{k(t)}^{GGR}]$，显然 $\varphi_{k(t)}$ 关于 γ 也连续。这说明（4）成立。可见，定理 3.4.1 的四个条件还是比较符合实际的。

根据定理 3.4.1 的证明过程，可以将定理中单个资源 $\hat{f}_{k(t)}$ 与消费 $c_{k(s)}$ 的情况推广到式（3.4.1f）中资源与消费向量的一般情况：

定理 3.4.1a 设（1）贴现功利主义总效用函数 $\omega_{k(t)}$ 存在最优消费路径 $c_{k(s)}^{DU}$；（2）祁琪妮斯基余项 $\varphi_{k(t)}$ 存在绿色黄金规则消费路径 $c_{k(s)}^{GGR}$；（3）任给 $c_{k(s)}^{DU}$ 与 $c_{k(s)}^{GGR}$ 的凸组合 $c_{k(s)}^{\gamma} = c_{k(s)}^{DU}\mathrm{diag}\gamma + c_{k(s)}^{GGR}\mathrm{diag}(1-\gamma)$ 也为（3.4.1g）的可行路径，其中 diagγ 和 diag（1－γ）分别为对角线元素为向量 γ 和 $1-\gamma$ 的分量构成的对角矩阵，$\gamma = (\gamma_1,\cdots,\gamma_i,\cdots,\gamma_{n(s)})$，$1-\gamma = (1-\gamma_1,\cdots,1-\gamma_i,\cdots,1-\gamma_{n(s)})$，$\gamma_i \in [0,1]$；（4）$w_{k(t)}(\tilde{u}_{k(s)}(c_{k(s)}^{\gamma})) = \theta\omega_{k(t)}(\tilde{u}_{k(s)}(c_{k(s)}^{\gamma})) + (1-\theta)\varphi_{k(t)}(\tilde{u}_{k(s)}(c_{k(s)}^{\gamma}))$ 为 γ 的连续函数；则对任意 $\theta \in [0,1]$，都可找到 $\gamma = \gamma(\theta) = (\gamma_1(\theta),\cdots,\gamma_i(\theta),\cdots,\gamma_{n(s)}(\theta))$，$\gamma_i(\theta) \in [0,1]$，使得通过 $\gamma(\theta)$ 构造的 $c_{k(s)}^{DU}$ 与 $c_{k(s)}^{GGR}$ 的凸组合 $c_{k(s)}^{\gamma(\theta)} = c_{k(s)}^{DU}\mathrm{diag}\gamma(\theta) + c_{k(s)}^{GGR}\mathrm{diag}(1-\gamma(\theta))$ 为 $w_{k(t)}(\tilde{u}_{k(s)}(c_{k(s)}^{\gamma}))$ 的最优解。

定理 3.4.1 与 3.4.1a 的本质是：虽然后代效用固定在绿色黄金规则稳定态效用上，但转换时间 T 的推迟会导致消费路径上移，进而引起贴现功利主义效用与相应总效用的增加。通过在区间 $[0,1]$ 上合理选择系数 θ，可以将贴现功利主义部分的最大值 $\omega_{k(t)}$ 压缩到 $\theta\omega_{k(t)}$，这同时意味着将后代效用从绿色黄金规则效用 $\varphi_{k(t)}$ 压缩到 $(1-\theta)\varphi_{k(t)}$，通过对 $\omega_{k(t)}$ 和 $\varphi_{k(t)}$ 两者的总体压缩和对它们相互比重的调整，使得总效用函数 $w_{k(t)} = \theta\omega_{k(t)} + (1-\theta)\varphi_{k(t)}$ 的最大值不用通过消费随时间的无穷增大来达到，而是在一个特殊消费路径的某个有限时间点上达到，这个消费路径恰好是贴现功利主义最优消费路径 $c_{k(s)}^{DU}$ 与绿色黄金规则消费 $c_{k(s)}^{GGR}$ 的凸组合 $c_{k(s)}^{\gamma} = \gamma c_{k(s)}^{DU} + (1-\gamma) c_{k(s)}^{GGR}$，其组合系数 γ 由 $\omega_{k(t)}$ 及 $\varphi_{k(t)}$ 的压缩 - 调整系数 θ 及其他因素共同决定。

θ 的本质是通过它对当代与后代各自的福利进行压缩并同时对双方的相对福利关系重新调整。其他条件不变时，θ 的不同决定了压缩 - 调整后的可持续效用函数 $w_{k(t)}$ 的不同，同时也决定了可持续最优效用函数的最优解 $c_{k(s)}^{\gamma}$ 的系数 γ 的不同。特别地，必然存在某个 $\hat{\theta} \in [0,1]$，使得如果压缩 - 调整后的后代福利 $(1-\hat{\theta})\varphi_{k(t)}$ 仅仅为生存、健康和安全等关键福利，此时 $\hat{\theta}$ 对应的最优消费路径 $c_{k(s)}^{CR(\theta)} = (1-\gamma(\hat{\theta}))c_{k(s)}^{GGR}$ 即为关键消费，它是一代人为了维持生存、安全和健康等关键福利所必需的消费。由于 $\lim_{s\to\infty} c_{k(s)}^{DU} = 0$ 时有 $\lim_{s\to\infty} c_{k(s)}^{\gamma(\theta)} = (1-\gamma(\hat{\theta}))c_{k(s)}^{GGR}$，故可持续效用函数的最优消费路径 $c_{k(s)}^{\gamma(\theta)} = \gamma(\hat{\theta})c_{k(s)}^{DU} + (1-\gamma(\hat{\theta}))c_{k(s)}^{GGR}$ 在时间趋近于无穷大时的极限即为关键消费。这说明祁琪妮斯基可持续总效用函数是在保证后代关键消费公平与当代总效用最大化相统一意义上的可持续总效用函数。对人类生存、安全、健康、发展及其他关键福利而言具有不可替代作用的资源即关键资源，它由关键环境与自然资源、关键人造资源、关键人力资源和关键社会资源构成。为了维持或积累关键资源而放弃的关键消费即关键资本，关键资本与关键消费之和等于关键资源。关键资源的其他细节放到第五章做专门讨论。

四　个体可持续最优解的构造问题

现在的问题是：如果个体 $k(t)$ 在后代关键消费可持续意义上的可持续最优解存在，那么这个可持续最优解能具体构造出来吗？由 Figuieres 和 Tidaball（2010）的证明过程可知，可持续最优解存在的必要前提是 $k(t)$ 的初始资源 $\hat{f}_{k(t)} = (\hat{f}_{1k(t)},\cdots,\hat{f}_{ik(t)},\cdots,\hat{f}_{nk(t)})$ 既定。构成 $\hat{f}_{k(t)}$ 的自然、人造、人力和社会资源是广义资源被收入分配的结果。首先，它既包括具有明晰产权、在消费上具有竞争性与排他性的私人物品，又包括产权难以具体明确、消费具有非竞争性和非排他性的公共物品。私人物品的收入分配在技术上比较好解决，因此主要是一个社会收入分配结构问题。但是公共物品的产权难以具体明确到个人，因此个人初始公共资源难以确定。其次，广义资源在消费和生产过程中还要产生大量的正、负外部性。这就使得一些个体的消费或生产行为使另一些个体产生了损失却无法得到补偿，或者得到了收益却不能收费，最终导致个体的实际资源与名义资源严重背离。再次，关键资源的关键功能具有多样性与交叠性。它们交织在一起存在于同一实体或过程之中难以分离，一种功能的发挥必然影响到其他功能。例如：森林作为原料功能的发挥影响着其生态功能。最后，关键资源具有复杂的产权关系。首先是代际产权问题：关键资源作为人类共同体所必需且不可替代的人造、自然、人力和社会资产，必须为当代和后代人共同所有。但尚未出生或没有长成的后代却不能与上一代人进行平等的产权谈判，只能被动地接受上一代人的分配结果。其次，即便是同一代人之间，关键资源的产权关系也难以明晰，这是由自然、社会和人自身的系统性与复杂性所决定的。

可见：广义资源功能的多样性与交叠性、产权关系的复杂性、消费和生产的外部性以及公共广义资源分配的困难性等问题都使得个体可持续最优解无法离开可持续社会福利函数而存在。这就意味着建立在个体可持续行为基础之上的可持续国民财富的存在与构造最终要通过可持续社会福利函数最优解的存在与构造来解决。因此必须首先解决可持续社会福利函数的存在性、构造及其最优解的问题。第四章研究和解决这些问题。

本章小结

第二章的分析表明：要从理论上证明社会可持续福利函数的存在性，各代代理福利函数都必须存在，建立在代理福利流上的代际偏好必须满足自反性、传递性、完备性、单调性和连续性五大性质，而且必须修改或放弃 SP（WP）和 PA 公理而代之以其他形式的可持续性。如何证明代理福利函数存在并主张建立在其上的代际偏好具有上述性质呢？显然只能从个体行为中去找答案。本章在对实验经济学的现有成果概括总结的基础上，分析社会可持续行为的微观依据，构建个体可持续偏好理论，研究个体可持续行为，为社会可持续选择奠定微观行为基础。

第一节通过概括偏好实验对个体行为的研究结果提出了“广义经济人”理论，具体地即：第一，个体行为系统偏离传统“经济人”的自利假设，个体偏好不仅依赖于个体自身的收入与消费，而且也受到他人收入与消费的影响。他涉偏好和自利偏好一样是个体偏好不可缺少的组成部分。第二，他涉偏好模型虽然形式多样，但各模型之间存在密切的内在联系和共性。其中一个重要共性是：它们虽然放弃了“经济人”的自利假设，但仍然建立在理性基础之上，从而为超越“经济人”的自利而又保留其理性特征提供了可能。第三，个体他涉偏好的存在及其内在联系有其生物种群及社会历史文化基础，同时又是社会偏好赖以建立的前提与基础。第四，尽管在特定实验环境下得到的实验结果能否外推到现实环境等问题依然对他涉偏好理论构成挑战，但正如它从实验和理论两方面正在对主流经济学乃至整个经济学界产生巨大的影响一样，“广义经济人”理论构成了迄今为止关于个体可持续行为最有说服力的理论。

第二节分析了“新型经济人”的代内－代际分布结构，构建了个体消费资源配置状态集 ${}_tC=\{{}_tc=(c_{k(s)})_{h(t)\times|t\mathbb{N}|}\mid c_{k(s)}\in\mathbb{R}^{n(s)},\ k\in\mathbb{N}_{h(s)},\ s\in t\mathbb{N}\}$ 并定义了个体自利偏好、他涉偏好与总偏好；通过沃尔德－德布诺理论证明了反映自利偏好的个体自利效用函数 $\boldsymbol{v}_{l(s)}=\boldsymbol{v}_{l(s)}(c_{l(s)})$、反映自利偏好与代内他涉偏好两者的个体代内效用函数 $\boldsymbol{v}_{kl(s)}=\boldsymbol{v}_{k(t)}[\boldsymbol{v}_{l(s)}(c_{l(s)})]$ 及建立在个体代内效用向量 $\boldsymbol{v}_{k(s)}=(\boldsymbol{v}_{k1(s)},\cdots,\boldsymbol{v}_{kl(s)},\cdots,\boldsymbol{v}_{kh(s)})$ 上的个体代理效用函数 $u_{k(s)}=u_{k(s)}(\boldsymbol{v}_{k(s)})$ 的存在性；构建了个体代理效用流集合 ${}_tU=\{{}_{\cdot(t)}u=(u_{\cdot(t)},\ u_{\cdot(t+1)},\ \cdots,\ u_{\cdot(s)}\cdots)\mid u_{\cdot(s)}=u_{\cdot}(v_{\cdot(s)}),\ s\in t\mathbb{N}\}$，这里下标“$\cdot(s)$”表示时间 s 上的所有可能个体。在 $\mathbb{R}^{|t\mathbb{N}|}$ 上定义了个体代际偏好并通过库普曼的敏感性和时间可分性公理证明了任意个体 $k(t)$ 的总偏好可被分解为 ${}_tU$ 上的代际偏好序，且在满足单调和连续公理时可被数值代理为个体总效用函数 $w_{k(t)}=w_{k(t)}({}_tu)$。若此个体偏好还满足驻点公理，则个体总效用函数即为贴现功利主义效用函数 $\omega_{k(t)}[{}_{k(t)}u({}_{k(t)}c)]=\sum_{s=t}^{\infty}\delta_{k(t)}^{s-t}u_{k(s)}=\omega_{k(t)}({}_{k(t)}u)$，$0<\delta_{k(t)}<1$，$u_{k(s)}=u(c_{k(s)})$。但是正如可持续发展经典文献所表明的那样，贴现功利主义个体总效用函数不具备可持续性，而给其

加入有限匿名公理意义上的传统可持续性要求则会引起第二章所说的 BFL 不可能问题。

第三节放弃了代际偏好的有限匿名公理，用祁琪妮斯基可持续公理替代库普曼驻点公理证明了个体可持续总效用函数的存在性并给出了其具体形式。可持续偏好既非当代独裁又非后代独裁。非当代独裁即代际偏好不由某一代以前各代人构成的当代决定。非后代独裁即代际偏好不由某一代以后所有代人构成的后代决定。可持续公理替代驻点公理后并未影响个体总效用函数存在的那些偏好公理，所以个体总效用函数依然存在。但它可以看成是定义在从当代开始到无穷远代的时间集合上的非负有界可加集函数。根据姚斯达－贺维特定理，任何非负有界可加集函数都可以分解成一个可数可加集函数与一个纯有限可加集函数之和。满足独立性公理的可数可加集函数正好是功利主义效用函数 $\omega_{k(t)}({}_{k(t)}u) = \sum_{s=t}^{\infty}\rho_{k(t)}^{s-t}u_{k(s)}$，而纯有限可加集函数则可以用 $\varphi_{k(t)}({}_{k(t)}u) = \lim_{T\to\infty}\inf_{s\geqslant T}u_{k(s)}$ 来代理，从而个体总效用函数就表示为 $w_{k(t)}({}_{k(t)}u) = \omega_{k(t)}({}_{k(t)}u) + \varphi_{k(t)}({}_{k(t)}u)$。可以证明这个函数满足既非当代独裁又非后代独裁意义上的可持续性。

第四节证明了一定资源－技术－收入分配约束下个体可持续最优解的存在性并分析了个体可持续最优解构造的困难及出路。个体可持续最优解即下列规划中约束条件（1）、（2）、（3）、（4）和（5）满足时个体可持续效用最大化的消费路径 ${}_{k(t)}c^*$：

$$\begin{cases} \max w_{k(t)}({}_{k(t)}u) = \omega_{k(t)}[{}_{k(t)}\tilde{u}({}_{k(t)}c)] + \phi_{k(t)}[{}_{k(t)}\tilde{u}({}_{k(t)}c)] \\ s.t \text{ 对 } k = 1,\cdots,h \text{ 及 } \forall s \in t\mathbb{N} \begin{cases} \dot{k}_{k(s)} = f_{k(s)} - c_{k(s)} & (1) \\ c_{k(s)}, k_{k(s)}, f_{k(s)} \geq 0, k_{k(t)} \text{ 给定} & (2) \\ \sum_{k(s)=1}^{h(s)} \dot{k}_{k(s)} = K_{s+1} - K_s & (3) \\ F_{s+1}(K_{s+1}) = F_{s+1} & (4) \\ F_{s+1} = \sum_{k(s+1)=1}^{h(s+1)} f_{k(s+1)} & (5) \end{cases} \end{cases}$$

由于个体可持续效用函数中 $\varphi_{k(t)} = \varphi_{k(t)}[{}_{k(t)}\tilde{u}({}_{k(t)}c)]$ 以极限方式存在，故不能用一般动态优化的那些条件来判断可持续最优解的存在性。但菲贵尔斯与提德堡证明：若选择 $\theta \in [0,1]$ 构造个体可持续效用函数 $w_{k(t)}(\tilde{u}_{k(s)}(c_{k(s)})) = \theta\omega_{k(t)}(\tilde{u}_{k(s)}(c_{k(s)})) + (1-\theta)\varphi_{k(t)}(\tilde{u}_{k(s)}(c_{k(s)}))$ 作为目

标函数，则可通过斯通－维尔斯特拉斯定理证明调整后的个体可持续规划存在最优解。然而，广义资源产权关系的复杂性、功能的多样性与交叠性、消费和生产的外部性以及公共广义资源分配的困难性等问题都使得个体可持续最优解无法离开社会可持续福利函数而存在。因此必须首先解决可持续社会福利函数的存在性、构造及其最优解的问题。

第四章　社会可持续行为

本章在个体可持续行为的基础上，运用森（1970）的福利比较理论和菲贵尔斯-提德堡可持续理论研究社会可持续行为。具体地：第一节定义能够反映个体自利与他涉偏好两者的社会总福利函数，给出社会总福利函数的存在性必须满足的条件并分析它所面临的阿罗不可能性问题；第二节研究福利完全人际比较下可持续社会总福利函数的存在性问题；第三节研究福利不完全人际比较下可持续社会总福利函数的存在性问题；第四节研究可持续社会总福利函数的构造并通过可持续社会总福利函数分析社会可持续选择行为。

第一节　社会福利函数与阿罗不可能性问题

一　社会偏好与社会福利函数

为了定义社会偏好，必须首先定义相应的集体选择规则。而为了定义集体选择规则，必须首先确定其代理效用状态集。集体选择的状态集即第三章（3.2.6a）中定义的个体代理效用状态集${}_tU$的$h(t)$维笛卡尔积，具体地即：

$$
{}_tU^h = \left\{ {}_tu^h = ({}_{1(t)}u, \cdots, {}_{k(t)}u, \cdots, {}_{h(t)}u)' \;\middle|\; \begin{aligned} {}_{k(t)}u &= (u_{k(t)}, u_{k(t+1)}, \cdots, u_{k(s)} \cdots) \\ u_{k(s)} &= u_{k(s)}(v_{k(s)}) \\ v_{k(s)} &= (v_{k1(s)}, \cdots, v_{kl(s)}, \cdots, v_{kh(s)})' \\ v_{kl(s)} &= v_{k(t)}[v_{ls}(c_{l(s)})] \in \mathbb{R}, \\ c_{l(s)} &\in \mathbb{R}_o^{+n(s)}, k, l \in \mathbb{N}_{h(s)}, s \in t\mathbb{N} \end{aligned} \right\}
$$

其中${}_tu^h$ 的第 $k(t)$ 个分向量${}_{k(t)}u$ 为个体 $k(t)$ 的代理效用流，其代理效用水平及时间结构通过建立在第三章消费配置状态集${}_tC$ 上的个体自利效用 $\boldsymbol{v}_{l(s)} = \boldsymbol{v}_{l(s)}(c_{l(s)})$ 、个体效用 $\boldsymbol{v}_{kl(s)} = \boldsymbol{v}_{k(t)}[\boldsymbol{v}_{l(s)}(c_{l(s)})]$ 及个体代理效用 $u_{k(s)} = u_{k(s)}(\boldsymbol{v}_{k(s)})$ 共同决定。因此，${}_tc \in {}_tC$ 的不同通过上述系列关系决定了${}_tu$ 的不同。

定义 4.1.1（社会选择规则 CCR）设 $R_{k(t)}$ 为 $k(t) \in \mathbb{N}_{h(t)}$ 定义在${}_tU^h$ 上的偏好关系，$\mathbb{N}_{h(t)}$ 中一切个体偏好构成的集合为 $R_t^h = \{R_{(t)} = (R_{1(t)},\cdots,R_{k(t)},\cdots,R_{h(t)})\}$。若任给 $R_{(t)} \in R_t^h$，都存在唯一的偏好关系 $R_t = f(R_{1(t)},\cdots,R_{k(t)},\cdots,R_{h(t)})$ 与 $R_{(t)}$ 对应，则称 R_t 为社会偏好关系，而由个体偏好到社会偏好的转化关系 $f(\cdot)$ 叫集体（社会）选择规则（Collective Choice Rule）。

通俗地说，集体选择规则 $f(\cdot)$ 即将所有社会成员的偏好 $R_{1(t)},\cdots,R_{k(t)},\cdots,R_{h(t)}$ 转化为社会偏好 R_t 的规则，而社会偏好 R_t 则是由所有社会成员的个体偏好通过集体选择规则转化而来的偏好。在不考虑它们的具体内容而一般地指称从个体行为到集体行为的转化时，二者可以不加区别。

特别地，若每个 $k(t)$ 的偏好 $R_{k(t)}$ 均可被数值代理为 $w_{k(t)} = w_{k(t)}({}_tu^h) = w_{k(t)}({}_{k(t)}u)$，则可得第 t 代个体总效用向量集合：

$$W_t^h = \{w_t = (w_{1(t)},\cdots,w_{k(t)},\cdots,w_{h(t)}) \mid w_{k(t)} = w_{k(t)}({}_{k(t)}u),k \in \mathbb{N}_{h(t)}\} \tag{4.1.1}$$

相应的社会偏好就变为 $R_t = f(w_{1(t)},\cdots,w_{k(t)},\cdots,w_{h(t)})$，其中${}_{k(t)}u = (u_{k(t)}, u_{k(t+1)}, \cdots, u_{k(s)}\cdots)$ 为第三章定义的个体代理效用流。即便所有社会成员的个体偏好都可被数值代理，全体社会成员的公共偏好 R_t 也未必能够被数值代理。特别地有：

定义 4.1.2（柏格森－萨缪尔森社会福利函数）若社会选择规则 R_t 能够被数值代理为 $W_t = f(w_{1(t)},\cdots,w_{k(t)},\cdots,w_{h(t)})$，则称其为数值化或柏格森－萨缪尔森社会福利函数。

首先需要注意的是这里表示社会福利函数的变量符号 W_t 与（4.1.1）式中表示个体总效用向量集合的符号 W_t^h 二者是不同的。有了数值化的社会福利函数，就可以运用数学分析来研究个体福利与社会福利的关系以及社会优化行为等问题，这是最理想的状态。第三章已经给出了个体偏好可被数值代理的条件并在这些条件下解决了个体偏好的数值代理问题。同样地，将大量社会成员的个体偏好转化为社会偏好并实现社会偏好的数值代理，即寻求柏格森－萨缪尔森（Bergson，1948；Samuelson，1947）数值化意义上的社会福利函数，必须首先保证不同个体偏好之间的可比性，其次建立在个体偏好基础上的社会偏好要有明确合理的定义，再次要保证社会偏好具备自反性、传递性和完备性所刻画的理性特征，最后还要保证它们具有单调性和连续性。然而，由于社会偏好相对于个体偏好的复杂性，要给出同时满足上述条件的社会偏好在方法论上是一件非常困难的事。

首先，是社会偏好的数值化问题。即便像许多人那样认为柏格森－萨缪尔森克服了罗宾斯（Robbins. 1932）认为个体偏好不可比较因而无法建立相应社会偏好这样的诘难，有名的字典社会偏好给社会偏好的数值化也带来了经典性的挑战：

例 4.1.1，字典偏好：设两人社会中两个体的总效用分别为 w_1 和 w_2，则社会总福利为：

$$R = f(w_1, w_2) = \begin{cases} \max w_1 \\ \max w_2, \text{若 } w_1 = w_2 \end{cases}$$

德布鲁（Debreu，1959）证明这样定义的社会偏好 R 不能被数值代理。不能被代理的根本原因是 R 不具备连续性。

其次，即便不考虑社会偏好的数值代理问题，仅仅希望得到能够反映个体偏好而又能进行理性选择的社会偏好，也会遇到麻烦。比如按以下传统方式定义的严格帕累托社会偏好虽然满足自反性与传递性，但却不满足完备性，因而它们不仅不能被数值代理，而且还不能用作理性选择。

例 4.1.2，严格帕累托偏好：$\forall\, {}_tu, {}_tv \in {}_tU$[①]，有：

（1）社会弱偏好 R_t：${}_tuR_{tt}v \leftrightarrow \forall k(t) \in \mathbb{N}_{h(t)}: {}_tuR_{k(t)\,t}v$；

（2）社会强偏好 P_t：${}_tuP_{tt}v \leftrightarrow [\,{}_tuR_{tt}v \,\&\, \neg\,({}_tvR_{tt}u)]$；

（3）社会无差异 I_t：${}_tuI_{tt}v \leftrightarrow [\,{}_tuR_{tt}v \,\&\, ({}_tvR_{tt}u)]$。

---

① 这里的 ${}_tu$ 即式（3.2.6a）中的 ${}_{\cdot(t)}u$，只是这儿不需要下标“·(t)”，故下标直接写成 t。${}_t\nu$ 同。

显然，社会弱偏好 R_t 是而且仅是保留了所有个体弱偏好的一种特殊社会偏好。它具备反身性和传递性，但不具备完备性。从定义 4.1.4－(1) 知：R_t 的自反性是显然的。此外，${}_tuR_{tt}v \leftrightarrow \forall k(t) \in \mathbb{N}_{h(t)}: {}_tuR_{k(t)\,t}v$ 且 ${}_tvR_{tt}z \leftrightarrow \forall k(t) \in \mathbb{N}_{h(t)}: {}_tvR_{k(t)\,t}z$。又由于 $[\forall k(t) \in \mathbb{N}_{h(t)}: ({}_tuR_{k(t)\,t}v) \& ({}_tvR_{k(t)\,t}z)] \rightarrow [\forall k(t) \in \mathbb{N}_{h(t)}: {}_tuR_{k(t)\,t}z)] \leftrightarrow {}_tuR_{tt}z$，故传递性也成立。但 R_t 不满足完备性。这是因为若 R_t 满足完备性，则必有 $\forall {}_tu, {}_tv \in {}_tU: \neg({}_tvR_{tt}u) \rightarrow ({}_tuP_{tt}v)$。由于 $\neg({}_tvR_{tt}u) \leftrightarrow [\exists l(t) \in \mathbb{N}_{h(t)}: {}_tuP_{l(t)\,t}v]$，这意味着 $[\exists l(t) \in \mathbb{N}_{h(t)}: {}_tuP_{l(t)\,t}v] \rightarrow [\forall k(t) \in \mathbb{N}_{h(t)}: {}_tuP_{k(t)\,t}v]$。即只要有一个社会成员认为 ${}_tu$ 比 ${}_tv$ 好，则全社会认为 ${}_tu$ 比 ${}_tv$ 好。这个要求是非常苛刻的，现实中只有在由一人决定社会偏好的独裁社会中才有可能。故通常情况下 R_t 不满足完备性。类似的例子还有：

例 4.1.3，投票选择的多数原则（MMD:）：$\forall {}_tu, {}_tv \in {}_tU: {}_tuR_{tt}v \leftrightarrow N({}_tuR_{l(t)\,t}v) \geqslant N({}_tvR_{l(t)\,t}u)$，$l(t) \in \mathbb{N}_{h(t)}$。其中 $N({}_tuR_{l(t)\,t}v)$ 和 $N({}_tvR_{l(t)\,t}u)$ 分别为 $\mathbb{N}_{h(t)}$ 中认为 ${}_tu$ 至少和 ${}_tv$ 一样好与 ${}_tv$ 至少和 ${}_tu$ 一样好的总人数。

孔德塞（Condorcet，1785）早就发现 MMD 不满足传递性。南森（Nanson，1882）将这一现象概括成了有名的投票悖论。具体地，设个体 1、2、3 在 X、Y、Z 三种状态之间选择，他们对任意两种状态之间的偏好如下表：

表 4.1.1　投票悖论

个体＼状态	X		Y		Z		X
个体 1		>		>		<	
个体 2		<		>		>	
个体 3		>		<		>	
MMD		>（2）		>（2）		>（2）	

由表可见：MMD 选择的结果是：在 X 与 Y 之间选择 X，Y 与 Z 之间选择 Y，因此按照传递性在 X 与 Z 之间应该选择 X。但实际上按照表中 MMD

在X与Z之间选择的结果是Z。

可见，虽然集体选择规则及其产生的社会偏好是公共经济学和公共决策的理论和方法论基础，但设计一定的集体选择规则并通过它们将个体偏好转化为相应的社会偏好是一个非常复杂的过程。定义4.1.1只给出了关于社会偏好的基本构想，其本质无非是试图通过一定规则从社会成员的个体偏好得到大家一致偏好或至少偏好度比较高的集体偏好，从而使社会选择成为可能。但社会面临的状态千千万万，应该在什么样的状态之间选择？社会成员对这些状态的个体偏好千差万别，应该反映怎样的个体偏好？社会成员的偏好程度如何定义又如何度量？建立在一定个体偏好度上的社会偏好必须具备什么性质才能使社会进行有效选择？此外还有其他一些问题都需要解决。

在所有上述问题中，首先需要解决的是社会偏好的合理定义问题。这个定义应该满足社会偏好一些最起码的条件。要求之一是社会偏好要能使社会进行理性选择。即集体选择必须首先满足自反性、传递性和完备性。而同时具有这些特征的社会偏好即为序。这便是下面定义的阿罗社会福利函数。为了方便引用，约定每个条件后面都给一个标号。

定义4.1.3（阿罗社会福利函数：条件O）定义在状态集C上的社会偏好CCR为序。相应地，如果社会偏好CCR为序，则称它为阿罗社会福利函数（ASWF）。

ASWF不同于流行的柏格森－萨缪尔森数值化的社会福利函数。它仅要求社会偏好具有序特征，因而使得社会的理性选择成为可能，但又不像柏格森－萨缪尔森社会福利函数那样要求社会偏好必须是建立在个体效用基础上的实值函数。如果社会福利函数能够被数值代理，当然是最好了。但正如前面所说，任何一种偏好序的数值代理要求加入像连续性这样更加苛刻的条件，因而在不影响社会理性选择的情况下，只需要求社会偏好具有序特征因而不影响社会理性选择即可，而无须要求它必须被数值代理。阿罗社会福利函数正是能够满足这个要求的社会偏好序。相比较而言，柏格森－萨缪尔森社会福利函数虽然在克服罗宾斯（Robbins，1932）的个人效用不可比较因而社会福利函数不可能在这个诘难上有历史贡献，但在社会理性选择问题上显得过于严格。

即便将柏格森－萨缪尔森社会福利函数放宽为阿罗社会福利函数，为使集体选择能发挥更广的实际作用，阿罗（1952）认为它还必须具备以下四个条件：

条件 U（非限制性定义域）社会福利函数的定义域必须包含所有个人所有可能偏好的所有可能组合。

这里“所有个人偏好”一词有三层含义：一为一定社会中一切可能的个人偏好，否则就会产生对一部分人的歧视。一切可能的个人是相对于一定社会而言的，社会有大有小、有不同形式，可以是一个社会群体、一个国家，也可以包含全世界所有人。可持续发展意义上的社会还应该包括所有后代，只是由于后代在时间上尚不存在，他们的偏好只能被压缩到当代个体的代际偏好中，因而最大的社会就变成了当代全世界所有人口。二为所有人所有可能形式的偏好，否则就会产生对某些偏好的歧视。例如同性恋偏好、不具备传递性的偏好等都应该被包含在社会福利函数的定义域当中。三为社会福利函数的定义域中所有可能个人所有可能偏好的所有可能组合，因为社会福利函数的本质是将所有个体的特定偏好组合映射为相应的社会偏好，否则同样会引起对一部分偏好的歧视。

条件 I（独立于非相关状态）设（$R_{1(t)},\cdots,R_{k(t)},\cdots,R_{h(t)}$）和（$R'_{1(t)},\cdots,R'_{k(t)},\cdots,R'_{h(t)}$）为两个不同个体偏好簇，$R_t=f(R_{1(t)},\cdots,R_{k(t)},\cdots,R_{h(t)})$ 和 $R'_t=f(R'_{1(t)},\cdots,R'_{k(t)},\cdots,R'_{h(t)})$ 分别为它们在集体选择规则 $f(\cdot)$ 下的社会偏好。若 $\forall\,{}_tu,{}_tv\in{}_tU$，${}_tuR_{k(t)}\,{}_tv\leftrightarrow{}_tuR'_{k(t)}\,{}_tv$ 对 $\forall\,k(t)\in\mathbb{N}_{h(t)}$ 都成立，则 R_t 和 R'_t 在集合 ${}_tU$ 上的选择集[①] $C({}_tU,R_t)$ 和 $C({}_tU,R'_t)$ 相等，即 $C({}_tU,R_t)=C({}_tU,R'_t)$。

这个条件的本质是集体选择结果取决于且仅取决于个体 $k(t)\in\mathbb{N}_{h(t)}$ 在两种状态 ${}_tu$ 与 ${}_tv$ 之间的偏好关系而与其他因素无关。如果所有个体 $k(t)\in\mathbb{N}_{h(t)}$ 在 ${}_tu$ 与 ${}_tv$ 之间都有相同的偏好关系，则所有个体偏好对应的社会偏好与其他因素无关，仅取决于状态集合与相应的集体选择规则。这

① 社会偏好 R_t 在状态集 ${}_tU$ 上的选择集 $C({}_tU,R_t)$ 即根据偏好 R_t 由 ${}_tU$ 中的最好元素构成的集合。具体地即：$C({}_tU,R_t)=\{{}_tu\in{}_tU\mid\forall\,{}_tv\in{}_tU:{}_tuR_t\,{}_tv\}$。

个要求至少从表面上看也是必需的：如果社会选择规则不仅反映个体在 ${}_tu$ 与 ${}_tv$ 的偏好关系，而且还反映 ${}_tu$ 或 ${}_tv$ 与某个第三者 x 之间的关系等其他信息，那么它就不是纯粹 ${}_tu$ 与 ${}_tv$ 的关系，因而就没有继承个体对两种状态有相同的偏好这个性质。这个要求的一个结果是排除了集体选择中包含个体相互比较或在相关状态之间比较的可能。

条件 P（帕累托原则）$\forall {}_tu, {}_tv \in {}_tU: [\forall k(t) \in \mathbb{N}_{h(t)}: {}_tuP_{k(t)}{}_tv] \to {}_tuP_{tt}v$。

帕累托原则要求所有个体的一致性偏好必为社会偏好。这是社会偏好能够反映所有个体的共同偏好所必须具备的性质：如果所有个体都有某种偏好，那么社会自然就应该有这种偏好，否则就不能称其为社会偏好。帕累托原则的本质是经济学上的帕累托配置，具体形式可以根据集体选择规则的不同而不同。前面已经定义过严格帕累托原则，这里定义的是弱帕累托原则。此外，还可以定义强帕累托原则：

$$(\forall k(t) \in \mathbb{N}_{h(t)}: {}_tuP_{k(t)}{}_tv) \& (\exists l(t) \in \mathbb{N}_{h(t)}: {}_tuP_{l(t)}{}_tv) \to {}_tuP_{tt}v$$

且 $(\forall k(t) \in \mathbb{N}_{h(t)}: {}_tuI_{k(t)}{}_tv) \to {}_tuI_{tt}v$。

可以证明：强帕累托原则 → 弱帕累托原则 → 严格帕累托原则，而且弱帕累托原则和严格帕累托原则还可以做其他扩展（Sen，1970）。不管帕累托原则采用什么形式，其本质都是前面说过的个体偏好的一致性问题。这就导致了社会偏好的另一类问题：如果不存在一致性个体偏好，那么社会偏好应该反映怎样的个体偏好？这是一个非常困难而且很难完全避免价值判断的问题。下面的非独裁性及各种自由原则（Sen，1970）都是备选方案。

条件 D（非独裁性）不存在个人 $k(t) \in \mathbb{N}_{h(t)}$，使得 ${}_tuP_{k(t)}{}_tv \to {}_tuP_{tt}v$。

这个条件的含义是明显的：不存在任何社会成员能将其个人偏好变成社会偏好。由于现代社会中纯粹一个人的独裁实际上是很少的，因此这个条件可以被放宽成不存在几个人能将其偏好变成社会偏好。森（Sen，1970）的决定性（decisive）集合与几乎决定性（almost decisive）集合就是根据这种思想构造出来的。这样做的目的是防止极少数人通过政治、宗教或意识形态控制将他们的个体偏好强行变成社会偏好。这种思想的进一步推广是自由主义与几乎最低限自由主义及其他相关自由主义（Sen，

1970）。其中自由主义要求所有个体至少在一对状态上有一致决定权，最低限自由主义要求至少有两个社会成员分别在两组不同状态上有决定权。

总而言之，合理定义的社会偏好要求必须为阿罗社会福利函数（条件 O）而且其定义域必须覆盖所有个人所有可能偏好的所有可能组合（U），只反映个体在两种状态之间的偏好而与其他因素无关（I），必须能够继承所有个体的一致性偏好（P），并且在个体偏好不一致时不能由一个人决定所有的社会选择（D）。问题是：同时满足这些条件的阿罗社会福利函数存在吗？下面分析这个问题。

二　阿罗不可能定理

定理 4.1.1（阿罗不可能定理）不存在阿罗社会福利函数 ASWF 同时满足条件 U、I、P 和 D。

下面首先证明常见 ASWF 均不能同时满足以上四个条件，然后再一般地证明同时满足以上四个条件的 ASWF 不存在。

多数决定原则 MMD 满足条件 P、I、D 但不满足 U。首先，MMD 只是通过个体在两个不同状态之间投票选择时所做相同选择的票数是否超过半数来决定集体选择结果，而不考虑被选择的状态与其他状态之间的关系，因此集体选择行为独立于被选择状态之外的其他一切状态，包括个体选择之间的相互比较。这说明 I 满足。其次，$\forall {}_tu, {}_tv \in {}_tU$：$\forall k(t) \in \mathbb{N}_{h(t)}$：${}_tuP_{k(t)}{}_tv \xrightarrow{MMD} {}_tuP_{\ t}{}_tv$。故 P 满足。最后，MMD 要求在任意两个状态之间的选择上由超过半数以上的人共同选择来决定集体选择，当然就不会是一个人决定任意社会选择了。所以 D 满足。但是 MMD 不满足 U。这是因为要 MMD 是 ASWF，必须要求它具备传递性。而要它具备传递性，所有个体偏好必须是单峰偏好（Black，1948；Arrow，1951），这意味着它将个体偏好的定义域限制在了特定范围，因此不满足 U。

数值化社会福利函数满足条件 U 和 P，基本满足 D，但不满足 I。数值化社会福利函数就是对个体效用函数 $w_{k(t)} = w_{k(t)}({}_tu)$，${}_tu \in {}_tU$，$k(t) \in \mathbb{N}_{h(t)}$，存在 $\mathbb{R}^{|t\mathbb{N}|}$ 上的非负递增函数 $w_t = w_t({}_tu) = \sum_{k=1}^{h(t)} w_{k(t)}({}_tu)$，使得对 $\forall {}_tu, {}_tv \in \mathbb{R}^{|t\mathbb{N}|}$，有 $\forall k(t) \in \mathbb{N}_{h(t)}$：${}_tuP_{k(t)}{}_tv \leftrightarrow w_{k(t)}({}_tu) - w_{k(t)}({}_tv)$

>0，且 ${}_tuP_{tt}v \to w_t({}_tu) - w_t({}_tv) = \sum_{k=1}^{h(t)}[w_{k(t)}({}_tu) - w_{k(t)}({}_tv)] > 0$。显然数值化社会福利函数一定是阿罗社会福利函数。首先，$w_t({}_tu)$ 满足U。这是因为 $w_t({}_tu)$ 是定义在所有个体效用函数组合上的，而个体效用函数在理性偏好、单调性和连续性假设下是存在的。其次，$w({}_tu)$ 满足条件 P。这是因为 $\forall k(t) \in \mathbb{N}_{h(t)}: {}_tuP_{k(t)}{}_tv \leftrightarrow w_{k(t)}({}_tu) - w_{k(t)}({}_tv) > 0 \to w_t({}_tu) - w_t({}_tv) > 0 \leftrightarrow {}_tuP_{tt}v$。最后，$w_t({}_tu)$ 基本满足 D。这是因为虽然在大多数情况下，几乎没有个人在任何一对状态上的效用差足够大到能够超过所有其他社会成员在这些状态对上的效用差之和，因而导致此人的效用差决定社会总效用差的程度。具体地，不存在 $k(t) \in \mathbb{N}_{h(t)}$，使得 $|w_{k(t)}({}_tu) - w_{k(t)}({}_tv)| > |\sum_{l\neq k}[w_{l(t)}({}_tu) - w_{l(t)}({}_tv)]|$。因而也就不可能有 $w_{k(t)}({}_tu) - w_{k(t)}({}_tv) > 0 \to w_t({}_tu) - w_t({}_tv) > 0$ 或者 $w_{k(t)}({}_tu) - w_{k(t)}({}_tv) < 0 \to w_t({}_tu) - w_t({}_tv) < 0$ 这两种情况。但这也要看具体社会形态而定。在独裁程度很高的社会中，皇帝一人的效用决定社会偏好的情况也不能排除。因此 $w_t({}_tu)$ 基本满足，但不完全满足 D。

表 4.1.2　数值化社会福利函数不满足 I

	A				B				C		
个体＼状态	X	Y	Z		X	Y	Z		X	Y	Z
个体 1	3	—	1		3	1	2		12	2	9
个体 2	2	—	3		2	1	3		10	2	11
个体 3	2	—	3		2	1	3		10	2	11
集体 W	7	—	7		7	3	8		32	6	31

但是 $w_t({}_tu)$ 不满足 I。这是因为 $w_t({}_tu)$ 规则通过不同个体的效用加总包含了不同个体之间的效用比较，而且还通过同一个体在不同状态上的效用差的方式包含了同一个体在不同状态之间的比较，因此无法排除相关个体及相关状态对 $w_t({}_tu)$ 的影响。如表 4.1.2，个体 1、2、3 在 X、Z 两种状态之间选择，Y 是相关状态。情况 A：不考虑相关状态 Y 的影响且个体效用标准为 A，则 $w_1(X) = 3 > w_1(Z) = 1$，$w_2(X) = 2 < w_2(Z) = 3$，$w_3(X) = 2 < w_3(Z) = 3$，$w_t(X) = w_t(Z) = 7$，故 X 与 Z 社会无差异。情况 B 下，个体效用标准仍然为 A，但因相关状态 Y 的出现，个体 1 在状态 Z

下的偏好强度提高到 2，但仍然保持 $w_1(X) = 3 > w_1(Z) = 2$ 。这在生活中是很常见的，比方说因为一个更坏状态的出现使原状态的满意度提高了。假定其他两个体的偏好值都未发生变化，则社会福利函数为 $w_t(X) = 7 < w_t(Z) = 8$ 。可见，因相关状态 Y 的出现导致的个体偏好强度的变化使得状态 Z 社会偏好于 X。情况 C 下所有个体偏好强度都提高了但仍然保持在 X 和 Z 之间的偏好关系与情况 A、B 一致，具体地即：$w_1(X) = 12 > w_1(Z) = 9$, $w_2(X) = 10 < w_2(Z) = 11$, $w_3(X) = 10 < w_3(Z) = 11$ 。但是社会偏好为 $w_t(X) = 33 > w_t(Z) = 31$ 。说明由于不同个体偏好强度的提高幅度不同使得 X 社会偏好于 Z。综上所述，数值化社会福利函数不能排除相关状态和相对偏好强度的影响，不满足条件 I。

此外，满足条件 U、I 和 D，但不满足 P 的阿罗社会福利函数也是存在的。按照森（Sen，1970）的研究，一个所有个体都严格按照传统规范生活的社会自然生成了一种社会选择规则 R。首先，由于无论个体有什么偏好社会都会按照规则 R 选择，所以可以认为这一规则包括了一切个人偏好的可能组合，故条件 U 满足。其次，按规则 R 在两种不同状态之间选择时，只考虑这两种状态而不考虑其他状态，故条件 I 满足。再次，由于所有个体共同选择，因此不可能是一个个体决定社会选择，所以条件 D 也满足。但是，条件 P 可能不满足。因为在很多人的偏好都与传统规范不一致的情况下社会依然可以做出符合传统规范的选择。这种情况在现实中是非常普遍的，不论这种传统规范是通过宗教、意识形态还是长期的生活环境自发形成的。

最后，任何同时满足条件 U、I 和 P 的阿罗社会福利函数 ASWF 不满足条件 D（Arrow，1963；Sen，1970）。下面给出森（1970）的证明。为此首先有：

定义 4.1.4 个体集合 $U \subseteq \mathbb{N}$ 是状态 $\forall {}_tx, {}_ty \in {}_tU$ 的几乎决定集当且仅当 ${}_txP_{t\,t}y \leftrightarrow [\forall l \in U: {}_txP_{l(t)\,t}y] \& [\forall l \in \neg U: {}_tyP_{l(t)\,t}x]$，记作 $D({}_tx, {}_ty)$ 。若 ${}_txP_{t\,t}y \leftrightarrow \forall l \in \mathrm{U}: {}_txP_{l(t)\,t}y$，则称 U 为状态 $\forall {}_tx, {}_ty \in {}_tU$ 的决定集，记作 $\overline{D}({}_tx, {}_ty)$ 。

显然，若 $\overline{D}({}_tx, {}_ty)$ ，则 $\forall l \in U: {}_txP_{l(t)\,t}y$ 而不管 $l \in \neg U$ 时 ${}_tx$ 与 ${}_ty$ 之间有何偏好关系。特别地，也包括 $\forall l \in \neg U: {}_tyP_{l(t)\,t}x$ 的情况，此时即

$D({}_tx,{}_ty)$。故 $\bar{D}({}_tx,{}_ty) \rightarrow D({}_tx,{}_ty)$。

引理4.1.1 若个体J对有些状态对${}_t$x，${}_t$y ∈ ${}_t$U几乎决定。则如果阿罗社会福利函数ASWF满足U、P和I，则J必为独裁者。

证明：设J对状态 $\forall {}_tx, {}_ty \in {}_tU$ 几乎决定，则 $\exists {}_tx, {}_ty \in {}_tU: D({}_tx,{}_ty)$。设 $l \in \mathbb{N} - \{J\}$ 为任意非J个体，则存在状态${}_tz$，使得${}_txP_{J(t)}{}_ty\&\ {}_tyP_{J(t)}{}_tz$ 且 ${}_tyP_{l(t)}{}_tx\&\ {}_tyP_{l(t)}{}_tz$。这一点总能够办得到，因为 $D({}_tx,{}_ty)$ 意味着${}_txP_{J(t)}{}_ty\&\ {}_tyP_{l(t)}{}_tx$，而状态集的多样性意味着总可以找到${}_tz$使得 $\forall l \in \mathbb{N} - \{J\}: {}_t\mathrm{y}\mathrm{P}_{l(t)}{}_tz \leftrightarrow ({}_tyP_{J(t)}{}_tz)\ \&\ ({}_tyP_{l(t)}{}_tz)$。由几乎决定集的定义可知：$[D({}_tx,{}_ty)\ \&\ {}_txP_{J(t)}{}_ty\&\ {}_tyP_{l(t)}{}_tz] \rightarrow {}_txP_{t}{}_ty$。又由于 *ASWF* 满足条件 *P*，故 $({}_tyP_{J(t)}{}_tz\&\ {}_tyP_{l(t)}{}_tz) \rightarrow {}_tyP_t z$。故由传递性可知$[{}_txP_{t}{}_ty\&\ {}_tyP_{t}{}_tz] \rightarrow {}_txP_{t}{}_tz$。这个结果虽然是以任意 $l \in \mathbb{N} - \{J\}$ 和某个状态${}_tz$为中介推导出来的，但由于ASWF满足条件I，故该结果实际上是 $D({}_tx,{}_ty)$ 作用的结果，而与其他个体 $l \in \mathbb{N} - \{J\}$ 及状态${}_tz$无关。但这意味着 $D({}_tx,{}_ty)$ 使得个体 *J* 在状态${}_tx$与${}_tz$之间有决定作用，用符号表示即：

$$D({}_tx,{}_ty) \rightarrow \bar{D}({}_tx,{}_tz) \tag{1}$$

同样的逻辑，存在另一个${}_tz$，使得${}_tzP_{J(t)}{}_tx\&\ {}_txP_{J(t)}{}_ty$ 且${}_tzP_{l(t)}{}_tx\&\ {}_txP_{l(t)}{}_ty$。由条件 *P* 可得${}_tzP_{t}{}_tx$。同样地有 $[D({}_tx,{}_ty)\ \&\ {}_txP_{J(t)}{}_ty\&\ {}_tyP_{l(t)}{}_tz] \rightarrow {}_txP_{t}{}_ty$。由传递性得：${}_tzP_{t}{}_tx\&\ {}_txP_{t}{}_ty \rightarrow {}_tzP_{t}{}_ty$。虽然结果${}_tzP_{t}{}_ty$是通过中介因素${}_tz$和任意 $l \in \mathbb{N} - \{J\}$得到的，但由于条件 *I* 成立，故此结果与具体${}_tz$和 *l* 无关。故有：

$$D({}_tx,{}_ty) \rightarrow \bar{D}({}_tz,{}_ty) \tag{2}$$

上述关系是${}_tx$、${}_ty$和${}_tz$之间的纯逻辑关系，因此只要保持逻辑关系不变将三个变量的位置互换后结论仍然成立。在（2）式中交换${}_tz$与${}_ty$的位置可得：

$$D({}_tx,{}_tz) \rightarrow \bar{D}({}_ty,{}_tz) \tag{3}$$

在（1）式中用${}_tx$替换${}_tz$，用${}_tz$替换${}_ty$，用${}_ty$替换${}_tx$得：

$$D({}_ty,{}_tz) \rightarrow \bar{D}({}_ty,{}_tx) \tag{4}$$

通过上述（1）、（2）、（3）、（4）可得：

$$D({}_tx,{}_ty)\xrightarrow{(1)}\bar{D}({}_tx,{}_tz)\rightarrow D({}_tx,{}_tz)\xrightarrow{(3)}\bar{D}({}_ty,{}_tz)\rightarrow D({}_ty,{}_tz)\xrightarrow{(4)}\bar{D}({}_ty,{}_tx)。$$

所以有：

$$D({}_tx,{}_ty)\rightarrow\bar{D}({}_ty,{}_tx) \tag{5}$$

又在（1）、（2）和（5）式中交换 ${}_tx$ 和 ${}_ty$ 得：

$$D({}_ty,{}_tx)\rightarrow[\bar{D}({}_ty,{}_tz)\&\bar{D}({}_tz,{}_tx)\&\bar{D}({}_tx,{}_ty)] \tag{6}$$

由（5）可得：

$$D({}_tx,{}_ty)\xrightarrow{(5)}\bar{D}({}_ty,{}_tx)\rightarrow D({}_ty,{}_tx) \tag{7}$$

将（7）与（6）结合起来可得：

$$D({}_tx,{}_ty)\rightarrow[\bar{D}({}_ty,{}_tz)\&\bar{D}({}_tz,{}_tx)\&\bar{D}({}_tx,{}_ty)] \tag{8}$$

由（1）、（2）、（5）、（7）四式可得：

只要 ASWF 满足条件 U、P、I，则 J 的 $D({}_tx,{}_ty)$ 意味着个体 J 对三元组（${}_tx,{}_ty,{}_tz$）中任意两种选择都决定，因此 J 是这三个状态构成的状态集上的独裁者。下面把这个结论推广到 ${}_tU$ 的任意状态对上。

为此，任取 ${}_tu,{}_tv\in{}_tU$，若 ${}_tu={}_tx$ 且 ${}_tv={}_ty$，则由（4）和（6）式得 $\bar{D}({}_tu,{}_tv)$ 且 $\bar{D}({}_tv,{}_tu)$。若 ${}_tu$、${}_tv$ 中有一个与 ${}_tx$、${}_ty$ 中的一个相等，比方说 ${}_tu={}_tx$，但 ${}_tv\neq{}_ty$，即另一个不相等。考虑三元状态组（${}_tu={}_tx,{}_ty,{}_tv$）。因已经证明了 $D({}_tx,{}_ty)$ 对三元状态组中任意两个状态都有决定性，故有：$D({}_tx,{}_ty)\rightarrow[\bar{D}({}_tu,{}_tv)\&\bar{D}({}_tv,{}_tu)]$。最后，若 ${}_tu$、${}_tv$ 中没有一个与 ${}_tx$ 或 ${}_ty$ 相等，则考虑三元状态组（${}_tx,{}_ty,{}_tu$）。由 $D({}_tx,{}_ty)$ 可得 $\bar{D}({}_tx,{}_tu)$ 从而 $D({}_tx,{}_tu)$。再考虑另一个三元状态组（${}_tx,{}_tu,{}_tv$）。和前面同样的道理：$D({}_tx,{}_tu)\rightarrow[\bar{D}({}_tu,{}_tv)\&\bar{D}({}_tv,{}_tu)]$。由于 ${}_tu,{}_tv$ 是任意的，故 J 对 ${}_tU$ 有决定性。下面再证明：

下面通过引理 4.1.1 来证明定理 4.1.1。为此只需要证明在 ASWF 满足条件 U、P 和 I 时，必存在个体对某些选择几乎完全决定。反设不然，则没有个体对某些选择几乎完全决定。首先，由于条件 P，${}_tU$ 至少有一个决定集。因而对 ${}_tU$ 中任一对状态，至少存在一个几乎决定集，因为决定集必为几乎决定集。比较这些对状态的所有几乎决定集，从中选择包含元素个数最少的几乎决定集，并记之为 U，并设它在 ${}_tx$ 与 ${}_ty$ 之间有几乎决定作用。

如果 U 只存在一个个体，则已与反设相矛盾。否则设 U 包含两个以上元素。此时将 U 分为两个子集 U_1 和 U_2，使得 U_1 只包含一个元素，U_2 包含 U 中其余元素，而 U_3 包含所有非 U 元素。由于条件 U，所以和前面证明引理 4.1.1 时一样可以比较 ${}_tx$ 、${}_ty$ 与 ${}_tU$ 中一切逻辑上可能的状态关系，但由于条件 I，${}_tx$ 与 ${}_ty$ 之间的关系不受这种比较的影响。为此可以设想状态 ${}_tz \in {}_tU$ 满足下述条件：

（1）对一切 $J(t) \in U_1$，有 ${}_txP_{J(t)}\,{}_ty\&{}_tyP_{J(t)}\,{}_tz$；

（2）对一切 $p(t) \in U_2$，有 ${}_tzP_{p(t)}\,{}_tx\&{}_txP_{p(t)}\,{}_ty$；

（3）对一切 $q(t) \in U_3$，有 ${}_tyP_{q(t)}\,{}_tz\&{}_tzP_{q(t)}\,{}_tx$。

显然，在状态 ${}_tx$ 与 ${}_ty$ 之间，对一切 $l(t) \in U = U_1 \cup U_2$ 均有 ${}_txP_{l(t)}\,{}_ty$，而对一切 $l(t) \in U_3 = \neg U$ 均有 ${}_tyP_{l(t)}\,{}_tx$，故按几乎决定集的定义有 ${}_txP_{tt}y$。在状态 ${}_ty$ 与 ${}_tz$ 之间，只有 $l(t) \in U_2$ 时有 ${}_tzP_{l(t)}\,{}_ty$，而对其余 $l(t) \in \neg U_2$ 均有 ${}_tyP_{l(t)}\,{}_tz$，故若 ${}_tzP_{tt}y$，则 U_2 必为几乎决定集。但前面已经设定 U 为最小几乎决定集而 U_2 又是 U 的真子集，这显然矛盾，因此必有 $\neg({}_tzP_{tt}y)$。又 ASWF 满足完备性要求，这意味着 ${}_tyR_{tt}z$。由传递性可知：${}_txP_{tt}y\&{}_tyR_{tt}z \rightarrow {}_txP_{tt}z$。但另一方面根据上述条件（1）、（2）、（3），只有对一切 $J(t) \in U_1$，有 ${}_txP_{J(t)}\,{}_ty\&{}_tyP_{J(t)}\,{}_tz \rightarrow {}_txP_{J(t)}\,{}_tz$，而对其余一切 $l(t) \in \neg U_1$ 均有 ${}_tzP_{l(t)}\,{}_tx$。这说明独点集 U_1 为几乎决定集。与前面反设矛盾。由于存在个体 J 对某些状态几乎完全决定，故由引理 4.1.1 可知，该个体即为 ${}_tU$ 上的独裁者。

由上述证明过程可知，阿罗不可能定理的出现完全是条件 U、I、P 和 D 的内在矛盾所致。直观地看，要求社会福利函数的定义域包含所有个体所有可能偏好的所有可能组合（条件 U），则在不允许个体偏好进行相互比较（条件 I）获得全体一致的社会偏好（P）时，似乎逻辑上只有一种可能，即由个人或其他外在力量使不同个体的偏好取得一致性。可见：四个条件中必须至少放弃一个条件后阿罗社会福利函数的存在性与构造才有可能。那么，放弃哪些条件呢？放弃后会有什么结果？下面探讨这些问题。

三　阿罗不可能定理的出路

关于条件 U（非限制定义域）。首先，要求其定义域包括所有可能个人所有可能偏好的所有可能组合，这是社会福利函数定义必须具备的一个条件。否则必须先要解决社会福利函数的定义域应该包含什么样的偏好组合这个问题。不解决这个问题，社会福利函数的定义就无法展开。但这个问题的解决怎么也离不开一定的价值判断。其次，要求定义域无限制并不意味着这个无限制定义域上的社会福利函数一定存在。如果无限制定义域上的社会福利函数不存在，但在加上一定限制后的定义域上存在社会福利函数，则意味着找到了社会福利函数存在与不存在的界线，通过这个界线可找到个人偏好能被社会偏好化的范围。最后，如果能找到这个界线的影响因素，则可通过这些因素来改变社会福利函数存在与不存在的界线，达到缩小不能被社会偏好化的个人偏好范围的目的。可见，定义域无限制至少一开始不能取消。

关于条件 P（帕累托原则）。首先，若所有个体在两个状态 ${}_tx$ 与 ${}_ty$ 之间无差异，或所有个体对 ${}_tx$ 至少和 ${}_ty$ 一样偏好，则只要有一个个体对 ${}_tx$ 比 ${}_ty$ 偏好，当社会对 ${}_tx$ 比 ${}_ty$ 偏好时，该个体的福利得到改进而其他个体的福利未减少，这符合强帕累托原则。若所有个体都对 ${}_tx$ 比 ${}_ty$ 偏好，当社会选择 ${}_tx$ 偏好于 ${}_ty$ 时，所有个体的福利都得到改进，这符合弱帕累托原则。此外还有帕累托原则的其他形式。按这些原则建立的社会福利函数不仅导致了帕累托改进而且还建立了社会偏好，因此是社会福利函数最理想的形式。其次，如果不能引起福利的帕累托改进，但却能保留不同个体的一致偏好，这也是社会偏好必须具备的性质。如果所有个体不能在所有选择上都达成一致偏好，那么如果他们在某些选择上能达成一致偏好，则虽然牺牲了条件 U 但起码能够在某个受约束的定义域上形成了社会偏好，从而明确了社会偏好的界线。这也是一种非常有吸引力的结果。再次，任何两个状态之间都不存在一致的个体偏好，但如果通过学习、比较、交流、换位思考等方式能产生社会共识，虽然可能违背了独立性条件，但也保留了社会福利反映个体一致偏好这个本质。最后，任何两个状态之间都不存在一致个体偏好且不能通过上述各种方式产生社会共识，那么社会偏好应该反映怎样的个体偏好，离开一定的价值判断就很难决定，因此只能通过一定价值判断建立社会偏好。这些价值判断本质上也是在帕累托原则要求的一致性达不到时采用的尽可能多人的原则（MMD）或其他帕累托原则的扩展形式或替代形式，而这一点正是社会福利函数的根本所在。由此可见：帕累托原则也是一个不能取消的条件。

关于条件D（非独裁性）。首先，非独裁性包含明显的价值前提：任何个人偏好都不能决定所有的社会选择。显然这符合当代很多人的价值观。其次，非独裁性是帕累托原则的补充条件：社会福利函数不仅是所有个体的一致性偏好，而且这些偏好还不能是某个个人的偏好。最后，非独裁性的拓展形式是：社会偏好不仅不是某个个人的偏好，而且也不是某几个个人的偏好（决定性），甚至必须是多数人的共同偏好（MMD），或者至少有一个社会选择是所有个体的共同偏好（自由主义），或者至少有两个个体分别在完全不同的两对状态上有决定作用（最小自由主义）（Sen，1970）。如果所有社会选择都是所有个体的共同偏好，则就是帕累托原则。可见：作为帕累托原则的互补条件，非独裁性与帕累托原则作为两极为个体偏好的一致性提供了许多中间过渡状态。如果帕累托原则不能取消，那么非独裁性条件也不能取消。

如果条件U、P和D不能完全取消，那么解决阿罗不可能性定理的出路似乎只有一条：那就是取消条件I（独立性原则）。但前面已经说过独立性原则的本质是集体选择结果取决于且仅取决于个体 $k(t) \in \mathbb{N}_{h(t)}$ 在两种状态 ${}_tu$ 与 ${}_tv$ 之间的偏好关系而与其他因素无关。如果社会选择规则不仅反映个体在 ${}_tu$ 与 ${}_tv$ 的偏好关系，而且还反映其他信息如 ${}_tu$ 或 ${}_tv$ 与某个第三者 x 之间的关系，那么它就不是纯粹 ${}_tu$ 与 ${}_tv$ 的关系。因此这个要求至少从表面上看也是必需的，取消该要求会给社会福利函数的定义带来极大麻烦。然而，事情的真相是：个体在两个状态之间选择时，总是将这两个状态与其他状态相比较，或者将不同个体对这两个状态的偏好进行比较，或者进行其他各种形式的比较。正是这些比较的结果决定了个体在 ${}_tu$ 与 ${}_tv$ 之间的偏好。离开这些相关比较的纯粹的 ${}_tu$ 与 ${}_tv$ 之间偏好关系虽然有利于社会福利函数的构造，但事实上是不存在的。因此即便不是为了克服阿罗不可能定理，就是按照从事实出发构造社会福利函数的原则，也必须将个体在相关状态之间的比较纳入社会福利函数的构造之中。此外，不同个体或同一个体在不同的条件下的偏好强度在社会福利函数的构造中也是必须考虑的重要因素，而这个因素也只有在福利的人际比较中才能显示出来。最后，也是最重要的一点，不同个体的福利人际比较过程也是一个学习、沟通和理解过程，这个过程本身对个体偏好的变化、社会偏好的形成和建立有着至关重要的作用。尊重个人价值的现代西方传统与通过学习交流建立个体偏好的沟通机制和原则这本身就是同一过程的两个方面。在这一点上以罗宾斯为代表的个人效用不可比较学说肯定是有问题的。下一节通过福利的人际比较来寻求阿罗不可能定理的出路，并在福利完全人际比较条件下证明可持续社会福利函数的存在性。

第二节　完全人际比较下的可持续社会福利函数

如果说福利的人际比较可能克服阿罗不可能性，那么福利人际比较的依据是什么？如何比较？能得到什么样的比较结果？这一节系统探讨这三个问题。

一　福利人际比较的依据

首先需要提出的是罗宾斯（Robinss，1932）早已提出，曾经在经济学上争论了好长时间，后来被柏格森－萨缪尔森社会福利函数理论超越了的个体效用的不可比较问题。如果说个体效用仅仅指没有任何外部表现、不与他人交流的纯粹的主观心理体验，那么它们确实是很难比较的。正如中国古语“子非鱼，安知鱼之乐也”。不仅如此，就连同一个人在不同时间地点下消费同一种物品或服务产生的效用也很难比较。但这种非常主观的消费效用却可以通过个体的选择行为被观察到。如果能够通过个体的消费选择度量他对商品和服务的偏好，那么通过个体的人际关系行为也能推断他人行为带来的效用。就是在与他人的商品交换过程中，这种由他人的物品与他人的行为带给当事人的效用也是很难截然分开的。比如说：在购物环境和物品质量等条件相同时，一个较穷的销售者可能会使购买者对同样数量的物品支付更多的货币。第三章第一节中所讲的偏好实验结果已经为福利的人际比较提供了有力的支持，本章只是在这些实验结果的基础上结合其他相关理论来建立福利的人际比较理论。

福利人际比较的心理基础是对他人的需求和自己的消费体验。从人作为动物对配偶和血亲的需求到人的社会化所导致的对一般他人的需求，已经成了人类需求早已存在、并且越来越强化的基本事实。对人的需求和对物品的需求构成人类需求的两个基本要素，这两个要素贯穿在人类需求的不同层次和整个过程。以马斯洛的需求层次划分为例，生理需求层次对配偶和血亲的需求、安全需求层次对保护者的需求、社会需求层次对爱和赞许等的需求以及自我完善阶段对道德准则与道德实践的需求等等本质上讲都是对他人的需求。从消费体验来看，虽然一个人自己处于某种状态产生一种效用，观察或比较他人处于某种状态时产生另一种效用，但这两种效用在比较者的同一个心理过程中存在。比较者正是通过在两种效用之间进行有效配置来实现满足感最大化。典型事例之一就是施舍的心理基础。施舍者和接受者都需要一块钱，但当施舍者通过观察发现受舍者比自己更需要一块钱时，他失去一块钱产生的负效用可能比他看到受舍者得到一块钱时产生的正效用小，而受舍者觉得自己得到一块钱产生的正效用大于施舍者失去一块钱产生的负效用。此时施舍过程对他们来说就是一种福利改进过程。

对他人的需求虽然通常和对他人提供的物品的需求联系在一起，第一种需求产生的原因之一是为了满足第二种需求。但是除此之外，他人还有超越商品和服务之上的独立价值：年迈的双亲、弱小的孩子、钟爱的配偶及其他亲朋好友，可能不仅不能带来商品和服务，而且可能还要消费商品与服务，但人们还是从对他们的无偿奉献中得到一种满足。对族人、国人和世人的需求可能没有像对亲朋好友那样强烈，但依然存在。这样就产生了个体、物品和他人之间的三角关系。资源的稀缺性，使得个体对他人的偏好受到物品稀缺性的制约，使得当物品供给量减少或他人的供给量增加时，他人的效用减少而物品效用增加。但他人的效用依然存在。这种对他人的需求就构成了福利人际比较的基础。

传统的做法是将对他人的需求归结为道德需求，而且很久以来一些大思想家就已经为这种需求寻求或制定准则了。如孔子的“己所不欲，勿施于人”，福音书的“像你要别人如何待你那样对待别人”，康德（Kant，1785）、西德维克（Sidwick，1907）和韩尔（Hare，1963）的“换位思考”，还有罗尔斯（Rawls，1971）的“无知的面纱”等等。哈撒伊（Harsanyi，1955）首次将这种对他人的偏好分为主观偏好与道德偏好，比较全面准确地概括了对他人偏好的实际过程。主观偏好即事实上的那种人际偏好，这种偏好未排除个人偏好所包含的欲望、感情、好恶等非理性需求成分及人与人之间的相互依赖性，而道德偏好是人们对一定的条件进行判断后理性选择的结果，通常表现为一定的人际行为准则。如孔子的“己所不欲，勿施于人”是对他人和自己进行了比较，认为我所厌恶必为人所厌恶，尽管事实未必如此。罗尔斯认为就每个人的可能境遇而言，任何人都有可能进入他人目前所处的境遇，因此主张将所有人都置入一个谁也不知道自己目前境遇的“无知的面纱”下观察人类的一般道德准则。哈撒伊本人则提出“非个人”（Impersonal）的机会均等原则为功利主义社会福利提供依据。

马克思关于道德偏好都是由一定阶级的地位和利益所决定的观点无疑是正确的。任何道德准则都是对一定现实利益关系的反映。但是为了得到一般的道德准则，还必须超越道德准则产生的具体利益关系，通过人与人之间的换位思考，在非个人化的机会均等、无知的面纱以及所有的人作为人的共同境遇等条件下进行抽象概括。的确，富人通常不会自己放弃既得利益，同时穷人也不会安于现状。但他们多数都会认为自己不会成为久穷或长富之人。当他们成为自己的对立面时会希望自己如何被对待就成了一般道德原则。这种原则不是像传统道德准则那样通过利他的道德律令而建立的，而是在利己的基础上通过换位思考与现实的不确定性而产生的。

可见，对物的偏好与对人的偏好之间、对人的主观偏好与道德偏好之间的有效配置以及一般道德准则的建立和实践才使福利的人际比较得以实现，它们同时也构成了福利人际比较的心理基础。福利的人际比较正是在这样的基础上建立起来的。下面在这个心理基础之上定义基于福利人际比较的个人偏好与相应的集体偏好。

定义 4.2.1 状态 - 个体集合 ${}_tU \times \mathbb{N}_{h(t)} = \{({}_tu, l(t)) \mid {}_tu \in {}_tU, l(t) \in \mathbb{N}_{h(t)}\}$ 上的偏好关系 $\tilde{R}_{l(t)}$: $({}_tu, l(t))\tilde{R}_{l(t)}({}_tv, k(t))$ 叫作 $l(t)$ 基于人际比较的个体弱偏好，其中 ${}_tu, {}_tv \in {}_tU$，$l(t), k(t) \in \mathbb{N}_{h(t)}$，$({}_tu, l(t))$ 表示个体 $l(t)$ 处于状态 ${}_tu$。将所有个体 $(\tilde{R}_{1(t)}, \cdots, \tilde{R}_{l(t)}, \cdots, \tilde{R}_{h(t)})$ 按照一定原则生成的关系 $\tilde{R}_t = f(\tilde{R}_{1(t)}, \cdots, \tilde{R}_{l(t)}, \cdots, \tilde{R}_{h(t)})$ 叫作基于人际比较的集体（社会）比较准则或一般社会比较准则（GCCR）。

通过基于人际比较的弱偏好可以定义相应的个体强偏好与无差异。具体地定义如下：

基于人际比较的强偏好 $\tilde{P}_{l(t)}$: $({}_tu, l(t))\tilde{P}_{l(t)}({}_tv, k(t))$ 当且仅当 $({}_tu, l(t))\tilde{R}_{l(t)}({}_tv, k(t))$ &¬ $({}_tv, l(t))\tilde{R}_{l(t)}({}_tu, k(t))$；

基于人际比较的无差异 $\tilde{I}_{l(t)}$: $({}_tu, l(t))\tilde{I}_{l(t)}({}_tv, k(t))$ 当且仅当 $({}_tu, l(t))\tilde{R}_{l(t)}({}_tv, k(t))$ & $({}_tv, l(t))\tilde{R}_{l(t)}({}_tu, k(t))$。

基于人际比较的社会强偏好和无差异既可以通过所有个体强偏好和无差异对应生成的方式来定义，也可以通过上面已经定义的基于人际比较的社会弱偏好来间接定义。具体可根据研究的需要决定。

显然，普通个体弱偏好 $R_{l(t)}$ 是基于人际比较的个体弱偏好 $\tilde{R}_{l(t)}$ 的次关系。这是因为 ${}_tuR_{l(t)}\,{}_tv \leftrightarrow ({}_tu, l(t))\tilde{R}_{l(t)}({}_tv, l(t))$ 且 ${}_tuP_{l(t)}\,{}_tv \leftrightarrow ({}_tu, l(t))\tilde{P}_{l(t)}({}_tv, l(t))$。尽管如此，$\tilde{R}_{l(t)}$ 与 $R_{l(t)}$ 还是有很大区别。后者仅仅是个体 $l(t)$ 在两种状态 ${}_tu$ 与 ${}_tv$ 之间的单一比较，而前者则是个体 $l(t)$ 在这两种状态与 $\mathbb{N}_{h(t)}$ 中所有个体的各种组合 $({}_tu, l(t))$ 与 $({}_tv, k(t))$ 之间的多元比较，共有 $2h(t)^2$ 对组合之间的比较。具体如表 4.2.1。

表 4.2.1　福利的人际比较

状态＼个体	$\tilde{R}_{1(t)}$	…	$\tilde{R}_{l(t)}$	…	$\tilde{R}_{k(t)}$	…	$\tilde{R}_{h(t)}$
	$1(t)$	…	$l(t)$	…	$k(t)$	…	$h(t)$
${}_tu$	$({}_tu, 1(t))$	…	$({}_tu, l(t))$	…	$({}_tu, k(t))$	…	$({}_tu, h(t))$
${}_tv$	$({}_tv, 1(t))$	…	$({}_tv, l(t))$	…	$({}_tv, k(t))$	…	$({}_tv, h(t))$

$2h(t)^2$ 对中从 ${}_tu$ 行任取一个与 ${}_tv$ 行任取一个进行的比较共有 $h(t)^2$ 对，反映 $l(t)$ 对所有个体分别处于状态 ${}_tu$ 与 ${}_tv$ 时所做的比较，是 $l(t)$ 在

进行人际比较的情况下选择 ${}_tu$ 还是 ${}_tv$ 的关键。但是为了对不同个体 $l(t)$ 和 $k(t)$ 与不同状态 ${}_tu$ 和 ${}_tv$ 的组合 $({}_tu,l(t))$ $({}_tv,k(t))$ 进行比较，又要考虑不同个体与同一状态的组合 $({}_tu,l(t))$ 与 $({}_tu,k(t))$ 之间或 $({}_tv,l(t))$ 与 $({}_tv,k(t))$ 之间的比较，这样的组合相当于从 ${}_tu$ 行或 ${}_tv$ 行任取两个进行比较，共有 $2(h(t)^2/2!) = h(t)^2$ 对。两类比较合起来总共 $2h(t)^2$ 对，比非人际比较的弱偏好 $R_{l(t)}$ 多出 $2h(t)^2-1$ 对。通常 $h(t)$ 是很大的。这就使得 $\tilde{R}_{l(t)}$ 需要比较的量不仅很大，而且还非常复杂。此外，在现实生活中任何个体人际比较的范围其实是非常有限的，根本不可能在所有个人与两种不同状态的所有可能组合之间进行比较。于是如何在能保证 $\tilde{R}_{l(t)}$ 进行有效比较的前提下尽可能减少比较的复杂性就变得十分重要了。常见的简化方法是休普斯－森分类规则（Suppes-Sen grading principles）（Suppes，1966；Sen，1970）。

二 休普斯－森分类原则与换位等同公理

定义 4.2.2 设 $\Pi = \{\tau \mid \tau: l(t) \to k(t)$ 为 $\mathbb{N}_{h(t)}$ 到自身的双射$\}$。休普斯－森分类原则 $J_{k(t)}$ 可定义如下：对一切 ${}_tu, {}_tv \in {}_tU$，${}_tuJ_{k(t)}{}_tv \leftrightarrow \exists \tau \in \Pi$，使得：

$$[\forall l(t) \in \mathbb{N}_{h(t)}:({}_tu,l(t))\tilde{R}_{k(t)}({}_tv,\tau[l(t)])]\&$$
$$[\exists l(t) \in \mathbb{N}_{h(t)}:({}_tu,l(t))\tilde{P}_{k(t)}({}_tv,\tau[l(t)])]$$

显然，休普斯－森分类原则 $J_{k(t)}$ 的实质是存在 $k(t)$ 的人际比较准则 τ，使得 $k(t)$ 认为对 $\mathbb{N}_{h(t)}$ 中任一个体 $l(t)$，都对应着 $\mathbb{N}_{h(t)}$ 中的另一个体 $\tau[l(t)]$，使得 $l(t)$ 处于状态 ${}_tu$ 至少和 $\tau[l(t)]$ 处于状态 ${}_tv$ 一样好，并且存在某个体 $l(t)$，$l(t)$ 处于状态 ${}_tu$ 比 $\tau[l(t)]$ 处于状态 ${}_tv$ 好。由于 τ 是 $\mathbb{N}_{h(t)}$ 到自身的双射，所以共有 $h(t)$ 次比较，使上述一般性 $2h(t)^2$ 次比较的数量大大缩减。但却通过在状态－个体对 $({}_tu,l(t))$ 与 $({}_tv,\tau[l(t)])$ 之间的共 $h(t)$ 次一一比较，将在状态－个体组合集 ${}_tU \times \mathbb{N}_{h(t)}$ 上的 $2h(t)^2$ 次繁重比较转化为状态集 ${}_tU$ 上两种状态 ${}_tu$ 与 ${}_tv$ 之间的普通比较，最终确定了在两种状态之间的偏好关系。

特别地，若 τ 为恒同映射，即 $\forall l(t) \in \mathbb{N}_{h(t)}$，都有 $\tau[l(t)] = l(t)$。

此时，考虑到${}_tuR_{l(t)}{}_tv\leftrightarrow$（${}_tu$，$l$（$t$））$\tilde{R}_{l(t)}$（${}_tv$，$l$（$t$）），则 $J_{k(t)}$ 即为前面定义过的严格帕累托偏好 P_t：${}_tuP_{tt}v\leftrightarrow$[${}_tuR_{tt}v\&\neg$（${}_tvR_{tt}u$）]。这个结果的重要意义是：个体基于休普斯－森分类原则的人际比较在分类原则为恒同映射的情况下等价于社会选择规则意义上的严格帕累托偏好，其实质是个体在恒同映射的情况下按严格帕累托规则进行人际比较。但是，如果 τ 不是恒同映射，则休普斯－森分类原则与帕累托偏好系列（强帕累托偏好、弱帕累托偏好及严格帕累托偏好）未必相容。具体地如定理 4.2.1 和定理 4.2.2。

定理 4.2.1 当个体数 $h(t)$ 不小于 2 时，弱帕累托偏好 P_t 不能与每个个体休普斯－森分类原则 $J_{k(t)}$ 相容，$k(t)\in\mathbb{N}_{h(t)}$。

直观地看，当 τ 不为恒同映射，即 $\tau[l(t)]\neq l(t)$ 时，$k(t)$ 在不同个体的状态－个体对（${}_tu,l(t)$）与（${}_tv,\tau[l(t)]$）之间进行人际比较，因此也就得不到以每个个体在不同状态之间的一致性偏好为特征的帕累托关系。实际上可以证明弱帕累托偏好与每个个体的修普斯－森分类原则合起来必然产生矛盾。具体地定义如下 τ：

$$\begin{cases}\tau[l(t)]=l(t)+1,\text{当 } l(t)\leqslant h(t)-1\\ \tau[l(t)]=1(t),\text{当 } l(t)=h(t)\end{cases}\tag{1}$$

则 $\forall k(t)\in\mathbb{N}_{h(t)}$，用来定义休普斯－森分类原则的强偏好关系 $\tilde{P}_{k(t)}$ 能同时满足：

$$({}_tu,\tau[l(t)])\tilde{P}_{k(t)}({}_tv,l(t))\tag{2}$$

$$({}_tv,k(t))\tilde{P}_{k(t)}({}_tu,k(t))\tag{3}$$

这是因为由于 $\tau[l(t)]\neq l(t)$，所以（2）式是不同个体的（${}_tu,l(t)$）与（${}_tv,\tau[l(t)]$）之间的偏好关系，（3）式反映的是相同个体的（${}_tu,k(t)$）与（${}_tv,k(t)$）之间的比较，二者比较的状态－个体组是不同的，因此二式可以同时成立。这无非是说，按照不同个体的状态－个体对进行人际比较与按照相同个体的状态－个体进行人际比较二者都可行。另外，（2）式中的强偏好 $\tilde{P}_{k(t)}$ 与相应 $R_{k(t)}$ 可根据定义 4.2.2 得到休普斯－森原则 $J_{k(t)}$。当 $k(t)$ 取遍 $\mathbb{N}_{h(t)}$ 中的所有个体时可得到 $h(t)$ 个 $J_{k(t)}$，根据（3）式也可得到一个弱帕累托偏好 P_t:${}_tvP_{tt}u$。可以证明：只要 $h(t)\geqslant 2$，则这

$h(t)$ 个 $J_{k(t)}$ 与 P_t 不相容。为此，不妨设 τ 的逆映射为 τ^{-1}，则对任意 $k(t) \in \mathbb{N}_{h(t)}$，由（2）、（3）可得：

$$
\begin{aligned}
&({}_tu,\tau[k(t)])\tilde{P}_{k(t)}({}_tv,k(t))\&({}_tv,k(t))\tilde{P}_{k(t)}\\
&({}_tu,k(t))\&({}_tu,k(t))\tilde{P}_{k(t)}({}_tv,\tau^{-1}[k(t)])
\end{aligned}
\tag{4}
$$

其中第一部分是（2）中将 $l(t)$ 换成 $k(t)$ 所得，第三部分是在（2）中令 $\tau[l(t)] = k(t)$，从而 $l(t) = \tau^{-1}[k(t)]$ 所得。由于 τ 为双射，故这样做是可行的。然而，当 $k(t)$ 在 $\mathbb{N}_{h(t)}$ 中变化时，由不同个体的 $J_{k(t)}$ 却可得到不同个体在同样状态下的相反偏好，这与弱帕累托原则矛盾。具体地，在 $h(t) = 2$ 时，在（4）式中分别令 $k(t) = 1,2$ 可得：

$$({}_tu,2(t))\tilde{P}_{1(t)}({}_tv,1(t))\&({}_tv,1(t))\tilde{P}_{1(t)}({}_tu,1(t))\&({}_tu,1(t))\tilde{P}_{1(t)}({}_tv,2(t)) \tag{5}$$
$$({}_tu,1(t))\tilde{P}_{2(t)}({}_tv,2(t))\&({}_tv,2(t))\tilde{P}_{2(t)}({}_tu,2(t))\&({}_tu,2(t))\tilde{P}_{2(t)}({}_tv,1(t)) \tag{6}$$

由（5）及 $\tilde{P}_{1(t)}$ 的传递性显然可知：

$$({}_tu,2(t))\tilde{P}_{1(t)}({}_tv,2(t)) \tag{7}$$

同理由（6）及 $\tilde{P}_{2(t)}$ 的传递性可知：

$$({}_tu,1(t))\tilde{P}_{2(t)}({}_tv,1(t)) \tag{8}$$

显然，（7）和（8）定义的休普斯－森分类原则为 $J_{k(t)}:{}_tuJ_{k(t)}{}_tv$，与前面 $P_t:{}_tvP_{t}{}_tu$ 矛盾。

由于弱帕累托偏好蕴含严格帕累托偏好，故由此定理立即可得：

推论 4.2.1 当个体数 $h(t)$ 不小于 2 时，严格帕累托偏好 P_t 不能与每个个体修普斯－森分类原则 $J_{k(t)}$ 相容，$k(t) \in \mathbb{N}_{h(t)}$。

定理 4.2.1 与推论 4.2.1 的本质是：只要个体的人际比较准则非 $\mathbb{N}_{h(t)}$ 上的恒等映射，则在没有其他约束时 $\mathbb{N}_{h(t)}$ 中所有 $h(t)$ 个个体的休普斯－森分类原则 $J_{k(t)}$，$k(t) \in \mathbb{N}_{h(t)}$ 并不能直接生成符合帕累托原则的一般社会偏好。从所有个体的 $J_{k(t)}$ 到符合帕累托原则的社会偏好还必须满足其他条件。首先对休普斯－森分类原则进行推广。

定义 4.2.3 弱休普斯－森分类原则 $O_{k(t)}$ 定义如下：对一切 ${}_tu, {}_tv \in {}_tU$，${}_tuO_{k(t)}{}_tv \leftrightarrow \exists \tau \in \Pi:[\forall l(t) \in \mathbb{N}_{h(t)}:({}_tu,l(t))\tilde{R}_{k(t)}({}_tv,\tau[l(t)])]$，$k(t) \in \mathbb{N}_{h(t)}$。

显然弱休普斯－森分类原则 $O_{k(t)}$ 和休普斯－森分类原则一样都是通过人际比较弱偏好 $\tilde{R}_{k(t)}$ 来定义的，只是去掉了强偏好 $\tilde{P}_{k(t)}$ 的限制。此外 $J_{k(t)}$ 可通过 $O_{k(t)}$ 来定义，具体地即：${}_tuJ_{k(t)}{}_tv \leftrightarrow uO_{k(t)}{}_tv \& \neg ({}_tvO_{k(t)}{}_tu)$。

定理 4.2.2 弱休普斯－森分类原则 $O_{k(t)}$ 对一切可能 $k(t) \in \mathbb{N}_{h(t)}$ 的人际比较弱偏好 $\tilde{R}_{k(t)}$ 而言都具有自反性和传递性。

证明。由于 $O_{k(t)}$ 为定义在 ${}_tU \times N_{h(t)}$ 上的弱休普斯－森分类原则，且 ${}_tu \in {}_tU$，故 $\exists \tau \in \Pi$，使得 $[\forall l(t) \in \mathbb{N}_{h(t)}: ({}_tu, l(t))\tilde{R}_{k(t)}({}_tu, \tau[l(t)])]$，这说明 ${}_tuO_{k(t)}{}_tu$。即 $O_{k(t)}$ 满足自反性。

又设 ${}_tu, {}_tv, {}_tx \in {}_tU$，且 ${}_tuO_{k(t)}{}_tv$ 与 ${}_tvO_{k(t)}{}_tx$ 成立。

由于 ${}_tuO_{k(t)}{}_tv \leftrightarrow \exists \tau \in \Pi: [\forall l(t) \in \mathbb{N}_{h(t)}: ({}_tu, l(t))\tilde{R}_{k(t)}({}_tv, \tau[l(t)])]$，$k(t) \in \mathbb{N}_{h(t)}$，并且 ${}_tvO_{k(t)}{}_tx \leftrightarrow \mu \in \Pi: [\forall p(t) \in \mathbb{N}_{h(t)}: ({}_tu, p(t))\tilde{R}_{k(t)}({}_tv, \mu[p(t)])]$，故 ${}_tuO_{k(t)}{}_tv \& {}_tvO_{k(t)}{}_tx \& \rightarrow [\forall l(t): ({}_tu, l(t))\tilde{R}_{k(t)}({}_tv, \tau[l(t)])] \& [\forall p(t): ({}_tv, p(t))\tilde{R}_{k(t)}({}_tx, \mu[p(t)])] \rightarrow [\forall l(t): ({}_tu, l(t))\tilde{R}_{k(t)}({}_tv, \tau[l(t)])] \& [\forall \tau[l(t)]: ({}_tv, \tau[l(t)])\tilde{R}_{k(t)}({}_tx, \mu[\tau[l(t)]])] \rightarrow [\forall l(t): ({}_tu, l(t))\tilde{R}_{k(t)}({}_tx, \mu[\tau[l(t)]])] \xrightarrow{\pi[l(t)] = \mu[\tau[l(t)]]} [\forall l(t): ({}_tu, l(t))\tilde{R}_{k(t)}({}_tx, \pi[l(t)])] \rightarrow {}_tuO_{k(t)}{}_tx$。可见 $O_{k(t)}$ 满足传递性。

为了通过 $O_{k(t)}$ 进行理性选择并建立相应的一般社会选择规则，$O_{k(t)}$ 至少还必须满足完备性。但由定义 4.2.3 可知：$\neg ({}_tuO_{k(t)}{}_tv)$ 会转化为关于 $k(t)$ 的比较准则 $\tau \in \Pi$ 及人际比较偏好 $\tilde{R}_{k(t)}$ 的非常复杂的关系，如果没有其他条件，很难从中得出是否有 $({}_tvO_{k(t)}{}_tu)$ 的判断。因此只能通过对 $\tilde{R}_{k(t)}$ 加其他条件来解决问题。森（Sen，1970）提出的“换位等同公理”（identity axiom）与 $\tilde{R}_{k(t)}$ 可数值代理可以满足要求。

公理 1（换位等同）任给 $\forall {}_tu, {}_tv \in {}_tU$，都有：

$$\forall k(t) \in \mathbb{N}_{h(t)}: [({}_tu, k(t))\tilde{R}_{k(t)}({}_tv, k(t)) \leftrightarrow \forall l(t): ({}_tu, k(t))\tilde{R}_{l(t)}({}_tv, k(t))] \tag{4.2.1}$$

即对任意个体 $k(t)$，任意个体 $l(t)$ 若处于 $k(t)$ 的境遇，都会和 $k(t)$ 有同样的偏好。由于 $l(t)$ 是任意给定的，所以该公理的本质是：任何社会成员若处于相同境遇，都会有同类偏好。如果不同个体能够换位体验，则在相同境遇下，绝大多数个体在很多基本需求如生存、健康、安全、发展等方面会有相同的偏好类型，即弱偏好、强偏好与无差异。例如若不考虑相关条件，则几乎所有人在生死之间偏好生，在贫富之间偏好富，在安全与危险之间偏好安全，在健康与生病之间偏好健康，在温饱与饥渴之间选择温饱，在自由与奴役之间选择自由，在受尊重和被侮辱之间选择受尊重，等等。此外，不同个体同类偏好的强度差异可以通过偏好强度来反映。正是这些事实使得过去和当代人类的许多共同行为准则的建立和遵守成为可能。当然，还有很多状态，即便不同个体和其他个体处于同样的境遇中，也很难形成同类偏好。例如不同个体在饮酒与不饮酒之间恐怕很难形成同类偏好。但是通过相互交流和理性选择，双方在相互尊重对方选择与饮酒但不酗酒之间还是能够达成一致意见。事实上像这样在很多几乎不能形成具体集体偏好的个性化状态之间，至少可以形成“求同存异”这样一种共同偏好。由此可见：换位等同公理有着广泛的现实基础，构成了通过人际比较建立集体偏好最基本的原则，正是这个原则包含的换位体验下的求同存异使得集体偏好和个人自由均成为可能。

换位等同公理是迄今为止关于人际福利比较方式的最好概括。它不同于以往孔子、福音书、康德、西德维克-韩尔和罗尔斯等提出的那些抽象的理性原则。它既包含这些思想家提出的那些理性原则，也包含其他各种具体的非理性的心理体验。它也不局限于哈撒伊关于主观偏好与道德偏好的简单区分。哈撒伊在这种区分的基础上最终提出的“非个人”机会均等原则本质上仍为一种抽象的人际关系准则，而换位等同公理虽然也主张通过换位体验来建立相应的社会偏好和一般原则，但它本质上是不同个体以换位体验为特征的学习和交流方式而不仅仅是通过交流得出的抽象准则。如果深入研究一下那些不同个体之间、民族之间和国家之间因误解、猜疑、愚昧或贪婪等引起的冲突及其带来的灾难，就知道这种交流方式对人类来说有多重要了。换位等同公理是福利人际比较的基础和基本方式，也是休普斯-森分类原则和帕累托原则之间相容以及社会福利函数存在的前提。

在换位等同公理的基础上，森（Sen，1970）还提出了完全换位等同公理，其基本思想是任意两个个体通过对一组状态的换位体验都可得到同类偏好。具体地即：

公理 1a（完全换位等同）$\forall l(t), k(t) \in \mathbb{N}_{h(t)}: \tilde{R}_{l(t)} = \tilde{R}_{k(t)}$。

完全换位等同公理虽然从形式上看似乎有点过于严格，但却仍然有一定可行性。这是因为：换位等同公理是迄今为止关于人际福利比较方式的最好概括。它不仅有着广泛的现实基础，而且换位体验下的求同存异原则使得集体偏好和个人自由均成可能。此外它只是强调不同个体换位体验下偏好类型的一致性，并未强求偏好强度的相等性，从而为同类偏好类型下的不同偏好强度提供了空间，这样就增强了该公理的现实解释力。有了完全换位等同公理，休普斯－森分类原则与帕累托原则的相容性，特别是从个体偏好到社会偏好的过渡两大问题都可以得到解决。

在完全换位等同公理下，由于 $\forall l(t), k(t) \in \mathbb{N}_{h(t)}: \tilde{R}_{l(t)} = \tilde{R}_{k(t)}$，故可以将人际比较弱偏好 $\tilde{R}_{k(t)}$ 中标识个体的下标 k 去掉，直接记为 $\tilde{R}_t$。由此可知：通过 $\tilde{R}_t$ 定义的弱休普斯－森分类原则 $O_{k(t)}$ 也与标识个体的下标 k 无关，故记为 O_t。这两个标号后面很有用。

三　完全换位等同公理下社会福利函数的存在性

下面证明完全换位等同公理成立时，弱休普斯－森分类原则能保证可持续社会福利函数的存在性。这相当于阿罗不可能定理中放弃了非限制性和独立性条件，但却能得到保持个体一致偏好的可持续社会福利函数。具体可通过以下几个定理来论证。

定理 4.2.3 换位等同公理下，对每个个体 $k(t) \in \mathbb{N}_{h(t)}$，帕累托原则 P_t 与休普斯－森分类原则 $J_{k(t)}$ 都相容，进一步地有，$\forall {}_tu, {}_tv \in {}_tU$：$[{}_tuP_{tt}v \rightarrow {}_tuJ_{k(t)\,t}v]$。

证明。若 P_t 为帕累托原则，则有：

$\forall {}_tu, {}_tv \in {}_tU: {}_tuP_{tt}v \leftrightarrow [{}_tuR_{tt}v \& \neg({}_tvR_{tt}u)]$

$\rightarrow [\forall k(t) \in \mathbb{N}_{h(t)}: ({}_tu, k(t))\ R_{k(t)}\ ({}_tv, k(t))] \& [\exists k(t) \in \mathbb{N}_{h(t)}: ({}_tu, k(t))\ P_{k(t)}\ ({}_tv, k(t))]$

$\xrightarrow{\text{换位等同}} \forall k(t) \in \mathbb{N}_{h(t)}: [\forall l(t) \in \mathbb{N}_{h(t)}: ({}_tu, l(t))\ R_{k(t)}\ ({}_tv, l(t))]$

$\&[\exists l(t)\in\mathbb{N}_{h(t)}:({}_tu,\ l(t))\ P_{k(t)}\ ({}_tv,\ l(t))]$

$\xrightarrow{\text{相当于}\exists\tau:\ \tau[l(t)]=l(t),\ l(t)\in\mathbb{N}_{h(t)}}\forall k(t)\in\mathbb{N}_{h(t)}:\ [\forall l(t)\in\mathbb{N}_{h(t)}:\ ({}_tu,\ l(t))\ \tilde{R}_{k(t)}\ ({}_tv,\ \tau[l(t)])]$

$\&[\exists l(t)\in\mathbb{N}_{h(t)}:({}_tu,\ l(t))\ \tilde{P}_{k(t)}\ ({}_tv,\ \tau[l(t)])]$

$\to\forall k(t)\in\mathbb{N}_{h(t)}:{}_tuJ_{k(t)}\,{}_tv$。

此定理无非是说：因为任何既定个体 $k(t)$ 对其他所有个体 $l(t)$ 的状态－个体组都有同类偏好，所以所有这些同类偏好作为既定个体 $k(t)$ 通过人际比较建立的 ${}_tu$ 与 ${}_tv$ 之间的偏好 $P_{k(t)}$ 当然与所有 $l(t)$ 的修普斯－森分类原则 $J_{k(t)}$ 相容。进一步地，由于 $k(t)$ 的任意性，故通过 $P_{k(t)}$ 建立的帕累托原则 P_t 当然与 $J_{k(t)}$ 相容。

由定理的证明过程可见，在换位等同公理下，将上述定理中的帕累托原则换成普通弱偏好 R_t，将休普斯－森分类原则 $J_{k(t)}$ 换成弱休普斯－森分类原则 $O_{k(t)}$，结论依然成立。具体地：

定理 4.2.4 换位等同公理下，对每个个体 $k(t)\in\mathbb{N}_{h(t)}$，普通弱偏好 R_t 与弱休普斯－森分类原则 $O_{k(t)}$ 都相容，进一步地有，$\forall\,{}_tu,{}_tv\in{}_tU$：$[{}_tuR_t\,{}_tv\to{}_tuO_{k(t)}\,{}_tv]$。

证明。若 R_t 为普通弱偏好，则有：

$\forall\,{}_tu,{}_tv\in{}_tU:{}_tuR_t\,{}_tv\leftrightarrow\forall k(t)\in\mathbb{N}_{h(t)}:({}_tu,k(t))R_{k(t)}({}_tv,k(t))$

$\xrightarrow{\text{换位等同}}\forall k(t)\in\mathbb{N}_{h(t)}:[\forall l(t)\in\mathbb{N}_{h(t)}:({}_tu,l(t))R_{k(t)}({}_tv,l(t))]$

$\xrightarrow{\text{相当于}\ \exists\tau:\tau[l(t)]=l(t),l(t)\in\mathbb{N}_{h(t)}}\forall k(t)\in\mathbb{N}_{h(t)}:[\forall l(t)\in\mathbb{N}_{h(t)}:({}_tu,l(t))\tilde{R}_{k(t)}({}_tv,\tau[l(t)])]$

$\to\forall k(t)\in\mathbb{N}_{h(t)}:{}_tuO_{k(t)}\,{}_tv$。

定理 4.2.5 换位等同公理下，人际比较的弱偏好 $\tilde{R}_{k(t)}$ 可被数值代理。

直观地看，从定理 4.2.3 的证明过程已经看到 $\tilde{R}_{k(t)}$ 具有自反性和传递性。同时，对既定 τ，个体对 $(l(t),\tau[l(t)])$ 是任意给定的，因此仍然可以依照状态 ${}_tu$ 和 ${}_tv$ 来定义人际比较弱偏好 $({}_tu,l(t))\tilde{R}_{k(t)}({}_tv,\tau[l(t)])$ 中 $\tilde{R}_{k(t)}$ 的完备性、单调性和连续性，从而可以和前面证明普通弱偏好 $R_{k(t)}$ 可被数值代理一样的办法证明 $\tilde{R}_{k(t)}$ 可被数值代理。严格证明如下：

根据第三章的证明结果，普通弱偏好 R 可被数值代理。不妨设 $k(t)$ 个体在状态 ${}_tu$ 下的弱偏好 $R_{k(t)}$ 的数值代理为：

$$\varpi_{k(t)}({}_{k(t)}u) = \varpi_{k(t)}({}_tu,k(t)) \tag{4.2.2}$$

因为对 $\forall k(t) \in \mathbb{N}_{h(t)}$：$[({}_tu,k(t))\tilde{R}_{k(t)}({}_tv,k(t)) \leftrightarrow \forall l(t)$：$({}_tu,l(t))\tilde{R}_{k(t)}({}_tv,l(t))]$，故有：

$$({}_tu,k(t))\tilde{R}_{k(t)}({}_tv,k(t)) \leftrightarrow ({}_tu,k(t))R_{k(t)}({}_tv,k(t)) \leftrightarrow \varpi_{k(t)}({}_{k(t)}u) - \varpi_{k(t)}({}_{k(t)}v) \geqslant 0$$

故 $k(t)$ 在状态 ${}_tu$ 下的人际比较弱偏好 $\tilde{R}_{k(t)}$ 可被数值代理，且其代理值仍为式（4.2.2）。

又根据换位等同公理，任给 $\forall {}_tu,{}_tv \in {}_tU$，都有：

$$\forall k(t) \in \mathbb{N}_{h(t)}:[({}_tu,k(t))\tilde{R}_{k(t)}({}_tv,k(t)) \leftrightarrow \forall l(t):({}_tu,l(t))\tilde{R}_{k(t)}({}_tv,l(t))]$$

这说明 $k(t)$ 对 $({}_tu,l(t))$ 的偏好 $\tilde{R}_{k(t)}$ 亦可数值代理且其代理值为：

$$\varpi_{k(t)}({}_{l(t)}u) \risingdotseq \varpi_{k(t)}({}_tu,l(t)),l(t) \in \mathbb{R} \tag{4.2.3}$$

且 $({}_tu,\ l(t))\ \tilde{R}_{k(t)}\ ({}_tv,\ l(t)) \leftrightarrow \varpi_{k(t)}\ ({}_tu,\ l(t)) - \varpi_{k(t)}\ ({}_tv,\ l(t)) \geqslant 0 \leftrightarrow \varpi_{k(t)}({}_{k(t)}u) - \varpi_{k(t)}({}_{k(t)}v) \geqslant 0$。

总之，由于换位等同公理的作用，对 $\forall l(t) \in \mathbb{N}_{h(t)}$，$k(t)$ 在状态－个体组 $({}_tu,l(t))$ 上的人际比较偏好 $\tilde{R}_{k(t)}$ 都可被数值代理且其代理值恰好为 $k(t)$ 的普通偏好 $R_{k(t)}$ 在 $({}_tu,k(t))$ 的效用值。

定理 4.2.6 换位等同公理下，弱休普斯－森分类原则 $O_{k(t)}$ 为序。

证明。由 $O_{k(t)}$ 的定义得：对 $\forall k(t) \in \square_{h(t)}$ 及 $\forall {}_tu,{}_tv \in {}_tU$，均有：

$${}_tuO_{k(t)}{}_tv \leftrightarrow \exists \tau \in \Pi:[\forall l(t) \in \square_{h(t)}:({}_tu,l(t))\tilde{R}_{k(t)}({}_tv,\tau[l(t)])]$$

换位等同公理下有：

$$\neg({}_tuO_{k(t)}{}_tv) \xrightarrow{\text{定理 4.2.4}} \neg({}_tuR_t{}_tv) \rightarrow \xrightarrow{R_t\text{ 为序}} {}_tvP_t{}_tu \rightarrow \xrightarrow{\text{定理 4.2.3}} {}_tvJ_{k(t)}{}_tu$$

这说明 $O_{k(t)}$ 满足完备性。这个结论与定理 4.2.3 结合起来即得 $O_{k(t)}$ 为序。

$O_{k(t)}$ 虽然为序，但它不一定满足单调性和连续性，故不一定可被数值代理。但在完全换位等同公理下，由于 $\forall k(t) \in \mathbb{N}_{h(t)}:\tilde{R}_{k(t)} = \tilde{R}_t$，故

可通过 $\tilde{R}_t$ 定义弱修普斯－森分类原则 O_t，并且所有 $k(t)$ 的 $\tilde{R}_t$ 可数值代理如下：

$$\varpi_{k(t)}({}_tu) = \varpi_t({}_tu,k(t)) = \varpi_{k(t)}({}_{k(t)}u) \tag{4.2.4}$$

其中 $\varpi_{k(t)}({}_tu)$ 表示 $k(t)$ 的人际比较偏好 $\tilde{R}_t$ 在状态 ${}_tu$ 上的数值代理，但由于 $\tilde{R}_t$ 是所有个体共同的偏好，故其数值代理与 $k(t)$ 无关，这就有了（4.2.4）中第一个等式。但是个体 $k(t)$ 在状态 ${}_tu$ 上的偏好也就是 $k(t)$ 的状态为 ${}_{k(t)}u$ 时的偏好，于是有了（4.2.4）中第二个等式。（4.2.4）第二个等式右边函数符号加了右下标，仅仅表示 $k(t)$ 的状态为 ${}_{k(t)}u$ 的偏好就是 $\tilde{R}_t$ 在状态－个体对（${}_tu,k(t)$）上的偏好。通过（4.2.4）式可以定义人际比较加总函数 A_t。具体地有：

定义 4.2.4 $\forall\, {}_tu,{}_tv \in {}_tU$，${}_tuA_{tt}v$ 当且仅当：

$$\sum_{k=1}^{h(t)}[\varpi_t({}_tu,k(t)) - \varpi_t({}_tv,k(t))] = \sum_{k=1}^{h(t)}[\varpi_{k(t)}({}_{k(t)}u) - \varpi_{k(t)}({}_{k(t)}v)]$$

$\geqslant 0$。

显然，A_t 为序，其数值表示为：

$$W_t({}_tu) = \sum_{k=1}^{h(t)}\varpi_t({}_tu,k(t)) = \sum_{k=1}^{h(t)}\varpi_{k(t)}({}_{k(t)}u) \tag{4.2.5}$$

定理 4.2.7 完全换位等同公理下，弱休普斯－森分类原则 O_t 为人际比较加总函数 A_t 的次序。

证明。由定理 4.2.5 知：换位等同公理下，人际比较的弱偏好 $\tilde{R}_{k(t)}$ 可被数值代理。于是若 O_t 成立，则对一切 $\forall\, {}_tu,{}_tv \in {}_tU$ 都有：

$$\begin{aligned}
&{}_tuO_{tt}v \leftrightarrow \exists\tau \in \Pi:[\forall l(t) \in \mathbb{N}_{h(t)}:({}_tu,l(t))\tilde{R}_t({}_tv,\tau[l(t)])] \\
&\xrightarrow{\exists\varpi_t({}_{l(t)}u) = \varpi_t({}_tu,l(t)),\, l(t)\in\mathbb{N}_{h(t)}}[\forall l(t) \in \mathbb{N}_{h(t)}: \\
&\quad \varpi_t({}_tu,l(t)) - \varpi_t({}_tv,\tau[l(t)]) \geqslant 0] \\
&\rightarrow \sum_{l=1}^{h(t)}[\varpi_t({}_tu,l(t)) - \varpi_t({}_tv,\tau[l(t)])] \geqslant 0
\end{aligned}$$

由于 τ 为双射，故通过交换下列求和式中各项的位置并利用加法结合率可得：

$$\begin{aligned}
&\sum_{k=1}^{h(t)}[\varpi_t({}_tu,k(t)) - \varpi_t({}_tv,k(t))] \\
&= \sum_{l=1}^{h(t)}[\varpi_t({}_tu,l(t)) - \varpi_t({}_tv,\tau[l(t)])] \geqslant 0 \\
&\rightarrow {}_tuA_{tt}v
\end{aligned}$$

另外，${}_{t}uJ_{tt}v \leftrightarrow \exists \tau \in \Pi$：

$$
\begin{aligned}
&[\forall l(t) \in \mathbb{N}_{h(t)}:({}_{t}u,l(t))\tilde{R}_{t}({}_{t}v,\tau[l(t)])]\& \\
&[\exists l(t) \in \mathbb{N}_{h(t)}:({}_{t}u,l(t))\tilde{P}_{t}({}_{t}v,\tau[l(t)])] \\
&\xrightarrow{\exists \varpi_{t}({}_{l(t)}u)=\varpi_{t}({}_{t}u,l(t)),l(t)\in\mathbb{N}_{h(t)}}[\forall l(t) \in \mathbb{N}_{h(t)}: \\
&\quad \varpi_{t}({}_{t}u,l(t))-\varpi_{t}({}_{t}v,\tau[l(t)]) \geqslant 0] \\
&\&[\exists l(t) \in \mathbb{N}_{h(t)}:\varpi_{t}({}_{t}u,l(t))-\varpi_{t}({}_{t}v,\tau[l(t)])>0] \\
&\rightarrow {}_{t}uA_{tt}v\&\neg({}_{t}vA_{tt}u)
\end{aligned}
$$

可见定理 4.2.7 成立。

由证明过程可知定理 4.2.7 的本质是：换位等同公理下所有个体 $k(t)$ 都有相同的人际比较弱偏好 $\tilde{R}_t$。个体 $k(t)$ 进行人际比较时可能无法确定每个个体 $l(t)$ 在两种状态 ${}_tu$ 和 ${}_tv$ 之间有同类偏好（$\tilde{R}_t = R_t$、$\tilde{P}_t = P_t$ 或 $\tilde{I}_t = I_t$），但如果能够得到 $\mathbb{N}_{h(t)}$ 到自身的一个双射 τ，使得个体按照这个双射的对应关系对个体重新排序后，原个体 $l(t)$ 与它的像 $\tau[l(t)]$ 在两种状态之间有同类偏好，则 $k(t)$ 通过双射 τ 就得到了相应的社会偏好 O_t。将个体按 τ 的逆映射 τ^{-1} 的方式再排序就得到了原个体 $l(t)$ 在两种状态 ${}_tu$ 和 ${}_tv$ 之间按 O_t 的偏好关系。由于 R_t 可被数值表示，故在完全换位等同公理下 $\tilde{R}_t$ 亦可被数值表示。虽然 O_t 未必可被数值表示，但所有个体 $l(t)$ 的 $\tilde{R}_t$ 在自身状态 - 个体对 $({}_tu,l(t))$ 上的数值代理之和确定了一个加总值偏好 A_t，O_t 是这个 A_t 的次序。整个数值化和从个体到集体偏好的逻辑关系可概括如下：

$$R_t \xrightarrow{\text{人际比较}} \tilde{R}_{k(t)} \xrightarrow{\text{完全换位等同}} \tilde{R}_t \xrightarrow{l(t)\to\tau[l(t)]} O_t \xrightarrow{\text{数值代理并加总}} A_t$$

由于休普斯 - 森分类原则的限制没有每个个体 $l(t)$ 对两种状态 ${}_tu$ 和 ${}_tv$ 有同类偏好这个限制强，因此定理 4.2.7 无论理论还是实践上都为从个体偏好通过人际比较过渡到集体偏好和社会福利函数提供了一条出路。而且人际比较 τ 的具体形式还可以为个体偏好的一致性程度提供度量，比方说 τ 将 $\mathbb{N}_{h(t)}$ 中个体映射到自身的映射个数就可以作为个体偏好一致性的一个度量指标。由（4.2.4）式，A_t 的数值表示为 $\varpi_{k(t)}({}_tu) = \varpi_t({}_tu, k(t)) = \varpi_{k(t)}({}_{k(t)}u)$。相应地，将第三章（3.3.8）式中的个体总效用函数代入上式，就得到了相应的可持续社会福利函数，其具体函数形式放到

第四节可持续社会福利函数的构造部分。

现在的问题是：定理 4.2.7 是在完全换位等同公理下得到的，但这个公理却过于苛刻。它虽然只是强调不同个体在换位体验下有一致的偏好类型，但社会福利函数的存在却不仅要求偏好类型的一致性，而且还要求一致偏好类型下的偏好强度具有可比性。更为根本的是：有些状态下，不同个体可能连偏好类型的一致性都达不到。那么，在这些情况下如何通过福利的人际比较保证可持续社会福利函数的存在呢？下一节探讨这个问题。

第三节　不完全人际比较下的可持续社会福利函数

本节通过森（1970）的福利不完全人际比较理论分析可持续社会福利函数的存在性问题。其中定义和定理均为森（1970）的理论在代理效用流上运用的结果。首先将福利不完全人际比较问题归结为不完全人际比较的系数向量集问题，然后通过系数向量集分析人际可比度与可持续社会福利函数存在性二者之间的关系，最后在人际可比度为 1 时证明可持续社会福利函数的存在性并探讨提高福利人际可比度的几个实践问题。

一　福利不完全人际比较及其系数向量集

定义 4.3.1 若任给 $k(t) \in \mathbb{N}_{h(t)}$，集合 $W_{k(t)} = \{w_{k(t)} = w_{k(t)}({}_{k(t)}u) \mid {}_{k(t)}u \in {}_tU\}$ 中任一元素都是其他元素的单调正变换且 $W_{k(t)}$ 中任一元素的单调线性正变换都在 $W_{k(t)}$ 中，则称 $\mathbb{N}_{h(t)}$ 中的个体福利为序数型的。并约定所有 $W_{k(t)}$ 的笛卡尔积为 $W_t = \prod_{k=1}^{h(t)} W_{k(t)} = \{w_t = (w_{1(t)}, \cdots, w_{k(t)}, \cdots, w_{h(t)}) \mid w_{k(t)} \in W_{k(t)}, k \in \mathbb{N}_{h(t)}\}$

显然，序数型福利集合 $W_{k(t)}$ 是在纯序数福利集合上加入了任一元素的单调线性递增变换都在 $W_{k(t)}$ 中这样一个特殊要求，目的在于后面运用单调线性递增变换的相关性质进行福利的人际比较。至于 $W_{k(t)}$ 的笛卡尔积 W_t 则是为了在此基础上定义福利的不完全人际比较。

若完全换位等同公理过于苛刻，就不能利用它通过人际比较弱偏好 $\tilde{R}_{k(t)}$ 和修普斯 - 森分类原则 O_t 来证明社会福利函数 A_t 的存在了。但是个

体弱偏好 $R_{k(t)}$ 仍然可被数值代理为个体效用函数 $w_{k(t)} = w_{k(t)}({}_{k(t)}u)$，因此可以通过 $w_{k(t)}$ 之间的比较来证明社会福利函数的存在性。但这又以 $w_{k(t)}$ 之间的可比较性为前提。为此必须首先定义福利的人际比较，然后才能研究它们的可比性。

定义 4.3.2 福利的不完全人际比较集 $\overline{W}_t \subseteq W_t$ 是满足下列关系的所有可能个体总效用笛卡尔积 w_t 构成的集合：

$$\forall {}_tu, {}_tv \in {}_tU: [{}_tuR^{\alpha}_{t}{}_tv \leftrightarrow \forall w_t \in \overline{W}_t: \sum_{k=1}^{h(t)} (w_{k(t)}({}_tu) - w_{k(t)}({}_tv)) \geqslant 0]$$

通过加总福利差 $\sum_{k=1}^{h(t)} (w_{k(t)}({}_tu) - w_{k(t)}({}_tv)) \geqslant 0$ 定义的 R^{α}_t 就是不完全人际比较的弱偏好。同时可定义不完全人际比较的强偏好 $P^{\alpha}_t: {}_tuR^{\alpha}_{t}{}_tv \& \neg({}_tvR^{\alpha}_{t}{}_tu)$ 与不完全人际比较的无差异 $I^{\alpha}_t: {}_tuR^{\alpha}_{t}{}_tv \& ({}_tvR^{\alpha}_{t}{}_tu)$。

显然，要使数值代理 R^{α}_t 的社会福利函数存在，必须证明 R^{α}_t 满足它能够被数值代理的那些性质。首先有：

定理 4.3.1 对序数型效用的笛卡尔积 W_t，有：

（1）对一切 $\overline{W}_t \subseteq W_t$，$R^{\alpha}_t$ 具有自反性与传递性；

（2）一切 $\overline{W}_t \subseteq W_t$，$R^{\alpha}_t$ 是 R_t 的次关系，亦即：

$$\forall {}_tu, {}_tv \in {}_tU: [{}_tuR_{t}{}_tv \rightarrow {}_tuR^{\alpha}_{t}{}_tv] \& [{}_tuP_{t}{}_tv \rightarrow {}_tuP^{\alpha}_{t}{}_tv]$$

（3）若个体总效用不可比较，则有 $R^{\alpha}_t = R_t$。

证明。（1）自反性显然：$\forall {}_tu \in {}_tU: \forall w_t \in \overline{W}_t: \sum_{k=1}^{h(t)} (w_{k(t)}({}_tu) - w_{k(t)}({}_tu)) = 0 \leftrightarrow {}_tuR^{\alpha}_{t}{}_tu$。下面证明传递性。这是因为：

$\forall {}_tu, {}_tv, z_t \in {}_tU: [{}_tuR^{\alpha}_{t}{}_tv \& {}_tvR^{\alpha}_t z_t]$

$\leftrightarrow [\sum_{k=1}^{h(t)} (w_{k(t)}({}_tu) - w_{k(t)}({}_tv)) \geqslant 0] \& [\sum_{k=1}^{h(t)} (w_{k(t)}({}_tv) - w_{k(t)}({}_tz)) \geqslant 0]$

$\rightarrow \sum_{k=1}^{h(t)} [w_{k(t)}({}_tu) - w_{k(t)}({}_tz)]$

$= [\sum_{k=1}^{h(t)} (w_{k(t)}({}_tu) - w_{k(t)}({}_tv))] + [\sum_{k=1}^{h(t)} (w_{k(t)}({}_tv) - w_{k(t)}({}_tz))] \geqslant 0$

$\rightarrow {}_tuR^{\alpha}_{t}{}_tz$。

（2）由于 $w_{k(t)}({}_tu)$ 是 $R_{k(t)}$ 的数值代理，故有：

${}_tuR_{tt}v \to \forall k \in \mathbb{N}_{h(t)}:[{}_tuR_{k(t)t}v] \leftrightarrow \forall k \in \mathbb{N}_{h(t)}:[w_{k(t)}({}_tu) - w_{k(t)}({}_tv)]$ $\geqslant 0$ 对一切 $w_t \in W_t$ 成立 $\to \forall w_t \in W_t: \sum_{k=1}^{h(t)}[w_{k(t)}({}_tu) - w_{k(t)}({}_tv)] \geqslant 0$ $\to {}_tuR^{\alpha}_{tt}v$。

进一步地，

$${}_tuP_{tt}v \to [\forall k \in \mathbb{N}_{h(t)}:{}_tuR_{k(t)t}v]\&[\exists k \in \mathbb{N}_{h(t)}:{}_tuP_{k(t)t}v]$$

$$\to [\forall k \in \mathbb{N}_{h(t)}:w_{k(t)}({}_tu) - w_{k(t)}({}_tv) \geqslant 0]\&[\exists k \in \mathbb{N}_{h(t)}:w_{k(t)}({}_tu) - w_{k(t)}({}_tv) > 0]$$

$$\to \sum_{k=1}^{h(t)}[w_{k(t)}({}_tu) - w_{k(t)}({}_tv)] > 0 \leftrightarrow {}_tuP^{\alpha}_{tt}v。$$

（3）由于（2）已经证得 ${}_tuR_{tt}v \to {}_tuR^{\alpha}_{tt}v$，故只需证明 ${}_tuR^{\alpha}_{tt}v \to {}_tuR_{tt}v \leftrightarrow \neg[{}_tuR_{tt}v] \to \neg[{}_tuR^{\alpha}_{tt}v]$ 即可。$\forall {}_tu, {}_tv \in {}_tU$，必有 $\neg[{}_tuR_{tt}v] \to \exists l \in \mathbb{N}_{h(t)}:{}_tvP_{l(t)t}u \to \exists l \in \mathbb{N}_{h(t)}:[w_{l(t)}({}_tv) - w_{l(t)}({}_tu)] > 0$ 对一切 $w_t \in W_t$ 成立。对每个 w_t，定义 $\alpha_1(w_t) = w_{l(t)}({}_tv) - w_{l(t)}({}_tu)$，$\alpha_2(w_t) = \sum_{k,k\neq l}[w_{k(t)}({}_tv) - w_{k(t)}({}_tu)]$。取 $w_t^* \in \overline{W}$，若 $\alpha_1(w_t^*) > \alpha_2(w_t^*)$，则已经有 $\neg[{}_tuR^{\alpha}_{tt}v]$。因此不妨设 $\alpha_1(w_t^*) \leqslant \alpha_2(w_t^*)$。现在考虑 W_t 中的元素 $w_t^{**} \in W_t$，它满足对一切 $k \neq l$ 有 $w^{**}_{k(t)} = w^*_{k(t)}$，且 $w^{**}_{l(t)} = pw^*_{l(t)}$，其中 $p > \alpha_2(w_t^*)/\alpha_1(w_t^*)$。这一点是能办到的。这是因为个体总效用不可比较，故 $\overline{W}_t$ 中的元素没有任何约束，因此 $W_t = \overline{W}_t$。于是有：

$$\alpha_1(w_t^{**}) \underline{\underline{\alpha_1 \text{ 的定义}}} w^{**}_{l(t)}({}_tv) - w^{**}_{l(t)}({}_tu) = p[w^*_{l(t)}({}_tv) - w^*_{l(t)}({}_tu)]$$

$$= p\alpha_1(w_t^*) > \alpha_2(w_t^*) \underline{\underline{\alpha_2 \text{ 的定义}}} \sum_{k\neq l}[w^*_{k(t)}({}_tu) - w^*_{k(t)}({}_tv)]$$

$$\underline{\underline{k \neq l: w^{**}_{k(t)} = w^*_{k(t)}}} \sum_{k\neq l}[w^{**}_{k(t)}({}_tu) - w^{**}_{k(t)}({}_tv)] = \alpha_2(w_t^{**})$$

由于 $w_t^{**} \in W_t$ 且 $\alpha_1(w_t^{**}) > \alpha_2(w_t^{**})$，故也有 $\neg[{}_tuR^{\alpha}_{tt}v]$。这就证得了（3）。

此定理的重要意义在于表明数值加总偏好关系 R_t^{α} 通过 R_t 继承了个体偏好 $R_{k(t)}$ 的相应一致特征，同时还具备自反性与传递性。因此只要能证明 R_t^{α} 同时满足完备性，则它就是一个能保证个体一致性和集体理性选择的社会福利函数。但若没有其他条件限制，则完备性不成立。这是因为完

备性要求 $\forall {}_tu,{}_tv \in \mathbb{R}^{|t\mathbb{N}|}$，有 $\neg[{}_tuR^{\alpha}_{t\,t}v] \rightarrow [{}_tvP^{\alpha}_{t\,t}u]$。亦即：$\neg[\forall w_t \in \overline{W}_t: \sum_{k=1}^{h(t)}(w_{k(t)}({}_tu) - w_{k(t)}({}_tv)) \geqslant 0] \rightarrow [\forall w_t \in \overline{W}_t: \sum_{k=1}^{h(t)}(w_{k(t)}({}_tv) - w_{k(t)}({}_tu)) > 0]$。

但这是不可能的，因为箭头左边否定式只能推出存在某些 $w_t \in \overline{W}_t$，使得 $\sum_{k=1}^{h(t)}(w_{k(t)}({}_tv) - w_{k(t)}({}_tu)) > 0$ 成立，但不能保证对任意 $w_t \in \overline{W}_t$ 此式成立。这意味着上面箭头右边的式子未必成立。下面分析 R^{α}_t 具有完备性所必须满足的条件并在这些条件下证明 R^{α}_t 的完备性。

如上所示，关键是要通过存在某些 $w_t \in \overline{W}_t$ 使 $\sum_{k=1}^{h(t)}(w_{k(t)}({}_tv) - w_{k(t)}({}_tu)) > 0$ 成立推出任给 $w_t \in \overline{W}_t$ 此式成立。为此必须确定当 $k(t)$ 取遍 $\mathbb{N}_{h(t)}$ 中所有个体时，不同个体效用值之差 $g_{k(t)} = [w_{k(t)}({}_tu) - w_{k(t)}({}_tv)]$ 之间的对比关系以及这个对比关系赖以建立的个体换位体验的特征。为此 $\forall {}_tu,{}_tv \in {}_tU$，选取 $w^*_t \in \overline{W}_t$ 使得 $g^*_{k(t)} = [w^*_{k(t)}({}_tu) - w^*_{k(t)}({}_tv)] \neq 0, k(t) \in \mathbb{N}_{h(t)}$。由于 W_t 为序数型个体效用集，故任给 $w_t \in W_t$，均有 $b_{k(t)} \in \mathbb{R}$，使得：$b_{k(t)}g^*_{k(t)} = g_{k(t)} = [w_{k(t)}({}_tu) - w_{k(t)}({}_tv)]$，$k(t) \in \mathbb{N}_{h(t)}$。当 $k(t)$ 取遍 $\mathbb{N}_{h(t)}$ 中的值时可得到 $h(t)$ 维系数向量 $b_t = (b_{1(t)}, b_{2(t)}, \cdots, b_{h(t)})$。这样就可以通过个体效用向量 w^*_t 与系数向量 b_t 的关系与性质来分析上述对比关系了。

定义 4.3.3 对任意 ${}_tu,{}_tv \in {}_tU$，选取 $w^*_t \in \overline{W}_t$ 使得 $g^*_{k(t)} \neq 0$，则对 $w_t \in \overline{W}_t$，将满足 $g_{k(t)} = b_{k(t)}g^*_{k(t)}$ 对一切 $k(t) \in \mathbb{N}_{h(t)}$ 成立的向量 $b_t = (b_{1(t)}, b_{2(t)}, \cdots, b_{h(t)})$ 构成的集合叫 $\overline{W}_t$ 对其元素 w^*_t 的系数向量集，记作：

$$B = B(w^*_t, \overline{W}_t) = \left\{ b_t = (b_{1(t)}, b_{2(t)}, \cdots, b_{h(t)}) \;\middle|\; \begin{array}{l} g^*_{k(t)} = w^*_{k(t)}({}_tu) - w^*_{k(t)}({}_tv) \neq 0, w^*_t \in \overline{W}_t, \\ g_{k(t)} = w_{k(t)}({}_tu) - w_{k(t)}({}_tv) = b_{k(t)}g^*_{k(t)}, k(t) \in \mathbb{N}_{h(t)} \end{array} \right\}$$

显然，如果个体偏好 ${}_tuR^{\alpha}_{t\,t}v \leftrightarrow \forall w_t \in \overline{W}_t: \sum_{k=1}^{h(t)}(w_{k(t)}({}_tu) - w_{k(t)}({}_tv)) \geqslant 0$ 具有基数效用的单位可比性，即 $\forall w^*_t, w_t \in \overline{W}_t$，都有 $w_{k(t)} = a_{k(t)} + b_tw^*_t$，$k(t) \in \mathbb{N}_{h(t)}$。此时不管在 ${}_tU$ 中取什么样的 ${}_tu$ 与 ${}_tv$，系数向量均

为 $b_{(t)}=(b_t,b_t,\cdots,b_t)$。说明所有个体虽然有不同的偏好水平 $a_{k(t)}$，但却有相同的偏好单位 b_t，因此可通过个体偏好 $w_t^* \in \overline{W}_t$ 进行社会选择，但不能证明存在社会福利函数，此时 $B=B(w_t^*,\overline{W}_t)$ 对任何 $w_t \in \overline{W}_t$ 都相同。当个体总偏好 ${}_tuR^{\alpha}_{t\,t}v$ 不具有基数效用性质时，B 随 R_t^{α} 的变化而变化，反过来 B 的不同也就决定了 R_t^{α} 的不同。一个必须解决的问题是：两个相互之间存在次关系的不完全人际比较 R_t^1 与 R_t^2 对应的 B^1 与 B^2 之间存在什么关系呢？这就是下面要研究的。

二 不完全比较系数向量集与福利人际可比度

引理 4.3.1 如果 $B^2 \subset B^1$，则 $\forall\, {}_tu,{}_tv \in {}_tU$，有 ${}_tuR^1_{t\,t}v \rightarrow {}_tuR^2_{t\,t}v$。

证明。${}_tuR^1_{t\,t}v \leftrightarrow \forall w_t \in \overline{W}_t$ 以及 $\forall\, {}_tu,{}_tv \in {}_tU$，有：

$$\begin{aligned}&\sum_{k=1}^{h(t)}[w_{k(t)}({}_tu)-w_{k(t)}({}_tv)]\\ &\underline{\underline{\exists b_t^1 \in B^1}}\sum_{k=1}^{h(t)}[w^*_{k(t)}({}_tu)-w^*_{k(t)}({}_tv)]b^1_{k(t)} \geqslant 0\end{aligned} \tag{1}$$

其中 $b_t^1=(b^1_{1(t)},\cdots,b^1_{k(t)},\cdots,b^1_{h(t)})$。从而：

$$\begin{aligned}&\forall w_t \in \overline{W}_t:\sum_{k=1}^{h(t)}[w_{k(t)}({}_tu)-w_{k(t)}({}_tv)]\\ &=\sum_{k=1}^{h(t)}[w^*_{k(t)}({}_tu)-w^*_{k(t)}({}_tv)]b^2_{k(t)}\\ &\underline{\underline{\exists b_t^2 \in B^2 \subset B^1}}\sum_{k=1}^{h(t)}[w^*_{k(t)}({}_tu)-w^*_{k(t)}({}_tv)]b^2_{k(t)} \geqslant 0\end{aligned} \tag{2}$$

其中 $b_t^2=(b^2_{1(t)},\cdots,b^2_{k(t)},\cdots,b^2_{h(t)})$。这说明 ${}_tuR^1_{t\,t}v \rightarrow {}_tuR^2_{t\,t}v$。

由上述证明可知：此引理成立的关键是 $B^2 \subset B^1$ 保证了使得 ${}_tuR^2_{t\,t}v$ 成立的 b_t^2 也在 B^1 中，而 B^1 中 ${}_tuR^1_{t\,t}v$ 是成立的。但这不意味着 R_t^1 是 R_t^2 的次关系，即未必有 ${}_tuP^1_{t\,t}v \rightarrow {}_tuP^2_{t\,t}v$ 成立。这是因为使得 $\sum_{k=1}^{h(t)}[w^*_{k(t)}({}_tu)-w^*_{k(t)}({}_tv)]b^1_{k(t)}>0$ 的那些 b_t^1 可能全在 B^1-B^2 内，结果虽然 $b_t^2 \in B^2 \subset B^1$，但依然有 $\sum_{k=1}^{h(t)}[w^*_{k(t)}({}_tu)-w^*_{k(t)}({}_tv)]b^2_{k(t)} \geqslant 0$，而这意味着 ${}_tuP^1_{t\,t}v \rightarrow {}_tuR^2_{t\,t}v$。那么，是否存在某些条件，使得当它满足 $B^2 \subset B^1$ 时能保证 R_t^1 是 R_t^2 的次关系呢？答案是肯定的。下面先建立这些条件，然后回答这个问题。

公理 4.3.1（规模独立性与凸性）任给 $b_t^1, b_t^2 \in B$，则对实数 $t^1, t^2 \geqslant 0$，除 $t^1 = t^2 = 0$ 外，均有 $t^1 b_t^1 + t^2 b_t^2 \in B$。

凸性是显然的。故只需分析规模独立性。若 t^1 和 t^2 中至少有一个不为 0，比方说 $t^1 \neq 0$ 而 $t^2 = 0$，则有 $t^1 b_t^1 \in B$。从而任给 $b_t \in B$，都可以找到 $t = b_t / b_t^1$，使得 $b_t = t b_t^1 \in B$。这说明 b_t 对应的 $w_t \in \overline{W}_t$ 可通过 b_t^1 分解为 $w_t^* \in \overline{W}_t$ 与独立于 w_t^* 的正实数 $t = b_t / b_t^1$ 的乘积。这就是规模独立性。由此公理可知：B 为 $h(t)$ 凸锥，二维特例下为平面上由发自原点的射线 $(b_1, 0)$ 和 $(0, b_2)$ 张成的三角形。

公理 4.3.2（正则性）对个体标志集 $\mathbb{N}_{h(t)}$ 的一个分化 $\mathbb{N}_{q(t)}$ 和 $\mathbb{N}_{h(t)-q(t)}$，若 B^2 为 B^1 的真子集，则 $\exists (b_t^1 \in B^1 \& b_t^2 \in B^2):(\forall k(t) \in \mathbb{N}_{q(t)}: b_{k(t)}^2 < b_{k(t)}^1) \& (\forall k(t) \in \mathbb{N}_{h(t)-q(t)}: b_{k(t)}^2 > b_{k(t)}^1)$。

此公理在二维空间的几何含义是明显的：若凸锥 B^2 包含在 B^1 内，则可分别在 B^2 和 B^1 内找到一条射线 b_t^2 和 b_t^1，使得当 b_t^2 的横坐标小于 b_t^1 的横坐标时 b_t^2 的纵坐标大于 b_t^1 的纵坐标，或者当 b_t^2 的纵坐标小于 b_t^1 的纵坐标时 b_t^2 的横坐标大于 b_t^1 的横坐标。

通过上述公理，可证得：

定理 4.3.2 如果 $B = B(w_t^*, \overline{W}_t)$ 满足公理 4.3.2，则 $B^2 \subset B^1$ 蕴含 R_t^1 是 R_t^2 的次关系。

证明：若 $B^1 = B^2$，则显然有 $R_t^1 = R_t^2$，故只需考虑 B^2 为 B^1 真子集的情况。由引理 4.3.1，只需证明 ${}_t u P_{t}^1{}_t v \rightarrow {}_t u P_{t}^2{}_t v$ 即可。反设不成立，则有 ${}_t u P_{t}^1{}_t v \& \neg ({}_t u P_{t}^2{}_t v)$。一方面由引理 4.3.1 知：${}_t u P_{t}^1{}_t v \rightarrow {}_t u R_{t}^1{}_t v \rightarrow {}_t u R_{t}^2{}_t v$，另一方面，$\neg ({}_t u P_{t}^2{}_t v) \leftrightarrow ({}_t v R_{t}^2{}_t u)$。总之有：${}_t u P_{t}^1{}_t v \& ({}_t u I_{t}^2{}_t v)$。又 ${}_t u I_{t}^2{}_t v \leftrightarrow \forall w_t \in \overline{W}_t: \sum_{k=1}^{h(t)} [w_{k(t)}({}_t u) - w_{k(t)}({}_t v)] b_{k(t)}^2 = 0$。

若 $\forall k(t) \in \mathbb{N}_{h(t)}$，$w_{k(t)}({}_t u) - w_{k(t)}({}_t v) = 0$，则有 $\sum_{k=1}^{h(t)} [w_{k(t)}({}_t u) - w_{k(t)}({}_t v)] b_{k(t)}^1 = 0 \leftrightarrow {}_t u I_{t}^1{}_t v$，与 ${}_t u P_{t}^1{}_t v$ 矛盾。故存在 $k(t) \in \mathbb{N}_{h(t)}$，使 $w_{k(t)}({}_t u) - w_{k(t)}({}_t v) \neq 0$。于是令：$J = \{k(t) \mid w_{k(t)}({}_t u) - w_{k(t)}({}_t v) < 0\}$ 且 $K = \{k(t) \mid w_{k(t)}({}_t u) - w_{k(t)}({}_t v) > 0\}$，则根据公理 4.3.2，$\exists (b_t^1 \in B^1 \& b_t^2 \in B^2):(\forall k(t) \in J: b_{k(t)}^2 < b_{k(t)}^1) \& (\forall k(t) \in K:$

$b^2_{k(t)} > b^1_{k(t)}$）。从而有：

$$\begin{aligned}&\sum_{k=1}^{h(t)}[w_{k(t)}({}_tu)-w_{k(t)}({}_tv)]b^1_{k(t)}\\&=\sum_{k\in J}[w_{k(t)}({}_tu)-w_{k(t)}({}_tv)]b^1_{k(t)}+\sum_{k\in K}[w_{k(t)}({}_tu)-w_{k(t)}({}_tv)]b^1_{k(t)}\\&<\sum_{k\in J}[w_{k(t)}({}_tu)-w_{k(t)}({}_tv)]b^2_{k(t)}+\sum_{k\in K}[w_{k(t)}({}_tu)-w_{k(t)}({}_tv)]b^2_{k(t)}\\&=\sum_{k=1}^{h(t)}[w_{k(t)}({}_tu)-w_{k(t)}({}_tv)]b^2_{k(t)}\ \underline{\underline{{}_tuI^2_{t\,t}v}}\quad 0\leftrightarrow {}_tvP^1_{t\,t}u\end{aligned}$$

与 ${}_tuP^1_{t\,t}v$ 矛盾。

此定理类似于数学上的区间套定理，其作用是很大的：通过构造 B 的一个序列：$B^n\subset B^{n-1}\subset\cdots\subset B^2\subset B^1$，就可以将满足自反性与传递性的帕累托关系 P 以次关系的方式传递下去：$P=P^1\to P^2\to\cdots\to P^n$。那么，这样传递下去是否能得到一个具有完备性与可比程度较高的全序呢？还需要以下公理：

公理 4.3.3（弱对称性）任给集合对 B^2 和 B^1，都有：

$$\left[\exists k(t),l(t):\sup_{b^1\in B^1}\left(\frac{b^1_{k(t)}}{b^1_{l(t)}}\right)>\sup_{b^2\in B^2}\left(\frac{b^2_{k(t)}}{b^2_{l(t)}}\right)\right]\to\left[\forall k(t),l(t):\sup_{b^1\in B^1}\left(\frac{b^1_{k(t)}}{b^1_{l(t)}}\right)>\sup_{b^2\in B^2}\left(\frac{b^2_{k(t)}}{b^2_{l(t)}}\right)\right]。$$

二维情况下，此公理的几何意义是明显的：若存在个体 2 与 1，使得 B^1 对应的最大斜率大于 B^2 的最大斜率，则任给两人，他们在 B^1 中对应的最大斜率大于在 B^2 中对应的最大斜率。此外，很容易推出弱对称性公理蕴含正则性公理。

引理 4.3.2 在公理 4.3.1 与公理 4.3.3 下，二元集合对 B^2 和 B^1 的包含关系 $\subset$ 构成系数向量集簇$\mathfrak{I}$上的一个序。

证明。(1) 任给 $B\in\mathfrak{I}$，显然有 $B\subset B$，故自反性成立。

(2) $B^3\subset B^2\&B^2\subset B^1\to B^3\subset B^1$，故传递性成立。

(3) 下面证明完备性。$\forall B^2,B^1\in\mathfrak{I}$ 且 $B^2\neq B^1$，则因为 B^2 和 B^1 皆为凸集，故必存在 $k(t),l(t)\in\mathbb{N}_{h(t)}$，使得：

$\sup_{b^1\in B^1}\left(\frac{b^1_{k(t)}}{b^1_{l(t)}}\right)>(<)\sup_{b^2\in B^2}\left(\frac{b^2_{k(t)}}{b^2_{l(t)}}\right)$，否则，若 $\forall k(t),l(t)\in\mathbb{N}_{h(t)}$，都有：

$\sup_{b^1\in B^1}\left(\frac{b^1_{k(t)}}{b^1_{l(t)}}\right)=\sup_{b^2\in B^2}\left(\frac{b^2_{k(t)}}{b^2_{l(t)}}\right)\xrightarrow{B^2,B^1\text{ 皆凸}}B^2=B^1$。于是，由公理 4.3.3 可

得：

$\forall k(t), l(t): \sup_{b^1 \in B^1}(\frac{b^1_{k(t)}}{b^1_{l(t)}}) > (<) \sup_{b^2 \in B^2}(\frac{b^2_{k(t)}}{b^2_{l(t)}})$。不妨设“>”成立，则由 B^2 和 B^1 皆为凸集可知 $B^2 \subset B^1$，否则若“<”成立，则 $B^1 \subset B^2$。这说明“$\subset$”满足完备性。

有了 B^1 和 B^2 之间的序关系，就可以确定相应的 R_t^1 与 R_t^2 之间的关系了。具体地即：

定理 4.3.3 如果 $B = B(w_t^*, \overline{W}_t)$ 满足公理 4.3.1 与公理 4.3.3，则由 B^1 和 B^2 所决定的拟序 R_t^1 与 R_t^2 之间的次关系是全序。

证明：因为 $B = B(w_t^*, \overline{W}_t)$ 满足公理 4.3.1 与公理 4.3.3，故由引理 4.3.2 知：B^2 和 B^1 的包含关系“$\subset$”构成系数向量集簇 $\mathfrak{I}$ 上的一个序。即 $\forall B^1, B^2 \in \mathfrak{I}$，$B^2 \subset B^1$、$B^1 \subset B^2$ 及 $B^2 = B^1$ 必然三具其一，从而由定理 4.3.2 知：R_t^1 是 R_t^2 的次关系、R_t^2 是 R_t^1 的次关系及 R_t^1 与 R_t^2 相等也必然三具其一。此外 R_t^1 与 R_t^2 之间的次关系显然满足自反性、传递性和反对称性，定理得证。

由定理 4.3.1 可知：R_t^α 是帕累托原则 R_t 的次关系，个体总效用不可比较时有 $R_t^\alpha = R_t$，且每一个 R_t^α 对应于一个系数向量集 B。从 α 对应的矩阵 B 开始，构造满足公理 4.3.1 与公理 4.3.3 的系数向量子集序列 $B^n \subset B^{n-1} \subset \cdots \subset B^2 \subset B^1 = B$，就可以得到相应的加总个体效用偏好关系序列 $P = P^1 \to P^2 \to \cdots \to P^n$，其中每前一个都是后一个的次关系。随着系数向量子集序列中子集的不断增加和变小，如果最终能够得到一个最小子集 B^*，其系数向量 b^* 下 R_t^α 具有完全可比性。由对定理 4.3.1 的不具完备性的分析可知：R_t^α 在 B^* 上满足完备性。由此可见：需要一个度量 R_t^α 的可比较程度的指标。由公理 4.3.3 可知：R_t^α 的可比较程度完全取决于其系数向量集 B 向完全可比集 B^* 收敛的程度。由于 B 为凸锥，这又取决于其中系数向量中各分量相互之间的接近程度。其现实意义也就是不同个体效用函数 $w_{k(t)} \in W_{k(t)}$ 与某个共同社会福利向量 $w_t^* \in \overline{W}_t$ 的接近程度。具体地有：

定义 4.3.4 若 $B = B(w_t^*, \overline{W}_t)$ 满足公理 4.3.1 与公理 4.3.3，则：将

$e_{k(t)l(t)} = \inf_{b\in B}(\frac{b_{k(t)}}{b_{l(t)}}) / \sup_{b\in B}(\frac{b_{k(t)}}{b_{l(t)}})$ 叫个体 $k(t)$ 与 $l(t)$ 之间的比较率，$k(t)$，$l(t) \in \mathbb{N}_{h(t)}$。而将 $d(B) = \frac{1}{h^2(t)}\sum_{k=1}^{h(t)}\sum_{k=1}^{h(t)} e_{k(t)l(t)}$ 叫系数向量集合 B 的可比度。

显然，$e_{k(t)l(t)} \in [0,1]$，$g_{k(t)}/g_{l(t)} = b_{k(t)}g^*_{k(t)}/b_{l(t)}g^*_{l(t)} = (b_{k(t)}/b_{l(t)})(g^*_{k(t)}/g^*_{l(t)})$。$e_{k(t)l(t)}$ 越小，说明 B 中 $k(t)$ 与 $l(t)$ 的系数比率 $b_{k(t)}/b_{l(t)}$ 下确界相对于上确界越小，$b_{k(t)}$ 与 $b_{l(t)}$ 的取值差距越大，$k(t)$ 和 $l(t)$ 的个体效用比 $g_{k(t)}/g_{l(t)}$ 与既定 $g^*_{k(t)}/g^*_{l(t)}$ 之间差距越大，个体效用距离既定效用越远，$k(t)$ 和 $l(t)$ 的个体效用之间可比性越小。特别地，若 $e_{k(t)l(t)} = 0$，说明 $k(t)$ 的系数为 0 而 $l(t)$ 的系数不为 0，因此 $k(t)$ 与 $l(t)$ 之间不具可比性。反之，$e_{k(t)l(t)}$ 越大，说明系数比率 $b_{k(t)}/b_{l(t)}$ 下确界相对于上确界越大，$b_{k(t)}$ 与 $b_{l(t)}$ 的取值差距越小，个体效用比 $g_{k(t)}/g_{l(t)}$ 与既定 $g^*_{k(t)}/g^*_{l(t)}$ 之间的差距越小，$k(t)$ 与 $l(t)$ 的个体效用之间可比性越大。特别地，若 $e_{k(t)l(t)} = 1$，则 $b_{k(t)}/b_{l(t)}$ 的下确界与上确界相等，说明 $g_{k(t)} = g_{l(t)}$，从而 $g_{k(t)}/g_{l(t)} = g^*_{k(t)}/g^*_{l(t)}$，$k(t)$ 与 $l(t)$ 之间具有完全可比性。

$e_{k(t)l(t)}$ 仅反映个体 $k(t)$ 与 $l(t)$ 之间的可比较程度。就整个社会而言，当然是不同个体相互之间的可比程度越高、相互可比程度高的个体数越多，全部社会成员的个人效用可比程度就越高。一个能够较好反映这种可比程度的指标当然是所有个体比较率的算术平均数 $d(B)$。下面通过 $d(B)$ 的大小来分析并证明社会福利函数的存在性。

三 可持续社会福利函数的存在性及现实依据

定理 4.3.4 设序数效用型笛卡尔积 W_t 上定义的人际比较弱偏好为 R^α_t，如果 $B = B(w^*_t, \overline{W}_t)$ 对任意 $\forall {}_tu, {}_tv \in {}_tU$ 都满足公理 4.3.1 与公理 4.3.3，则有：

(1) $[\forall {}_tu, {}_tv \in {}_tU : d(B) = 0] \rightarrow R^\alpha = R_t$；

(2) $[\forall {}_tu, {}_tv \in {}_tU : d(B^2) > d(B^1)] \rightarrow R^1_t$ 为 R^2_t 的次关系；

(3) $[\forall {}_tu, {}_tv \in {}_tU : d(B) = 1] \rightarrow R^\alpha$ 为序。

证明：(1) 若 $\forall {}_tu, {}_tv \in {}_tU$，$d(B) = 0$，则因为 $e_{k(t)l(t)} \in [0,1]$，故

任给 $k(t), l(t) \in \mathbb{N}_{h(t)}$，均有 $e_{k(t)l(t)} = 0$。于是对有些 $k(t)$，有 $b_{k(t)} = 0$；而对另一些 $l(t)$，则有 $b_{l(t)} > 0$。这说明系数比 $b_{k(t)}/b_{l(t)}$ 可能出现无界的情况，因此个体总效用不可比较。于是由定理 4.3.1，有 $R_t^{\alpha} = R_t$。

（2）若 $d(B^2) > d(B^1)$，则必然存在 $k(t), l(t) \in \mathbb{N}_{h(t)}$，使得 $e^1_{k(t)l(t)} < e^2_{k(t)l(t)}$。这说明对这些 $k(t), l(t)$ 有：

$$\sup_{b^1 \in B^1}\left(\frac{b^1_{k(t)}}{b^1_{l(t)}}\right) > \sup_{b^2 \in B^2}\left(\frac{b^2_{k(t)}}{b^2_{l(t)}}\right) \text{或：}$$

$$\inf_{b^1 \in B^1}\left(\frac{b^1_{k(t)}}{b^1_{l(t)}}\right) < \inf_{b^2 \in B^2}\left(\frac{b^2_{k(t)}}{b^2_{l(t)}}\right) \leftrightarrow \sup_{b^1 \in B^1}\left(\frac{b^1_{l(t)}}{b^1_{k(t)}}\right) > \sup_{b^2 \in B^2}\left(\frac{b^2_{l(t)}}{b^2_{k(t)}}\right)$$

由公理 4.3.3 及引理 4.3.2 的证明可知：无论上面哪一式成立，B^2 都是 B^1 的真子集，即 $B^2 \subset B^1$。由定理 4.3.2 得：$B^2 \subset B^1$ 蕴含 R_t^1 是 R_t^2 的次关系。

（3）若 $d(B) = 1$，则显然对一切 $k(t), l(t) \in \mathbb{N}_{h(t)}$，均有 $e_{k(t)l(t)} = 1$，从而 $b_{k(t)}/b_{l(t)} = 1 \rightarrow b_{1(t)} = b_{2(t)} = \cdots b_{h(t)} = b_t \geqslant 0$。由于 $\forall {}_tu, {}_tv \in {}_tU$，对既定的 $w_t^* \in \overline{W}_t$，根据实数的性质，或者 $\sum_{k=1}^{h(t)}[w^*_{k(t)}({}_tu) - w^*_{k(t)}({}_tv)] \geqslant 0$，或者 $\leqslant 0$，且任给 $w_t = (w_{1(t)}, \cdots, w_{k(t)}, \cdots, w_{h(t)}) \in \overline{W}_t$，都有 $w_{k(t)} = a_{k(t)} + b_t w^*_{k(t)}$。于是有：

或者 $\sum_{k=1}^{h(t)}[w_{k(t)}({}_tu) - w_{k(t)}({}_tv)] = \sum_{k=1}^{h(t)}[w^*_{k(t)}({}_tu) - w^*_{k(t)}({}_tv)]b_t \geqslant 0$，或者 $\leqslant 0$。

即或者 ${}_tuR_t^{\alpha}v$，或者 ${}_tvR_t^{\alpha}u$，这说明 R_t^{α} 具有完备性。进而由定理 4.3.1 知 R_t^{α} 为序。

由于 R_t^{α} 是通过个体弱偏好的数值代理 $w_{k(t)}$ 的加总和定义的，且 R_t^{α} 为序，故 R_t^{α} 可被数值代理，其数值代理即为社会福利函数。这样就证得了社会福利函数的存在性。具体地即：

推论 4.3.1 若对序数效用型 W_t 上定义的人际比较弱偏好为 R_t^{α}，如果 $B = B(w_t^*, \overline{W}_t)$ 对 $\forall {}_tu, {}_tv \in {}_tU$ 都满足公理 4.3.1 与公理 4.3.3，则当 $d(B) = 1$ 时通过 ${}_tuR^{\alpha}_{t\,t}v \leftrightarrow \forall w_t \in \overline{W}_t: \sum_{k=1}^{h(t)}(w_{k(t)}({}_tu) - w_{k(t)}({}_tv)) \geqslant 0$ 确定的社会福利函数存在且有如下形式：

$$W_t({}_tu) = \sum_{k=1}^{h(t)} w_{k(t)}({}_tu) \tag{4.3.1}$$

将第三章的个体总效用函数代入本节社会福利函数，即得可持续社会福利函数，具体留作下一节专门论述。这里对可持续社会福利函数存在性定理的现实依据做一些分析。

首先，由上述证明可知：存在性定理是在 $\forall\, {}_tu, {}_tv \in {}_tU$ 福利人际可比度 $d(B)=1$ 的情况下得到的，而这意味着 $b_{1(t)} = b_{2(t)} = \cdots b_{h(t)} = b_t \geqslant 0$。这是一个很强的限制，要求不同个体效用具有单位可比性，即每个个体效用值 $w_{k(t)}$ 都相对于其某个参照值 $w^*_{k(t)}$ 以同样的单位 $b_t \geqslant 0$ 变化，这样就可以通过参考值向量 $w^*_t = (w^*_{1(t)}, w^*_{2(t)}, \cdots, w^*_{h(t)})$ 与系数向量 $b_{(t)} = (b_t, b_t, \cdots, b_t)$ 进行福利的人际比较并构建社会福利函数，其本质是假定不同个体之间至少存在一种效用向量 $w^*_t \in \overline{W}_t$ 的可比性而其他效用向量都是相对于这个向量同比例变化的，因而个体效用函数 $w_{k(t)}$ 之间的差异仅仅为其效用水平 $a_{k(t)}$ 之间及对应的参照值 $w^*_{k(t)}$ 之间的差异，由此建立的社会福利函数本质上是对 $w^*_{k(t)}$ 相互之间的可比性与差异性、效用单位 $b_{k(t)} = b_t$ 的同步性及效用水平 $a_{k(t)}$ 的差异性的综合反映。

其次，至少存在一个 $w^*_t \in \overline{W}_t$ 使 $w^*_{k(t)}$ 相互之间具有可比性是 $d(B)=1$ 的完全人际比较和 $0 < d(B) < 1$ 时不完全人际比较共同的假设，有理由认为它是一个基本符合人性的假设。如果不同个体在任何偏好强度上都不具备可比性，人类就失去了交流和达成共识的所有依据，而现实不是这样的。至于 $d(B)=1$ 所要求的效用单位同步性 $b_{k(t)} = b_t$ 则取决于现实中不同个体之间换位体验的充分程度。虽然通过换位体验和充分交流可以提高不同 $b_{k(t)}$ 之间的一致性，但要达到完全一致就像上一节的完全换位等公理一样在现实中是难以实现的。因此前面证明存在的社会福利函数依然是一种理想状态下的结果。但是不完全人际比较理论的价值是：通过提高不同个体之间的交流与换位体验程度，可以增加福利的人际可比度，最终达到福利的完全人际比较，从而可得到社会福利函数。事实上即便在不完全比较的现实中通过完全可比较状态下得到的社会福利函数指导社会发展本身就是一种很大的进步。

最后，为了提高福利的人际可比度，实践上首先要做的是构建一个不同社会群体、不同地域及不同个体之间进行平等交流、相互学习和换位体验的社会制度和法律体系，这不仅是福利人际比较的必要前提，而且其本身也就是一种公共福利。市场制度不仅是一种交换制度，而且也是迄今为止比较成功的一种交流、学习和换位体验制度。并非所有制度都可市场化，并且很多资源也不能通过市场来交换，但必须通过制度和法律保障不同个体的相互交流和换位体验，否则福利的人际比较就不可能实现。其次是不同社会群体、不同地域及不同个体信息的尽可能公开和完全化。不完全信息和虚假信息造成的福利损失和交流困难历来是困扰经济学的一大难题。同时个人隐私权和商业秘密等现象也使得信息不可能达到完全化，但就是在这样的领域人们只要通过换位体验达成求同存异的共识，就能增加福利的人际可比度。最后是平等交流、相互学习和换位体验的方法教育。很多人际冲突导致的双方福利损失都是因误解、交流方式不对以及不愿或不懂换位体验所导致的。这种方法教育不仅是提高人际可比度的必要环节，同时它本身也是一种社会福利。由此可见，提高福利的人际可比度不仅是一个理论和方法论问题，而且还是一个重大的实践问题。

第四节　社会可持续选择

本节通过可持续个体福利函数来构建可持续社会福利函数，以可持续社会福利函数为目标函数研究社会可持续选择，分析社会可持续最优解的存在性及其性质，为可持续国民财富的存在性、账户构造及定价奠定理论基础。

一　可持续社会福利函数的构造

将第三章（3.3.8）式代入本章（4.3.1）中的社会福利函数，即得可持续社会福利函数如下：

$$
\left.\begin{aligned}
W_t({}_t u) &= \sum_{k=1}^{h(t)} \varpi_t({}_t u, k(t)) = \sum_{k=1}^{h(t)} w_{k(t)}({}_{k(t)} u) && (1)\\
&= \sum_{k=1}^{h(t)} [\omega_{k(t)}({}_{k(t)} u) + \varphi_{k(t)}({}_{k(t)} u)] && (2)\\
&= \sum_{k=1}^{h(t)} \sum_{s=t}^{\infty} \sigma_{k(t)}^{s-t} u_{k(s)} + \sum_{k=1}^{h(t)} \lim_{T\to\infty} \inf_{s \geq T} u_{k(s)} && (3)\\
&= \Omega({}_{k(t)} u) + \Phi({}_{k(t)} u) && (4)
\end{aligned}\right\} , {}_{k(t)} u \in {}_t U
\tag{4.4.1}
$$

其中

$$\Omega({}_{k(t)}u) = \sum_{k=1}^{h(t)} \omega_{k(t)}({}_{k(t)}u) = \sum_{k=1}^{h(t)} \sum_{s=t}^{\infty} \sigma_{k(t)}^{s-t} u_{k(s)} \tag{4.4.2}$$

为加总贴现功利主义部分，而：

$$\Phi({}_{k(t)}u) = \sum_{k=1}^{h(t)} \varphi_{k(t)}({}_{k(t)}u) = \sum_{k=1}^{h(t)} \lim_{T\to\infty} \inf_{s\geqslant T} u_{k(s)} \tag{4.4.3}$$

为加总祁琪妮斯基余项。

如果将它们都直接写成消费配置状态的函数，则分别有：

$$W_t({}_{k(t)}u) = W_t[{}_{k(t)}\tilde{u}({}_{k(t)}c)] = \Omega[{}_{k(t)}\tilde{u}({}_{k(t)}c)] + \Phi[{}_{k(t)}\tilde{u}({}_{k(t)}c)] \tag{4.4.1a}$$

$$\begin{aligned}\Omega[{}_{k(t)}\tilde{u}({}_{k(t)}c)] &= \sum_{k=1}^{h(t)} \omega_{k(t)}[{}_{k(t)}\tilde{u}({}_{k(t)}c)] \\ &= \sum_{k=1}^{h(t)} \sum_{s=t}^{\infty} \sigma_{k(t)}^{s-t} \tilde{u}_{k(s)}(c_{k(s)})\end{aligned} \tag{4.4.2a}$$

$$\begin{aligned}\Phi[{}_{k(t)}\tilde{u}({}_{k(t)}c)] &= \sum_{k=1}^{h(t)} \varphi_{k(t)}[{}_{k(t)}\tilde{u}({}_{k(t)}c)] \\ &= \sum_{k=1}^{h(t)} \lim_{T\to\infty} \inf_{s\geqslant T} u_{k(s)}(c_{k(s)})\end{aligned} \tag{4.4.3a}$$

根据无穷收敛级数性质，将式（4.4.2）第二个等式右边两个求和号交换位置得：

$$\Omega({}_{k(t)}u) = \sum_{k=1}^{h(t)} \sum_{s=t}^{\infty} \sigma_{k(t)}^{s-t} u_{k(s)} = \sum_{s=t}^{\infty} \sum_{k=1}^{h(t)} \sigma_{k(t)}^{s-t} u_{k(s)} \tag{4.4.2b}$$

根据第三章的论述，$\boldsymbol{v}_{k(s)} = (\boldsymbol{v}_{k1(s)}, \cdots, \boldsymbol{v}_{kl(s)}, \cdots, \boldsymbol{v}_{kh(s)})'$ 是 $k(t)$ 认为的第 s 代 $h(s)$ 个个体的自利效用 $\boldsymbol{v}_{kl(s)}$ 构成的向量，其中 $\boldsymbol{v}_{kl(s)} = \boldsymbol{v}_{k(t)}[\boldsymbol{v}_{l(s)}(c_{l(s)})]$，故代理效用 $u_{k(s)} = u_{k(s)}(\boldsymbol{v}_{k(s)})$ 便是 $k(t)$ 认为的第 s 代所有 $h(s)$ 个个体的自利效用对 $k(t)$ 产生的代理效用，$k(t) \in \mathbb{N}_{h(t)}$，因而对任意 $s \in t\mathbb{N}$，有：

$$\begin{aligned}U_s &= \sum_{k=1}^{h(t)} u_{k(s)} = \sum_{k=1}^{h(t)} u_{k(s)}[\boldsymbol{v}_{k(s)}(c_{(s)})] \\ &= \sum_{k=1}^{h(t)} \tilde{u}_{k(s)}(c_{(s)}) = \tilde{U}_s(c_{(s)})\end{aligned} \tag{4.4.4}$$

它是第 s 代所有 $h(s)$ 个个体的自利效用对第 t 代整代产生的效用，这也是第二章弱可持续核算理论的代理效用，但本书第三章和第四章提供了它从个体自利效用产生的微观依据，而且 $c_{(s)}$ 为第三章（3.2.2c）所表示的第 s 代个人－消费量矩阵而非贴现功利主义的整代消费向量。

另外，虽然第 s 代所有 $h(s)$ 人的自利效用对 $k(t)$ 产生的代理效用可能小于0，比方说在收入分配极度不公的社会中，一个在人人都很富有的社会中痛不欲生的穷人对他那一代的代理效用可能是负数。但就整个社会而言，可以认为所有个人代理效用之和与所有个人代理效用贴现和都大于0，否则这样的社会存在不下去。具体地即：

公理 4.4.1 每一代人均有正的代理效用。具体地即：任给 $s \in t\mathbb{N}$，都有 $U_s = \sum_{k=1}^{h(t)} u_{k(s)} > 0$ 且 $\sum_{k=1}^{h(t)} \sigma_{k(t)}^{s-t} u_{k(s)} > 0$。

若上述公理成立，则显然可构造公共贴现率如下：

$$\sigma_t = \left(\sum_{k=1}^{h(t)} \sigma_{k(t)}^{s-t} u_{k(s)} / \sum_{k=1}^{h(t)} u_{k(s)} \right)^{\frac{1}{s-t}} \tag{4.4.5}$$

将（4.4.5）代入（4.4.2b），并利用式（4.4.4），便将社会总福利函数中贴现功利主义部分变换成代理效用函数的贴现和：

$$\begin{aligned} \Omega({}_{k(t)}u) &= \sum_{s=t}^{\infty} \sigma_t^{s-t} \sum_{k=1}^{h(t)} u_{k(s)} = \sum_{s=t}^{\infty} \sigma_t^{s-t} U_s \\ &= \sum_{s=t}^{\infty} \sigma_t^{s-t} \tilde{U}_s(c_{(s)}) = \tilde{\Omega}({}_t\tilde{U}) \end{aligned} \tag{4.4.2c}$$

再看祁琪妮斯基余项 $\Phi({}_{k(t)}u)$。它等于每个个体的祁琪妮斯基余项 $\varphi_{k(t)}[{}_{k(t)}\tilde{u}\ ({}_{k(t)}c)] = \lim_{T\to\infty} \inf_{s\geq T} u_{k(s)}(c_{k(s)})$ 之和。第三章的分析表明：广义资源功能的多样性与交叠性、产权关系的复杂性、消费和生产的外部性、公共广义资源分配的困难性以及未来微观个体的不确定性等困难都使得当代个体可持续最优解无法离开社会可持续福利函数而存在。因此祁琪妮斯基余项所要求的后代福利只有在社会层面上确定后才能在个体层面确定。后代发展机会理论、最低生活保障论及关键资产理论等可持续发展理论所共有的保障后代生存、安全、健康和发展机会等关键福利的思想是迄今为止理论和实践上最可行的思想，因此祁琪妮斯基余项只能等于关键社会福利的极限，具体地即：

公理 4.4.2 必须保障后代关键福利并以此约束当代社会和个体行为，即：

$$\begin{aligned} \Phi({}_{k(t)}u) &= \Phi[{}_{k(t)}\tilde{u}({}_{k(t)}c)] = \sum_{k=1}^{h(t)} \lim_{T\to\infty} \inf_{s\geq T} \tilde{u}_{k(s)}(c_{k(s)}) \\ &= \lim_{T\to\infty} \sum_{k=1}^{h(t)} \inf_{s\geq T} \tilde{u}_{k(s)}(c_{k(s)}) \\ &= \lim_{T\to\infty} \tilde{U}_T^{CR}(c_{(s)}) = \tilde{\Phi}^{CR}({}_t\tilde{U}) \end{aligned} \tag{4.4.3b}$$

其中 $\widetilde{U}_T^{CR} = \widetilde{U}_T^{CR}(c_{(s)}) = \sum_{k=1}^{h(t)} \inf_{s \geqslant T} \widetilde{u}_{k(s)}(c_{k(s)})$ 为关键后代福利，它是第 t 代人根据对未来的预测和对第 s 代人的理解，在克服个体可持续效用函数无法离开社会福利而存在这个缺陷的基础之上提供给第 s 代的关键福利，其自变量矩阵 $c_{k(s)}$ 正是稍后在社会可持续选择模型中需要通过 $\widetilde{U}_T^{CR}$ 而确定的。

将（4.4.2c）与（4.4.3b）代入（4.4.1a），即得可持续社会福利：

$$\begin{aligned} W_t &= W_t[{}_t\widetilde{U}({}_tc)] = \widetilde{\Omega}({}_t\widetilde{U}) + \Phi^{CR}({}_t\widetilde{U}) \\ &= \sum_{s=t}^{\infty} \sigma_t^{s-t} \widetilde{U}_s(c_{(s)}) + \lim_{T\to\infty} \widetilde{U}_T^{CR}(c_{(s)}) \end{aligned} \tag{4.4.1b}$$

这儿 ${}_t\widetilde{U}({}_tc) = (\widetilde{U}_t(c_{(t)}), \cdots, \widetilde{U}_s(c_{(s)}), \cdots)$。其连续时间变量形式为：

$$\begin{aligned} W(t) &= W[\widetilde{U}(c(s), s \in [t, +\infty))] = \widetilde{\Omega}(t) + \Phi^{CR}(t) \\ &= \int_{s=t}^{\infty} e^{-\rho(s-t)} \widetilde{U}_s[c(s)]ds + \lim_{T\to\infty} \widetilde{U}_T^{CR}[c(s)] \end{aligned} \tag{4.4.1c}$$

其中 $\widetilde{\Omega}(t) = \widetilde{\Omega}[\widetilde{U}(s), s \in [t, \infty))]$，$\Phi^{CR}(t) = \Phi^{CR}[\widetilde{U}(s), s \in [t, \infty))]$。除个体代理效用和总效用分别变为社会代理效用 $\widetilde{U}_s[c(s)]$ 和社会总福利 $W_t[\widetilde{U}(c(s)), s \in [t, \infty)]$ 外，其余变量均与第三章相同。ρ 为第 t 代贴现率，$\widetilde{U}(c(s), s \in [t, +\infty))$ 为连续时间代理效用流。下面将（4.4.1b）及（4.4.1c）与第三章讲过的跨代约束条件结合起来分析社会可持续选择行为。

二　社会可持续选择

将（3.4.1）中的目标函数换成（4.4.1b）的函数得：

$$\begin{cases} \max W_t[{}_t\widetilde{U}({}_tc)] = \sum_{s=t}^{\infty} \sigma_t^{s-t} \widetilde{U}_s(c_{(s)}) + \lim_{T\to\infty} \widetilde{U}_T^{CR}(c_{(s)}) \\ \begin{matrix} s.t \text{ 对 } k = 1\cdots l\cdots h \\ \text{及 } \forall s \in t\mathbb{N} \end{matrix} \begin{cases} \dot{k}_{k(s)} = f_{k(s)} - c_{k(s)} & (1) \\ c_{k(s)}, k_{k(s)}, f_{k(s)} \geq 0, k_{k(t)} \text{ 给定} & (2) \\ \sum_{k(s)=1}^{h(s)} \dot{k}_{k(s)} = K_{s+1} - K_s & (3) \\ F_{s+1}(K_{s+1}) = F_{s+1} & (4) \\ F_{s+1} = \sum_{k(s+1)=1}^{h(s+1)} f_{k(s+1)} & (5) \end{cases} \end{cases} \tag{4.4.6}$$

这是一个由建立在微观信息基础之上的宏观目标函数和约束条件构成

的复杂规划，其中约束条件（1）~（5）与第三章描述的一致，但在这里的作用发生了变化。在第三章的微观选择中微观约束（1）和（2）是直接约束条件，宏观约束（3）和（4）作为微观约束的外生变量而存在，而约束（5）则是作为宏观约束向微观约束的转化方式而存在的。这里正好反过来了：宏观约束（3）和（4）是直接约束条件，而其余的三个条件都是宏观向微观的传导约束。需要指出的是在第三章中将约束条件（4）和（5）中的变量下标都写成第 $s+1$ 代，是为了分析代际资源配置的传导机制，但下面分析这个模型的最优解时，可将（4）和（5）都写成第 s 代约束条件，只要约束条件（3）不变，则该规划的解不变。具体地即：

$$\begin{cases} \max W_t[{}_t\tilde{U}({}_tc)] = \sum_{s=t}^{\infty}\sigma_t^{s-t}\tilde{U}_s(c_{(s)}) + \lim_{T\to\infty}\tilde{U}_T^{CR}(c_{(s)}) \\ s.t\ \text{对}\ k=1\cdots l\cdots h \\ \text{及}\ \forall s\in t\mathbb{N} \end{cases} \begin{cases} \dot{k}_{k(s)} = f_{k(s)} - c_{k(s)} & (1) \\ c_{k(s)}, k_{k(s)}, f_{k(s)} \geq 0, k_{k(t)}\ \text{给定} & (2) \\ \sum_{k(s)=1}^{h(s)} \dot{k}_{k(s)} = K_{s+1} - K_s & (3) \\ F_s(K_s) = F_s & (4) \\ F_s = \sum_{k(s)=1}^{h(s)} f_{k(s)} & (5) \end{cases} \tag{4.4.6a}$$

现在将（4.4.6a）-（1）中的个体代际配置行为依个体相加：

$$\sum_{k=1}^{h(s)}\dot{k}_{k(s)} = \sum_{k=1}^{h(s)} f_{k(s)} - \sum_{k=1}^{h(s)} c_{k(s)} \tag{4.4.7}$$

然后对其利用约束条件（3）、（4）和（5）得：

$$\sum_{k=1}^{h(s)}\dot{k}_{k(s)} = \dot{K}_s, \sum_{k=1}^{h(s)} f_{k(s)} = F(K_s) = F_s, \sum_{k=1}^{h(s)} c_{k(s)}(s) = C_s \tag{4.4.8}$$

将（4.4.8）代入（4.4.7）即可得到宏观代际资源配置约束：

$$\dot{K}_s = F(K_s) - C_s\ \text{或}\ \dot{K}_s = F(K_s) - \sum_{k=1}^{h(s)} c_{k(s)} \tag{4.4.9}$$

这里 $C_s = (C_{1s},\cdots,C_{is},\cdots,C_{n(s)s})$ 为第 s 代每种资源的总消费向量，其中 $C_{is} = \sum_{k=1}^{h(s)} c_{ik(s)}$。（4.4.9）中第二式将个体消费约束具体写出来是因为目标函数是关于个体消费量的函数。

此外，由（4.4.6a）-（2）得：

$$c_{k(s)} \geqslant 0, K_s = \sum_{k=1}^{h(s)} k_{k(s)} \geqslant 0, F_s = \sum_{k=1}^{h(s)} f_{k(s)} \geqslant 0, K_t = \sum_{k=1}^{h(s)} k_{k(t)} \text{ 既定} \tag{4.4.10}$$

其中第一个条件 $c_{k(s)} \geqslant 0$ 写成个体消费而非集体消费的形式，也是因为目标函数直接地是关于个体消费而非集体消费的函数。当然若此个体消费约束成立，集体消费约束 $C_s = \sum_{k=1}^{h(s)} c_{k(s)} \geqslant 0$ 也成立。

式（4.4.6a）中，（5）表示的收入分配约束已通过对（1）的加总合并到了（4.4.9）的总产出中；（4）表示的技术约束也通过总生产函数的方式合并到了（4.4.9）中。此外，总资本存量虽然是由个体投资形成的，但生产资本不能按个体分化，因此（3）表示的总资本存量形成约束只能作为有一定资本结构的整体进入（4.4.9）的生产函数中。将剩下的（1）和（2）分别换成（4.4.9）式和（4.4.10）式，并且为了方便，记 $W_t = W_t[{}_t\widetilde{U}\ ({}_tc)]$，且令 $\dot{K}_s = K_{s+1} - K_s$，则可得社会可持续选择模型如下：

$$\begin{cases} \max W_t = \sum_{s=t}^{\infty} \sigma_t^{s-t} \widetilde{U}_s(c_{(s)}) + \lim_{T\to\infty} \widetilde{U}_T^{CR}(c_{(s)}) \\ s.t \quad \forall s \in t\mathbb{N} \begin{cases} \dot{K}_s = F(K_s) - \sum_{k=1}^{h(s)} c_{k(s)} & (1) \\ c_{(s)}, K_s, F_s \geqslant 0, K_t \text{ 给定} & (2) \end{cases} \end{cases} \tag{4.4.6b}$$

该模型将目标函数与约束条件中的宏观与微观变量综合起来，为通过微观个体可持续行为来分析宏观社会可持续行为提供了依据。目标函数中贴现功利主义部分是基于个体代理效用加总的各代代理效用的贴现和，祁琪妮斯基余项是在社会层面上确定的后代关键福利。约束条件包含的总投资与总产出部分地解决了广义资源产权关系的复杂性、功能的多样性与交叠性、消费和生产的外部性等问题，克服了公共广义资源分配的困难以及未来微观个体的不确定性等问题，因而比微观可持续选择的求解有着更大的可行性。

下面以式（4.4.6b）为基础分析社会可持续最优解。

三　社会可持续最优解

当时间 $s \in t\mathbb{N}$ 从当代到后代变化时，式（4.4.4）的代理效用

$\tilde{U}_s(c_{(s)}) = \sum_{k=1}^{h(t)} \tilde{u}_{k(s)}(c_{(s)})$ 生成了一个代理效用流，它不仅决定一个功利主义社会福利函数 $\tilde{\Omega}({}_t\tilde{U}) = \sum_{s=t}^{\infty} \sigma_t^{s-t} \tilde{U}_s(c_{(s)})$，而且还能决定下列祁琪妮斯基余项：

$$\tilde{\Phi}({}_t\tilde{U}) = \lim_{T\to\infty} \inf_{s>T} \tilde{U}_s(c_{(s)}) \tag{4.4.3c}$$

式（4.4.3c）与式（4.4.3b）都表示一定意义上的后代福利，但两者产生的方法又不相同。前者是根据代际公平原则在社会福利层面设立的后代关键福利，旨在通过它来确定微观层面的最优可持续资源配置方式；而后者是通过微观个体的可持续行为通过加总求得的社会代理效用流所决定的后代福利。但在可持续社会福利存在时二者却是相等的。为了证明这一点，首先将 $\tilde{\Omega}({}_t\tilde{U})$ 与 $\tilde{\Phi}({}_t\tilde{U})$ 相加得到下列可持续社会福利函数：

$$\begin{aligned} W_t = W_t[{}_t\tilde{U}({}_tc)] &= \tilde{\Omega}({}_t\tilde{U}) + \tilde{\Phi}({}_t\tilde{U}) \\ &= \sum_{s=t}^{\infty} \sigma_t^{s-t} \tilde{U}_s(c_{(s)}) + \lim_{T\to\infty} \inf_{s>T} \tilde{U}_s(c_{(s)}) \end{aligned} \tag{4.4.1d}$$

任取 $\theta \in [0,1]$，构造菲贵尔斯－提德堡可持续效用函数：

$$W_t^{FT} = \theta \sum_{s=t}^{\infty} \sigma_t^{s-t} \tilde{U}_s(c_{(s)}) + (1-\theta) \lim_{T\to\infty} \inf_{s>T} \tilde{U}_s(c_{(s)}) \tag{4.4.1e}$$

用式（4.4.1e）替换式（4.4.6b）中的可持续社会福利函数得：

$$\begin{cases} \max W_t^{FT} = \theta \sum_{s=t}^{\infty} \sigma_t^{s-t} \tilde{U}_s(c_{(s)}) + (1-\theta) \lim_{T\to\infty} \inf_{s>T} \tilde{U}_s(c_{(s)}) \\ s.t\ \forall s \in t\mathbb{N} \begin{cases} \dot{K}_s = F(K_s) - \sum_{k=1}^{h(s)} c_{k(s)} & (1) \\ c_{(s)}, K_s, F_s \geqslant 0, K_t \text{ 给定} & (2) \end{cases} \end{cases} \tag{4.4.6c}$$

第三章定理 3.4.1a 用到了绿色黄金规则效用和消费，但在微观个体层次上无法对它们深入分析。在宏观层面上看，绿色黄金规则消费是使后代获得长期稳定最大效用的消费路径，这种消费路径所产生的长期稳定最大效用即黄金规则效用（Chichilnisky，1995）。绿色黄金规则消费背后蕴含的基本思想是仅消费资源增量而使每代人保持稳定的资源存量，同时在当代消费产生的直接效用与留给后代的消费通过代际伦理产生的间接效用二者之间进行有效配置以实现总效用最大化。具体地有，

命题 4.4.1 设代理福利函数 $\tilde{U}_s(c_{(s)})$ 单调递增、严格凹且二阶可微，

总生产函数 $F(K_s)$ 为严格凹函数且二阶可微，则下列规划存在绿色黄金规则消费 $c_{(s)}^{GGR} = c_t^{GGR}(K_s)$ 。

$$\begin{cases} \max\lim_{T\to\infty}\inf_{s>T}\widetilde{U}_s(c_{(s)}) \\ s.t\,\forall s \in t\mathbb{N}\begin{cases} \dot{K}_s = F(K_s) - \sum_{k=1}^{h(s)} c_{k(s)} & (1) \\ c_{(s)}, K_s, F_s \geqslant 0, K_t \text{ 给定} & (2) \end{cases} \end{cases} \tag{4.4.11}$$

证明：由（4.4.11）约束条件（1）可知：$c_{(s)}^{GGR}$ 必满足：

$$\begin{aligned} C_s &= \sum_{k=1}^{h(s)} c_{k(s)} = F(K_s) - \dot{K}_s \\ &= [(F(K_s) - K_{s+1}) + K_s] = [(F_s - K_{s+1}) + K_s] \end{aligned} \tag{4.4.12}$$

具体地，对任意 $i \in \mathbb{N}_{n(s)}$ ，有：

若 F_{is} 为不可再生不可更新资源，则 $F_{is} = F_s(K_s) = 0$ ，从而 $K_{is+1} = K_{is}$ ，则相应地有 $\sum_{k=1}^{h(s)} c_{ik(s)} = C_{is} = 0$ ，由（4.4.11）约束条件（2）中 $c_{(s)} \geqslant 0$ 可知：$c_{ik(s)}^{GGR} = c_{ik(s)} = 0$ 。

若 F_{is} 为可再生或可更新资源，则其增长水平 $F_{is} = F_s(K_s) > 0$ 。此时选择 T ，使得当 $s \in [t,T)$ 时 $c_{ik(s)}^{GGR} = c_{ik(s)}$ 满足 $\sum_{k=1}^{h(s)} c_{ik(s)} = C_{is} \leqslant F_{is}$ ，从而保证资源总量不减即 $K_{is+1} \geqslant K_{is}$ ；而当 $s \in [T,\infty)$ 时 $c_{ik(s)}^{GGR} = c_{ik(s)}^{*}$ 满足 $\sum_{k=1}^{h(s)} c_{ik(s)}^{*} = C_{is}^{*}$ ，它使 $\widetilde{U}_s(c_{(s)}^{*})$ 最大化即 $\widetilde{U}_s(c_{(s)}^{*}) = \max\lim_{T\to\infty}\inf_{s>T}\widetilde{U}_s(c_{(s)})$ 。显然在（4.4.11）的约束条件下使 $\widetilde{U}_s(c_{(s)}^{*})$ 最大化的必要条件即祁琪妮斯基（1995）证明过的任意资源的增长边际效用与消费边际效用之比等于资源负增长率，即：

$$\frac{\partial \widetilde{U}_s(c_{(s)})}{\partial k_{ik(s)}^{*}} \Big/ \frac{\partial \widetilde{U}_s(c_{(s)})}{\partial c_{ik(s)}^{*}} = -\frac{\partial F_{is}}{\partial k_{ik(s)}^{*}}, i \in \mathbb{N}_{n(s)}, k \in \mathbb{N}_{h(s)} \tag{4.4.13}$$

即一单位资源被当代消费和后代消费的边际效用之比恰好等于这一资源的负增长率。考虑到后代效用最大化稳态消费路径上资源不随时间变化，即 $K_{is+1} = K_{is}$ ，这个结论是很容易证明的。

由上述证明过程可知：$c_{(s)}^{GGR}$ 取决于资源 $F_s = (F_{1s}, \cdots, F_{is}, \cdots, F_{i(s)s})$ 的增长方式，初始资源存量只有以影响资源增长的方式影响 $c_{(s)}^{GGR}$ 。另外，由于绿色黄金消费路径在上述两种情况下都必须首先在宏观层次决定各代总

消费 $C_s = [(F_s - K_{s+1}) + K_s]$，然后才能在微观层次决定 $c_{k(s)}$，因此 $c_{(s)}^{GGR}$ 还取决于消费资源的分配系数 $c_{ik(s)}/C_{is} = d_{ik(s)}$，$i \in \mathbb{N}_{n(s)}, k \in \mathbb{N}_{h(s)}$。宏观层面的绿色黄金规则总消费 C_{is}^{GGR} 通过式（4.4.12）直接决定后就可通过它与消费资源分配系数共同决定微观个体绿色黄金规则消费，即 $c_{ik(s)}^{GGR} = d_{ik(s)} C_{is}^{GGR}$。代际资源配置中，下述规则是可被很多人接受的公平准则：

公理 4.4.1 所有个体都按代内收入分配状况进行代际资源分配，即对任意 $i \in \mathbb{N}_{n(s)}, k \in \mathbb{N}_{h(s)}$，$g_{ik(s)} = \kappa_{ik(s)}$ 都成立，从而有 $d_{ik(s)} = g_{ik(s)}$，$i \in \mathbb{N}_{n(s)}, k \in \mathbb{N}_{h(s)}$。

这个原则的现实意义无非是谁收入水平较高谁就给后代多做贡献。比如开车的人必须通过多种树来对冲他所排放的二氧化碳或增加燃油税用于环保支出。至于其推出的结论则是显然的：

$$
\begin{aligned}
d_{ik(s)} &= c_{ik(s)}/C_{is} = (f_{ik(s)} - \dot{k}_{ik(s)})/C_{is} \\
&= (g_{ik(s)} F_{is} - \kappa_{ik(s)} \dot{K}_{is})/C_{is} = g_{ik(s)}(F_{is} - \dot{K}_{is})/C_{is} = g_{ik(s)}
\end{aligned}
$$

总之，绿色黄金消费路径 $c_{(s)}^{GGR}$ 是收入分配系数 $g_{(s)}$ 和资源发展路径 $F_s = F(K_s)$ 的函数。但收入分配系数是外生变量，故 $c_{(s)}^{GGR}$ 是 F_s 因而最终为 K_s 的函数。此外，绿色黄金规则消费若存在，则它必为后代最大稳态消费，在时间充分远后与哪一代具体后代无关，故有 $c_{(s)}^{GGR} = c_t^{GGR}(K_s) = c_{(t)}^{GGR}$。

命题 4.4.2 设代理福利函数 $\tilde{U}_s(c_{(s)})$ 单调递增、严格凹且二阶可微，总生产函数 $F(K_s)$ 严格凹且二阶可微，则下述贴现功利主义规划存在最优解 $c_{(s)}^{DU} = c_t^{DU}(K_s)$。

$$
\begin{cases}
\max \Omega_t = \sum_{s=t}^{\infty} \sigma_t^{s-t} \tilde{U}_s(c_{(s)}) \\
s.t \forall s \in t\mathbb{N} \begin{cases} \dot{K}_s = F(K_s) - \sum_{k=1}^{h(s)} c_{k(s)} & (1) \\ c_{(s)}, K_s, F_s \geq 0, K_t \text{ 给定} & (2) \end{cases}
\end{cases}
\tag{4.4.14}
$$

证明：由第二章可知，很多学者在不同假设下通过动态优化理论证明了这个命题。

有了命题 4.4.1 和命题 4.4.2，可以通过菲贵尔斯－提德堡（2010）理论得到下述结论：

定理 4.4.1 设：（1）贴现功利主义福利函数 $\widetilde{\Omega}({}_t\widetilde{U}) = \sum_{s=t}^{\infty}\sigma_t^{s-t}\widetilde{U}_s(c_{(s)})$ 的最优消费路径 $c_{(s)}^{DU} = c_t^{DU}(K_s)$ 存在且对 K_s 连续；

（2）祁琪妮斯基余项 $\widetilde{\Phi}({}_t\widetilde{U}) = \lim_{T\to\infty}\inf_{s>T}\widetilde{U}_s(c_{(s)})$ 的绿色黄金规则消费路径 $c_{(s)}^{GGR} = c_t^{GGR}(K_s)$ 存在且对 K_s 连续；

（3）任给 $c_{(s)}^{DU}$ 与 $c_{(s)}^{GGR}$ 的凸组合 $c_{(s)}^{\gamma} = c_{(s)}^{DU}diag\gamma + c_{(s)}^{GGR}diag(1-\gamma)$ 也为（4.4.6c）的可行路径，其中 $diag\gamma$ 和 $diag(1-\gamma)$ 分别为对角线元素向量 γ 和 $1-\gamma$ 的分量构成的对角矩阵，$\gamma = (\gamma_1,\cdots,\gamma_i,\cdots,\gamma_{n(s)})$，$1-\gamma = (1-\gamma_1,\cdots,1-\gamma_i,\cdots,1-\gamma_{n(s)})$，$\gamma_i \in [0,1]$，$i \in \mathbb{N}_{n(s)}$；

（4）$F_s = F(K_s)$ 为 K_s 的连续函数；

（5）代理效用函数 $\widetilde{U}_s(c_{(s)})$ 连续且上下有界；

则对任意 $\theta \in [0,1]$，都存在 $\gamma = \gamma(\theta) = (\gamma_1(\theta),\cdots,\gamma_i(\theta),\cdots,\gamma_{n(s)}(\theta))$，$\gamma_i(\theta) \in [0,1]$，使得通过 $\gamma(\theta)$ 构造的 $c_{(s)}^{DU}$ 与 $c_{(s)}^{GGR}$ 的凸组合 $c_{(s)}^{\gamma(\theta)} = c_{(s)}^{DU}diag\gamma(\theta) + c_{(s)}^{GGR}diag(1-\gamma(\theta))$ 为 W_t^{FT} 的最优解。

此定理的本质是：只要可持续社会福利函数满足上述条件（1）~（5），则只要确定了当代的贴现功利主义最大社会福利与后代绿色黄金规则福利二者之间的权重 $\theta \in [0,1]$，且贴现功利主义社会福利最大化消费路径 $c_{(s)}^{DU}$ 和后代绿色黄金规则稳态消费路径 $c_{(s)}^{GGR}$ 存在，则总能通过动态优化方法找到由 θ 及其他参数决定的另一组数 $\gamma_i(\theta) \in [0,1]$（$i \in \mathbb{N}_{n(s)}$），使得通过这组数构造的一个凸组合 $c_{(s)}^{\gamma(\theta)} = c_{(s)}^{DU}diag\gamma(\theta) + c_{(s)}^{GGR}diag(1-\gamma(\theta))$ 能使加权平均社会福利 W_t^{FT} 最大化。这也就意味着社会达到了一个由绿色黄金规则消费保证的代际公平和贴现功利主义社会福利最大化所体现的代际效率二者之间的加权统一，只不过这个权数可以根据代际公平约束的程度而选取。θ 越大，代际效率的比重越大。特别地，若 $\theta = 1$，则代际资源配置 $c_{(s)}^{\gamma(\theta)}$ 只有效率没有公平。相反，θ 越小，代际公平的比重越大。特别地，若 $\theta = 0$，则 $c_{(s)}^{\gamma(\theta)}$ 只有代际公平而没有代际效率。所以 θ 的选择就对代际效率与代际公平之间的消长变得至关重要。

正如式（4.4.6a）所表明的那样，一个可被微观个体普遍接受的代际公平原则是保证后代关键福利。后代关键福利不同于绿色黄金规则福利。后代绿色黄金规则福利是使后代获得长期稳态最大效用的消费路径，而后代关键福利则是满足后代生存、健康和安全等基本需求的福利，因此绿色黄金规则福利通常不小于关键福利。将绿色黄金规则消费 $c_{(s)}^{GGR}$ 代入 $\widetilde{\Phi}({}_t\widetilde{U})$ 可得绿色黄金规则福利为 $\widetilde{\Phi}^{GGR}({}_t\widetilde{U}) = \lim_{T\to\infty}\inf_{s>T}\widetilde{U}_s(c_{(s)}^{GGR})$。因此为了保证后代福利为关键福利时代际效率最大化，则公平－效率调整系数应为：

$$1-\hat{\theta} = \frac{\Phi^{CR}({}_t\widetilde{U})}{\widetilde{\Phi}^{GGR}({}_t\widetilde{U})} = \frac{\lim_{T\to\infty}\widetilde{U}_T^{CR}(c_{(s)})}{\lim_{T\to\infty}\inf_{s>T}\widetilde{U}_s(c_{(s)}^{GGR})} \in [0,1] \qquad (4.4.15)$$

将它代入（4.4.6c），即可证得：

定理4.4.2 设定理4.4.1中条件（1）~（5）全满足且 $\hat{\theta}$ 如（4.4.15）式定义，则必存在由 $\hat{\theta}$ 所决定的 $c_{(s)}^{DU}$ 与 $c_{(s)}^{GGR}$ 的凸组合 $c_{(s)}^{\gamma(\hat{\theta})} = c_{(s)}^{DU}diag\gamma(\hat{\theta}) + c_{(s)}^{GGR}diag(1-\gamma(\hat{\theta}))$，它即为下列规划的最优解：

$$\begin{cases} \max W_t^{FT} = \hat{\theta}\sum_{s=t}^{\infty}\sigma_t^{s-t}\widetilde{U}_s(c_{(s)}) + \lim_{T\to\infty}\widetilde{U}_T^{CR}(c_{(s)}) \\ s.t\,\forall s\in t\mathbb{N} \begin{cases} \dot{K}_s = F(K_s) - \sum_{k=1}^{h(s)} c_{k(s)} & (1) \\ c_{(s)}, K_s, F_s \geqslant 0, K_t \text{ 给定} & (2) \end{cases} \end{cases} \qquad (4.4.6d)$$

这样就证得了后代关键福利可持续意义上的社会可持续最优解的存在性。和式（4.4.6b）相比，它只不过在贴现功利主义部分乘了一个调整系数 $\hat{\theta}$。整个过程可概括如下：

$$\max W_t = \sum_{s=t}^{\infty}\sigma_t^{s-t}\widetilde{U}_s(c_{(s)}) + \lim_{T\to\infty}\widetilde{U}_T^{CR}(c_{(s)})$$

$$\xrightarrow{c_{(s)}^{GGR} = c_t^{GGR}(K_s)} 1-\hat{\theta} = \frac{\lim_{T\to\infty}\widetilde{U}_T^{CR}(c_{(s)})}{\lim_{T\to\infty}\inf_{s>T}\widetilde{U}_s(c_{(s)}^{GGR})}$$

$$\xrightarrow{\lim_{T\to\infty}\widetilde{U}_T^{CR}(c_{(s)}) = (1-\hat{\theta})\lim_{T\to\infty}\inf_{s>T}\widetilde{U}_s(c_{(s)}^{GGR})}$$

$$\max W_t^{FT} = \hat{\theta}\sum_{s=t}^{\infty}\sigma_t^{s-t}\widetilde{U}_s(c_{(s)}) + (1-\hat{\theta})\lim_{T\to\infty}\inf_{s>T}\widetilde{U}_s(c_{(s)})$$

$$\xrightarrow{\gamma_i(\hat{\theta})\in[0,1]} c_{(s)}^{\gamma(\hat{\theta})} = c_{(s)}^{DU}diag\gamma(\hat{\theta}) + c_{(s)}^{GGR}diag(1-\gamma(\hat{\theta}))$$

然而，贴现功利主义最优消费路径 $c_{(s)}^{DU}$、绿色黄金规则消费路径 $c_{(s)}^{GGR}$、关键后代福利 $\lim_{T\to\infty}\widetilde{U}_T^{CR}(c_{(s)})$、调整系数 $\hat{\theta}$ 与 $\gamma(\hat{\theta})$ 的求解及可持续社会最优解 $c_{(s)}^{\gamma(\hat{\theta})}$ 的构造问题还没有解决，这些正是下一章可持续国民财富核算理论要解决的问题。具体地就是要在解决上述问题的基础上证明可持续国民财富的存在性、构造其账户并研究其定价问题。

本章小结

本章在个体可持续行为的基础上研究了社会可持续行为。第一节定义了能够反映个体自利与他涉偏好两者的社会总福利函数，分析了社会总福利函数存在性必须满足的条件及其面临的阿罗不可能性问题。第二节和第三节分别分析了福利完全与不完全人际比较下可持续社会福利函数的存在性问题。第四节通过可持续社会福利函数研究了社会可持续选择行为。

给定消费资源状态集 ${}_tC$ 上建立的个人代理效用状态集 ${}_tU$，设 ${}_tU$ 上所有可能个体偏好 $R_{k(t)}$ （$k(t) \in \mathbb{N}_{h(t)}$）构成的向量集为 $R_t^h = \{R_{(t)} = (R_{1(t)}, \cdots, R_{k(t)}, \cdots, R_{h(t)})\}$。若任给 $R_{(t)} \in R_t^h$，都存在唯一的偏好关系 $R_t = f(R_{1(t)}, \cdots, R_{k(t)}, \cdots, R_{h(t)})$ 与 $R_{(t)}$ 对应，则称 R_t 为社会偏好。同时满足自反性、传递性和完备性的 R_t 为阿罗社会福利函数。为使此阿罗社会福利函数较好地反映个体偏好，它还必须具备以下四个条件：一为非限制性 U：社会福利函数的定义域必须包含所有个人所有可能偏好的所有可能组合。二为独立性 I：集体选择结果取决于且仅取决于个体在两种状态之间的偏好关系而与其他因素无关。三为帕累托原则 P：所有个体的一致偏好必为社会偏好。四为非独裁性 D：不存在任何社会成员能将其个人偏好变成社会偏好。但阿罗不可能定理表明：不存在社会福利函数同时满足这四个条件。于是有些条件必须被取消。但非限制性 U 不能取消，否则必须首先解决社会福利函数的定义域应该包含什么样的偏好组合这个价值取向更强的问题。帕累托原则 P 要求社会偏好反映个体的一致或尽可能一致性偏好，这正是社会福利函数的根本，更不能取消。非独裁性 D 作为帕累托原则的互补条件也不能取消。唯一可行的就是取消条件独立性原则 I，而这意味着集体在两种状态之间的选则包含个体对这两种状态相关因素的偏好。重要相关因素就是偏好的人际比较。

状态－个体集合 ${}_tU \times \mathbb{N}_{h(t)} = \{({}_tu, l(t)) \mid {}_tu \in {}_tU, l(t) \in \mathbb{N}_{h(t)}\}$ 上的偏好关系 $\tilde{R}_{l(t)}$：$({}_tu, l(t))\tilde{R}_{l(t)}({}_tv, k(t))$ 即个体 $l(t)$ 基于人际比较的弱偏好，所有个体的（$\tilde{R}_{1(t)}, \cdots, \tilde{R}_{l(t)}, \cdots, \tilde{R}_{h(t)}$）按照一定原则生成的关系

$\tilde{R}_t = f(\tilde{R}_{1(t)},\cdots,\tilde{R}_{l(t)},\cdots,\tilde{R}_{h(t)})$ 为基于人际比较的社会偏好。若对一切 ${}_tu,{}_tv \in {}_tU$，${}_tuO_{k(t)}{}_tv \leftrightarrow$ 存在 $\mathbb{N}_{h(t)}$ 到自身的投射 $\tau \in \Pi$，使得 $[\forall l(t) \in \mathbb{N}_{h(t)}:({}_tu,l(t))\tilde{R}_{k(t)}({}_tv,\tau[l(t)])]$（$k(t) \in \mathbb{N}_{h(t)}$），则 $O_{k(t)}$ 为弱休普斯－森分类原则。若 $\tilde{R}_{k(t)}$：$\forall {}_tu,{}_tv \in {}_tU$，$({}_tu,k(t))\tilde{R}_{k(t)}({}_tv,k(t)) \leftrightarrow \forall l(t):({}_tu,l(t))\tilde{R}_{k(t)}({}_tv,l(t))$，则 $\tilde{R}_{k(t)}$ 满足换位等同公理。$\tilde{R}_{k(t)}$ 满足完全换位等同公理 $\leftrightarrow \forall l(t),k(t) \in \mathbb{N}_{h(t)}:\tilde{R}_{l(t)} = \tilde{R}_{k(t)}$。完全换位等同公理下，$\tilde{R}_{k(t)}$ 可被加总社会福利函数 A_t 代理：$\forall {}_tu,{}_tv \in {}_tU$，${}_tuA_{t\,t}v \leftrightarrow \sum_{k=1}^{h(t)}[\varpi_t({}_tu,k(t)) - \varpi_t({}_tv,k(t))] = \sum_{k=1}^{h(t)}[\varpi_{k(t)}({}_{k(t)}u) - \varpi_{k(t)}({}_{k(t)}v)] \geqslant 0$。$A_t$ 为序，其数值表示为 $W_t({}_{k(t)}u) = \sum_{k=1}^{h(t)}\varpi_t({}_tu,k(t)) = \sum_{k=1}^{h(t)}\varpi_{k(t)}({}_{k(t)}u)$。完全换位等同公理下，弱休普斯－森分类原则 O_t 为加总社会福利函数 A_t 的次序。这样个体选择就可以通过休普斯－森分类原则用加总社会福利函数来分析了。但是这个结论是在完全换位等同公理下得到的，而完全换位等同公理却过于苛刻。所以必须分析不完全人际比较下可持续社会福利函数的存在性问题。

设任给 $k(t) \in \mathbb{N}_{h(t)}$，集合 $W_{k(t)} = \{w_{k(t)} = w_{k(t)}\ ({}_{k(t)}u)\ |\ {}_{k(t)}u \in {}_tU\}$ 中任意元素都是其他元素的单调正变换且 $W_{k(t)}$ 中任一元素的单调线性正变换都在 $W_{k(t)}$ 中，又设 $W_t = \prod_{k=1}^{h(t)} W_{k(t)} = \{w_t = (w_{1(t)},\cdots,w_{k(t)},\cdots,w_{h(t)})\ |\ w_{k(t)} \in W_{k(t)}, k \in \mathbb{N}_{h(t)}\}$，则不完全人际比较集 $\overline{W}_t \subseteq W_t$ 就是满足下列条件的所有个体总效用笛卡尔积 w_t 构成的集合：$\forall {}_tu,{}_tv \in {}_tU:[{}_tuR^{\alpha}_{t\,t}v \leftrightarrow \forall w_t \in \overline{W}_t:\sum_{k=1}^{h(t)}(w_{k(t)}({}_tu) - w_{k(t)}({}_tv)) \geqslant 0]$。通过加总福利差 $\sum_{k=1}^{h(t)}(w_{k(t)}({}_tu) - w_{k(t)}({}_tv)) \geqslant 0$ 定义的 R^{α}_t 即为不完全人际比较弱偏好。任给 ${}_tu,{}_tv \in {}_tU$，选取 $w^*_t \in \overline{W}_t$ 使 $g^*_{k(t)} \neq 0$，$\overline{W}_t$ 对其元素 w^*_t 的系数向量集为：

$$B(w^*_t,\overline{W}_t) = \left\{ b_{(t)} = (b_{1(t)},b_{2(t)},\cdots,b_{h(t)}) \left| \begin{array}{l} g^*_{k(t)} = w^*_{k(t)}({}_tu) - w^*_{k(t)}({}_tv) \neq 0, w^*_t \in \overline{W}_t, \\ g_{k(t)} = w_{k(t)}({}_tu) - w_{k(t)}({}_tv) = b_{k(t)}g^*_{k(t)}, k(t) \in \mathbb{N}_{h(t)} \end{array} \right. \right\}$$

若 $B(w^*_t,\overline{W}_t)$ 满足：

（1）任给 $b_t^1, b_t^2 \in B$，对实数 $t^1, t^2 \geq 0$，除 $t^1 = t^2 = 0$ 外，均有 $t^1 b_t^1 + t^2 b_t^2 \in B$；

（2）任给集合 B^2 和 B^1，都有：

$$\left[\exists k(t), l(t): \sup_{b^1 \in B^1}\left(\frac{b_{k(t)}^1}{b_{l(t)}^1}\right) > \sup_{b^2 \in B^2}\left(\frac{b_{k(t)}^2}{b_{l(t)}^2}\right)\right] \rightarrow \left[\forall k(t), l(t): \sup_{b^1 \in B^1}\left(\frac{b_{k(t)}^1}{b_{l(t)}^1}\right) > \sup_{b^2 \in B^2}\left(\frac{b_{k(t)}^2}{b_{l(t)}^2}\right)\right]$$

（3）$d(B) = \frac{1}{h^2(t)} \sum_{k=1}^{h(t)} \sum_{k=1}^{h(t)} e_{k(t)l(t)}$，其中，$e_{k(t)l(t)} = \inf_{b \in B}\left(\frac{b_{k(t)}}{b_{l(t)}}\right) / \sup_{b \in B}\left(\frac{b_{k(t)}}{b_{l(t)}}\right), k, l \in \mathbb{N}_{h(t)}$

则有：（1）$[\forall {}_t u, {}_t v \in {}_t U: d(B) = 0] \rightarrow R^{\alpha} = R_t$；

（2）$[\forall {}_t u, {}_t v \in {}_t U: d(B^2) > d(B^1)] \rightarrow R_t^1$ 为 R_t^2 的次关系；

（3）$[\forall {}_t u, {}_t v \in {}_t U: d(B) = 1] \rightarrow R^{\alpha}$ 为序；

（4）当 $d(B) = 1$ 时，满足 ${}_t u R_{t}^{\alpha} {}_t v \leftrightarrow \forall w_t \in \overline{W}_t: \sum_{k=1}^{h(t)} (w_{k(t)}({}_t u) - w_{k(t)}({}_t v)) \geq 0$ 的社会福利函数存在且为 $W_t({}_t u) = \sum_{k=1}^{h(t)} w_{k(t)}({}_t u)$。

将第三章的个体可持续效用函数代入本章的社会福利函数，即得到下面式（a）第一行表示的所有代关键福利可持续意义上的可持续社会福利函数，但其对应的可持续社会选择可能无解。但如果式（b）表示的加权社会可持续选择满足：（1）$\widetilde{\Omega}({}_t\widetilde{U}) = \sum_{s=t}^{\infty} \sigma_t^{s-t} \widetilde{U}_s(c_{(s)})$ 在同样约束条件下的最优消费路径 $c_{(s)}^{DU} = c_t^{DU}(K_s)$ 存在且对 K_s 连续；（2）$\widetilde{\Phi}({}_t\widetilde{U}) = \lim_{T\rightarrow\infty} \inf_{s>T} \widetilde{U}_s(c_{(s)})$ 在同样约束条件下的绿色黄金规则消费路径 $c_{(s)}^{GGR} = c_t^{GGR}(K_s)$ 存在且对 K_s 连续；（3）任给 $c_{(s)}^{DU}$ 与 $c_{(s)}^{GGR}$ 的凸组合 $c_{(s)}^{\gamma} = c_{(s)}^{DU} diag\gamma + c_{(s)}^{GGR} diag(1-\gamma)$ 也为其可行路径；（4）$F_s = F(K_s)$ 为 K_s 的连续函数；（5）代理效用函数 $\widetilde{U}_s(c_{(s)})$ 连续且上下有界；则按照式（c）计算的 $\hat{\theta} \in [0,1]$，存在 $\gamma = \gamma(\hat{\theta}) = (\gamma_1(\hat{\theta}), \cdots, \gamma_i(\hat{\theta}), \cdots, \gamma_{n(s)}(\hat{\theta}))$，$\gamma_i(\hat{\theta}) \in [0,1]$，使得通过 $\gamma(\hat{\theta})$ 构造的 $c_{(s)}^{DU}$ 与 $c_{(s)}^{GGR}$ 的凸组合 $c_{(s)}^{\gamma(\hat{\theta})} = c_{(s)}^{DU} diag\gamma(\hat{\theta}) + c_{(s)}^{GGR} diag(1-\gamma(\hat{\theta}))$ 为式（d）的最优解。

$$\begin{cases} \max W_t = \sum_{s=t}^{\infty} \sigma_t^{s-t} \widetilde{U}_s(c_{(s)}) + \lim_{T\rightarrow\infty} \widetilde{U}_T^{CR}(c_{(s)}) \\ s.t \quad \forall s \in t\mathbb{N} \begin{cases} \dot{K}_s = F(K_s) - \sum_{k=1}^{h(s)} c_{k(s)} & (1) \\ c_{(s)}, K_s, F_s \geq 0, K_t \text{ 给定} & (2) \end{cases} \end{cases} \tag{a}$$

$$\begin{cases} \max W_t^{FT} = \theta \sum_{s=t}^{\infty} \sigma_t^{s-t} \widetilde{U}_s(c_{(s)}) + (1-\theta) \lim_{T\to\infty} \inf_{s>T} \widetilde{U}_s(c_{(s)}) \\ s.t \forall s \in t\mathbb{N} \begin{cases} \dot{K}_s = F(K_s) - \sum_{k=1}^{h(s)} c_{k(s)} & (1) \\ c_{(s)}, K_s, F_s \geqslant 0, K_t \text{ 给定} & (2) \end{cases} \end{cases} \tag{b}$$

$$1 - \hat{\theta} = \frac{\widetilde{\Phi}^{CR}({}_t\widetilde{U})}{\widetilde{\Phi}^{GGR}({}_t\widetilde{U})} = \frac{\lim_{T\to\infty} \widetilde{U}_T^{CR}(c_{(s)})}{\lim_{T\to\infty} \inf_{s>T} \widetilde{U}_s(c_{(s)}^{GGR})} \in [0,1] \tag{c}$$

$$\begin{cases} \max W_t^{FT} = \theta \sum_{s=t}^{\infty} \sigma_t^{s-t} \widetilde{U}_s(c_{(s)}) + \lim_{T\to\infty} \widetilde{U}_T^{CR}(c_{(s)}) \\ s.t \forall s \in t\mathbb{N} \begin{cases} \dot{K}_s = F(K_s) - \sum_{k=1}^{h(s)} c_{k(s)} & (1) \\ c_{(s)}, K_s, F_s \geqslant 0, K_t \text{ 给定} & (2) \end{cases} \end{cases} \tag{d}$$

这样就证明了可持续社会最优选择的存在性。但可持续社会最优解 $c_{(s)}^{\gamma(\hat{\theta})}$ 的构造问题还没有解决，这些正是第五章可持续国民财富核算理论要解决的问题。

第五章　可持续国民财富核算

可持续国民财富指与一国可持续社会福利同向变化的国民财富核算指标，旨在解决传统 GDP 在一定程度上背离可持续社会福利的问题，推动国民财富与可持续社会福利协同变化。本章从第四章社会可持续路径的存在性出发，通过社会可持续路径构建可持续国民财富核算指标，分析可持续国民财富的账户体系与基本内容，研究可持续国民财富的定价机制和方法。

第一节　可持续国民财富指标构建

本节从社会可持续路径出发构造可持续国民财富核算指标。

一　社会可持续规划解的结构

根据第四章定理 4.4.1 与定理 4.4.2，若（1）贴现功利主义规划（4.4.14）的最优消费路径 $c_{(s)}^{DU} = c_t^{DU}(K_s)$ 存在且对 K_s 连续；（2）祁琪妮斯基余项规划（4.4.11）的绿色黄金规则消费路径 $c_{(s)}^{GGR} = c_t^{GGR}(K_s)$ 存在且对 K_s 连续；（3）任给 $c_{(s)}^{DU}$ 与 $c_{(s)}^{GGR}$ 的凸组合 $c_{(s)}^{\gamma} = c_{(s)}^{DU} diag\gamma + c_{(s)}^{GGR} diag(1 - \gamma)$ 也为（4.4.6c）的可行路径；（4）$F_s = F(K_s)$ 为 K_s 的连续函数；（5）代理效用函数 $\widetilde{U}_s(c_{(s)})$ 连续且上下有界；则通过式（4.4.15）计算的 $\hat{\theta} \in [0,1]$，能找到 $\gamma = \gamma(\hat{\theta}) = (\gamma_1(\hat{\theta}), \cdots, \gamma_i(\hat{\theta}), \cdots, \gamma_{n(s)}(\hat{\theta}))$，$\gamma_i(\hat{\theta}) \in [0,1]$，使得通过 $\gamma(\hat{\theta})$ 构造的 $c_{(s)}^{DU}$ 与 $c_{(s)}^{GGR}$ 的凸组合 $c_{(s)}^{\gamma(\hat{\theta})} = c_{(s)}^{DU} diag\gamma(\hat{\theta}) + c_{(s)}^{GGR} diag(1 - \gamma(\hat{\theta}))$ 为社会可持续规划（4.4.6d）的最优解。为了分析方便，将（4.4.6d）列在下面：

$$
\begin{cases}
\max W_t^{FT} = \hat{\theta}\sum_{s=t}^{\infty}\sigma_t^{s-t}\widetilde{U}_s(c_{(s)}) + \lim_{T\to\infty}\widetilde{U}_T^{CR}(c_{(T)}) \\
s.t\ \forall s \in t\begin{cases}\dot{K}_s = F(K_s) - \sum_{k=1}^{h(s)} c_{k(s)} & (1) \\ c_{(s)}, K_s, F_s \geq 0, K_t \text{ 给定} & (2)\end{cases}
\end{cases}
\qquad (4.4.6d)
$$

显然，它是一个后代关键福利可持续与当代调整贴现功利主义福利有效率相统一意义上的可持续发展规划。调整系数 $\hat{\theta}$ 为后代关键福利相对于绿色黄金规则福利减少率的绝对值：

$$
\hat{\theta} = 1 - \frac{\widetilde{\Phi}^{CR}({}_t\widetilde{U})}{\widetilde{\Phi}^{GGR}({}_t\widetilde{U})} = \frac{\widetilde{\Phi}^{GGR}({}_t\widetilde{U}) - \widetilde{\Phi}^{CR}({}_t\widetilde{U})}{\widetilde{\Phi}^{GGR}({}_t\widetilde{U})} \qquad (4.4.15a)
$$

这个减少率的绝对值越大，$\hat{\theta}$ 越大，贴现功利主义福利函数的权数越大。说明后代关键福利相对于绿色黄金规则福利越小，代际资源配置中留给当代的权数就越大。反之则反是。说明 $\hat{\theta}$ 是后代可持续福利与当代福利之间的调整系数。但是第四章第四节的分析表明当时间充分远时，绿色黄金规则消费和绿色黄金规则效用均为由资源的增长率和初始存量决定的常数。同时，后代关键福利也是由人类的生存、健康和安全等基本需求特征决定的常数。由于资源初始存量与资源增长率是资源自身的固有性质，而且后代关键福利也是由人类生存环境和基本身心特征所决定的，不会发生很大变化，因此若上述条件不发生突变，则绿色黄金规则消费与后代关键福利均为常数因而代际福利调整系数 $\hat{\theta}$ 也是一个常数。因此（4.4.6d）中目标函数的变化只能通过其贴现功利主义部分 $\widetilde{\Omega}_t = \sum_{s=t}^{\infty}\sigma_t^{s-t}\widetilde{U}_s(c_{(s)})$ 的变化来实现。

另外，从 $\hat{\theta}$ 对 $\gamma = \gamma(\hat{\theta})$，进而对 $c_{(s)}^{\gamma(\hat{\theta})}$ 的影响来看，$\gamma = \gamma(\hat{\theta})$ 是 $\hat{\theta}$ 的增函数，且 $\gamma(0) = 0$，$\gamma(1) = 1$。由式（4.4.6c）可知：当 $\hat{\theta} = 0$，则 $\gamma(0) = 0$，目标函数 W_t^{FT} 中后代福利取其最大值即绿色黄金规则福利 $\widetilde{\Phi}^{CR}({}_t\widetilde{U}) = \widetilde{\Phi}^{GGR}({}_t\widetilde{U})$，相应地可持续路径也取最大值即绿色黄金规则消费路径 $c_{(s)}^{\gamma(0)} = c_{(s)}^{GGR}$。而当 $\hat{\theta}$ 从0递增到1时，目标函数中后代福利从绿色黄金规则福利的最大值开始依权重 $1 - \hat{\theta}$ 递减，当代福利依权重 $\hat{\theta}$ 递增，相应地 $\gamma = \gamma(\hat{\theta})$ 也从 0 递增到 1，从而社会可持续选择 $c_{(s)}^{\gamma(\hat{\theta})} = c_{(s)}^{DU} diag\gamma(\hat{\theta}) + c_{(s)}^{GGR} diag(1 - \gamma(\hat{\theta}))$ 中贴现功利主义部分 $c_{(s)}^{DU} diag\gamma(\hat{\theta})$ 越大而关键消费部分 $c_{(s)}^{GGR} diag(1 - \gamma(\hat{\theta}))$ 越小。特别地，当 $\hat{\theta} = 1$ 时，$\gamma(1) =$

1，目标函数全变为当代福利即贴现功利主义福利，相应地可持续选择全变为贴现功利主义消费 $c_{(s)}^{\gamma(1)}=c_{(s)}^{DU}$。但是 $\hat{\theta}$ 事实上是一个由绿色黄金规则福利和后代关键福利共同决定的常数，这就决定了社会可持续选择 $c_{(s)}^{\gamma(\hat{\theta})}$ 是一个由后代关键消费路径 $c_{(s)}^{GGR}diag(1-\gamma(\hat{\theta}))$ 和贴现功利主义消费路径 $c_{(s)}^{DU}diag\gamma(\hat{\theta})$ 两部分构成的加权和。由于 $\hat{\theta}$ 为常数，故 $\gamma(\hat{\theta})$ 为常数，考虑到绿色黄金规则消费路径 $c_{(s)}^{GGR}$ 亦为常数，故后代关键消费路径 $c_{(s)}^{GGR}diag(1-\gamma(\hat{\theta}))$ 为常数，不妨记作 $c_{(s)}^{CR}=c_{(s)}^{GGR}diag(1-\gamma(\hat{\theta}))$。整个过程可概括如下：

$$\left.\begin{matrix}\tilde{\Phi}^{CR}({}_t\tilde{U})\\ \tilde{\Phi}^{GGR}({}_t\tilde{U})\end{matrix}\right]\rightarrow\hat{\theta}=\frac{\tilde{\Phi}^{GGR}({}_t\tilde{U})-\tilde{\Phi}^{CR}({}_t\tilde{U})}{\tilde{\Phi}^{GGR}({}_t\tilde{U})}\rightarrow W_t^{FT}=$$

$$\hat{\theta}\Omega({}_t\tilde{U})+\Phi^{CR}({}_t\tilde{U})\xrightarrow{(4.4.6d)}\gamma(\hat{\theta})\rightarrow c_{(s)}^{\gamma(\hat{\theta})}$$

综合上述分析可得：

定理 5.1.1　任给 $s\in t$，绿色黄金规则福利 $\tilde{\Phi}^{GGR}({}_t\tilde{U})$ 与后代关键福利 $\tilde{\Phi}^{CR}({}_t\tilde{U})$ 为常数时，可持续路径 $c_{(s)}^{\gamma(\hat{\theta})}$ 等于贴现功利主义最优路径 $c_{(s)}^{DU}$ 与作为常数的关键消费 $c_{(s)}^{CR}$ 之和，即：

$$c_{(s)}^{\gamma(\hat{\theta})}=c_{(s)}^{DU}diag\gamma(\hat{\theta})+c_{(s)}^{CR}\tag{5.1.1}$$

由定理 5.1.1 可知：为了求得可持续资源配置路径 $c_{(s)}^{\gamma(\hat{\theta})}$，只需求得关键消费路径 $c_{(s)}^{CR}$ 与相应贴现功利主义最优路径 $c_{(s)}^{DU}$，然后求得 $c_{(s)}^{DU}diag\gamma(\hat{\theta})$ 与 $c_{(s)}^{CR}$ 之和即可。

此外，后代关键消费与后代关键消费路径是两个紧密相连但又不同的概念，前者是后者在时间趋近于无穷大时的极限，即：

$$c_{(\infty)}^{CR}=\lim_{s\to\infty}c_{(s)}^{CR}=\lim_{s\to\infty}c_{(s)}^{GGR}diag(1-\gamma(\hat{\theta}))=c_{(\infty)}^{GGR}diag(1-\gamma(\hat{\theta}))$$

由于个体消费之和等于总消费，故在消费资源分配系数既定时有：

$$C_s^{CR}=C_s^{GGR}(1-\gamma(\hat{\theta}))=\sum_{k=1}^{h}c_{k(s)}^{GGR}(1-\gamma(\hat{\theta}))=C_s^{GGR}(1-\gamma(\hat{\theta}))$$①

---

① 可以采用和连续时间规划同样的办法将 $h(s)$ 变为 $h=[\sup_{s\in(t,+\infty)}h(s)]+1$。参考本书第180页。

上列等式两端令时间趋近于无穷大取极限，可得总关键消费路径与后代总消费的关系：

$$C_{\infty}^{CR} = \lim_{s\to\infty} C_s^{CR} = \lim_{s\to\infty} C_s^{GGR}(1-\gamma(\hat{\theta})) = \sum_{k=1}^{h} \lim_{s\to\infty} c_{k(s)}^{GGR}(1-\gamma(\hat{\theta}))$$
$$= \sum_{k=1}^{h} c_{k(\infty)}^{GGR}(1-\gamma(\hat{\theta})) = C_{\infty}^{GGR}(1-\gamma(\hat{\theta}))$$

由第四章的分析可知，各代绿色黄金规则消费不超过总产量，即 $C_s^{GGR} \leqslant F_s$，且 $0 \leqslant 1-\gamma(\hat{\theta}) \leqslant 1$，故有 $C_s^{CR} \leqslant F_s$。这说明关键消费路径上每一代的资源总供给量超出关键消费的余额不小于0，即 $\forall s > T$，都有 $F_s - C_s^{CR} \geqslant 0$。此外，为了满足关键消费，每一代还必须要有关键消费品的生产能力。例如为了减少二氧化碳消费，必须要有空气净化设备或碳汇林生产基地。这种用来生产关键消费品的资本即关键资本，维持关键资本存量能够生产足够关键消费品的投资叫关键投资，不妨用 $\dot{K}_s^{CR}$ 表示。显然，每一代的资源总供给量超出关键消费的余额不仅不能小于0，而且还不能小于这一代的关键资本投资，即：$F_s - C_s^{CR} \geqslant \dot{K}_s^{CR}$。否则，若 $F_s - C_s^{CR} < \dot{K}_s^{CR}$，则有：

$$F_s - C_s^{CR} - \dot{K}_s^{CR} = F_s - F_s^{CR} = \dot{K}_s^{EX} < 0$$

其中 $F_s^{CR} = C_s^{CR} + \dot{K}_s^{CR}$ 为关键资源供给量。此时有 $K_{s+1} = K_s + \dot{K}_s^{EX} < K_s$，即后一代或后若干代后资本存量减少，进而导致后一代或后若干代后关键资本存量减少的现象，这就意味着后一代或后若干代因没有关键消费品生产能力而偏离了关键消费路径。由此可得：

命题5.1.1 为了维持后代关键消费可持续，任意代资源总量 F_s 超出其关键资源总量 $F_s^{CR} = C_s^{CR} + \dot{K}_s^{CR}$ 的余额不小于0，这个余额叫超额广义资源，记作 $F_s^{EX} = F_s - F_s^{CR} \geqslant 0$。

例如，对于像氧气、淡水、耕地这种关系到人类生存的财富，技术水平既定时的人均存量 K/L 就是关键量。在人口增长率为 dL/L 时，为了保持人均存量不变，必须有 $d(K/L) = (LdK - KdL)/L^2 = 0$，解得 $dK = K(dL/L)$。这就是为了保持人均资本存量不变而必须新增的量，即产出水平的关键量为 $F^{CR} = K(dL/L)$，也就是说新增产量必须满足新增人口对资本存量的底线要求。相应地，超额量为 $F^{EX} = F - K(dL/L)$。

由于 $F_s = C_s + \dot{K}_s$，故有 $F_s^{EX} = F_s - F_s^{CR} = C_s + \dot{K}_s - C_s^{CR} - \dot{K}_s^{CR} = (C_s - C_s^{CR}) + (\dot{K}_s - \dot{K}_s^{CR})$。其中 $C_s^{EX} = C_s - C_s^{CR}$ 为实际消费总量超出关键消费的余额即超额消费；$\dot{K}_s^{EX} = \dot{K}_s - \dot{K}_s^{CR}$ 为实际投资超出关键投资的余额即超额投资，这样就有超额财富等于超额消费与超额投资之和，即 $F_s^{EX} = C_s^{EX} + \dot{K}_s^{EX}$。显然，$\dot{K}_s^{EX} = \dot{K}_s - \dot{K}_s^{CR} = (F_s - C_s) - \dot{K}_s^{CR}$ 为总供给量扣除实际消费再扣除关键投资的余额，因此反映投资超出关键投资的余额，用来判断实际投资超出关键投资的大小。而 F_s^{EX} 则在 $\dot{K}_s^{EX}$ 的基础上再加入了超额消费 C_s^{EX}，因而反映通过消费和投资的各自追加及相互替代实现资源可持续配置的总空间。

有了关于可持续最优路径及关键消费路径的上述知识，下面首先在后代关键福利既定时研究贴现功利主义最优路径存在的条件，通过这些条件分析最优路径的基本特征和最优社会福利随其最优路径变化的规律，为构造并证明可持续国民财富的存在性继续创造条件。

二　超额真实储蓄与超额国内净产值

为了运用动态优化的方法，需用连续动态优化模型。将第三章离散时间个体可持续模型中的变量替换为相应的连续时间变量，按第四章得出离散时间可持续社会选择同样的方法，并将模型中初始资本存量给定写为等于既定资本存量，就可得到连续时间社会可持续选择模型：

$$\begin{cases} \max W(t) = \int_{s=t}^{\infty} e^{-\rho(s-t)} \tilde{U}[c(s)]ds + \lim_{T\to\infty} \tilde{U}^{CR}[c(T)] \\ s.t \forall s \in [t,\infty) \begin{cases} \dot{K}(s) = F[K(s)] - \sum_{k=1}^{h} c_k(s) & (1) \\ c(s), K(s), F(s) \geq 0, K(t) = K^0(t) & (2) \end{cases} \end{cases} \tag{5.1.2}$$

其中 $W(t) = W_t[\tilde{U}(c(s), s \in [t, +\infty))]$，$\sum_{k=1}^{h} c_k(s) = C(s) = (C_1(s), \cdots, C_i(s), \cdots, C_n(s))$，$C_i(s) = \sum_{k=1}^{h} c_{ik}(s)$。由此可得连续时间贴现功利主义动态规划如下：

$$\begin{cases} \max \Omega(t) = \int_{s=t}^{\infty} e^{-\rho(s-t)} \tilde{U}[c(s)]ds \\ s.t \forall s \in [t,\infty) \begin{cases} \dot{K}(s) = F[K(s)] - \sum_{k=1}^{h} c_k(s) & (1) \\ c(s), K(s), F(s) \geq 0, K(t) = K^0(t) & (2) \end{cases} \end{cases} \tag{5.1.3}$$

这是一个最终自变量为微观个体消费矩阵 $c(s)$，但约束条件中却既有总体变量 $F(s)$ 和 $K(s)$，又有微观个体变量 $c_k(s)$ 的动态规划。根据第四章第四节的结论，总消费与个体消费及消费分配系数有如下关系：

$$\begin{aligned} C(s) &= \sum_{k=1}^{h} c_k(s), c_k(s) = (c_{1k}, \cdots, c_{ik}, \cdots, c_{nk}) \\ &= (d_{1k}C_1(s), \cdots, d_{ik}C_i(s), \cdots, d_{nk}C_n(s)) \end{aligned} \tag{5.1.4}$$

将此关系代入（5.1.3）可得到总消费约束下的贴现功利主义最优规划模型：

$$\begin{cases} \max\Omega(t) = \int_{s=t}^{\infty} e^{-\rho(s-t)}\tilde{U}[c(s)]ds \\ s.t\,\forall s \in [t,\infty)\begin{cases} \dot{K}(s) = F[K(s)] - C(s) & (1) \\ c(s), K(s), F(s) \geq 0, K(t) = K^0(t) & (2) \end{cases} \end{cases} \tag{5.1.3a}$$

通过式（5.1.3）、（5.1.3a）和（5.1.4），必要时可进行个体消费与总消费以及个体效用与社会福利之间的关系分析。

下面用与佩瑟－阿舍姆等（Pezzey，2002；Asheim et al，2001）分析可持续国内净产值类似的方法分析（5.1.3）的最优解。显然，模型（5.1.3）的当前值汉弥尔顿算子为：

$$\mathrm{H}(c,\dot{K},\Psi) = \tilde{U}(s) + \Psi(s)\dot{K}(s) \text{ ①} \tag{5.1.5}$$

这里 $\dot{K}(s) = (\dot{K}_1(s), \dot{K}_2(s), \cdots, \dot{K}_n(s)) = I(s)$ 为总投资向量，$\Psi(s) = (\Psi_1(s), \Psi_2(s), \cdots, \Psi_n(s))$ 为总投资向量的影子价格向量。

根据动态优化的必要条件，若规划（5.1.3）有解，则其汉弥尔顿算子（5.1.5）存在最优路径，且其最优解 $(c^*(s), \dot{K}^*(s))$ 必满足以下条件：

$$\begin{aligned} H^*(s) &= \overline{H}(K^*(s), \Psi(s)) = \max_{\dot{K}(s) = F(K(s)) - \sum_{k=1}^{h} c_k(s)} \mathrm{H}(c,\dot{K},\Psi) \\ &= \mathrm{H}(c^*(s), \dot{K}^*(s), \Psi(s)) = \tilde{U}[c(s)] + \Psi(s)\dot{K}^*(s) \end{aligned} \tag{5.1.6}$$

其中第一个等式后面的函数符号变为 $\overline{H}(\cdot)$ 是因为这里把 $H^*(\mathrm{s})$ 看

---

① 式(5.1.3)式应直接使用贴现值汉弥尔顿算子 $\overline{H}(c,I,\overline{\Psi}) = e^{-\rho(s-t)}\tilde{U}[c(s)] + \overline{\Psi}(s)\dot{K}(s) = e^{-\rho(s-t)}[\tilde{U}[c(s)] + \Psi(s)\dot{K}(s)] = e^{-\rho(s-t)}H(c,I,\Psi)$，这儿 $\Psi = e^{\rho(s-t)}\tilde{\Psi}$。但为了分析方便，这里直接用当前值汉弥尔顿算子来分析。

成了 $K^*(s)$ 和 $\Psi(s)$ 的函数，这个函数是最优解 $C^*(s)$ 和 $\dot{K}^*(s)$ 代入原函数 H（c，$\dot{K}$，Ψ）计算的结果。根据当前值汉弥尔顿算子法，（5.1.6）的必要条件满足：

$$\nabla_K \bar{H}(K^*(s),\Psi(s)) = \rho\Psi(s) - \dot{\Psi}(s) \tag{5.1.7}$$

这里 $\nabla_K \bar{H}$ 表示 $\bar{H}(\cdot)$ 对 K 的分量的偏导数构成的向量。式（5.1.6）中 $\bar{H}$ 对第四个等号后的投资价格 $\Psi(s)$ 求偏导数得：

$$\nabla_\Psi \bar{H} = \dot{K}^*(s) \tag{5.1.8}$$

式（5.1.6）第一个等式两边求对时间的导数并将式（5.1.7）和式（5.1.8）代入得：

$$\dot{H}^*(s) = \nabla_K \bar{H}\dot{K}^* + \nabla_\Psi \bar{H}\dot{\Psi} = \rho\Psi\dot{K}^* \tag{5.1.9}$$

另外，式（5.1.5）两边求关于时间的导数并将最优解代入得：

$$\dot{H}^*(s) = \sum_{i=1}^{n}\sum_{k=1}^{h}\left[\frac{\partial\tilde{U}(c^*(s))}{\partial c_{ik}}\right]\dot{c}_{ik}(s) + d(\Psi(s)\dot{K}^*(s))/ds \tag{5.1.10}$$

由（5.1.9）和（5.1.10）两式得：

命题 5.1.1　在上述假设下有：

$$\sum_{i=1}^{n}\sum_{k=1}^{h}\left[\frac{\partial\tilde{U}(c^*(s))}{\partial c_{ik}}\right]\dot{c}_{ik}(s) + d(\Psi(s)\dot{K}^*(s))/ds = \rho\Psi(s)\dot{K}^*(s) \tag{5.1.11}$$

将最优解 $(c^*(s),\dot{K}^*(s))$ 代入规划（5.1.3）的目标函数，即得贴现功利主义最优社会福利函数为：

$$\Omega^*(t) = \int_t^\infty e^{-\rho(s-t)}\tilde{U}[c^*(s)]ds = e^{\rho t}\int_t^\infty e^{-\rho s}\tilde{U}[c^*(s)]ds$$

为研究其随时间变化的情况，上式两端对时间求导数、分步积分并用（5.1.11）式得：

$$\begin{aligned}\dot{\Omega}^*(t) &= \rho e^{\rho t}\int_t^\infty e^{-\rho s}\tilde{U}[c^*(s)]ds - e^{\rho t}(e^{-\rho t}\tilde{U}[c^*(t)]) \\ &= \rho\int_t^\infty e^{-\rho(s-t)}\tilde{U}[c^*(s)]ds - \tilde{U}[c^*(t)])（\text{分步积分}）\end{aligned}$$

$$= \int_t^{\infty} e^{-\rho(s-t)} \sum_{i=1}^{n} \sum_{k=1}^{h} \left[\frac{\partial \widetilde{U}(c^*(s))}{\partial c_{ik}} \right] \dot{c}_{ik}(s) ds$$

$$= -\int_t^{\infty} \left[\frac{d(e^{-\rho(s-t)} \Psi(s) \dot{K}^*(s))}{ds} \right] ds$$

$$= \Psi(t) \dot{K}^*(t) \qquad (5.1.11)$$

命题 5.1.2 在上述假设下有:

$$\dot{\Omega}^*(t) = \Psi(t) \dot{K}^*(t) \qquad (5.1.12)$$

另外，在汉弥尔顿算子（5.1.5）的最优路径上，所有消费者都实现效用最大化，所有企业都实现利润最大化。此时不同消费者以同样的名义价格交易同种消费品，而投资者以同样的名义价格交易同种投资品。不妨设 $p(t)$ 和 $q(t)$ 分别是消费品和投资品名义价格，支出边际效用为 $\lambda(t)$，$r(t)$ 为利率，则汉弥尔顿算子在任意时刻 t 的名义最优消费－投资－资本存量组 $[c^*(t), \dot{K}^*(t), K^*(t)]$ 满足以下消费者和企业行为:

$$c^*(t): \max \widetilde{U}(c(t)) - \lambda(t) \sum_{k=1}^{h} p(t) c_k(t)$$

$$[c^*(t), \dot{K}^*(t), K^*(t)]: \max \sum_{k=1}^{h} p(t) c_k(t) + q(t) \dot{K}(t) - [r(t) q(t) - \dot{q}(t)] K(t) \qquad (5.1.13)$$

其中消费者规划中，$\sum_{k=1}^{h} p(t) c_k(t)$ 为所有消费者支出，乘以支出边际效用 $\lambda(t)$ 表示以效用单位计量的实际总支出。企业规划中，$\sum_{k=1}^{h} p(t) c_k(t)$ 和 $q(t) \dot{K}(t)$ 分别表示消费品和投资品总销售收益，而 $r(t) q(t) K(t)$ 和 $\dot{q}(t) K(t)$ 分别表示总利息支出和总资本利得，表明生产总成本等于总利息支出扣除总资本利得之差额。当达到最优均衡状态时，投资的需求价格等于供给价格，故企业规划中投资品需求价格与供给价格向量都是 $q(t)$ 。

由上述规划很容易得出消费名义价格向量 $p(t)$ 、投资名义价格向量 $q(t)$ 和名义利率 $r(t)$ 分别与其相应的影子消费价格向量 $\nabla_c \widetilde{U}(c^*(t))$ 、投资影子价格向量 $\Psi(t)$ 和贴现率 ρ 的关系:

$$\begin{aligned} p(t) &= \nabla_c \widetilde{U}(c^*(t)) / \lambda(t) \\ q(t) &= \Psi(t) / \lambda(t) \\ r(t) &= \rho - \dot{\lambda}(t) / \lambda(t) \end{aligned} \qquad (5.1.13a)$$

其中

$$\nabla_c U(c^*(t)) = \left(\frac{\partial \widetilde{U}(c^*(t))}{\partial c_{1k}},\cdots,\frac{\partial \widetilde{U}(c^*(t))}{\partial c_{ik}},\cdots,\frac{\partial \widetilde{U}(c^*(t))}{\partial c_{nk}}\right),\forall k \in \mathbb{N}_h$$

即均衡价格为所有消费者消费同种消费品的边际效用。

式（5.1.13a）的证明不难。事实上，在消费者效用最大化行为方程（5.1.13）两端求关于消费量的偏导数并令它们为0，解方程即得（5.1.13a）第一式。它表明消费资源的名义价格等于每个社会成员消费这种物品的影子价格除以支出的边际效用。换句话说，宏观均衡状态下，虽然不同消费者消费同样数量的同种物品产生不同的边际代理效用，但是在经济均衡时，每个消费者都调整自己的消费量使其产生同样的边际代理效用。

由于 $\Psi(t)$ 为投资影子价格向量，因此除以收入边际效用 $\lambda(t)$ 即得（5.1.13a）第二式为投资名义价格向量。企业行为方程两端同乘以 $\lambda(t)$ 再求关于资本存量 $K(t)$ 的偏导数，并在厂商利润最大值点令其为0，得：

$$\nabla_K[\Psi(t)\dot{K}^*(t)] - \lambda(t)[r(t)q(t) - \dot{q}(t)] = 0$$

但由（5.1.6）式和（5.1.7）式可得：

$$\nabla_K[\Psi(t)\dot{K}^*(t)] = \nabla_K \overline{H}(K^*(t),\Psi(t)) = \rho\Psi(t) - \dot{\Psi}(t)$$

故有：

$$\rho\Psi(t) - \dot{\Psi}(t) - \lambda(t)[r(t)q(t) - \dot{q}(t)] = 0$$

将 $\Psi(t) = \lambda(t)q(t)$ 两端对时间求导，代入上式合并抵消得：

$$\rho\lambda(t)q(t) - \dot{\lambda}(t)q(t) - \lambda(t)r(t)q(t) = 0$$

解此方程即得（5.1.13a）第三式。

将名义价格体系（5.1.13a）代入（5.1.11）式得：

$$\lambda(t)\sum_{k=1}^{h} p(t)\dot{c}_k^*(t) + d(q(t)\lambda(t)\dot{K}^*(t))/dt = \rho q(t)\lambda(t)\dot{K}^*(t)$$

等式左边第二部分求微分得：

$$\lambda(t)p(t)\sum_{k=1}^{h}\dot{c}_k^*(t) + \lambda(t)d(q(t)\dot{K}^*(t))/dt + \dot{\lambda}(t)q(t)\dot{K}^*(t) = \rho q(t)\lambda(t)\dot{K}^*(t)$$

两边同除以 $\lambda(t)$，将左边第三项移到右边并利用（5.1.13）中利率公式可得：

$$p(t)\sum_{k=1}^{h}\dot{c}_k^*(t)+d(q(t)\dot{K}^*(t))/dt=r(t)q(t)\dot{K}^*(t)$$

由于 $\dot{C}^*(t)=\sum_{k=1}^{h}\dot{c}_k^*(t)$，故有：

$$p(t)\dot{C}^*(t)+d(q(t)\dot{K}^*(t))/dt=r(t)q(t)\dot{K}^*(t) \tag{5.1.14}$$

这里需要提醒的是：虽然前面的分析一直是在个体消费与整体投资的基础上展开的，但式（5.1.13a）表明所有个体最优选择的影子价格都可表示为名义价格，故（5.1.14）中所有个体消费支出变成了所有商品的名义价格与相应社会总消费之积。此外，$q(t)\dot{K}^*(t)$ 是名义价格下的净投资，它表示广义资源名义价值的净变化额，通常表示自然资产的减少与人造、人力和社会资产的增加之间的补偿关系。它对应但又不同于弱可持续核算文献中的名义真实储蓄。弱可持续核算的真实储蓄是资源完全可替代意义上的广义资源名义价值净变化值，而这里的 $q(t)\dot{K}^*(t)$ 是超额广义资源的名义价值净变化额。

定义 5.1.2 超额广义资源的名义价值净变化额叫名义超额真实储蓄，具体地即：

$$ges(t)=q(t)\dot{K}^*(t) \tag{5.1.15}$$

而将广义资源名义净投资和名义总消费之和叫名义超额国内净产值，具体地即：

$$nedp(t)=p(t)C^*(t)+q(t)\dot{K}^*(t)=p(t)C^*(t)+ges(t) \tag{5.1.16}$$

把（5.1.13a）中的第二式代入（5.1.12）得：

$$\begin{aligned}\dot{\Omega}^*(t)&=\Psi(t)\dot{K}^*(t)=\lambda(t)q(t)\dot{K}^*(t)=\lambda(t)ges(t)\\&=\lambda(t)[nedp(t)-p(t)C^*(t)]\end{aligned} \tag{5.1.17}$$

由于收入的边际效用 $\lambda(t)$ 总是大于0，故上式表明：

$$\dot{\Omega}^*(t)\geqslant 0\leftrightarrow ges(t)\geqslant 0 \tag{5.1.18}$$

另外，由（5.1.5）得：$\Psi(t)\dot{K}^*(t)=H^*(t)-\tilde{U}(c^*(t))$，从而有：$\dot{W}^*(t)=0\leftrightarrow H^*(t)=\tilde{U}(c^*(t))$。右式两端对时间求导数，再将（5.1.9）和（5.1.13a）代入得：

$$d\tilde{U}(c^*(t))/dt=\dot{H}^*(t)=\rho\Psi\dot{K}^*=\rho\lambda(t)\dot{g}es(t) \tag{5.1.19}$$

综合（5.1.17）与（5.1.19）得：

$$ges(t)\geqslant 0\leftrightarrow\dot{W}^*(t)\geqslant 0\leftrightarrow d\tilde{U}(c^*(t))/dt\geqslant 0 \tag{5.1.20}$$

（5.1.17）与（5.1.20）揭示了名义超额真实储蓄与代理福利及总福利之间的内在联系。在不同关键资源不可替代的前提下，若不同超额资源之间存在完全替代性，则虽然某一种资源形式比方说自然资产被人造、人力或社会资产所替代，但若人造、人力和社会资产的投资价值不小于自然资产的折旧价值，从而使得名义净资本总价值即超额真实储蓄额不小于0，则各代人的代理福利和总福利不减。如果名义净资本即名义超额真实储蓄余额为0，则各代人的代理福利和总福利均为常数。它表明超额真实储蓄额可以作为总福利和代理福利不减意义上的可持续性的一个判定准则，其根本前提是关键资源代际公平下超额广义资源的完全替代性。然而，超额真实储蓄额只给出了总福利和代理福利不减的一个判定条件，它是一个名义量且不包含消费价值，所以不能直接作为可持续国民财富的核算指标。下面通过Divisia价格指数把名义价格化为真实价格后通过超额真实储蓄构造与总福利和代理福利同向变化的广义资源核算指标。

定义5.1.3 Divisia消费价格指数就是满足条件 $\dfrac{\dot{\pi}(t)}{\pi(t)}=\dfrac{\dot{p}(t)C^*(t)}{p(t)C^*(t)}$ 的价格指数 $\pi(t)$。

Divisia价格指数下的实际消费价格、实际投资价格和实际利率分别如下：

$$\begin{aligned}P(t)&=p(t)/\pi(t)\\Q(t)&=q(t)/\pi(t)\\R(t)&=r(t)-\frac{\dot{\pi}(t)}{\pi(t)}\end{aligned} \tag{5.1.21}$$

第二章已经证明了在Divisia消费价格指数下价格变化导致的消费价

值为 $\dot{P}C = 0$ 。

同时，在经过 Divisia 价格指数折算后的真实价格体系下，超额真实储蓄为：

$$GES(t) = Q(t)\dot{K}^*(t) = ges(t)/\pi(t) \tag{5.1.22}$$

相应地超额国内净产值为：

$$\begin{aligned} NEDP(t) &= P(t)C^*(t) + Q(t)\dot{K}^*(t) \\ &= P(t)C^*(t) + GES(t) \\ &= nedp(t)/\pi(t) \end{aligned} \tag{5.1.23}$$

式（5.1.23）第一个等式两边对时间求导，再利用（5.1.22）、（5.1.21）和（5.1.14）得：

$$\begin{aligned} dNEDP(t)/dt &= \frac{d[P(t)C^*(t) + Q(t)\dot{K}^*(t)]}{dt} \\ &= P(t)\dot{C}^*(t) + \frac{d[Q(t)\dot{K}^*(t)]}{dt} = \frac{p(t)}{\pi(t)}\dot{C}^*(t) + \frac{d\left[\frac{q(t)}{\pi(t)}\dot{K}^*(t)\right]}{dt} \\ &= \frac{p(t)}{\pi(t)}\dot{C}^*(t) + \frac{\pi(t)\dot{q}(t) - q(t)\dot{\pi}(t)}{\pi^2(t)}\dot{K}^*(t) + \frac{q(t)}{\pi(t)}\frac{d\dot{K}^*(t)}{dt} \\ &= \frac{1}{\pi(t)}\left[p(t)\dot{C}^*(t) + (\dot{q}(t) - q(t)\frac{\dot{\pi}(t)}{\pi(t)})\dot{K}^*(t) + q(t)\frac{d\dot{K}^*(t)}{dt}\right] \\ &= \frac{1}{\pi(t)}\left[p(t)\dot{C}^*(t) + \frac{d(q(t)\dot{K}^*(t))}{dt} - q(t)\frac{\dot{\pi}(t)}{\pi(t)}\dot{K}^*(t)\right] \\ &= \frac{1}{\pi(t)}\left[r(t)q(t)\dot{K}^*(t) - q(t)\frac{\dot{\pi}(t)}{\pi(t)}\dot{K}^*(t)\right] \\ &= \left[r(t) - \frac{\dot{\pi}(t)}{\pi(t)}\right]\frac{q(t)}{\pi(t)}\dot{K}^*(t) \\ &= R(t)Q(t)\dot{K}^*(t) = R(t)GES(t) \\ &= R(t)[NEDP(t) - P(t)C^*(t)] \end{aligned} \tag{5.1.24}$$

然后由（5.1.24）、（5.1.23）、（5.1.21）及（5.1.15）得：

$$\frac{dNEDP(t)}{dt} = R(t)\cdot GES(t) = \frac{R(t)}{\pi(t)\lambda(t)}\dot{\Omega}^*(t) \tag{5.1.25}$$

此式揭示了实际价格下的超额国内净产值、超额真实储蓄及总福利三者之间的内在关系。通常都会有 $\lambda(t) > 0$ 、$\pi(t) > 0$ 且 $R(t) \geqslant 0$ ，故由上式可得：

命题 5.1.3　上述条件满足时有：

(1) $GES(t) \geqslant 0 \leftrightarrow \frac{dNEDP(t)}{dt} \geqslant 0 \leftrightarrow \dot{\Omega}^*(t) \geqslant 0$，即各代总福利不减等价于超额国内净产值不减，也等价于超额真实储蓄不小于 0。

(2) $GES(t) = 0 \leftrightarrow \frac{dNEDP(t)}{dt} = 0 \leftrightarrow \dot{\Omega}^*(t) = 0$，即各代总福利不变等价于超额国内净产值不变，也等价于超额真实储蓄率为 0。

(3) $GES(t) < 0 \leftrightarrow \frac{dNEDP(t)}{dt} < 0 \leftrightarrow \dot{\Omega}^*(t) < 0$，即当超额真实储蓄小于 0 时，超额国内净产值和各代总福利都递减。

可见，在关键资源代际公平约束下，超额真实储蓄的符号为总福利的可持续性提供了一个判定标准，它能判定超额国内净产值与各代总福利是否可持续。超额国内净产值则既给各代总福利可持续提供了一个判定标准，又是可持续国民财富核算的具体指标。为便于与第二章表 2.2.3 中所列的弱可持续核算指标相比较，这里亦可将上述指标及相关结论列表如下：

表 5.1.1　超额真实储蓄与超额国内净产值

指标名称	基本算法	内在关系
超额真实储蓄	$GES(t) = Q(t)\dot{K}^*(t)$	超额广义资产净投资
超额国内净产值	$NEDP(t) = P(t)C^*(t) + GES(t)$	$\frac{dNEDP(t)}{dt} = R(t) \cdot GES(t)$
各代总福利	$\dot{\Omega}^*(t) = \int_t^{\infty} \tilde{U}(c^*(s))e^{-\rho(s-t)}ds$	$\frac{dNEDP(t)}{dt} = R(t)GES(t)$ $= \frac{R(t)}{\pi(t)\lambda(t)}\dot{\Omega}^*(t)$

三　可持续国民财富的存在性

首先将上述连续时间状态下得出的结论具体化到更有实践价值且与本节第一部分内容相统一的离散时间状态，然后再在离散时间状态下证明可持续国民财富的存在性。连续时间状态下的总消费 $C^*(t)$、消费品价格 $P(t)$、总投资 $\dot{K}^*(t)$、投资品价格 $Q(t)$ 和资本存量 $K^*(t)$ 的离散时间对

应物分别为 C_t^* 、P_t 、$\dot{K}_t^*$ 、Q_t 和 K_t^* 。类似地，其他离散时间变量只需要将相应连续时间变量的时间下标从右边移到右下标上。此外，离散时间变量的变化率和连续时间状态一样用变量顶部加"·"表示，如上面 $\dot{K}^*(t)$ 。由于连续时间状态下得出的结论在离散时间状态下也成立，故有：

命题5.1.3′　上述条件满足时有：

（1）$\dot{NEDP}_t \geqslant 0 \leftrightarrow GES_t \geqslant 0 \leftrightarrow \dot{\Omega}_t^* \geqslant 0$，即各代总福利不减等价于超额国内净产值不减，也等价于超额真实储蓄不小于0；

（2）$\dot{NEDP}_t = 0 \leftrightarrow GES_t = 0 \leftrightarrow \dot{\Omega}_t^* = 0$，即各代总福利不变等价于超额国内净产值不变，也等价于超额真实储蓄率为0；

（3）$\dot{NEDP}_t < 0 \leftrightarrow GES_t < 0 \leftrightarrow \dot{\Omega}_t^* < 0$，即当超额真实储蓄小于0时，超额国内净产值和各代总福利都递减。

其次，总结本节前面两部分的研究可得：

（1）可持续发展是维持后代关键福利不变的代际公平与总福利最大的当代效率相统一的代际资源配置方式。具体表现为一定资源、技术和收入分配约束下以可持续社会福利函数最大化为目标的可持续规划的最优路径问题。

（2）绿色黄金规则福利 $\widetilde{\Phi}^{GGR}({}_t\widetilde{U})$ 与后代关键福利 $\widetilde{\Phi}^{CR}({}_t\widetilde{U})$ 为常数时，可持续规划的最优路径 $c_{(t)}^{\gamma(\hat{\theta})}$ 为贴现功利主义最优路径 $c_{(t)}^{DU}$ 与关键消费路径 $c_{(t)}^{CR}$ 的加权和，即：$c_{(t)}^{\gamma(\hat{\theta})} = c_{(t)}^{DU} diag\gamma(\hat{\theta}) + c_{(t)}^{CR}$ 。因此为了求得 $c_{(t)}^{\gamma(\hat{\theta})}$ ，只需求得贴现功利主义最优路径 $c_{(t)}^{DU}$ 、关键消费路径 $c_{(t)}^{CR}$ 及相应的资源调整系数 $\gamma(\hat{\theta})$，然后按照上式求得加权和即可。$\gamma(\hat{\theta})$ 为由福利调整系数 $\hat{\theta}$ 及其他参数决定的常数，$c_{(t)}^{CR} = c_{(t)}^{GGR} diag(1-\gamma(\hat{\theta}))$ 在超额资源 $\dot{K}_t^{EX} = F_t - F_t^{CR} \geqslant 0$ 时由绿色黄金规则消费路径 $c_{(t)}^{GGR}$ 和资源调整系数 $\gamma(\hat{\theta})$ 决定。由于大量经济学家在不同条件下已经证明了贴现功利主义规划有最优解 $c_{(t)}^{DU} = c_t^*$ 。这最终解决了可持续最优解 $c_{(t)}^{\gamma(\hat{\theta})}$ 的存在性问题。

（3）贴现功利主义规划的最优解 c_t^* 等价于其汉弥尔顿算子 $H(c_t, \dot{K}_t, \Psi_t)$ 的最优解，而通过 $H(c_t, \dot{K}_t, \Psi_t)$ 的最优解 c_t^* 和本节第二部分的工作，在维持关键广义资源代际公平因而超额广义资源之间可完全替代时，则可构造出超额真实储蓄 $GES_t = Q_t\dot{K}_t^*$ 和超额国内净产值 $NEDP_t = P_tC_t^* + Q_t\dot{K}_t^* = P_tC_t^* + GES_t$，它们满足：

$$NEDP_t \geqslant 0 \leftrightarrow GES_t \geqslant 0 \leftrightarrow \dot{\Omega}_t^* \geqslant 0$$

这样就得到了一个最优可持续总福利不减的财富判定指标 GES_t 与核算指标 $NEDP(t)$，使得 $NEDP_t$ 不减等价于 $GES_t \geqslant 0$ 也等价于 $\dot{\Omega}_t^*$ 不减。

总结上面所有研究结果可得：

定理 5.1.2　存在以超额财富 $F_s^{EX} = F_s - F_s^{CR}$ 为判定指标，由关键财富 $F_t^{CR} = C_t^{CR} + \dot{K}_t^{CR}$ 和超额国内净产值 $NEDP_t = P_tC_t^* + Q_t\dot{K}_t^*$ 构成的可持续国民财富核算指标 $SNWA_t$，它在保证后代关键福利可持续时与当代最大福利同向变化。具体地即：

$$SNWA_t \equiv \begin{pmatrix} F_t^{CR} \\ NEDP_t \end{pmatrix}_{F_t^{EX}} \equiv \begin{cases} F_t^{CR} = C_t^{CR} + \dot{K}_t^{CR}, & \text{若 } F_t^{EX} = 0 \\ NEDP_t = P_tC_t^* + Q_t\dot{K}_t^*, & \text{若 } F_t^{EX} > 0 \end{cases} \tag{5.1.26}$$

显然，可持续国民财富账户（Sustainable National Wealth Account）$SNWA_t$ 是由关键财富 F_t^{CR}、超额财富 F_t^{EX} 与超额国内净产值 $NEDP_t$ 三个子账户构成的账户体系。F_t^{CR} 是代际公平的保障性财富，由关键消费与关键投资两部分组成。通过它可以核算、监控和保障关键福利的代际公平状况。F_t^{EX} 是判定可持续福利水平高低的财富。若 $F_t^{EX} = F_t - F_t^{CR} = 0$，则 $F_t = F_t^{CR} = C_t^{CR} + \dot{K}_t^{CR}$，说明财富总量只够满足关键总需求，当代效率与代际公平只能以效率服从于公平的方式获得统一，此时 $SNWA_t$ 的三大账户重合于关键财富账户。若 $F_t^{EX} > 0$，则 $F_t - F_t^{CR} > 0$，说明财富总量扣除关键需求后还有余额，因此可以在 $\hat{\theta}$ 既定时通过提高初始消费水平来提高代际公平或当代效率水平，无论哪种情况下都使代际公平与当代效率在更高的福利水平上达到统一。而且 F_t^{EX} 越大，代际公平与当代效率统一的福利水平越高。此时 $SNWA_t$ 展开为关键财富账户、超额财富账户与超额国内净产值三个子账户的合并。$NEDP_t$ 是在 $F_t^{EX} > 0$ 条件下反映当代福利水平的财富，它等于超额总消费 $P_tC_t^*$ 与超额真实储蓄 $GES_t = Q_t\dot{K}_t^*$ 之和。超额真实储蓄 GES_t 既是 $NEDP_t$ 的构成部分，又是 $NEDP_t$ 与 Ω_t^* 可持续的判定指标。此时，由于关键财富提供了代际保障，所以超额财富可完全替代，从而通过广义财富的完全替代性可保证超额真实储蓄非负，进而保证可持续社会总福利和代理福利不减。

从横向来看，$SNWA_t$ 的三大账户都是由消费与投资两大部分构成的。关键财富 F_t^{CR} 为关键消费资产与关键投资资产的总和。但因关键财富不可替代或其替代价格趋于无穷，故无法计算价值量因此只能以实物单位表示。超额财富 $F_t^{EX}>0$ 为超额消费与超额投资之和，虽然二者均为实际量与关键量的差额，但因关键财富价格趋近于无穷因此也不能以价值单位、只能以实物单位核算。超额国内净产值 $NEDP_t$ 中消费和投资均为非关键财富因此可以定价，其价值等于总消费价值与总投资价值之和。

本节构造的可持续国民财富账户是从个体和社会可持续行为出发得到可持续国民财富的需求账户，也是可持续国民财富核算的基础。下一节对可持续国民财富账户做全面深入的分析。

第二节　可持续国民财富账户体系及其基本内容

上一节通过社会可持续路径构造了可持续国民财富核算指标。本节在对其深入分析的基础上构造可持续国民财富的供给账户、分配账户、需求账户，分析可持续国民财富账户体系与传统 SNA 及联合国 SEEA 账户的关系，并分析几个主要参数、指数和比例关系的经济意义。首先分析可持续国民财富的种类、性质、供给及其所决定的供给账户。

一　供给账户

（一）可持续国民财富供给过程

可持续国民财富由人造、自然、人力和社会财富四大部分构成，它们的供给方式可概括为图 5.2.1。每种财富的效用由直接的消费效用与作为原料或要素的间接效用两部分构成，直接效用与间接效用之间存在一定的替代和互补关系。同时不同财富之间也存在一定的替代和比例关系。这些自身的不同功能之间及相互间存在一定替代 - 互补关系的财富复合体一方面直接满足人类的消费需求，具体通过图中各种财富进入总消费的箭头来表示；另一方面又作为原料和生产要素通过生产函数供人类生产消费品或生产原料和生产要素自身，具体通过图中各种财富进入生产函数的箭头表示。生产函数就是在一定产权和治理结构下将一组财富转化为另一组财富与负效用产品的技术，具体由微观的技术、工艺、管理和宏观的制度、环境等因素构成，这里负效用产品即消费或生产中产生负效用的产品如环境污染、人际关系紧张和健康损失，等等。人类就是在一定资源、技术和收入分配约束下通过这些广义财富的生产和分配实现可持续社会福利最大化。这种行为具体通过第四章和本章的那些宏观动态优化模型得到系统反映并在一定条件下求得了本章第一节的可持续国民财富。

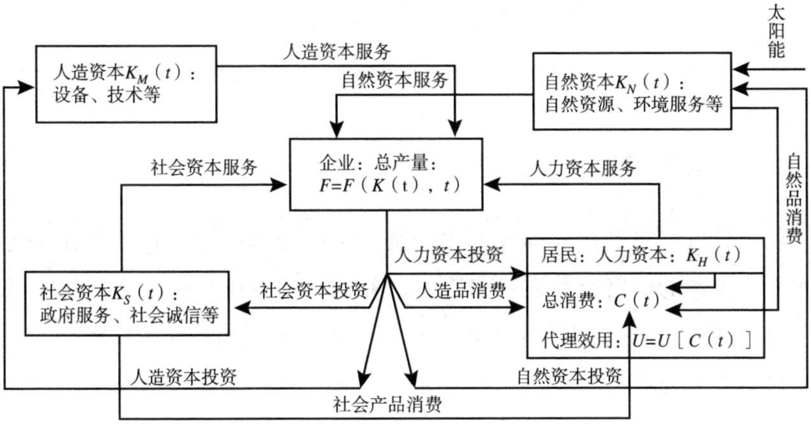

图 5.2.1　可持续国民财富的供给

不管人造、自然、人力还是社会财富，都是可枯竭因而是稀缺的。但是为了确定它们的代际配置方式还必须要弄清它们是否可再生、可更新或可循环。可再生就是消费完后在一定条件下可重新生长，如生物资源。可更新就是在一定条件下可以恢复原状或达到原来的量，如土壤或水体自净化能力。可循环即消费完后虽然不可再生但通过一定技术可反复使用，如玻璃制品的搜集加工与再利用。不同性质的资源枯竭后对人类的影响是不同的，所以将广义财富按这些性质分类是对它们可持续配置的必要条件，因而也是可持续国民财富供给账户的构建依据。可持续国民财富可按上述性质基本分为可再生财富、不可再生但可更新财富、不可再生不可更新但可循环财富与不可再生不可更新不可循环财富四大类，其稀缺性程度依次提高，具体如表5.2.1。

表5.2.1 可持续国民财富按性质与范围分类

性质＼范围	自然财富	人造财富	人力财富	社会财富
(1)可再生	多数生物资源	人工生物资源	知识、技术等	政府及其他公共服务
(2)不可再生可更新	大气、水体、土壤功能	建筑、设备和基础设施等	部分健康和能力	某些社会习惯
(3)不可再生不可更新可循环	大部分矿物质	玻璃、塑料、纸张等	某些特殊才能如音乐天赋	历史文化传统
(4)不可再生不可更新不可循环	石油、煤炭、核燃料等	文物等	永久性的健康损失等	影响社会心理的特殊历史事件

（二）可持续国民财富供给账户

将可持续国民财富分别按上述分类方式归类、排序并将它们在一定技术水平下生产的财富合并在一张表中，就得到了可持续国民财富的供给账户，具体如表5.2.2。它是一个以表格形式表示出来的广义生产函数，类似于从以下三方面进行了推广的投入－产出表：其一，此表纳入了包括人造财富在内的所有影响社会福利的广义财富。具体体现在表的中间投入和要素投入（增加值）中。中间投入内容太多无法列举，只能和传统投入－产出表中的中间投入一样标号排序列举一部分。要素投入中自然资产投入只能列举土地和自然服务两项，其中自然服务包括生态服务、环境服务和自然资源供给等。社会资产仅列举公共管理，企业管理既可当成社会资本又可当成人力资本。其二，表中所有投入都包括了现实中可能存在的有损于财富生产的负效用资源，如公共管理中的不良社会服务或自然服务中的有害自然环境，从而所有投入项目都分为正投入与负投入两部分。若没有负投入则负投入项为0。类似地，所有产出中都包括了相应的负效用产出。特别地最终产出中的负效用产出分布在净消费和净投资两项当中。总消费中的负效用产品如环境污染、健康恶化和社会关系紧张等等被直接消费，而总投资中的负效用产品则作为各类财富的折旧额抵消着总投资。其三，产出项目中关键财富也作为一栏被单独列入，这是因为维持每代人生存、安全、健康和基本发展条件的关键财富也必须被每一代人生产出来。

表 5.2.2 可持续国民财富生产账户

投入＼产出			中间产出						最终产出					(关键财富)	总产出
			1		…	n		合计	净消费		净投资		合计		
			正	负		正	负		正	负	投资	折旧			
中间投入	1	正													
		负													
	⋮				Ⅰ						Ⅱ				
	n	正													
		负													
	合计														
要素投入	固定资产	正													
		负													
	人力资产	正													
		负													
	公共管理	正			Ⅲ										
		负													
	企业管理	正													
		负													
	金融资本	正													
		负													
	土地	正													
		负													
	自然服务	正													
		负													
	合计														
总投入															

二 需求账户

通过可持续国民财富的性质与供给过程可以构建可持续国民财富需求账户。

（一）关键财富账户

关键财富即人类所有关键消费资源与生产这些关键消费资源的资本资

源的总和。虽然“关键”这个概念可能包含的价值判断使得关键财富不能是完全客观的，但由于社会在人类共同体的生存、安全、健康和基本发展条件等关键福利上形成的共识以及广义资源满足这些福利时所特有的客观属性，关键财富又有广泛的客观依据。可以从广义、关键及消费－投资二维性这三个角度来构建关键财富账户。

首先，可以从人类一些最基本的关键福利如生存、安全和健康出发来构建关键财富账户。具体做法就是按照关键福利标准将关键资本矩阵 $F_t^{CR} = C_t^{CR} + \dot{K}_t^{CR}$ 展开，具体如表5.2.3a所示。该账户由关键消费、关键投资和关键财富三部分组成。关键消费根据关键福利标准将不同财富的关键度和特征排列出来。当然这里只提供基本核算框架和方法，不可能列举所有具体项目。比较完备的关键财富核算账户必须在此基础上进行更加深入细致的研究。关键消费栏主要描述各种财富的关键性特征，而关键投资栏主要核算为维持这些关键消费不受影响而必需的资本净增量，即总增量中扣除折旧的余额。只有这样才能保证关键资本投资保持在各代关键消费水平。例如，不可再生可更新资源关键投资要求投资量加上资源自身更新量后不小于资源耗损量，比方说污水处理量加上水自身净化量后不低于新增污水量。

表5.2.3a　关键财富账户

范围 性质	关键消费(1)				关键投资(2)	关键财富＝(1)＋(2)
	关键自然财富	关键人造财富	关键人力财富	关键社会财富		
(1)可再生	底线消费品	基础设施、基本生产、医疗和武器装备等	底线劳动与社会保障等；基本教育、知识和技能等	非血缘性社会关系、社会组织与社会心理等	可再生资源维持在关键消费水平	
(2)不可再生可更新	生态稳定等、底线人均氧气量与淡水量等		部分健康	社会稳定、公平与正义等	不可再生资源加上资源更新后维持在关键消费水平	

续表

范围 性质	关键消费(1)				关键投资(2)	关键财富 = (1) + (2)
	关键自然财富	关键人造财富	关键人力财富	关键社会财富		
(3)不可再生不可更新可循环	生物多样性、底线矿产资源消费、宗教和诗化的栖息地等		部分健康	血缘性社会关系与社会心理等	不可再生不可更新资源加上资源循环后维持关键消费水平	
(4)不可再生不可更新不可循环	底线绿色消费、化石能源消费、生态可恢复性		生命、安全与基本健康	领土完整与稳定、子孙后代栖息地、心灵归属感等	不可再生不可更新不可循环资源直接维持其关键消费水平	

其次，关键财富账户与普通财富账户有同样的财富种类，但不同种类财富有着不同的关键程度。若一种财富如高档奢侈品为完全非关键财富，则其关键程度为0，因为没有它不影响人的关键福利。完全非关键财富不同于稀缺性很高的财富。很多非常稀缺的财富如果不影响人的关键福利则不是关键财富，如钻石首饰。如果一种财富，如生态安全，是完全关键财富，则其关键程度等于其实际量。大量财富介于完全关键财富与完全非关键财富之间，故其关键程度大于0而小于其实际量。这样就通过财富的关键程度将所有财富纳入财富核算体系了，同时也可以通过每一种财富的实际量减去关键量的余额求得超额财富，进而得到超额财富账户 $F_t^{EX} = F_t - F_t^{CR} = C_t^{EX} + \dot{K}_t^{EX}$。它和关键财富账户有着同样的财富种类数，但每一种财富只核算其超出关键量的余额。

最后，因为关键财富的价格趋于无穷，故关键财富账户通常为实物账户。但如果维持某些关键功能不变的支出能够核算，则这些关键投资亦可用价值单位表示。但即便能用价值单位表示，其价值量也是很大的。例如真正恢复生态功能和人体健康等等的支出确实是很高的。

（二）超额国内净产值账户

超额财富账户 $F_t^{EX} = F_t - F_t^{CR} = C_t^{EX} + \dot{K}_t^{EX}$ 非负是超额国内净产值核算

的必要前提。超额国内净产值账户与关键财富账户有同样的财富种类但不同种类财富有不同的关键程度。这里的财富种类来自生产账户因而与生产账户中的财富种类相同，因此按照生产账户方式排列后就与生产账户中的财富对应起来。不同财富的不同实际量扣除相应关键量后就得到了超额量，这是当代在关键财富代际公平的前提下通过社会总福利最大化达到当代效率的财富基础。通过当代的可持续选择正好得到作为净消费和净投资之和的超额国内净产值。净消费中负效用消费量对应的消费额为负，因此与正效用消费额相加之后的净消费额小于正效用消费额。同理，净投资或真实储蓄中现有资本存量的折旧额为负数，因此与正的实际投资额相加后小于实际投资额。有些文献将真实储蓄叫净投资是因为它是消耗自然资本而获得的人造资本、人力资本和社会资本的增加额，数量上等于人造、人力和社会资本增加额与自然资本耗损额之差，而不是每一种资本的实际投资额与折旧额之差。但是二者又是紧密相连的：考虑到每种资本的折旧额后，真实储蓄就是人造、自然、人力和社会四大资本实际额与折旧额差额的变化量。将差额财富不小于0约束下的净消费和净投资账户按照生产账户中的财富顺序核算加总即得到了超额国内净产值账户，具体相当于生产账户中的第Ⅱ部分，如表5.2.3b：

表5.2.3b 超额国内净产值账户

投入		最终产值				
		(1)Σ(消费量×价格)		(2)Σ(投资量×价格)		超额国内净产值 = (1) + (2)
		正	负	投资	折旧	
1	正					
	负					
⋮				Ⅱ		
n	正					
	负					
要素投入						增加值

三 可持续国民财富分配账户

从可持续国民财富的总产出中扣除中间产出所得的最终产出按照每一

种生产要素的贡献分配，便得到了可持续国民财富的分配账户。具体相当于在生产账户中保留各种产品的种类数和最终产品的同时将反映要素投入的第Ⅲ部分单列出来，然后在后面合计部分填入每种要素的分配额，具体如表 5.2.4。其中固定资产得到折旧，作为人力资产的劳动和企业管理分别得到工资和利润，作为社会资产的公共管理得到税收，金融资本所有者获得利息，土地所有者获得地租。特别要指出的是自然资产所有者得到自然报酬，这是因为自然资产是当代与后代共有的，在生产过程中它提供了服务当然应该得到报酬，这种报酬就是自然报酬。自然报酬是以实物单位表示的，它是自然资产给包括当代在内的所有代人提供关键服务的完整功能，其量的大小等于需求账户中的关键资产。所有要素所得收入之和就是增加值。

表 5.2.4　可持续国民财富分配账户

产出			1		…	n		最终产值
			正	负		正	负	
要素投入	固定资产	正						折旧
		负						
	劳动	正						工资
		负						
	公共管理	正			Ⅲ			税收
		负						
	经营管理	正						利润
		负						
	金融资本	正						利息
		负						
	土地	正						地租
		负						
	自然服务	正						自然报酬
		负						
	合计							增加值

四　可持续国民财富账户及其与 SNA 和 SEEA 账户的关系

（一）可持续国民财富总账户

在可持续国民财富的需求账户中列入净出口和作为后代需求的关键财

富，在分配账户中列入各要素的分配额和总增加值，然后将它们嵌入生产账户中相应的位置，就得到了可持续国民财富账户，如表5.2.5。需要注意的是：由于关键财富的不可定价性，这里列入只是为了显示它们在总账户中应有的位置以便分析，但实际上它是一个单列账户，不能在总账户中进行价值核算。为了区分这一点，这里给关键财富账户加上括弧。

表5.2.5　可持续国民财富总账户

投入＼产出			中间产出						最终产出					（关键财富）	净出口	总产出
			1		…	n		合计	净消费		净投资		合计			
			正	负		正	负		正	负	投资	折旧				
中间投入	1	正														
		负														
	⋮				Ⅰ						Ⅱ					
	n	正														
		负														
	合计															
要素投入	固定资产	正						折旧								
		负														
	人力资产	正						工资								
		负														
	公共管理	正			Ⅲ			税收								
		负														
	企业管理	正						利润								
		负														
	金融资本	正						利息								
		负														
	土地	正						地租								
		负														
	自然服务	正						（自然报酬）								
		负														
	合计							增加值								
总投入																

可持续国民财富账户中，负效用产品和正效用产品的数量均用非负数值表示，但负效用产品的负效用性通过负价格和负价值来反映。若所有部门既不生产又不投入负效用产品，而且也不考虑分配给后代的关键财富，

则可持续国民财富账户就是传统的 SNA 账户，它所包含的那些平衡方程如分配平衡方程、生产平衡方程、投入 - 产出平衡方程、社会总平衡方程及国内净产值平衡方程在这里都成立。具体地即：

第一章（1.2.5）、(1.2.6)、(1.2.7)、(1.2.8） ~ (1.2.9）及（1.2.10）都在此对应成立。

若所有部门既不生产又不投入负效用产品，但在关键资产代际公平前提下生产，则：

1. 第一章（1.2.5)、(1.2.6)、(1.2.7)、(1.2.8） ~ （1.2.9）和（1.2.10）在此对应成立；而且还有

2. 自然报酬 = 关键财富

若有部门投入或产出负效用产品，则由于负效用所包含的负外部性不可能在不同部门之间明确分配，因此凡以产品在不同部门间投入或产出为前提的方程如分配平衡方程（1.2.5)、生产平衡方程（1.2.6)、投入 - 产出平衡方程（1.2.7）和国内净产值平衡方程（1.2.10）都不一定成立。但社会总平衡方程（1.2.8） ~ （1.2.9）成立。总之有：

1. 第一章（1.2.8） ~ （1.2.9）在此对应成立；

2. 自然报酬 = 关键财富

上述结论是显然的。以分配平衡方程（1.2.5）为例。不妨设第 i 个部门生产的第 j 种正效用和负效用产品分别为 x_{ij}^{+} 和 x_{ij}^{-}，最终正效用和负效用产品分别为 Y_i^{+} 和 Y_i^{-}，总的正效用和负效用产出分别为 X_i^{+} 和 X_i^{-}，$i = 1,2,\cdots,n$。则虽然有 $\sum_{j=1}^{n} x_{ij}^{+} + Y_i^{+} = X_i^{+}$，但由于 x_{ij}^{-} 比方说大气污染未必会被所有部门分配完毕，故 $\sum_{j=1}^{n} x_{ij}^{-} + Y_i^{-} = X_i^{-}$ 不一定成立。同理（1.2.6）和（1.2.7）都不一定成立。此外，国内净产值平衡方程（1.2.10）中涉及外部性在最终产品与中间产品之间的分配，故也不一定成立。但是，无论一个部门生产的外部性流入哪个部门，最终还是被所有部门分配和投入，因此全社会所有正负效用产品的总供给和总需求必然相等，因此（1.2.8） ~ （1.2.9）成立。最后自然报酬其实是以关键财富的方式计酬的，当然有自然报酬 = 关键财富。

由此可见：SNA 是可持续国民财富核算账户在不考虑外部性和后代

福利时的特例，正如第一章所言，虽然最新版的SNA 2008加入了一些外部性与福利、非正规经济及环境核算内容，但它还是以人造产品为主要核算对象，以GDP为度量国民财富的核心指标，没有在自然、人造、人力和社会财富构成的广义财富框架内核算，更没有从微观个体行为出发通过社会可持续行为证明可持续国民财富的存在性与构造，因此不仅核算范围较窄，而且和传统SNA系统一样缺乏理论基础。而可持续国民财富账户则是在广义财富框架中，在SNA系统加入外部性和后代福利后通过社会可持续选择理论构造出来的，对SNA从财富范围、可持续性及账户结构三方面进行了系统推广而又能在特殊情况下将SNA推导出来。

表 5.2.6　SEEA简明混合供给－使用账户（根据SEEA2003表4.1翻译整理）

	产品	产业	消费	投资	出口	残余物
产品 产业 消费 投资 进口						
差额						
税收扣产品补助						
附加值						
货币总额						
自然资源						
生态服务						
残余物						
其他信息						

最后来看可持续国民财富账户与SEEA的关系。SEEA（Integrated Environmental and Economic Accounting）全称环境与经济完整账户，是联合国、国际货币基金组织、世界银行、欧盟和经合组织联合编制的SNA卫星账户，其基本特征是建立了一个环境账户并将其并入SNA账户之中，核算环境自身及其与经济账户的实物往来并试图通过对自然财富的定价揭

示二者之间的价值联系。如表 5.2.6，第一列货币总额行以上部分事实上是一个在投入部分加入了产品、消费、投资、进口、差额及税收扣产品补助等项目，在使用部分加入了残余物的 SNA 账户。在货币总额行下面则是并入的环境账户，主要由自然资源、生态服务和残余物三大部分构成，每一部分都有更具体的实物核算。此外，还有关于两个账户之间的实物往来和价值联系的其他账户，也提供了部分自然财富的定价方法。具体可参考 SEEA2003。由此可见：SEEA 实际上是 SNA 账户在自然财富和人造财富核算上的深入和细化，而可持续国民财富账户则在 SEEA 纳入了自然财富的基础上进一步纳入了人力和社会财富账户，提供了一个度量可持续发展的财富账户即关键财富账户，而且还提供了建立在个体可持续行为基础上的社会可持续行为依据。

五　主要参数、比例关系及其经济意义

SNA 既然是可持续国民财富账户 SNWA 在不考虑外部性和后代福利时的特例，因此 SNA 的所有参数和方程在不考虑外部性和后代福利时对 SNWA 全部有效。但若考虑到外部性和后代福利，则情况发生了变化。下面简述之。

1. 关键财富 F_t^{CR} 与代际公平调整系数 $\hat{\theta}$

关键财富 F_t^{CR} 是由人类生存、安全、健康及发展条件等基本福利所决定的底线代际公平标准，但实际上可以通过提高或降低这个标准而提高或降低代际公平程度，因此关键财富的存量水平反映代际公平和可持续发展的程度。而 $\hat{\theta}$ 是关键福利相对于绿色黄金规则福利的减少率，而绿色黄金规则福利是由资源初始存量和增长率这两个客观变量决定的，因此 $\hat{\theta}$ 构成了代际公平的调整系数。$\hat{\theta}$ 越大，关键福利相对于绿色黄金规则福利的水平就越低，可持续社会福利中后代权重就越小而当代福利的权重越大。反之则反是。

2. 超额账户余额 F_t^{EX}

超额账户余额的大小反映代际公平约束下当代效率的可能性空间。$F_t^{EX} = 0$ 时只能保证代际公平而没有当代效率空间。$F_t^{EX} > 0$ 时可在保证代际公平的前提下提高当代效率，且 F_t^{EX} 越大当代效率空间越大，F_t^{EX} 越小

则当代效率空间越小。

3. 超额真实储蓄 GES_t 与超额国内净产值 $NEDP_t$

$F_t^{EX} > 0$ 时超额真实储蓄 GES_t 既是超额国内净产值 $NEDP_t$ 的组成部分，又是超额国内净产值 $NEDP_t$ 与社会总福利 W_t^* 可持续的判定指标。若 $GES_t \geqslant 0$，则 $NEDP_t$ 与 W_t^* 不减；若 $GES_t = 0$，则 $NEDP_t$ 与 W_t^* 不变；若 $GES_t < 0$，则 $NEDP_t$ 与 W_t^* 均减。

4. 消费分配系数矩阵 $(\frac{c_{ik}}{F_i})_{h\times n} = (\frac{f_{ik}}{F_i})_{h\times n} - (\frac{\dot{k}_{ik}}{F_i})_{h\times n}$

消费分配系数矩阵即由消费分配系数构成的矩阵。消费分配系数等于个体消费占总产出的比例，它等于个体收入占总产出的比例与个体投资占总产出的比例之差。个体收入占总产出的比例反映社会收入分配状况。这个比例分布越不均匀，代内收入分配差距越严重；反之就越公平。个体投资占总产出的比例分布状况反映代际公平与代内公平的统一程度。这个比例分布越均匀，则个体投资占总产出的比例越均匀，说明个体对维持代际公平所做的贡献越公平，意味着代际公平既定时代内公平程度越高；反之则越低。个体消费占总产出的比例分布越均匀，说明个体收入占总产出的比例和个体投资占总产出的比例分布都比较均匀，因此代际公平与代内公平就越统一，反之则表明个体收入占总产出的比例或者个体投资占总产出的比例分布不均匀，而这意味着代际公平与代内公平越不统一。此外，上面三大比例既适用于正效用产品，又适用于负效用产品。但在应用到负效用产品时，收入、投资和消费分别变成了负效用收入、负效用投资和负效用消费。在不考虑负外部性和代际公平时个体收入占总产出的比例是编制反映收入分配公平程度的基尼系数的依据。但若考虑到负外部性和代际公平，问题就变得复杂多了：不仅要考虑正效用产品和负效用物品的分配公平，还要考虑代内公平与代际公平的相互关系。

5. 超额净消费或生活质量指数 C_t^{+EX}

超额净消费即超额总消费扣除超额负效用消费的余额，具体地即 $C_t^{+EX} = C_t^{EX} - C_t^{-EX} = F_t^{EX} - \dot{K}_t^{EX} - C_t^{-EX} = F_t - F_t^{CR} - \dot{K}_t^{EX} - C_t^{-EX}$。即超额净消费等于总产出扣除关键财富、超额投资和超额负效用消费三项后的余

额，它真正反映一代人在关键财富代际公平约束下的净福利水平。C_t^{+EX} 越大，表明这代人在保证代际公平的前提下享受的净福利水平越高，反之越低。第二章讲过的可持续经济福利指数（SEWI）系列试图反映的就是超额净福利水平，其中很多方法有借鉴之处。

第三节 可持续国民财富定价

一 可持续国民财富定价原理

可持续国民财富由关键财富与超额财富两部分构成。关键财富是影子价格趋于无穷的特殊财富，但超额财富却存在有限影子价格，其影子价格水平是调控其供需关系的基本信号和工具。需求影子价格反映包括负效用和外部性在内的需求者的完整边际效用，而供给影子价格反映包括负效用成本和外部性在内的完整边际成本。供需影子价格因其反映的负效用和外部性不同而可用不同的供需匹配机制达到供需匹配。在供需均无负效用和外部性时完全自由竞争的市场价格即为其影子价格，此时市场机制就是最好的资源配置方式。若存在负效用物品或外部性，则就会出现市场失灵，此时需要专门的定价和调控机制才能使调控价格反映影子价格，通过调控价格引导资源配置达到有效状态。特别地，当超额财富供给量趋近于 0 时，可持续财富影子价格逐渐接近无穷，由于价格太贵使它逐渐变成了没人消费得起因而存量保持不变的关键财富。必要时除了随着超额供给量的不断减少而逐渐提高调控价格外还需要辅助以一定的行政和法律手段来保证关键财富的可持续性。这就是可持续国民财富定价的基本原理，下面做具体分析。

根据（5.1.13）式，消费的影子价格向量为 $p(t) = \nabla_c \widetilde{U}(c^*(t))/\lambda(t)$，它表明每个社会成员以同样的名义价格选择同种消费品的不同数量，但其边际效用与支出边际效用之比与其他成员相同，都等于边际代理福利。根据第四章式（4.4.4），又有 $\widetilde{U}_t(c(t)) = \sum_{k=1}^{h} \widetilde{u}_k(c(t))$，故任意个体 $l \in \mathbb{N}_h$ 消费第 $i \in \mathbb{N}_n$ 种物品的影子价格为：

$$p_i(t) = \frac{\left[\frac{\partial \tilde{U}(c^*(t))}{\partial c_{il}^*}\right]}{\lambda(t)} = \frac{\sum_{k=1}^{h}\left[\frac{\partial \tilde{u}_k(c_k^*(t))}{\partial c_{il}}\right]}{\lambda(t)} = \frac{\left[\frac{\partial \tilde{u}_l(c_l^*(t))}{\partial c_{il}}\right]}{\lambda(t)} + \frac{\sum_{k\neq l}^{h}\left[\frac{\partial \tilde{u}_k(c_k^*(t))}{\partial c_{il}}\right]}{\lambda(t)} \tag{5.3.1}$$

其中 $\frac{\partial \tilde{u}_l(c_l^*(t))}{\partial c_{il}}$ 为 l 消费 $c_{il}^*(t)$ 自己产生的边际效用，而 $\sum_{k\neq l}^{h}\left[\frac{\partial \tilde{u}_k(c_k^*(t))}{\partial c_{il}}\right]$ 为 l 消费 $c_{il}^*(t)$ 使其他个体产生的总边际效用，反映消费的外部性。说明个体 l 消费一定量的某种商品产生的总边际效用等于他自己的边际效用与其他个体边际效用之和。如果是正效用物品，则它们的初始边际效用为正值但随消费量的增加而递减。如果是负效用物品，则边际效用一开始就是负的，但其数值也随消费量的增加而递减（或其绝对值随着消费数量而增加），说明随着负效用物品消费量的增加它所产生的总负效用的增加速度越来越快，一直到无法忍受的程度。这说明无论正效用物品还是负效用物品都符合边际效用递减率。而整个价格水平 $p_i(t)$ 则反映了包括负效用和外部性的所有边际效用水平。

若 $\sum_{k\neq l}^{h}\left[\frac{\partial \tilde{u}_k(c_k^*(t))}{\partial c_{il}}\right] = 0$，表明个体 l 消费第 i 种物品不产生任何外部性，因此这种物品是个体 l 的纯私人物品，其价格等于个体 l 消费它的边际效用，此时通过市场机制就可以显示消费者的影子价格，市场价格等于影子价格，不需要其他定价方式。若 $\sum_{k\neq l}^{h}\left[\frac{\partial \tilde{u}_k(c_k^*(t))}{\partial c_{il}}\right] \neq 0$，表明个体 l 消费第 i 种物品产生外部性，其大小等于 l 的消费带给其他个体的边际效用之和。此时市场价格无法显示消费者的影子价格，需要在政府调控和市场机制共同作用下才能得到其影子价格。比方说如果是负外部性，则影子价格大小等于市场价格加上大小等于负外部性的消费税，如烟草和燃油附加税等。如果是正外部性，则影子价格大小等于市场价格加上大小等于正外部性的消费补贴，如绿色出行补贴、低价新能源汽车等。

当总消费接近关键消费，即 $C(t) \to C^{CR}(t)$ 时，一单位消费一方面直接决定着本代人的关键福利，另一方面通过对后代关键福利的影响间接影响着本代福利。因为两种影响都是关键福利，所以有着接近于无穷的边际效用，因此消费的影子价格趋近于无穷。个体和集体双方都愿意支付接近影子价格的实际价格，但因为收入分配不公和公共物品消费的搭便车行为并不能保证所有社会成员的实际价格都与其影子价格相符，因此仍需要在个体实际价格的基础上进行价格调控。调控价格等于个体的边际效用和减少的他人与后代边际效用之和，甚至可以通过稀缺自然资源的超高价格、环境税与环境保护法规等禁止消费。具体表现为图 5.3.1 中消费接近于关键消费时，需求曲线越来越陡的过程。

公众不仅是消费品的需求者，而且还是资本品的供给者。将式（5.1.3a）的约束条件（1）代入汉弥尔顿算子（5.1.5）并令其关于消费的偏导数为 0，得：

$$\Psi(t) = \nabla_c U(c^*(t)) = \nabla_{\dot{k}} U[f^*(t) - \dot{k}^*(t)] \qquad (5.3.1a)$$

即一单位投资品的供给价格等于公众放弃一单位这种物品的消费而减少的边际效用。显然若投资品价格 $\Psi(t)$ 上升，则公众放弃一单位这种物品的消费而减少的边际效用提高。根据边际效用递减率，在公众跨期资源配置中只有通过减少消费而增加投资才能达到消费者跨期消费品配置最优。这一原理是投资品供给定价的基础。

另外，将式（5.1.3a）的约束条件（1）代入汉弥尔顿算子（5.1.5），求关于资本存量的偏导数并代入式（5.1.7），可得资本的影子价格向量 $\Psi(s)$ 满足下式：

$$\rho\Psi_i(t) - \dot{\Psi}_i(t) = \Psi_i\left[\frac{\partial F_i}{\partial K_i}\right], \forall i \in \mathbb{N}_n \qquad (5.3.2)$$

可见：投资影子价格取决于资本的边际生产力。

同时，将式（5.1.13）中企业利润函数两端分别对消费和投资求偏导数并令其为 0，得：

$$p_i(t) = [r(t)q_i(t) - \dot{q}_i(t)]\left[\frac{\partial K_i}{\partial C_i}\right]$$

$$q_i(t) = [r(t)q_i(t) - \dot{q}_i(t)]\left[\frac{\partial K_i}{\partial \dot{K}_i}\right], i \in \mathbb{N}_n$$

由于 $F_i(t) = C_i(t) + \dot{K}_i(t)$，故有 $\frac{\partial F_i}{\partial C_i} = \frac{\partial F_i}{\partial \dot{K}_i} = 1$，从而有：

$$\frac{\partial K_i}{\partial C_i} = (\frac{\partial K_i}{\partial F_i})(\frac{\partial F_i}{\partial C_i}) = \frac{\partial K_i}{\partial F_i}$$
$$\frac{\partial K_i}{\partial \dot{K}_i} = (\frac{\partial K_i}{\partial F_i})(\frac{\partial F_i}{\partial \dot{K}_i}) = \frac{\partial K_i}{\partial F_i}$$

代入上式可分别得投资品需求价格与消费品供给价格：

$$\begin{aligned} p_i(t) &= [r(t)q_i(t) - \dot{q}_i(t)]\left[\frac{\partial K_i}{\partial F_i}\right] \\ q_i(t) &= [r(t)q_i(t) - \dot{q}_i(t)]\left[\frac{\partial K_i}{\partial F_i}\right], i \in \mathbb{N}_n \end{aligned} \tag{5.3.3}$$

（5.3.3）第二式两端同乘以 $\lambda(t)(\frac{\partial F_i}{\partial \dot{K}_i})$ 并利用（5.1.13a）中利率与贴现率的关系可得式（5.3.2）。这说明通过企业利润最大化行为得到投资名义需求价格 $q(t) = \frac{\Psi(t)}{\lambda(t)}$ 正好反映了投资的影子需求价格。将投资名义需求价格代入（5.3.3）第一式即可得消费品名义供给价格，它等于消费品影子供给价格除以 $\lambda(t)$。

现在通过式（5.3.3）分析企业的消费品供给与资本品需求定价。若企业没有负效用或外部性投入－产出物，则产品影子价格通过（5.3.3）式得到的名义价格反映出来，而名义价格又通过市场价格反映，它取决于不考虑负效用和外部性投入－产出物时产品的边际成本与需求弹性。若企业有外部性或负效用投入－产出物，则可通过有外部性或负效用投入－产出物时企业利润最大化行为计算的名义价格来反映其影子价格，具体计算方法本节第三部分介绍。

此外，在整个供给过程中，随着超额财富逐渐趋近于0，物品供给量逐渐接近关键财富即 $F(t) \to F^{CR}(t)$，供给弹性越来越小，供给曲线越来越陡。在达到关键财富时供给曲线完全垂直于横轴，此时供给的价格弹性为0。相反，随着超额财富的增加，供给曲线逐渐趋于平缓，而且超额财富越大供给曲线越平缓，此时供给量对价格才开始敏感。具体如图5.3.1，随着供给曲线不断左移到关键财富曲线，它变得越来越陡。

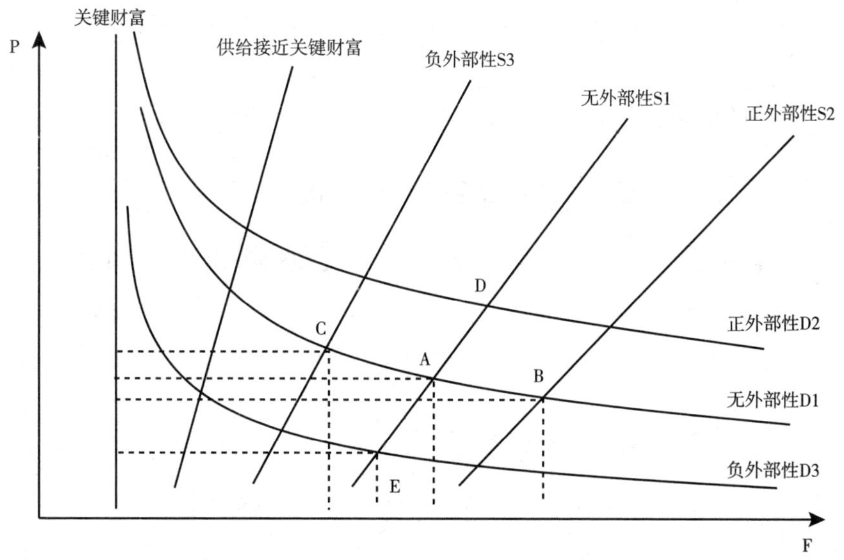

图 5.3.1　关键财富定价原理

如图 5.3.1，当消费品无外部性时，其市场需求曲线为 D1，市场需求价格等于其影子价格，通过市场机制即可进行需求调节。此时供需均衡的影子价格取决于供给影子价格的情况。若此物品供给亦无外部性，则其市场供给线为 S1，市场供给价格等于影子供给价格，通过市场价格即可进行供需调节，D1 与 S1 的交点 A 对应的价格即为供需均衡影子价格。若此物品供给有正外部性，则其市场供给曲线为 S2，影子供给价格低于其市场价格，可通过减税或补贴等方式将市场供给曲线下推到 S2，均衡影子价格为 D1 与 S2 的交点 B 对应的价格。若此物品供给有负外部性，则其市场供给曲线为 S3，影子供给价格高于其市场价格，可通过增税或罚款等方式将市场供给曲线上推到 S3，均衡影子价格为 D1 与 S3 的交点 C 对应的价格。可见：当需求无外部性时，随着供给从有正外部性到无外部性再到有负外部性，通过价格调控可使供给曲线不断左移，均衡价格不断提高，均衡量不断减少，达到减少负外部性的目的。另外，当消费品有正外部性或负外部性时，市场需求价格背离其影子需求价格，不妨设其市场需求曲线分别为 D2 和 D3，则对外部性既定的供给曲线比方说供给无外部性的供给曲线 S1 而言，均衡点从 D 经过 A 下移到 E，表明随着需求从正外部性经过无外部性变化到有负外部性时，市场均衡价格依次下降，需求量依次减少，达到了减少均衡量的目的。

剩下的就是物品需求与供给价格的具体确定问题。下面分别讨论。

二　消费品需求定价与资本品供给定价

现在分析可持续消费品需求价格与资本品供给价格，其本质都是公众效用最大化行为下的物品影子价格如何显示与度量的问题。由式(5.3.1)可知：若存在 $i \in \mathbb{N}_n$，使得个体 l 的消费组合 $c_l(t) = (c_{1l}(t), \cdots, c_{il}(t), \cdots, c_{nl}(t))$ 满足 $\sum_{k \neq l}^{h}\left[\frac{\partial \tilde{u}_k(c_k(t))}{\partial c_{il}}\right] \neq 0$，则个体 l 的消费 c_{il} 对他人 $k \in \mathbb{N}_h$ 产生了外部性，其总量为 $\frac{\sum_{k \neq l}^{h}\left[\frac{\partial \tilde{u}_k(c_k(s))}{\partial c_{il}}\right]}{\lambda(t)}$。它是该商品影子价格的必要组成部分。这里去除了表示最优消费向量的上标“ * ”。$c_l(t)$ 中既有私人物品，又有公共物品，有些物品如医疗和教育可能兼具私人和公共物品双重属性。同时，有些物品在消费中不产生外部性，有些物品则产生外部性。外部性是个体 l 的消费行为或其伴随物对他人效用的影响，如吸烟者导致他人的被动吸烟等。外部性与公共物品之间的关系是复杂的。公共物品是那些消费上具有非排他性和非竞争性的物品，但由于公共物品的供给不可能无限，因此每个人的消费多少都会对他人产生影响，而这就导致了外部性。反过来，一种消费行为或其伴随物被他人消费时，这种消费行为或其伴随物事实上已经有某些公共物品的性质。将 $c_l(t)$ 中公共物品或外部性物品向量记作 $c_l^b(t) = (c_{1l}^b(t), \cdots, c_{il}^b(t), \cdots, c_{n_b l}^b(t))$，而将纯私人物品向量记作 $c_l^a(t) = (c_{1l}^a(t), \cdots, c_{il}^a(t), \cdots, c_{n_a l}^a(t))$，则个体 l 的消费向量就变为 $[c_l^a(t), c_l^b(t)]$。外部性或公共物品 $c_l^b(t)$ 向量来自他人或公共物品，虽然对不同消费者而言，有不同的消费数量，但是在种类和性质两方面对所有个体而言可以假定为相同的。为此，去掉表示个体特征的下标 l 而保留表示公共物品和外部性特征的上标 b，则个体 l 的消费品向量和效用函数分别变为 $[c_l^a(t), c^b(t)]$ 和 $u_t[c_l^a(t), c^b(t)]$。于是可持续国民财富定价问题就具体转化为消费向量

变化 $[\Delta c_l^a(t),\Delta c^b(t)]$ 时个体效用水平的变化量 $\Delta u_l[c_l^a(t),c^b(t)]$ 如何确定或个体边际效用 $\frac{\partial u_l[c_l^a(t),c^b(t)]}{\partial c^b}$ 的确定问题。这是一个比较复杂的问题，很多方面仍在探讨和争论（Tietenberg，2003；Habb and McConnell，2004；UN et al，2003），涉及实验经济学、福利经济学和计量经济学的各个领域。该问题的解决可分为以下三步：一为个体效用建立在其上的可持续国民财富自身的特征问题；二为个体效用水平 $u_l[c_l^a(t),c^b(t)]$ 的显示或代理问题，三为个体边际效用 $\frac{\partial u_l[c_l^a(t),c^b(t)]}{\partial c^b}$ 的具体测量问题。

第一步研究已经取得了不少成果。大量文献在可持续国民财富的范围、类型、层次及替代－互补关系等方面都进行了比较深入系统的研究（雷明，2010；Kant，2003；OECD，1996；The WB，2001，2006；UN et al，2003），本书第三章对这些研究做了概括总结；在自然、人造、人力和社会四大财富的价值构成方面也进行了深入分析，如自然财富的价值等于经济价值、绿色价值、生态价值、期权价值、环境伦理和美学价值等主要价值之和，所有财富的价值都可按消费价值与生产价值分类等等（杨充霖，2008；Serageldin，1996；Christiana et al，2004；OECD，1996；Strauss et al，1998）；研究了财富的存量价值与流量价值及其相互关系，使用通过流量价值确定存量价值的霍特林原则（Hotelling，1931），并根据这个原则进行了大量财富的定价（The WB，2006；UN et al，2003；Serafy，1989），例如许多文献包括联合国 SEEA 2008 中根据这个原则提出的矿物质及生物资源的定价公式等。上述进展都为消费品需求和资本品供给定价奠定了一定基础，但是所有消费品需求和资本品供给价值的确定最终都离不开所需财富的效用水平 $u_l[c_l^a(t),c^b(t)]$ 的显示或代理问题。

第二步研究历来是经济学的理论与实践难题，其本质是难以直接观察度量的主观效用如何用以及用什么可观察可度量的等价指标来代理的问题。具体地就是个体在一定预算约束下选择私人物品 $c_l^a(t)$ 和外部性－公共物品 $c^b(t)$ 产生的效用水平 $u_l[c_l^a(t),c^b(t)]$ 用什么可观察可度量的等价指标来代理的问题。迄今为止最好的方法是用个体在一定预算约束下实现效用最大化的那个商品组合的货币价值来代理这个最大效用，从而将一定预算约束下个体的最大效用问题转化为能够满足最大效用的货币支出问题。而这又要通过能够将最大效用与满足最大效用的货币支出统一起来的间接效用函数来解决。由于私人物品可市场定价，故不妨设其价格向量为 $p^a(t)$，则 l 的间接效用函数为：

$$V_l(p^a(t), c^b(t), y_l(t)) = \max_{c_l^a(t)}\{u_l[c_l^a(t), c^b(t)] \mid p^a(t)c^a(t) \leqslant y_l(t)\} \tag{5.3.4}$$

其中 $V_l(\cdot)$ 和 $y_l(t)$ 分别表示间接效用函数和私人物品消费支出。能够满足最大效用的货币支出就转化为一定间接效用下的货币支出，而这又对偶于既定效用水平下的最小支出。将这个最小支出看成效用水平的函数就是最小支出函数：

$$e(p^a(t), c^b(t), u_l(t)) = \min_{c_l^a(t)}\{p^a(t)c^a(t) \mid u_l[c_l^a(t), c^b(t)] \geqslant u_l\} \tag{5.3.5}$$

其中 $e(\cdot)$ 和 $u_l(\cdot)$ 分别表示最小支出函数和直接效用水平。于是问题最后就转化为效用水平既定时最小货币支出的观察与度量问题。

第三步是通过观察或推断间接效用无差异时物品数量的变化所能替代的货币愿意支付（WTP：willingness to pay）或愿意接受（WTA：willingness to accept）的数量。货币愿意支付即为了获得正外部性或正效用物品或减少负外部性或负效用物品而愿意放弃的货币总额。边际愿意接受即因为失去正外部性或接受负外部性而愿意接受的货币。无论愿意支付还是愿意接受，其大小都使得支付或接受前后两种状态下的间接效用无差异。具体地即：

定义 5.3.1 假设私人物品的价格 $p^a(t)$ 保持不变，则外部性－公共物品数量从 $c^b(t)$ 增至 $\not c^b(t)$ 的愿意支付即满足条件 $V_l(p^a(t), \not c^b(t), y_l(t) - WTP) = V_l(p^a(t), c^b(t), y_l(t))$ 的最小支出变化 $WTP = e(p^a(t), c^b(t)), u_l(t)) - e(p^a(t), \not c^b(t)), u_l(t))$，其中 $u_l(t) = V_l(p^a(t), c^b(t), y_l(t))$。

其中第一式左端为个体的外部性－公共物品增为 $\not c^b(t)$ 但必须为此支出 WTP 时的间接效用，而右端为外部性－公共物品继续保持 $c^b(t)$ 但不

必支出 WTP 时的间接效用。由于等式两端其他条件相同，因此第一个等式意味着 WTP 为外部性－公共物品增加 $\Delta c^{b}(t)=\not{c}^{b}(t)-c^{b}(t)$ 时个体的愿意支付。第二个式子则是愿意支付的具体计算式。类似地可定义愿意接受：

定义 5.3.2　若私人物品的价格 $p^{a}(t)$ 保持不变，则外部性－公共物品的数量不从 $c^{b}(t)$ 增至 $\not{c}^{b}(t)$ 的愿意接受即满足条件 $V_{l}(p^{a}(t),c^{b}(t),y_{l}(t)+WTA)=V_{l}(p^{a}(t),\not{c}^{b}(t),y_{l}(t))$ 的最小支出变化 $WTA=e(p^{a}(t),c^{b}(t)),u_{l}(t))-e(p^{a}(t),\not{c}^{b}(t)),u_{l}(t))$，其中 $u_{l}(t)=V_{l}(p^{a}(t),\not{c}^{b}(t),y_{l}(t))$。

其中第一式左端为个体的外部性－公共物品继续保持在原来水平 $c^{b}(t)$ 而不是增至 $\not{c}^{b}(t)$，但个体可以因此而接受 WTA 时的间接效用水平，右端为外部性－公共物品增至 $\not{c}^{b}(t)$ 但个体必须放弃 WTA 的间接效用。由于等式两端其他条件相同，因此第一个等式意味着 WTA 为个体放弃外部性－公共物品增加 $\Delta c^{b}(t)=\not{c}^{b}(t)-c^{b}(t)$ 的愿意接受。第二个式子则是愿意接受的具体计算公式。

上面两个定义中都是以正外部性－正公共物品的增加来定义的。如果换成负外部性－负公共物品则定义仍成立，只不过第一个定义中的愿意支付变成了愿意接受，第二个定义中的愿意接受变成了愿意支付。此外，上述两个定义中都是假定私人物品价格和支出均保持不变。若二者有一个变化，就存在一个愿意支付和愿意接受在哪个私人价格－收入体系中度量的问题。若用旧价格体系则相当于用等价变化（EV）度量，若用新价格体系则相当于用补偿变化（CV）度量。而这两种变化的计算也都是非常成熟的（Haab and McConnell，2003）。

通过愿意支付和愿意接受这两个概念亦可将消费品需求定价与投资品供给定价统一起来：消费品需求价格即等于单位消费品的愿意支付而投资品供给价格即等于单位投资品的愿意接受。不过经济实验表明，关于愿意支付和愿意接受有一个不可忽视的问题，这就是在同等条件下同样的物品或服务数量变化以愿意支付和愿意接受两种不同方式度量时，得到的平均愿意接受与平均愿意支付相比有 5% 的超出额（Horowitzs and McConnell，2003）。即接受货币补偿但放弃消费物品的人数与支出货币但消费物品的人数相比超出5%。很多人将这一现象解释为公众对获得确定而用途多样化的货币要比等待有不确定性且效用具体的物品更为偏好。总之这些问题还有待于进一步研究才能得出确定的结论（Haab and McConnell，2003）。

最后剩下愿意支付和愿意接受的具体观察和测量问题了。有两套不同的方法解决这一问题，即行为观察法（Behavioral method）和显示偏好法（Stated preference method）两大类（Tietenberg，2003；Haab and McConnell，2003）。

行为观察法即通过直接观察人们的现实选择行为来测量其愿意支付和愿意接受的方法，具体除直接观察市场交易行为之外还有旅行成本法（travel cost）、享乐财产法（hedonic property）、享乐工资法（hedonic wages）和回避支出法（avoidance expenditure）等基本方法。旅行成本法即通过观察、搜集和汇总人们对公共休闲娱乐等场所的消费支出而推断公共物品的价值。享乐财产法即通过统计特定公共环境如高污染空气或水域中财产价值的变化而推断外部性－公共物品的价值。享乐工资法则是通过其他条件相同时人们对不同外部性－公共场所工资要求的变化来推断外部性－公共物品价值。回避支出法即通过搜集、观察和汇总人们逃离公共污染拥堵区等场所的支出而推断负外部性和负公共物品的价值。其他类似方法还在发展之中。行为观察法为外部性－公共物品定价提供了具体可行的方法，但只适用于消费或投资支出可直接观察的物品。一旦外部性－公共物品的消费或投资支出不可观察此法便失去了作用，而现实中更加紧迫的问题则是对尚未形成但可能选择的外部性－公共物品的定价。这就要求下面的显示偏好法来定价。

显示偏好法即通过相机或假设问题的设计和回答来确定拟选外部性－公共物品价值的方法，具体分为相机定价（contingent、valuation）、相机排序（contingent ranking）和相机选择（contingent choice）等方法。相机定价即通过愿意支出或愿意接受相关问题的设计和回答来确定拟选外部性－公共物品价值的方法，而相机排序和相机选择则只是通过问题设计和回答来确定外部性－公共物品的选择次序。显示偏好法的最大问题是人们对问题的回答可能存在偏见因而不能反映其真实偏好。存在四类可能的偏见：一为系统偏见，即受试者为达到某种目的而故意提供虚假偏好；二为信息偏见，即受试者因缺乏对判断对象的信息而提供不实偏好；三为起始偏见，即受试者一开始被强求从几项事先定好的答案中做出选择因而受到测试者偏好的影响；四为假想偏见，即受试者只是假想为某种物品愿意支出或愿意接受而不是实际支出或接受因而会出现与实际支出或接受不一致的测试结果。这些都是在现实偏好定价中需要继续深入研究的问题（Tietenberg，2003）。

三 消费品供给定价与资本品需求定价

下面分析可持续消费品供给价格与资本品需求价格，其本质都是企业的利润最大化行为决定的物品影子价格如何显示并度量的问题。式（5.3.3）给出了企业利润最大化行为的经济条件，但产品和投资品影子价格的具体计算却要将利润最大化问题转化为投入－产出比最优化问题来解决，有相对影子价格和绝对影子价格两种计算方法。下面首先将企业利润最大化模型转化为投入－产出比最优化问题，然后分别给出这两种定价方法。

1. 利润最大化与投入－产出比最优化

（5.1.13）第二式企业利润最大化行为中，设第 i 种物品的消费占总产出的比例为 $\alpha_i(t) = \dfrac{C_i(t)}{F_i(t)} \in [0,1]$，则该物品投资占总产出之比为 $\dfrac{\dot{K}_i(t)}{F_i(t)} = 1 - \alpha_i(t) \in [0,1]$，$i \in \mathbb{N}_n$。当然消费品（投资品）份额可为0或1。若为0则表示该物品全部被用来投资（消费）或干脆为纯投资（消费）品因而不能直接消费（投资）；若为1则表示该物品全部用来消费（投资）或干脆为纯消费（投资）品因而不能直接投资（消费）。若消费品（投资品）份额大于0小于1则意味着该消费（投资）品既可直接消费（投资）也可用来投资（消费）。先通过 $C(t) = \sum_{k=1}^{h} c_k(t)$ 将（5.1.13）式企业目标函数中的个体消费换为总消费，然后将 $\alpha_i(t)$ 代入可得：

$$\begin{aligned}&\sum_{k=1}^{h}p(t)c_k(t)+q(t)\dot{K}(t)-[r(t)q(t)-\dot{q}(t)]K(t)\\&=p(t)C(t)+q(t)\dot{K}(t)-[r(t)q(t)-\dot{q}(t)]K(t)\\&=\sum_{i=1}^{n}p_i(t)\alpha_i(t)F_i(t)+\sum_{i=1}^{n}q_i(t)[1-\alpha_i(t)]F_i(t)\\&\quad-\sum_{i=1}^{n}[r(t)q_i(t)-\dot{q}_i(t)]K_i(t)\\&=\sum_{i=1}^{n}[p_i(t)\alpha_i(t)+q_i(t)(1-\alpha_i(t))]F_i(t)\\&\quad-\sum_{i=1}^{n}[r(t)q_i(t)-\dot{q}_i(t)]K_i(t)\end{aligned}$$

在上式中令：

$$\begin{aligned}u_i(t)&=p_i(t)\alpha_i(t)+q_i(t)(1-\alpha_i(t))\\v_i(t)&=r(t)q_i(t)-\dot{q}_i(t),i\in\mathbb{N}_n\end{aligned}\tag{5.3.6}$$

则有

$$\begin{aligned}&\sum_{k=1}^{h}p(t)c_k(t)+q(t)\dot{K}(t)-[r(t)q(t)-\dot{q}(t)]K(t)\\&=\sum_{i=1}^{n}u_i(t)F_i(t)-\sum_{i=1}^{n}v_i(t)K_i(t)\end{aligned}\tag{5.3.7}$$

其中 $u_i(t)$ 和 $v_i(t)$ 分别为第 i 种物品的产出与投入品价格。产出品价格和投入品价格不同于消费品 $p_i(t)$ 和投资品价格 $q_i(t)$，但这四种价格通过方程组（5.3.6）联系起来。这样通过求解 $p_i(t)$ 和 $q_i(t)$ 来实现（5.1.13）中的利润最大化问题就转化为通过求解 $u_i(t)$ 和 $v_i(t)$ 实现（5.3.6）式中标准的利润最大化问题。于是可通过求解规划（5.3.6）的最优解价格 $[u(t),v(t)]$ 来求得规划（5.1.13）的最优解价格 $[p(t),q(t)]$。规划（5.3.6）是标准的企业利润函数，其投入和产出物中既有正效用物品，又有负效用物品。现代数学工具如数据包络分析和距离函数等方法已经能够对这种包含正负效用两者的利润最大化规划求解。而这个问题很容易转化成标准的投入-产出比最优化问题。

事实上，若规划（5.3.6）的最优解价格为 $[u(t),v(t)]$，则由方程组（5.3.6）的第二组方程可得：

$$q_i(t)=e^{\int r(t)dt}\left[-\int v_i(t)e^{-\int r(t)dt}dt+\tilde{q}\right],i\in\mathbb{N}_n\tag{5.3.8}$$

其中 $\tilde{q}$ 为需要根据初始条件来决定的常数，给定初始条件时它可以被求出来。现将规划（5.3.6）的最优解价格组 $[u(t), v(t)]$ 代入（5.3.8）式，再将它代入方程组（5.3.6）得：

$$p_i(t) = \frac{u_i(t)}{\alpha_i(t)} + (1 - \frac{1}{\alpha_i(t)}) e^{\int r(t)dt} \left[- \int v_i(t) e^{-\int r(t)dt} dt + \tilde{q} \right], i \in \mathbb{N}_n \quad (5.3.9)$$

这样就得到了规划（5.1.13）的消费影子价格（5.3.9）和投资影子价格（5.3.8）。下面给出规划（5.3.6）的最优解价格 $[u(t), v(t)]$ 的求法，有相对定价和绝对两种方法。

2. 相对影子价格法

相对影子价格法是数据包络分析在30多年的发展中逐渐建立起来的一种定价方法（Cook and Seiford, 2009），其基本思路是将具有同样投入和产出物的企业比方说同行业企业以投入-产出比最优化为效率标准进行比较，求出效率最高的企业的投入和产出物影子价格作为该行业影子价格的方法（Doyle et al, 1994; Seiford at al, 2002; Lu, et al, 2007; Yang et al, 2009）。这些投入和产出物中既包含正效用产品，也包含负效用产品。

具体地，不妨设某行业共有 n 个企业，它们构成了数据包络分析中的决策单位（DMU：decision - making unit）。设 DMU_j 为第 j 个企业，$j \in \{1, \cdots, n\}$，x_{ij} 表示 DMU_j 的第 i 种投入总量，y_{rj}^b 表示 DMU_j 的第 r 种负效用产出总量，y_{rj}^g 表示 DMU_j 的第 r 种正效用产出总量。令 $w_r = \max_j \{y_{rj}^b\} + 1$ 从而保证 $\bar{y}_{rj}^b = -y_{rj}^b + w_r > 0$。这样，对任意选定的目标企业 DMU_k，$k \in \{1, \cdots, n\}$，x_{ik} 就表示 DMU_k 的第 i 种投入总量，y_{rk} 表示 DMU_k 的第 r 种产出总量。类似地，v_{ik} 为 DMU_k 的第 i 种投入物价格，u_{rk} 为 DMU_k 的第 r 种产出物价格，v_k 为自由变量。则目标企业 $k \in \{1, \cdots, n\}$ 的简单效率值 SE_k（SE：simple efficiency score）为下列线性规划的最优解：

$$\begin{cases} \frac{1}{SE_k} = Min \sum_{i=1}^{m} v_{ik} x_{ik} + v_k, k \in \{1, \cdots, n\} \\ \sum_{r=1}^{t} u_{rk} \bar{y}_{rj}^b + \sum_{r=t+1}^{s} u_{rk} y_{rj}^g - \sum_{i=1}^{m} v_{ik} x_{ik} - v_k \leqslant 0, j = 1, \cdots, n \\ \sum_{r=1}^{t} u_{rk} \bar{y}_{rk}^b + \sum_{r=t+1}^{s} u_{rk} y_{rk}^g = 1 \\ u_{rk} \geqslant 0, v_{ik} \geqslant 0, \bar{y}_{rj}^b = -y_{rj}^b + w_r > 0, v_k \text{ is free.} \end{cases} \quad (5.3.10)$$

其中目标函数为产出既定约束下的投入最小化，因而其倒数 SE_k 最大化。第一个约束条件表示包括负效用产品的总产值不超过总投入加自由变量 v_k 。考虑到总产值中包括负效用产值及 v_k 为自由变量，这一条件是合理的，其中 $\bar{y}_{rj}^b = -y_{rj}^b + w_r > 0$ 是为了将负效用产量 $-y_{rj}^b$ 通过 $w_r = \max_j\{y_{rj}^b\}+1$ 转化成线性规划要求的 $\bar{y}_{rj}^b$ ，但 $\bar{y}_{rj}^b$ 的值比起 $-y_{rj}^b$ 的绝对值还是减少了。第二个约束条件纯粹是为了简化线性规划而做的规范化处理。

解规划（5.3.10）可得企业 DMU_k 投入－产出物价格向量：

$$u_k = (u_{1k},\cdots,u_{tk},u_{t+1k},\cdots,u_{sk},v_{1k},\cdots,v_{mk},v_k) \tag{5.3.11}$$

其中 $u_1,\cdots,u_{tk}$ 为 DMU_k 的 t 个负效用产出物简单效率价格，$u_{t+1k},\cdots,u_{sk}$ 为 $s-t$ 个正效用产出物的简单效率价格，$v_{1k},\cdots,v_{mk}$ 为 m 个投入物的简单效率价格，v_k 可以理解为投入量 1 的简单效率价格。

将式（5.3.11）代入式（5.3.10）可求得 DMU_k 相应的简单效率值：

$$SE_k = \frac{1}{\sum_{i=1}^{m} v_{ik}x_{ik} + v_k} = \frac{\sum_{r=1}^{t} u_{rk}\bar{y}_{rk}^b + \sum_{r=t}^{s} u_{rk}y_{rk}^g}{\sum_{i=1}^{m} v_{ik}x_{ik} + v_k} \tag{5.3.12}$$

从所有 n 个 DMU_k 选出简单效率值 SE_k 最大者，不妨继续用 DMU_k 表示，则其简单效率影子价格即为行业影子价格候选对象。

一个实践中常见的问题是可能几个企业有同样的 SE_k 导致无法对企业排序。希克斯顿等（Sexton et al，1986））设计了一种交叉效率值（CE：cross－efficiency score）作为简单效率值的二级补充指标来解决这一问题，其基本思想是首先用所有非 k 企业 DMU_j 的简单效率影子价格 u_j（$j \neq k$）计算 DMU_k 的交叉效率值 CE_{jk} ，然后求 CE_{jk} 的算术平均数 AE_k ，然后通过比较 SE_k 与 AE_k 的差距给企业效率排序。

首先，企业 DMU_k 的交叉效率值为：

$$CE_{jk} = \frac{\sum_{r=1}^{t} u_{rj}\bar{y}_{rk}^b + \sum_{r=t+1}^{s} u_{rj}y_{rk}^g}{\sum_{i=1}^{m} v_{ij}x_{ik} + v_k}, j \neq k \tag{5.3.13}$$

显然，根据规划（5.3.10）的第二个约束条件和上式，有：

$$SE_k = CE_{kk}, k \in \{1,\cdots,n\} \tag{5.3.14}$$

其次，将所有 CE_{jk} 按照 $j \neq k$ 求算术平均数可得平均交叉效率值（AE：averaged cross - efficiency score）：

$$AE_k = \frac{1}{n-1}\sum_{j \neq k}^{n} CE_{jk}\ ,\ k \in \{1,\cdots,n\} \tag{5.3.15}$$

再次，计算 DMU_k 的马维理克指数（Maverick Index）：

$$MI_k = \frac{SE_k - AE_k}{AE_k} = \frac{CE_{kk} - AE_k}{AE_k}\ ,\ k \in \{1,\cdots,n\} \tag{5.3.16}$$

最后，选取马维理克指数最小的那个企业 DMU_o，$o \in \{1,\cdots,n\}$，DMU_o 的简单效率影子价格就是该行业的投入－产出物影子价格：

$$u_o = (u_{1o},\cdots,u_{to},u_{t+1o},\cdots,u_{so},v_{1o},\cdots,v_{mo},v_o) \tag{5.3.17}$$

这是因为交叉效率值反映了目标企业采用本行业其他企业的简单效率技术生产时具有的效率，因此平均交叉效率值事实上反映了本行业的平均效率，而马维理克指数最小的那个企业正是最能代表本行业效率水平的那个企业。通过这种方式对所有行业产品定价，便可得到所有消费品的供给价格和投资品需求价格。本书作者和美国学者 Poon 2009 年通过这个方法估计了中国大陆各省扣除了污染后的真实 GDP 数值并对其空间相关性进行了分析（Yang and Poon，2009）。

相对影子价格法的本质是将每个行业中相对效率较高的那个企业选择出来，以它的简单效率影子价格作为该行业所有产品的影子价格。但如果出现整个行业都低效率的现象，则这种定价方法显然就有问题了。所以归根到底，还是得求出由企业自身绝对技术水平所决定的产品影子价格。这就是下面要讲的绝对影子价格法。

3. 绝对影子价格法

绝对影子价格法也叫距离函数法，是由舍菲德（Shephard，1970）、皮特曼（Pittman，1983）和菲厄（Fare，1988，Fare ect，1993；Qi et al，2009）等人建立起来的一种在有负效用物品时度量生产效率并测量产品影子价格的数学方法，其基本思路是将产业或企业的生产技术转化为能够反映其投入－产出关系的倒数数值函数，然后再将这个数值函数的极小值，因而也就是最大投入－产出关系表示为投入和产出两者的函数，再以这个投入和产出两者的函数为目标函数求得产出物影子价格。下面根据菲厄（1993）文献详细概述。

为便于比较，继续使用相对影子价格法（5.3.10）中的符号系统。设企业的要素可能集为 $\mathbb{R}_{+}^{m}$，产出物可能集为 $\mathbb{R}_{+}^{s}$。任给要素投入向量 $x \in \mathbb{R}_{+}^{m}$，设 $y \in \mathbb{R}_{+}^{s}$ 为生产技术 $P:\mathbb{R}_{+}^{m} \to 2^{\mathbb{R}_{+}^{s}}$ 下的产出向量。又设 $P(x)$ 为所有能够通过投入 x 生产出 y 的技术构成的集合，即 $P(x) = \{y \in \mathbb{R}_{+}^{s}: x$ 能够生产出 $y\}$，则该企业的距离函数可定义如下：

$$D_o(x,y) = \inf\left\{\theta:(\frac{y}{\theta}) \in P(x)\right\} \tag{5.3.18}$$

显然，θ 越小，$\frac{y}{\theta}$ 越大，从而给定投入向量 x 时所能生产的产品数量越多，企业的技术水平越高。反之则反是。这样虽然不能在生产技术（生产函数）与 θ 之间建立一一对应关系，但却可用 θ 值的大小反映企业技术水平。特别地，$D_o(x,y)$ 作为所有可能 θ 构成的集合的下确界，就表示特定条件下的最高技术水平。由定义式（5.3.18）可见：距离函数在保持了传统生产函数的标量性质的同时又能反映既定投入下的产出水平，因此不仅可以像数据包络分析那样进行相对效率分析，而且还能够进行效率绝对水平的分析和比较。距离函数对产出向量具有一次齐次性且与收益函数之间存在对偶关系，下面通过这个对偶性求产出物的影子价格向量。

具体地，设 $r = (r_1, \cdots, r_s)$ 表示产出物影子价格向量。不妨设不存在免费产品即 $r \neq 0$。r 的正分量对应于正效用产品，而负分量则对应于负效用产品。于是可通过距离函数定义投入向量 x 和收益价格向量 r 下的收益函数如下：

$$R(x,r) = \sup_y\{ry:D_o(x,y) \leqslant 1\} \tag{5.3.19}$$

其中 $D_o(x,y) \leqslant 1$ 是因为在已有投入－产出组 (x,y) 下，只有 $D_o(x,y) \leqslant 1$ 时才对应于比 (x,y) 更有效的投入－产出关系。收益函数也就是既定投入－产出约束 $D_o(x,y) \leqslant 1$ 下通过产量选择获得的最大收益。根据舍菲德（1970）或菲厄（1988）的证明，收益函数对偶于下列形式的距离函数：

$$D(x,y) = \sup_r\{ry:R(x,r) \leqslant 1\} \tag{5.3.20}$$

即收益函数可以通过产量最大化从距离函数中获得，而距离函数则可以通过产出价格最大化从收益函数中获得。

于是距离函数约束下收益函数最大化的影子价格为下列拉格朗日问题的解：

$$\max L = ry + \lambda(D_o(x,y) - 1) \tag{5.3.21}$$

其一阶条件为：

$$r = -\lambda \nabla_y D_o(x,y) \tag{5.3.22}$$

另外，对 $0 < \alpha < 1$，有：

$$\begin{aligned} & ry + \lambda(D_o(x,y) - \alpha)[D_o(x,y) \text{ 对 } y \text{ 的一次齐次性}] \\ & = \alpha\left[r(\frac{y}{\alpha}) + \lambda(D_o(x,\frac{y}{\alpha}) - 1)\right](z = \frac{y}{\alpha}) \\ & = \alpha[rz + \lambda(D_o(x,z) - 1)](5.3.21) \\ & = \alpha L \end{aligned} \tag{5.3.23}$$

两端对 α 求导数，可得使 $ry + \lambda(D_o(x,y) - \alpha)$ 取最大值的 α 满足下式：

$$-\lambda = L = R(x,r) \tag{5.3.24}$$

上列第二个等式成立是因为通过选择 α 求 $ry + \lambda(D_o(x,y) - \alpha)$ 最大值的过程也就是通过选择 y 求 L 最大值的过程。由收益函数的定义即得第二个等式。

将（5.3.24）式代入（5.3.22）式得：

$$r = R(x,r) \nabla_y D_o(x,y) \tag{5.3.25}$$

由此可见：使得产出距离函数最大化的影子价格等于收益函数与距离函数偏导数的乘积。因此若能求出收益 $R(x,r)$，则可通过距离函数 $D_o(x,y)$ 求得 $\nabla_y D_o(x,y)$ 进而求影子价格 $r(x,y)$。

由对偶性式（5.3.20）可知：收益最大化价格 $r^*(x,y)$ 下的最大收益函数必然为距离函数，故有：

$$D_o(x,y) = r^*(x,y)y \tag{5.3.26}$$

此式两端对产出求偏导数即得：

$$\nabla_y D_o(x,y) = r^*(x,y) \tag{5.3.27}$$

此式表明距离函数的偏导数正好等于收益最大化价格 $r^*(x,y)$，可以通过距离函数求偏导数将它求出来。将（5.3.27）代入（5.3.25）可得：

$$r = R(x,r)r^*(x,y) \tag{5.3.28}$$

可见：所有产出物影子价格与收益最大化价格之间都相差相同的倍数，这个倍数即最大收益 $R(x,r)$。因此只要能找到一个产出物影子价格与相应的收益最大化价格，就可以求得最大收益之值，从而最终可通过（5.3.25）求出其他产品影子价格。这一点在现实中不难办到。

事实上，只要有一个产品可通过完全自由竞争市场定价，则其市场价格必为产品影子价格。而这个市场价格是能够观察到的，不妨设它就是 $r=r(x,y)$ 的第 k 个价格 r_k^o，它对应的收益最大化价格为 $r_k^* = r_k^*(x,y) = \dfrac{\partial D_o(x,y)}{\partial y_k}$，则由式（5.3.28）可求得最大收益为：

$$R(x,r) = \frac{r_k^o}{r_k^*} \tag{5.3.29}$$

将此式代入（5.3.25），即可求得所有产出物影子价格：

$$\begin{aligned} r_j &= R(x,r)\left[\frac{\partial D_o(x,y)}{\partial y_j}\right] = \frac{r_k^o}{r_k^*}\left[\frac{\partial D_o(x,y)}{\partial y_j}\right] \\ &= r_k^o \frac{\dfrac{\partial D_o(x,y)}{\partial y_j}}{\dfrac{\partial D_o(x,y)}{\partial y_k}}, j = 1,2,\cdots,s \end{aligned} \tag{5.3.30}$$

现在剩下的问题就是距离函数 $D_o(x,y)$ 的构造了。比较符合实际的是皮特曼（1981）使用的对数转移函数，其对数形式为：

$$
\begin{aligned}
\ln D_o(x,y) = {} & \alpha_0 + \sum_{i=1}^{m} \beta_i \ln x_i + \sum_{j=1}^{s} \alpha_j \ln y_j \\
& + \frac{1}{2} \sum_{i=1}^{m} \sum_{i'=1}^{m} \beta_{ii'} (\ln x_i)(\ln x_{i'}) \\
& + \frac{1}{2} \sum_{j=1}^{s} \sum_{j'=1}^{s} \alpha_{jj'} (\ln y_j)(\ln y_{j'}) \\
& + \sum_{i=1}^{m} \sum_{j=1}^{s} \gamma_{ij} (\ln x_i)(\ln y_j)
\end{aligned}
\tag{5.3.31}
$$

近年来很多学者运用距离函数法对有些具有严重负外部性的行业或企业效率进行了评价，得到了许多有价值的结论（Ha et al，2008；Misra et al，2007）。不过如果企业不生产任何可通过市场定价的物品，则基准影子价格 r_k^o 的确定仍是一个问题。此外，距离函数的形式问题仍然需要深入探析。

本章小结

本章从社会可持续路径出发构建了可持续国民财富核算指标，分析了可持续国民财富的账户体系与基本内容，研究了可持续国民财富的定价机制和具体方法。

可持续规划即维持后代关键福利不变且当代总福利最大的代际资源配置方式。可持续规划路径 $c_{(t)}^{\gamma(\hat{\theta})}$ 在一定条件下存在且为贴现功利主义最优路径 $c_{(t)}^{DU}$ 与关键消费路径 $c_{(t)}^{CR}$ 的加权和，具体为 $c_{(t)}^{\gamma(\hat{\theta})} = c_{(t)}^{DU} diag\gamma(\hat{\theta}) + c_{(t)}^{CR}$。由此可得可持续关键消费路径 $C_t^{CR} = \sum_{k=1}^{h} c_{k(t)}^{CR}$。维持关键资本存量足够生产关键消费品的投资 $\dot{K}_t^{CR}$ 为关键投资，关键投资与关键消费 C_t^{CR} 之和 $F_t^{CR} = C_t^{CR} + \dot{K}_t^{CR}$ 构成了关键资源供给量，而实际资源供给量与关键资源供给量之差 $F_t^{EX} = F_t - F_t^{CR}$ 形成了超额资源供给量。关键资源代际公平即 $F_t^{EX} \geqslant 0$ 因而超额资源之间可完全替代时，可构造超额真实储蓄 $GES_t = Q_t \dot{K}_t^*$ 与超额国内净产值 $NEDP_t = P_t C_t^* + GES_t$，它们满足 $NEDP_t \geqslant 0 \leftrightarrow GES_t \geqslant 0 \leftrightarrow \dot{W}_t^* \geqslant 0$。这样就得到了一个以 F_t^{EX} 为判定指标，由 F_t^{CR} 和 $NEDP_t$ 构成的可持续国民财富核算指标 $SNWA_t$，它在保证后代关键福利可持续时与当代最大福利同向变化，即：

$$SNWA_t \equiv \begin{pmatrix} F_t^{CR} \\ NEDP_t \end{pmatrix}_{F_t^{EX}} \equiv \begin{cases} F_t^{CR} = C_t^{CR} + \dot{K}_t^{CR}, \text{若 } F_t^{EX} = 0 \\ NEDP_t = P_t C_t^* + GES_t, \text{若 } F_t^{EX} > 0 \end{cases}$$

可持续国民财富核算体系由供给、分配和需求三大账户构成。将可持续国民财富按其在投入中的性质分类并将它们在一定技术水平下的产出合并在一张表中，就得到了可持续国民财富的供给账户。它是一张从三方面扩展了的投入-产出表：一是投入和产出均由正、负效用两类物品构成；二是投入项目中除人造财富之外还纳入了所有其他财富如自然服务等；三是产出项目纳入了关键财富项目。需求账户由中间使用账户、最终使用账户和关键财富账户三部分构成。中间使用账户由正、负效用产出物构成，其中部分被用于中间投入。最终使用即超额财富账户，由净消费账户和净投资账户两部分组成，它们又分别由正、负效用消费和正、负效用投资组成。关键财富账户为由关键资产构成的实物账户。分配账户由中间投入账户和要素投入账户两部分构成。中间投入账户由所有正、负效用投入物构成。而要素投入则由包括传统要素在内所有提供生产服务的广义要素如自然服务等组成。可持续国民财富账户是传统 SNA 及其补充账户 SEEA 在广义财富框架内加入负效用物品、外部性和关键福利后的推广，SNA 则是可持续国民财富核算账户在人造财富内不考虑负效用物品、外部性和后代福利时的特例。可持续国民财富账户包含的参数与变量关系主要有代际公平调整系数、关键财富、超额账户余额、超额国内净产值、超额真实储蓄、消费分配系数矩阵及超额净消费等，它们分别反映代际福利权重、代际公平程度、代际公平约束下的当代效率空间、净消费与净投资水平、社会总福利可持续性、代内公平与代际公平的统一性及代际公平约束下的净福利水平等经济特征。

可持续国民财富中关键财富的影子价格趋于无穷因此无须特殊定价，但超额财富的有限影子价格却是对其有效配置的基本信号和工具。在供需均无负效用、外部性和公共物品时财富影子价格即为完全自由竞争的市场价格。若存在负效用、外部性或公共物品，则会出现市场失灵但财富影子价格仍为通过调控的供需匹配影子价格。消费品影子需求价格和投资品影子供给价格反映公众包括负效用、外部性及公共性在内的完整边际效用，它们都可以通过观察或推断间接效用无差异时物品数量变化所能替代的货币愿意支付（WTP）或愿意接受（WTA）来代理，具体地可用行为观察法和显示偏好法两种方法实际观察和测量它们。消费品影子供给价格和投资品影子需求价格则反映包括负效用成本和外部性在内的完整边际成本。可以首先将一般的企业利润最大化问题转化为标准的投入－产出比最优化问题，然后运用现代数学工具来确定相应影子价格。有相对影子价格和绝对影子价格两种方法。前者首先通过数据包络分析求得马维理科系数 $MI_o = \frac{(SE_o - AE_o)}{AE_o}$ 最小化企业，再求这个企业的简单效率 SE_o 最大化价格 $u_o = (u_{1o}, \cdots, u_{to}, u_{t+1o}, \cdots, u_{so}, v_{1o}, \cdots, v_{mo}, v_o)$；而后者则是通过基准物品影子价格 r_k^o 和距离函数 $D_o(x, y)$ 求得的影子价格 $r_j = r_k^o \left[\frac{\frac{\partial D_o(x,y)}{\partial y_j}}{\frac{\partial D_o(x,y)}{\partial y_k}} \right]$。

结论、展望与建议

一　主要结论及对 GDP 问题的解决程度

1. GDP 在以下 6 个条件满足时可度量个体加总社会福利：（1）国际收支均衡；（2）公共支出显示公众偏好；（3）产品、要素和金融市场均完全自由竞争；（4）个体效用为人造物品消费量的齐次函数；（5）所有个体都有相同的收入边际效用；（6）收入边际效用、利率和增长率均不随 GDP 变化。然而，这 6 个条件在现实中是很难满足的。这就导致了 GDP 的理论缺陷与现实问题：（1）未计入非市场交易品、非交易物品和完全不可交易物品的福利价值，导致对外部和公共资源的过度替代和发展的不可持续性；（2）未考虑负效用物品、需求层次、需求再造与需求质量等现象对社会福利的影响，导致环境污染、道德恶化、假冒伪劣产品、过度广告与重复交易等现象盛行；（3）未考虑收入分配和收入增长等因素对社会福利的影响，导致“富裕的贫困”与“增长悖论”等现象盛行；（4）未考虑国际收支、公共支出及市场环境对社会福利的影响，因而无法排除国富民穷、政绩工程、贪污腐败和垄断经营等现象导致的福利耗减；（5）从核算方法来看，现实数据的有限性和 GDP 无穷线性逼近的本质二者之间的矛盾导致了大量信息流失。

2. GDP 替代指标的研究内容很多，但可以根据其理论基础将它们分为弱可持续财富核算、强可持续财富核算及可持续经济福利核算三大传统。弱可持续财富核算直接以广义财富为人类需求集合，假定每代人的代理福利函数存在，通过对代理福利流上的代际偏好加入满足某种代际效率与公平的可持续公理来构建相应的可持续总福利函数，再以可持续总福利函数为目标函数求得相应的财富核算指标。但代理福利函数的存在性受到阿罗不可能定理的威胁，可持续总福利函数的存在与构造面临代际偏好与可持续公理的不相容性，可持续财富指标的存在性所要求的资源完全可替代性与现实不符，可持续财富影子价格的确定也面临困难。强可持续核算坚持自然资产存在不可替代极限，主张以作为社会福利基础的自然资本为核算对象，认为可持续标准是维持每代人的关键自然资本不减，主张关键自然资本就是对人类的生存、安全和健康等关键福利而言具有不可替代功能的生态、环境与自然资源，提出了净原初产量人类专用和生态足迹等具体关键自然资本。但是关键自然资本理论对自然资产的消费与投资功能的二重性分析不完善，未纳入人造资产、社会资产和人力资产的不可替代功能，也没有通过反映代际公平和代际效率两者的总福利函数进行可持续性分析。可持续经济福利指数系列从作为社会福利基础的私人消费出发，首先通过收入分配因子对它进行调整，再加入或扣除非市场交易品和非交易品的价值来构建社会福利函数，克服了弱可持续财富核算不考虑收入分配影响及强可持续核算只强调关键自然资本的不可替代性而忽视其全面的社会福利功能等缺陷。但可持续经济福利指数没有从资产互补和替代的角度分析资产的替代极限问题，因而也就提不出系统标识关键资产的理论和方法；用净心理收入度量代理福利的做法也基本没有可行性；没有研究代际公平与效率统一意义上的可持续指标的存在与构建问题，也没有研究广义资产的定价问题。总之，GDP 替代指标虽然扩展了财富范围，强调了关键自然资本、真实消费和收入分配对社会福利的重要性，试图构建代际公平与效率相统一的财富核算体系，但始终未能建立同时满足这些要求的核算体系。

3. 偏好实验的研究结果表明：个体偏好系统偏离传统“经济人”的自利假设，具有自利偏好与他涉偏好双重性质。自利偏好是建立在个体消费向量集上的偏好，通过沃尔德－德布鲁方法可证明理性个体自利偏好满足连续性与单调性时可被个体自利效用函数数值代理。他涉偏好是个体对代内及后代中他人自利效用的偏好。由于任何个体都难以知道他人的自利效用，因此他人自利效用只能是个体认为的他人自利效用。具有自利和他涉偏好双重特征的个体偏好就是个体对包括他本人的自利效用在内的所有自利效用的偏好。其中对同代内部所有个体自利效用的偏好构成了个体代理偏好，同样用沃尔德－德布鲁方法可证明满足连续性与单调性的理性个体代理偏好可被个体代理效用函数代理。不同代的个体代理效用按时间顺序排列可形成个体代理效用流。用库普曼方法可以证明满足时间可分性与驻点公理的个体偏好等于个体代理效用流中每一代个体代理效用的贴现之和，此即为贴现功利主义个体总效用函数。如果用祁琪妮斯基既非当代独裁又非后代独裁意义上的可持续公理替换驻点公理就得到了个体可持续效用函数，它等于贴现功利主义个体总效用函数与一个反映后代福利的祁琪妮斯基余项之和。个体可持续选择即个体在一定资源、技术和收入分配约束下，实现可持续总效用最大化的代际资源配置方式。理论上讲个体可持续选择存在菲贵尔斯－提德堡最优解，但公共物品、外部性及广义资源多重功能的不可分等性质使得大多数资源很难被明确分配到个体，因此个体可持续最优选择实际上是以社会可持续最优选择的方式存在。

4. 所有代个体的可能消费向量按其时间顺序排列就形成了消费资源状态集。通过消费资源状态集和个人效用函数可建立个人效用状态集。个人效用状态集上的理性个体效用转化为理性社会福利函数所需的集体选择规则必须同时满足非限制性、独立性、帕累托原则和非独裁性四大条件。但阿罗不可能定理表明没有集体选择规则同时满足这些条件，因此有些条件必须被取消。唯一能够被取消的是独立性原则，而这意味着集体在两种状态之间的选择就离不开个体效用的人际比较。按照阿玛蒂亚・森的理论，完全换位等同公理下，通过弱休普斯－森分类原则可得到加总社会福利函数，但完全换位等同公理过于苛刻因此可被个体效用的不完全人际比较弱偏好替代。个体效用的不完全人际比较弱偏好虽然是通过个体效用定义的加总函数但不一定是具备理性特征的社会福利函数。但是该加总函数的理性特征随个体效用可比度的提高而提高，并且在极限状态下变成了理性加总社会福利函数。于是可以通过加总可持续个体效用函数得到可持续社会福利函数，它等于消费资源状态集上的总贴现功利主义社会福利函数与总祁琪妮斯基余项之和。社会可持续选择即在资源总量、技术水平和收入分配约束下，通过代际资源配置实现可持续社会福利最大化的集体行为。根据菲贵尔斯－提德堡原理，约束条件不变时可以合理选择代际福利调整系数对总贴现功利主义部分和总祁琪妮斯基余项加权调整，这样得到的可持续社会福利函数存在最优解且其最优解等于社会绿色黄金规则消费路径与总贴现功利主义最优消费路径的加权和，其权数在同等条件下由目标函数中代际福利调整系数决定。特别地，选择代际福利调整系数使得总祁琪妮斯基余项变为保证后代基本生存、安全、健康与发展机会的关键福利，则对应的社会可持续最优解即为总贴现功利主义最优解与维持后代福利不减的关键财富两项的加权和。

5. 通过社会可持续最优解可构建可持续国民财富核算体系。它由供给、需求和分配三大账户构成。供给账户是一张从三方面扩展了的投入－产出表：一是投入和产出均由正、负效用两类物品构成；二是投入项目中除传统 SNA 系统的项目外还包括所有其他影响社会福利的项目；三是产出项目中纳入了关键财富项目。需求账户由关键财富账户和超额财富账户组成。关键财富账户是由关键资产构成的实物账户，具体由关键投资与关键消费两部分构成，是资源配置代际公平的底线标志。超额财富账户是实际财富供给超出关键财富以上的部分，决定着代际公平前提下资源代际有效配置的空间，具体分为最终使用账户和中间使用账户两部分。中间使用账户由正、负效用产出物构成，但负效用和外部性产品的存在使得它们不像传统 SNA 的中间产出那样可全部被用于中间投入。最终使用账户由净消费账户和净投资账户两部分组成，它们分别是正、负效用总消费和正、负效用总投资之差。净消费与净投资之和为超额国内净产值，其中净投资也叫超额真实储蓄，用来判断超额国内净产值与总贴现功利主义社会福利的可持续性。分配账户由中间投入和要素投入两大账户构成。中间投入账户由所有正、负效用投入物构成。而要素投入则由包括自然财富在内的所有提供生产服务的广义要素组成。可持续国民财富账户是传统 SNA 及其补充账户 SEEA 在广义财富框架内加入负效用物品、外部性和关键财富后的推广，而 SNA 则是可持续国民财富账户仅考虑人造财富时的特例。关键财富的影子价格趋于无穷因此无法定价，但超额财富的影子价格却是对其有效配置的基本工具。在供需均无负效用、外部性和公共物品时财富影子价格即为完全自由竞争的市场价格。若存在负效用、外部性或公共物品，则会出现市场失灵但财富影子价格仍为供需匹配的影子价格。消费品影子需求价格和投资品影子供给价格反映公众包括负效用、外部性及公共物品在内的完整边际效用，它们都可以通过观察或推断间接效用无差异时物品数量变化所能替代的货币愿意支付或愿意接受来代理，具体有行为观察法和显示偏好法两种基本观察和测量方法。消费品影子供给价格和投资品影子需求价格则反映包括负效用成本和外部性在内的完整边际成本。可以首先将一般的企业利润最大化问题转化为标准的投入－产出比最优化问题，然后运用现代数学工具来确定相应影子价格。有使用数据包络分析的相对价格和使用距离函数的绝对价格两种定价方法。

6. 可持续国民财富核算解决了传统 GDP 的以下问题：一是纳入了 GDP 未计入的所有非市场交易品、非交易物品和完全不可交易物品，置入了作为替代极限的关键财富账户，保证了关键财富不减意义上的可持续发展，解决了传统 GDP 的不可持续性问题。二是纳入了负效用和外部性项目，克服了传统 GDP 无法核算假冒伪劣产品、虚假与过度广告、贪污腐败和环境污染等负效用项目的困难。三是通过消费分配系数矩阵在总产出与个体消费之间建立了联系，解决了 GDP 未考虑收入分配和收入增长等因素影响社会福利的问题，并为分析和解决“富裕的贫困”和“增长悖论”等问题提供了思路。四是通过超额净消费账户核算了经济增长引起的社会净福利变化，为克服 GDP 未考虑国际收支、公共支出及市场环境对社会福利的影响提供了思路。

二 存在的问题及进一步研究展望

1. 个体他涉偏好问题。可持续国民财富核算理论以个体行为的自利与他涉二重偏好为出发点，通过个体他涉偏好建立了个体可持续行为理论，再通过个体可持续行为理论建立了社会可持续行为理论，最后通过社会可持续最优路径构建了可持续国民财富核算体系。个体他涉偏好行为确实是大量经济实验和现实观察发现的普遍现象，涉及传统经济人及相关经济学基本范式的创新或被替代问题。但是关于他涉偏好的强度、普遍程度、存在的条件及基本特征仍然需要深入研究。此外，在一个偏好各异的社会中能否以及如何通过知识和理性引导个体偏好，使其形成有广泛共识的理性偏好并以之作为集体选择的基础，如何实现共识度较高的理性偏好的稳定化和法规化等等都是需要深入探讨的问题。

2. 可持续公理问题。库普曼驻点公理的后果是将不同代人代理福利的区别变成了相同代人代理福利下消费品向量及其时间偏好的不同，结果出现了贴现功利主义总福利函数。祁琪妮斯基在用可持续公理替代驻点公理得出可持续福利函数时虽然没有直接取消不同代人的代理福利的区别，但是却在证明结果中将可持续福利函数直接转化为贴现功利主义福利与祁琪妮斯基余项之和。这种转化作为一种特例肯定没问题，但是转化的条件却是需要进一步研究的。此外，个体可持续效用函数中后代福利是通过无穷远后代的极限福利来保证的，但现实中后代和当代如何区分以及区分方式对可持续福利函数的影响也需要进一步研究。

3. 个体可持续行为问题。可持续个体总效用函数反映了个体在追求自身效用最大化的同时并未取消对后代和他人福利的关注这样一个基本事实。正好祁琪妮斯基通过姚斯达 - 贺维特定理构建的祁琪妮斯基余项能反映这种对后代福利的关注。但是现实世界中后代福利与生态环境、基础设施、历史传统、社会关系及知识进步这些外部性和公共物品性特别突出的资源密不可分，而这些资源又不能像私人物品那样从技术上可以明确分配到个人，作为明确的纯粹个人选择约束条件。因此个体可持续效用函数以及相关的可持续选择问题理论上讲可行，但实际上和社会可持续行为互相依赖，难以和社会可持续选择截然分开。因此通过私人物品和外部性 - 公共物品的何种关系来建立实际上可行的个体可持续效用函数是需要进一步研究的问题。

4. 个体效用的不完全人际比较标准问题。阿玛蒂亚·森的个体效用不完全人际比较理论是克服阿罗不可能困难，通过个体效用构建社会福利函数的基础。但即便不考虑个体效用可比度小于 1 时社会福利函数的构建困难，就是在可比度等于 1 的情况下，不同个体效用之间的可比性也是通过每个个体效用都与某个效用标准之间存在单位可比性为前提的。如果社会福利函数的作用主要是用来做社会选择，那么只需证明它是同时具备自反性、传递性和完备性的理性加总社会福利函数就可以了。但若还要用它来度量社会福利的水平，则这种个体效用标准的存在性、相互可比性以及现实依据等问题是必须深入研究和解决的问题。

5. 可持续国民财富账户的具体结构与内容相关问题。为了将理论上存在且构造出来的可持续国民财富核算账户用于宏观经济描述与管理实践，一系列问题需要深入研究和解决。一是由自然、人造、人力和社会财富构成的广义财富所有相应负效用核算项目的确定与排序。这是可持续国民财富核算的基础。联合国 SEEA 中已经构建了一个由自然和人造财富项目构成的项目体系，但需要进一步通过加入人力、社会财富和负效用项目将其扩展。二是各种财富的绿色黄金规则消费路径、人类关键福利标准、由这二者决定的代际福利调整系数以及相应关键财富账户的求解与确定，这是可持续国民财富可持续核算的基本要求。三是加入了负效用和外部性项目后投入－产出表中各相关变量关系的研究及消费分配系数矩阵的研究；四是各种包含负效用、外部性及公共物品的广义财富的定价方法的研究。本书最后给出了基本定价思路和两种常见定价方法，但大量具体定价方法仍需要深入研究。

三　应用及政策建议

1. 可持续国民财富账户的细化、完善与使用。本书建立了由自然、人造、人力和社会财富及相应负效用、外部性及公共物品构成的广义财富核算体系，按照广义财富供给、分配和使用的基本过程提供了可持续国民财富供给账户、需求账户和分配账户的基本结构、核算内容及相互关系，在可持续国民财富账户的框架内给出了保证代际公平的关键财富账户和反映当代效率的超额财富账户及两者的相互关系，给出了代际公平条件下判定当代最优福利可持续性的超额真实储蓄、反映当代超额净福利水平的超额净消费以及作为二者之和的超额国内净产值，分析了可持续国民财富账户与传统 SNA 及 SEEA 账户的关系。虽然有些问题还需要研究和解决，有些方面还有待进一步完善，但整个核算框架在经过细化和完善后可逐步取代现有 SNA，用来描述国民经济状况、调控宏观经济运行并作为国民经济政策制定的依据。

2. 与信息科学的结合及其运用。可持续国民财富和 GDP 相比，不仅纳入了所有影响人类福利的财富种类，还包含了负效用和外部性物品，而且还增加了关键财富账户，所以核算项目的数量和难度都大幅度增加了，对信息获取、储存、处理和运用各方面的要求更高了。现代计算机和信息科学的发展正好可以满足这个要求，因此可持续国民财富核算与现代信息技术的结合可以大幅度提高核算的全面、准确和及时，大力促进可持续国民财富核算对宏观经济的描述、预测和控制作用。除核算数据的搜集、加工、处理和及时公布外，通过现代数学方法和计算机的高速运算能力可以计算大量负效用、外部性及公共物品的近似影子价格。此外，通过计算机实现关键财富的动态管理和计划分配也成为可能。

3. 可持续国民财富相关法规的制定与实施。可持续国民财富核算虽然是关于可持续国民财富的定义、存在性、账户体系及项目定价的理论和方法论，但其具体内容却涉及财富概念的转变、代际－代内产权关系、资源代际－代内配置的公平与效率、福利的代内及代际比较、可持续国民财富的统计与整理以及经济增长和宏观经济运行方式的转变等各个方面。这些方面差不多都需要通过一定的法律和制度来界定、规范和保障。本书从人类广义需求出发，提出的广义资源、资源代际配置、后代产权、代际保障、关键资产账户、超额资产账户、超额净消费账户、消费分配系数矩阵以及可持续国民财富账户等内容可以为相关法规的制定与落实提供理论依据。而这些法规反过来又促进可持续国民财富账户的建立、完善与使用。

4. 可持续国民财富教育与财富观念的转变。可持续国民财富核算首先要做到可持续国民财富可核算，而可持续国民财富的生产在很大程度上又取决于人们财富观念和生活方式的转变，财富观念和生活方式的转变又取决于可持续国民财富的教育。本书提出的可持续国民财富及其核算理论可以为国民财富教育提供基本思想和框架性内容。著名可持续发展经济学家盖尔－阿舍姆2010年在《代际公平回顾》一文中做过这样的估算：2009年全球人口约68亿，而有史以来地球上生活过的人为1000多亿，曾经生活过的人口与正在生活的人口之比约为14比1。若今后全球人口稳定在100亿，人的平均寿命按73岁计算，地球还可供人类生存5亿年，则后代人口与当代人口的比例为1000万比1，差不多是无穷大比1了（Asheim，2010）。如果说过去14倍于我们的祖先留给我们的这个栖息地被我们消耗殆尽，致使无穷代后人无法生存，这似乎太不公平。如果不公平，那么财富观念就要改变：这个太阳－地球生态系统不仅仅是我们一代人的，我们也许只有权支配其中千万分之一。如果你对后代不感兴趣，那么请再看罗尔斯“无知的面纱”原理（Rawls，1971）：如果离开了金钱、地位、名誉等具体东西，所有人的境遇都是相同的：找不到可以逃往的另一个星球，只能在地球上生老病死、饮食呼吸、生儿育女，虽然可以十分有限且困难地从地球上一个地方移民到另一个地方，但温室效应、水污染、垃圾泛滥、社会矛盾，这是在地球上任何地方都无法避免的问题。如果是这样，那么财富观念就得转变：它不止是我们消费的这些人造产品，还包括整个太阳－地球生态系统提供的生态环境服务和资源供给功能，包括世界各国人民通过换位体验和理性对话建立起来的和平、稳定、节俭的国内外社会经济环境。如果你觉得这些都是宏大叙事而与你无关，你总不至于认为自己和自己子孙后代的安全、健康、发展无足轻重吧？如果是这样，那么财富观念就得转变：它不仅是以环境污染、掠夺性开发、社会矛盾激化、道德沦丧和损害人的健康为代价换来的那点 GDP，而且还包括人的身心健康、发展机会、良好精神状态以及为这些提供支持的自然、社会和文化环境。如果个别人非要像那位遭人唾弃的法国国王那样奉行“我死了哪怕洪水滔天”，那么请你看看你没死的时候还有多少东西能够支持你的生存？多少东西能使你健康、平安、愉快？即便你想替代这些东西，别人恐怕不允许。

参考文献

北京大学数学力学系：《高等代数》，人民教育出版社，1978。

陈叶烽、叶航、汪丁丁：《超越经济人的社会偏好理论：一个基于实验经济学的综述》，《南开经济研究》2011年第5期。

成升魁、谢高地、曹淑艳、Justin Kitzes、Susannah Buchan、Steven Goldfinger：《中国生态足迹报告2010》，http：//xmecc. xmsme. gov. cn/pic/。

戴亦一：《建立适应可持续发展战略需要的国民核算新模式》，《统计研究》2000年第7期。

高鸿业主编《西方经济学》，中国人民大学出版社，第五版，2011。

高鸿业、吴易风主编《研究生用西方经济学》，经济科学出版社，1997。

国家环保局和统计局：《2004年绿色GDP核算研究报告（2006）》，www. caep. org. cn/uploadfile/greengdp。

国家发改委宏观经济研究院课题组：《中国绿色GDP的统计方法研究》，《经济学动态》2005年第8期。

国家统计局国民经济核算司：《2007年中国投入产出表》，中国统计出版社，2007。

洪银兴：《可持续发展经济学》，商务印书馆，2000。

胡石清：《社会理性与可持续发展经济学研究》，博士论文，2011。

胡作玄：《第三次数学危机》，四川人民出版社，1985。

贾华强：《可持续发展经济学导论》，知识出版社，1996。

江小雷、岳静、张卫国、柳斌：《生物多样性，生态系统功能与时空尺度》,《草业学报》Vol. 19. No. 1，2010年第2期。

江其保:《拓扑、测度与积分》，东南大学出版社，2011。

江泽坚、吴智泉:《实变函数论》，人民教育出版社，1961。

〔德〕康德:《实践理性批判》，邓晓芒译，人民出版社，2003。

〔英〕理查德－道金斯著《自私的基因》，卢允中译，吉林人民出版社，1998。

李金甲:《告别GDP崇拜》，商务印书馆，2014。

李凤梧、池金明:《论环境核算》,《统计研究》1992年第3期。

李金昌、徐璐：《改革开放30年中国统计学发展的回顾与展望》2010年第1期。

联合国统计署:《国民核算体系2008》，http：//unstats. un. org/unsd/pubs/。

廖明球：《绿色GDP投入产出模型研究》，首都师范大学出版社，2012。

雷明等著《中国资源、经济、环境绿色核算》，北京大学出版社，2010年6月。

〔英〕莱昂内尔－罗宾斯:《经济科学的性质与意义》，朱泱译，商务印书馆，2004。

刘思华:《可持续发展经济学》，湖北人民出版社，1997。

马传栋:《可持续发展经济学》，山东人民出版社，2002。

潘家华:《持续发展的经济学分析》，中国人民大学出版社，1997。

邱东、宋旭光:《中国经济统计学60年》,《统计研究》2010年第1期。

石敏俊、马国霞等：《中国经济增长的环境代价》，科学出版社，2010。

陶在朴:《绿色国民经济核算及ISEW指标》，http：//www. earthfellow. com/，2005年。

万中心:《应重视对环境因素的经济核算》,《统计研究》1991年第3期。

王其文、李善同：《社会核算矩阵——原理、方法和应用》，清华大学出版社，2008。

王永瑜、郭立平：《绿色 GDP 核算理论与方法研究》，《统计研究》2010 年第 11 期。

王宪均：《数理逻辑导论》，北京大学出版社，1982。

肖红叶：《中国经济统计学科建设 30 年回顾与评论》，《统计研究》2010 年第 1 期。

向蓉美、李载卿主编《国民经济统计概论》，西南财经大学出版社，1994。

熊金城：《点集拓扑讲义》，人民教育出版社，1981。

许宪春：《我国国民经济核算工作的回顾与展望》，中国统计信息网，2003 年 5 月 27 日。

严家安：《测度论讲义》，科学出版社，第 2 版，2006。

杨成湘、赵建军：《可持续发展中代内公平的必要性和稀有性》，《理论研究》2008 年第 2 期。

杨春学：《利他主义经济学的追求》，《经济研究》，2001 年第 4 期。

杨缅昆：《SEEA 框架：资源价值理论基础和核算方法探究》，《统计研究》2006 年第 9 期。

杨缅昆：《绿色 GDP 核算理论问题初探》，《统计研究》2001 年第 2 期。

杨缅昆：《绿色 GDP 核算核算框架的方法论研究》，《学术问题研究》2005 年第 5 期。

杨缅昆：《国民福利核算基础概念的辨析》，《学术问题研究》2008 年第 1 期。

杨缅昆：《SNA 生产理论的新发展与社会产品范畴的再认识》，《统计研究》1995 年第 2 期。

杨充霖、温先明：《从传统 GDP 向可持续发展 GDP 的历史性转变》，《北京师范大学学报》2008 年第 1 期。

杨充霖：《关键资产管理与政府职能新定位》，《中国行政管理》2012 年第 3 期。

杨充霖：《可持续国民财富核算：进展、问题及出路》，《首都师范大学学报》2012年第6期。

杨充霖：《从GDP度量人民需要的条件看中国必须深化的几项改革》，《首都师范大学学报》（哲学社会科学版），2014年第2期。

叶其孝、沈永欢：《实用数学手册》，科学出版社，第2版，2006。

叶航、汪丁丁、罗卫东：《作为内生偏好的利他行为及其经济学意义》，《经济研究》2005年第8期。

叶航：《公共合作中的社会困境与社会正义》，《经济研究》2012年第8期。

张禾瑞：《近世代数基础》，《人民教育出版社》，1978。

赵树嫄：《线性代数》，中国人民大学出版社，第三版，1997。

赵志强、李双成、高阳：《基于能值改进的开放系统生态足迹及其应用-以深圳为例》，《生态学报》，Vol. 28，No. 5，2008年5月。

曾五一、许永洪：《中国国民经济核算研究30年回顾》，《统计研究》2010年第1期。

钟茂初：《可持续发展经济学》，经济科学出版社，2006。

钟茂初，史亚东，孔元：《全球可持续发展经济学》，经济科学出版社，2011。

钟茂初、闫文娟、赵志勇、郑佳佳：《可持续发展公平经济学》，经济科学出版社，2013。

张江雪、宋涛、王溪薇：《国外绿色指数相关研究述评》，《经济学动态》2010年第9期。

郑维行、王声望：《实变函数与泛函分析概要》，人民教育出版社，1980。

张奠宙：《二十世纪数学史话》，知识出版社，1984。

朱善利，《微观经济学》，北京大学出版社，1994年北京。

MBA智库网：http：//wiki. mbalib. com/。

维基百科网：http：//en. wikipedia. org/wiki/。

中国统计年鉴，1978-2011。http：//www. stats. gov. cn/。

中国统计信息网综述：《中国加入GDDS的历程》，2002年8月8日。

Andreoni，J. and Miller，J.，“Giving according to GARP：an

experimental test of the consistency of preferences for altruism", *Econometrica*, 70 (2) (2002).

Andreoni, James *et al*, "Altruism in experiments" , *The New Palgrave Dictionary of Economics*, 2nd Edition, (2008).

Andrew John Brennan, "Theoretical foundations of sustainable economic welfare indicators_ ISEW and political economy of the embedded system", *Ecological Economics* 67 (2008).

Angus Maddison, *The world economy: a millennial perspective*, (OECD, Paris, 2001).

Arrow Kenneth J. , *Social choice and individual values*, (New York, Wiley, 1963).

Arrow KennethJ. , "An extension of the basic theorems of classical welfare economics", in Neyman (1951a).

Arrow Kenneth J. , "Little's critique of welfare economics", *American Economic Review* 41 (1951b).

Antreu Mas - Colell, Micheal D. Whinston and Jerry R. Green, *Microeconomic Theory*, (Oxford University Press, UK. , 1995).

Asheim, G. B. , "International equity", *Annu. Rev. Econ.* 2 (2010).

Asheim, G. B. and Tapan Mitra, and Bertil Tungodden, "Sustainable recursive social welfare functions", *Economic Theory*, DOI 10. 1007/s00199 - 010 - 0573 - 7 (2010).

Asheim, G. B. and Weitzman M. L. , "Does NNP growth indicate welfare improvement?", *Economic letters 73* (2001).

Asheim, Geir B. "Green National accounting: why and how?", *Environment and Development Economics* 5 (2000).

Asheim, Geir B. , "Adjusting green NNP to measure sustainability", *Scandinavian Journal of Economics* 99 (1997).

Asheim, Geir B. 1996a. Ethical preferences in the presence of resource constraints, *Nordic Journal of Political Economy* 23: 55 - 68.

Asheim, Geir B. , "Capital gains and net national product in open *economies*", *Journal of Public Economics* 59 (1996b).

Asheim, Geir B., " Net national product as an indicator of sustainability", *Scandinavian Journal of Economics* 96 (2) (1994).

Asheim, Geir B., " Unjust intergenerational allocations ", *Journal of Economic Theory* 54 (1991).

Asheim, Geir B., " Rawlsian Intergenerational Justice as a Markov - Perfect Equilibrium in a Resource Technology", *Review of Economic Studies* 55 (3) (1988).

Asheim, Geir B., " Hartwick's Rule in open economies ", *Canadian Journal of Economics* 19 (3) (1986).

Arosson, Thomas, Per - Olov Johansson and Karl - Gustaf Lofgren., *Welfare measurement, sustainability and green national accounting: a growth theory approach*, (Cheltenham: Edward Elgar., 1997).

Atkinson, A., " On the measurement of inequality", *Journal of Economic Theory* (2) (1970).

Barbier, Edward B., " The concept of sustainable economic development", *Environmental Conservation* 14 (2) (1987).

Battalio, R. C.; et al.., " Income - leisure tradeoffs of animal workers", *American Economic Review* 71 (4) (1981).

Beca, Pedro and Rui Santps, " Measuring sustainable welfare: A new approach to the ISEW", *Ecological Economics 69* (2010).

Berg, J., Dickaut, J. and McCabe, K. Trust, " Reciprocity and social history", *Games and Economic Behavior*10 (1) (1995).

Brent Bleys, " The index of sustainable economic welfare for Belgium, 1970 - 2006", http: //economie. fgov. be/fr/binaries/Rapport_ ISEW2006_ tcm326 - 77837. pdf.

Bergson, Abram., " A reformulation of certain aspects of welfare economics", *Quarterly Journal of Economics* 52 (1) (1938).

Bergson, Theodore C. and Start, Oded, " How altruism can prevail in an evolutionary environment", *American Economic Review* 83 (2) (1993).

Bergson, Theodore C. , "On the evolution of altruism ethical rule a for siblings", *American Economic Review* 85 (1) (1995).

Simon Herbert A. , "Altruism and economics", American Economic Review", (1993).

Bolton, G. E. , "Comparative model of bargaining: theory and evidence", *American Economic Review* 81 (5) (1991).

Bolton, G. E. and Ockenfels, A. , " ERC - A Theory of equity, reciprocity, and competition", *American Economic Review* 90 (1) (2000).

Brad Ewing, Anders Reed, Sarah M. Rizk, Alessando Galli, Mathis Wackernagel, and Justin Kitzes:, *Calculation Methodology for the National Footprint Acountings*, (Global Footprint Network 2008).

Brand, Fridolin. , "Critical natural capital revisited: ecological resilience and sustainable development", *Ecological Economics* 68 (2009).

Basu K, Mitra T, " Aggregating infinite utility streams with intergenerational equity: the impossibility of being Paretian", *Econometrica* 32 (2003).

Basu K, Mitra T, "Utilitarianism for infinite utility streams: a new welfare criterion and its axiomatic characterization", *J. Econ. Theory* 133 (2007).

Becker Gary S, "A theory of social interactions", *Journal of Political Economy* 82 (6) (1974).

Becker Gary S, "Altruism, egoism, and genetic fitness: economics and sociobiology ", *Journal of Economic Literature* 14 Sep (1976).

Becker Gary S, "Altruism in the family and selfishness in market place", *Econometrica* 48 (1981).

Black, D. , "On the rationale of group decision making", *Journal of Political Economy* 56 (1948).

Blackorby C, Donaldson D. Weymark J. A. , " Social choice with interpersonal utility comparisons: a diagrammatic introduction ", *Int Econ. Rev.* 25 (1984).

Camerer, C. , "Progress in behavioral game theory", *Journal of Economic Perspectives* 11 (4) (1997).

Chen, M. K. ; et al. , "How basic are behavioral biases? evidence from capuchin monkey trading behavior", *Journal of Political Economy* 114 (3) (2006).

Charness, G. and Rabin, M. , "Understanding social preferences with simple tests", *Quarterly Journal of Economics* 117 (3) (2002).

Chichilnisky, Glacier. , "An axiom approach to sustainable development", *Soc Choice Welfare* 13 (1996).

Chichilnisky, Glacier. , "Economic development and efficiency criterion in the satisfaction of basic needs", *Appl Math Modeling* 1 (6) (1977).

Chichilnisky, Glacier. , Geoffrey Heal, Andrea Beltratti, T, "he green golden rule", *Economics Letters* 49 (1995).

Colin F. Camerer and Teck - Hua Ho, "Violations of the Betweenness Axiom and Nonlinearity in Probability," *Journal of Risk and Uncertainty* 8 (2) (1994).

Cleveland, Cutler J. , and Matthias Ruth. , "When, Where, and by how much do biophysical limits on constrain the economic process? A survey of Nicholas Georgescu _ Roegen's Contribution to Ecological Economics", *Ecological Economics* 22 (1997).

Cleveland, Cutler and Robert Kaufmann, "Forecasting ultimate oil recovery and its rate of production: incorporating economic forces into the models of M. King Hubbert", *Energy Journal* 13 (1991).

Cleveland, Cutler et al, "Energy and the US economy: a biophysical perspective", *Science* 225 (1984).

Cleveland, Cutler J. and Peter A. O'Connor, "Energy return on investment (EROI) of oil shale", *Sustainability 3* (2011), www. mdpi. com/journal/sustainability.

Castaneda, B. , "An index of sustainable economic welfare (ISEW) for Chile", *Ecological Economics* 28 (1999).

Colin F. Camerer and George Loewenstein, " Behavioral economics: past, present, future ", http: //www. usapr. org/papers/paper. aspx? PaperID = 30 (2002).

Christiaan Gtootaert, "Social capital: the missing link?", *The World Bank Social Capital Initiative Working Paper* No. 3 (1998) . http: // www. worldbank. org/socialdevelopment .

Christiaan Gtootaert and Thierry van Bastelaer, " Understanding and Measuring Social Capital", *The World Bank Social Capital Initiative Working Papers* No. 24 (http) //www. worldbank. org/socialdevelopment (2001).

Christiaan Gtootaert, Deepa Narayan, Veronica Nyhan Jones and Michael Woolcock, 'Measuring social capital: an integrated questionnaire", *The World Bank Social Capital Initiative Working Papers* No. 18 (2004) . http: // www. worldbank. org/socialdevelopment.

Diefenbacher, H. , " The index of sustainable economic welfare in Germany", *in C. Cobb and J. Cobb (eds.)*, *The Green National Product* (New York, UPA. , 1994).

Diamond P. , "The evaluation of infinite utility streams", *Econometrica* 33 (1965).

Dasgupta, P. , and Geogeory Heal. , *Economic theory and exhaustible resources*, (Cambridge University Press, UK. 1979).

Dasgupta, P. , and G. Heal, " The Optimal Depletion of Exhaustible Resources", *The Review of Economic Studies* Vol. 41, Symposium on the Economics of Exhaustible Resources (1974).

Daly, H. E. , " Toward some operational principles of sustainable development", *Ecological Economics* 2 (1) (1990).

Daly, H. E. and John. B. Cobb, *For the common good: redirecting the economy toward community, the environment, and a sustainable future.* (Boston, MA: Beacon. , 1989).

Debreu, G. , " Topological methods in cardinal theory ", *Cowles Foundation Discussion Paper* No. 76, *Mathematical Methods in the Social Science*,

(Stanford University Press, 1960).

Debreu, G., *The theory of valuez*, (Wiley, New York, 1959).

DeGroot, R., "Function analysis and valuation as a tool to assess land use conflicts in planning for sustainable, multi - functional landscapes", *Landscape and Urban Planning* 75 (2006).

De Groot, R., Wilson, M. A., Boumans, R. M. J., "A typology for the classification, description and valuation of ecosystem function, goods and services", *Ecological Economics* 41 (3) (2002).

De Groot, R., Van der Perk, J., Chiesura, A., van Vliet, A., "Importance and threat as determining factors for criticality of natural capital", *Ecological Economics* 44 (2003).

Douguet, J. - M., O'Connor, M., "Maintaining the integrity of the French terroir: a study of critical natural capital in its cultural context", *Ecological Economics* 44 (2003).

Dietz, S., Neumayer, E., "Weak and strong sustainability in the SEEA: concepts and measurement", *Ecological Economics* 61 (2007).

Dobson, A., "Justice and the environment", *Conceptions of environmental sustainability and dimensions of social justice*, (Oxford University Press, Oxford, 1998).

Doyle, John. and Rodney Green, "Efficiency and cross - efficiency in DEA: derivations, meaning and uses", *Opl Rer. Soc.* Vol 45, No. 5 (1994).

Dufwenberg, M. and Kirchsteiger, G., "A Theory of sequential reciprocity", *Games and Economic Behavior*47 (2) (2004).

Ewing Brad, Steven Goldfinger, Mathis Wackernagel, Meredith Stechbart, Sarah Rizk, Anders Reed, Justin Kitzes, *The Ecological Footprint Atlas 2008*, (http: //www. footprintnetwork. org/, 2008).

Edmund Phelps, "The golden rule of accumulation: a fable for Growthmen", *The American Economic Reviw* 51 (4) (1961).

Ekins, Paul., "Identifying critical natural capital: Conclusions about critical natural capital", *Ecological Economics* 44 (2003).

Ekins, Paul and Sandrine Simon, "The Sustainability Gap: a practical indicator of sustainability in the framework of the national income accounts", *International Journal of Sustainable Development* 2 (1) (1999).

Ekins, P. E., S., Simon, L. Deutsch, C. Folk and R. S. De Groot, "A framework for the practical application of concepts of critical natural capital and strong sustainability", *Ecological Economics* 44 (2003).

Ekins, Paul and Sandrine Simon, "Estimating Sustainability Gap: Methods and preliminary application for the Netherlands", *Ecological Economics* 37 (1) (2001).

Ehmke, Mariah D. and Jason F. Shogren, "Experimental methods for environment and development economics", *Environment and Developmental Economics* 00 (2008).

El Serafy, R., "The proper calculation of income from deletable natural resources", in Y. Ahmad, S. El. Serafy and E. Lutz (eds.), *Environmental Accounting for Sustainable Development* (World Bank, 1989).

Erb, Karlheinz., Human appropriation of NPP (HANPP): an accounting framework for analyzing longterm and system transitions *Presentation at the GLP Meeting Land use transitons in South America*, (http://www.uni-klu.ac.at/socec/, 2011).

Erb, Karl - Heinz, Fridolin Krausmann, Veronika Gaube, Simone Gingrich, Alberte Bondeau, Marina Fischer - Kowalski, Helmut Haberl., "Analyzing the global human appropriation of net primary production — processes, trajectories, implications, an introduction", *Ecological Economics* 69 (2009).

Eric G. Flamholtz, Maria L. Bullen and Wei Hua, "Human resource accounting: a historical perspective and future implications", *Management Decision*, *Externalities*, (http://documents.apec.umn.edu/, 2004).

Falk, A. and Fischbacher, U., "A theory of reciprocity", *Games and Economic Behavior*54 (2) (2006).

Faruk Gul., "Behavioural economics and game theory", *The New*

Palgrave Dictionary of Economics, 2nd Edition. , (2008).

Faucheur, S. , Muir, E. and O'Connor M. , " Newclassical natural capital theory and weak indicators for sustainability" , *Land Economics* 73 (4) (1997).

Figuieres Charles and Tidball Mabel, " Sustainable explanation of a natural resources: a satisfying use of Chichilnisky's Criterion ", (http: // link. springer. com/article/10. 1007% 2Fs00199 - 010 - 0579 - 1 # page - 1, 2010).

Fisher, I. , *Nature of Capital and Income*, (New York, A. M. Kelly. , 1906).

Fleurbaery M, Michel P. , "Intertemporal equity and the existence of the Ramsey ctiterion, *J. Math. Econ.* 39 (2003).

Forsythe, R. , Horowitz, J. L. , Savin, N. E. and Sefton, M. , "Fairness in simple bargaining Experiments", *Games and Economic Behavior*, 6 (3) (1994).

Fridolin Brand, "Critical natural capital revisited: ecological resilience and sustainable development, *Ecological Economics* 68 (2009).

Güth, W. , Schmittberger, R. and Schwarze, B. , "An experimental analysis of ultimatium bargaining", *Journal of Economic Behavior and Organization* 3 (4) (1982).

Fare, Rolf. , " Fundamentals of production theory ", *Lecture Notes in economics and mathematical systems*, (Springer - Verlag, 1988).

Fare, Rolf. , Shawana Grosskopf, C. A. Knox Lovell, Suthathip Yaisawarng, "Derivation of shadow prices for undesirable outputs: a distance function approach", *The review of Economics and Statistics* 75, No. 2 (1993).

Fehr E. and Camerer, C. , "Social neuroeconomics: the neural circuitry of social preferences", *Trends in Cognitive Sciences* 11 (10) (2007).

Fehr, E. and Schmidt, K. , "A theory of fairness, competition, and cooperation", *Quarterly Journal of Economics* 114 (3) (1999).

Fehr, E and Schmidt, K. , "Theories of fairness and reciprocity: evidence and economic Applications ", in: M. Dewatripont, L. P. Hansen, S. Turnovski, *Advances in Economic Theory, Eigth World Congress of the Econometric Society*, Vol. 1 (Cambridge: Cambridge University Press, 2003).

Fehr, E. and G? chter, S. , " Cooperation and punishment in public goods Experiments", *American Economic Review* 90 (4) (2000a).

Fehr, E. and Gachter, S. , " Fairness and retaliation: The economics of reciprocity" , *Journal of Economic Perspectives*14 (3) (2000b).

Fehr, E. and Gachter S. and Kirchsteiger, " G. Reciprocal fairness and non compensating wage differentials", *Journal of Institutional and Theoretical Economics* 152 (4) (1996).

Fehr, E. , Fischbacher, U. and Kosfeld, M. , " Neuroeconomic foundations of trust and social preferences: Initial Evidence", *American Economic Review* 95 (2) (2005).

Gilbert, Milton. Colin Clark, J. R. N. Stone, Francsis Perroux, D. K. Lieu, Evelpides, Francois Divisia, Tinbergen, Kuznets, Smithies, Shirras, MacGregor, " The measurement of national wealth: discussion ", *Econometrica*, Vol. 17 (1949).

Gtootaert, Christiaan. Social capital: the missing link. *The World Bank Social Capital Initiative Working Paper*, No. 3 (http: //www. worldbank. org/socialdevelopment, 1998).

Gtootaert, Christiaan and Thierry van Bastelaer. , " Understanding and measuring social capital", *The World Bank Social Capital Initiative Working Papers* No. 24 (2001) . http: //www. worldbank. org/socialdevelopment v.

Gtootaert, Christiaan et al. " Measuring social capital: an integrated questionnaire", *The World Bank Social Capital Initiative Working Papers* No. 18 (2004) . http: //www. worldbank. org/socialdevelopment.

Guenno, G. and Tiezzi, S. , " An index of sustainable economic welfare for Italy", *Working Paper* 5/98, (Fondazione Eni Enrico Mattei, Milan. , 1998).

Ha Nguyen Van, Shashi Kant, and Maclaren, " Shadow prices of environmental outputs and production efficiency of household – level paper recycling units in Vietnam", *Ecological Economics* 65 (2008).

Hammond PJ, " Equity, Arrow's conditions, and Rawl's diiference principle ", *Econometrica* 44 (1976).

Haberl, H., Erb, K. – H., Krausmann, F., Gaube, V., Bondeau, A., Plutzar, C., Gingrich, S., Lucht, W., Fischer – Kowalski, M., "Quantifying and mapping the human appropriation of net primary production in earth's terrestrial ecosystems", *Proceedings of the National Academy of Sciences of the USA 104, 12942 - 12947* (2007).

Habel, H., Fischer_ Kowalski, M., Krausmann, F., Weisz, H., Winiwater, V., " Progress towards sustainability? What the conceptual framework of material and eneger flow accounting (MEFA) can offer", *Land Use Policy* 21 (3) (2004a).

Habel, H., Schulz, N. B., Plutzar, C., Erb, K. H., Krausmann, F., Loibl, W., Moser, D., Sauberer, N., Weisz, H., Zechmeister, H. G., " Human appropriation of Net Primary Production and species diversity in agricultural landscapes", *Agriculture, Ecosystems and Environment* 102 (2) (2004b).

Habel, H., Karl – Heinz Erb, Fridolin Krausmann, " Human appropriation of production (HANPPP)" (http://www.ecoeco.org/publica/encyc.htm , 2007).

Hamilton, C., " The genuine progress indicator: methodological developments and results from Australia", *Ecological Economics* 30 (1999).

Haines, W. M., " The psycho – economics of human needs: Maslow's hierarchy and Marshall's organic growth", *Journal of Behavioural Economics* 9 (1982).

Haab, T. C. and McConnell, K. E., *Valuing Environmental and Natural Resources*, (Edward elgar., 2002).

Haider, S., Jax, K., " The application of environmental ethics in biological conservation: a case study from the southernmost tip of the

Americas", *Biodiversity Conservation* 16 (2007).

Hartwick, John M., "Natural Resources, national accounting, and economic depreciation". *Journal of Public Economics* 43 (1990).

Hartwick, John M., " Investing returns from depleting renewable resource stocks and intergenerational equity", *Economics Letters* 1 (1978a).

Hartwick, John M., "Substitution among exhaustible resources and intergenerational equity", *Review of Economic Studies* 45 (1978b).

Hartwick, John M. "Intergenerational equity and the investing of rents from exhaustible resources", *American Economic Review* 67 (5) (1977).

Hartwick, John M., "National account and capital " (Edward Elgar, Northampton, USA., 2000).

Hicks, J. R., *Value and Capital*, 2ed., (Oxford University Press, UK., 1946).

Homer - Dixon, Thomas., "The upside of down; catastrophe, creativity and the renewal of civilisation", (Island Press, 2007).

Hotelling, H., "The economics of exhaustible resources", *Journal of Political Economy* 39 (1931).

Hueting, R., *New Scarcity and Economic Growth.*, (North Holland, Amsterdam, 1980).

Horwarth Richard B. and Norgaad Richard B., "Intergernerational resources rights, efficiency, and social optimality", Land Economics 66 (1): (1990).

Haines, W. M., "The psychoeconomics of human needs: Maslow's hierarchy and Marshall's organic growth " *Journal of Behavioral Economics* 9 (1982).

Harsanyi, J. C., " Cardinal welfare, individualistic ethics, and interpersonal comparisons of utility", *Journal of Political Economy* 63 (1955).

Helmut. Haberl, Mathis. Wackernagel, Fridolin. Krausmann, Karl - Heins Erb, Chad. Monfrfeda, "Ecological footprints and human appropriation of net primary production: a comparison," *Land Use Policy*21 (2004).

Helmut. Haberl, Karl – Heins Erb, Fridolin. Krausmann, Human appropriation of net primary production ,（http: //www. ecoeco. org/, 2007）.

Hotelling, Harold. , "The economics of exhaustible resources" , *The Journal of Political Economy* 39 (2) (1931).

Ismail Serageldin, "Sustainability and the wealth of nations, first steps in an ongoing journey ", *Environmental Sustainable Development Studies and Monographs Series No. 5*, (The World Bank, 1996).

Islam, Sardar. M. N. and Clarke, Matthew. F. , "The welfare economics of measuring sustainability: a new approach based on social choice theory and systems analysis", *Sustainable Development* 13 (2005).

Jackson, T. and Stymne, S. , "Sustainable economic welfare in Sweden: a pilot index 1950 - 1992", (Stockholm, Stockholm Environment Institute, 1996).

Jeroen C. J. M. van den Bergh, " Abolishing GDP", (http: //papers. ssrn. com/, 2007).

Johansen, Leif. , " Richard Stone's contribution to economics ", *The Scandinavian Journal of Economics* 87 (1) (1985).

Kahneman, Daniel, Tversky, Amos, "Prospect theory: an analysis of decision under risk", *Econometrica* 47 (2) (1979).

Kahneman, Daniel, Ed Diener. , *Well – being: the foundations of hedonic psychology.* (Russell Sage Foundation, 2003).

Kagel, J. H. , R. C. Battalio, H. Rachlin, R. L. Bassmann, L. Green and W. R. Klemm, "Exprimental studies of consumer demand behavior using laboratory animals", *Economic Inquiry* 13 (1) (1998).

Kamien, M. I. and Schwartz, N. L. , "Dynamic Optimization ", 2ed. , (ElSEVIER, North Holland, 1991).

Kant S. , "Choice of ecosystem capital without discounting and pricing", *Environmental Monitoring and Assessment*86 (1 –2) (2003).

Kagel, J. H. ; et al. , *Economic Choice Theory: An Experimental Analysis of Animal Behavior*, (New York: Cambridge University Press, 1995).

Kagel, J. H. , R. C. Battalio, H. Rachlin, R. L. Bassmann, L. Green and W. R. Klemm, "Experimental studies of consumer demand behaviour using laboratory animals", *Economic Inquiry* 13 (1) (1975).

Kagel, J. H. ; et al. , "Demand curves for animal consumers", *Quarterly Journal of Economics* 96 (1) (1981).

Kahneman, Daniel; Tversky, Amos , "Prospect theory: an analysis of decision under risk", *Econometrica* 47 (2) (1979).

Kamien, Morton I. and Schwartzs Nancy, L. , "Dynamic optimization", 2ed. , (Eksevier, New York. , 1991).

Kagel, J. H. , R. C. Battalio, H. Rachlin, R. L. Bassmann, L. Green and W. R. Klemm. "Experimental studies of consumer demand behavior using laboratory animals", *Economic Inquiry* 13 (1) (1975).

Kuznets, Simon. , "National income: a review version", *The Review of Economics and Statistics* 30 (3) (1948).

Kuznets, S. , *National Income and its composition 1919 – 1938*, (National Bureau of Economic Research, New York, 1934).

Kuznets, S. , Francois Divisa, Timbergen, Smithies Shirras, MacGregor, "The measurement of national wealth: discussion", *Econometrica* , Vol. 19 (1949).

Kuznets, Simon and Lundberg, Erik. , "Contribution to Economics", *The Swedish Journal of Economics*73 (4) (1971).

Lavoie, Marc. , " Foundations of Post – Keynesian Economic Analysis", (Vermant, Edward Elgar. , 1993).

Lawn, Philip. , " Sustainable Welfare in the Asia – Pacific ", edited, (Edward Elgar, 2008).

Lawn, Philip. and R. Sanders, " Has Australia surpassed its optimal macroeconomic scale? Finding out with the aid of benefit and cost accounts and a sustainable net benefit index", (Ecological Economies 28 (2) (1999).

Lawn, Philip. , *Toward sustainable development: an ecological economics approach*, (Boca, Raton, Lewis Publishers, 2000a).

Lawn, Philip. , "Ecological tax reform: many know why but few know how", *Environment*, *Development*, *and Sustainability* 2 (2000b).

Lawn, Philip. , "A stock – take of green national accounting initiatives", *Social Indicators research* 80 (2007).

Lawn, Philip. , "An assessment of the valuation method used to calculate the Index of Sustainable Economic Welfare (ISEW), Genuine Progress Indicator (GPI) and Sustainable Net Benefit Indexes (SNBI)", *Environment*, *Development and Sustainability* 7 (2005).

Lawn, Philip. , "A theoretical foundation to support the Index of Sustainable Economic Welfare (ISEW), Genuine progress indicator (GPI) and other related indexes", *Ecological Economics* 44 (2003).

Lawn, Philip. , "Sustainable development Indicators in ecological economies", (Edward Elgar, Northampton, USA. , 2006).

Lea, S. E. G, R. M. Tarpy. And P. Webley. , "The individual in the economy: a survey of economic psychology", (Cambridge University Press, 1987).

Lavoie, Marc, *Foundations of post – Keynesian economic analysis*, (Vermont, Edward Elgar. , 1987).

Lu, W. and S. Lo, "A closer look at the economic – environmental disparities for regional Development in China," *European Journal of Operational Research* 183 (2) (2007).

Lea, S. E. G. , R. M. Tarpy and P. Wevley. "The individual in the economy", a *Survey of Economic Psychology*, (Cambridge University Press, UK. , 1990).

Little et al, I. M. D. , and J. A. Mirrlees, "Project appraisal and planning in developing countries", (London, Heinemann, 1974).

Loewenstein, G. , Bazerman M. and Thompson, L. , "Social utility and decision making in interpersonal contexts", *Journal of Personality and Social Psychology* 57 (3) (1989).

Lutz, M. A. and K. Lux. , "The challenge of humanistic economics"

(Menlo Park, Benjamin., 1979).

Luce, R Duncan, *Utility of Gains and Losses: Measurement – theoretical and Experimental Approaches*, (Mahwah, New Jersey: Lawrence Erlbaum Publishers, 2000).

Martin Dufwenberg and Georg Kirchsteiger., "A Theory of sequential reciprocity," *Games and Economic Behavior* 47 (2) (2004).

Max – Neef, M., "Economic growth and quality of life", *Ecological Economics* 15 (1995).

Michaude, Celine and Daniel Llerena, "Sustainable consumption and preference: an experimental analysis", *DIME Internastional Conference Innovation, Sustainability and Policy*, (Bordeaux September 2008).

Misra Dinesh, and Shashi Kant, "Shadow prices and input – oriented production efficiency analysis of the village – level production units of joint forest management (JFM) in Indian", Forest Policy and Economics 9 (2007).

Murphy, D. J.; Hall, C. A. S., "Year in review EROI or energy return on (energy) invested", *Annals of the New York Academy of Sciences* 1185 (2010).

Nathan Fiala, "Measuring sustainability: why the ecological footprint is bad economics and bad environmental science", *Ecological Economics* 67 (2008).

Neumayer, E., "The ISEW – Not an index of sustainable economic welfare", *Social Indicators Research* 48 (1999).

Neumayer, E., "On the methodology of the ISEW, GPI, and related measures: Some constructive suggestions and some doubt on the threshold hypothesis", *Ecological Economics*34 (2000).

Neumayer, E., "Weak versus strong sustainability: exploring the limits of two opposing paradigms", 2nd ed., (Edward Elgar, Cheltenham, UK 2003).

Nordhaus, William D. and James Tobin, "Is growth obsolete?", (http://www.nber.org/chapters/c7620.pdf, 1972).

Ottone, S., "Fairness: a survey", *Department of Public Policy and Public*

Choice, *University of Eastern Piedmont "Amedeo Avogadro"*, *Working Paper* (2006).

OECD Education Committee and the Employment., Labor and Social Affairs Committee, "Measuring what people know", (OECD Press, http://www.oecd-ilibrary.org/, 1996).

Pezzey, J. C. V., "Sustainable Development Concepts: An Economic Analysis", (The World Bank, Washington D. C., 1992a).

Pezzey, J. C. V., "Sustainability: An Interdisciplinary Guide", *Environmental Values* 1 (1992b).

Pezzey, J. C. V., "Sustainability constraints versus 'Optimality' versus intertemperal concern, and axiom versus data", *Land Economics* 73 (4) (1997).

Pezzey, John. C. V. and Tomn, M. A., "Progress and problems in the economics of sustainability", in Tietenberg and Henk Folmer, ed., *International Yearbook of Environmental and Resource Economics* 2002/2003 (Edward Elgar, 2002a).

Pezzey, John. C. V. and Tomn, M. A., "The economics of sustainability: a review of journal articles, discussion papers", (http://www.rff.org, 2002b).

Pittman, Russell W., "Issues in pollution control: interplant cost differences and economies of scale", *Land economics* 57 (1981).

Rabin, M., "Incooperating Fairness into Game Theory and Economics", *American Economic Review*83 (5) (1993).

Rabin, M., "A perspective on psychology and economics", *European Economic Review*, 46 (4—5) (2002).

Rosenberg, K. and Oegema, T., "A pilot ISEW for the Netherlands 1950 - 1992", (Amsterdam Institute, 1995).

Ramsey, F. P., "A mathematical Theory of savings", *Economical Theory* 38 (192) (1928).

Rawls, John., *A theory of justice*, (Harvard University Press, 1971).

Robbins, Lionel., "Interpersonal Comparisons of Utility, A Comment", *Economic Journal* 48 (192) (1938).

Shane Frederick, George Loewenstern, and Ted O'Donongue, "Time discounting and time preference: a critical review", *Journal of Economic Literature*, 40 (2) (2002).

Shephard, Ronald W., *Theory of cost and production functions*, (Princeton University Press, 1970).

Serageldin, Ismail, Sustainability and the wealth of nations: First steps in an on going journey, The World Bank Environmentally Sustainable Development Studies and Monographs Series No. 5. (1996).

Siman Dietz and Erick Neumayer, "Some constructive criticism of the Index of Sustainable Economic Welfare", in Philip Lawn ed., *Sustainable Development Indicators in Ecological Economics*, (Edward Elgar, 2006).

Simone Valente, "Sustainable development, renewable resource and technological progress", *Environmental & Resource Economics* 30 (2005).

Shashi Kant, "Choice of ecosystem capital without discounting and prices", *Environment Monitoring and Assessment* 86 (1-2) (2003).

Sexton, T. R., "The methodology of data envelopment analysis," in R. H. Silkman, ed., *Measuring Efficiency: An Analysis of Data Envelopment Analysis*, (San Francisco, CA: Jossey-Bass, 1986).

Sidgwick, F. B., *The methods of ethics*, (Macmillan, London., 1907).

Slack, Paul., "Measuring the national wealth in the seventeenth-century England", *The Economic history Review*, *New Series*, Vol. 57, No. 4 (2004).

Strauss J., Duncan T., "Health, nutrition, and economic development", *Journal of Economic Literature* 36 (2) 1998.

Sen, A. K., "Collective choice and social welfare" (Holden-Day, INC, San Fransisco, 1970).

Sen, A. K., "Isolation. assurance and the social rate of discount", *Quaterly Journal of Economics* (81) (1967).

Sen, A. K., "Interpersonal aggregation and partial comparability",

Econometrica 38 (3) (1970).

Sen, A. K., *Collective choice and social welfare*, (Holden – Day, Inc. San Fransisco. 1970).

Sen, A. K., "The possibility of social choice", *The American Economic Review* 89 (3) (1999).

Serafy, Salah El, "The proper calculation of income from depletable natural resources, A UNDP—*World Bank Symposium*", (World Bank, Washiongton, D. C., 1989).

Smith, Vernon L., "An experimental study of competitive market behavior", *Journal of Political Economy* 70 (2) 1962.

Smith, Vernon L., "Microeconomic systems as an experimental science", *American Economic Review* 72 (5) (1982).

Stiglitz, J. E., "Growth with exhaustible natural resources: the competitive economy", *The Review of Economic Studies*, Vol. 41, *Symposium on the Economics of Exhaustible Resources* (1974).

Shunrong Qi, Lan Xu and Jay Coggins, "Deriving shadow prices of environmental externalities" (http://documents.apec.umn.edu/, 2004).

Sidgwick, H., *The methods of ethics*, (Macmillan, London, 1907).

Shefton, J. A. and M. R. Weale, "The net national product and exhaustible resources: The effects of forein trade", *Journal of Public Economics*, 61 (1995).

Slack, Paul. "Measuring the national wealth in seventeenth – century England", *Economic History Review* 57 (4) (2004).

Solow, Robert M., "An almost practical step toward sustainability", *Resources Policy* 19 (3) (1993).

Solow, Robert M., "On the intergenerational allocation of natural resources", *Scandinavian Journal of Economics* 88 (1) (1986).

Solow, R. M., "Intergenerational equity and exhaustible resources, *The Review of Economic Studies*", Vol. 41, Symposium on the Economics of Exhaustible Resources (1974).

Svensson L - G, "Equity among generations", *Econometrica* 48 (1980).

Stone, Richard., "The Accounts of Society", American Economic Review 87 (6) (1997).

Stone, Richar., "Social accounting: the state of play", *Journal of Economics* 88 (3) (1986).

Suppes, P., "Some formal models of the grading principles", Synthese 6 (1966).

Sylvie F, Muir E, Connor M., "Neoclassical natural capital theory and 'weak' indicators for sustainability", *Land Economics* 73 (4) (1997).

The United Nations., *Integrated Environmental and Economic Accounting 2003*, (Handbook of National Accounting. New York, 2003).

The United Nations., *World Commission on Environment and Development. Our Common Future*, (Oxford University Press, 1987).

The World Bank, *Wheather is the Wealth of nations? Measure Capital for the 21st Century*, (http://www.worldbank.org, 2006).

Tietenberg Tom, *Environmental and Natural Resource Economics*, 6ed., (Boston, 2003).

Timothy C. Haab and Kenneth E. McConnell, *Valuing Environmental and natural Resources*, (Edward Elgar, 2004).

Turner, R. K., *Sustainable Environmental Economics and Management: Principles and Practice*, (Behaven Press, New York, 1993).

Tversky, A. & Kahneman, D., "Judgment under uncertainty: Heuristics and biases", *Science* 185 (4157) (1974).

United Nations, *System of National Accounts 2008*, (http://unstats.un.org/, 2009).

United Nations, *Kyoto Protocol to the United Nations Framework Convention on Climate Change*, (unfccc.int/resource/docs/convkp/kpeng.pdf, 1998).

United Nations, *Vienna Convention for the Protection of the Ozone Layer*, (treaties.un.org/doc/Publication/.../volume - 1513 - I - 26164 - English.pdf, 1985).

Wade D. Cook, Larry M. Seiford, "Data envelopment analysis (AEA) – Thirty years on, European ", *Journal of Operational Research* 192 (2009).

Wackernagel, M., Rees, W., *Our Ecological Footprint: Reducing Human Impact on the Earth*, (New Society Publishers, Gabriola, Island, 1996).

Wackernagel, Mathis, Onisto, Larry, Bello, Patricia, Linares, Alejandro Callejas, Lpez Falfn, Ina Susana, Mndez Garca, Jesus, Surez Guerrero, Ana Isabel, Surez Guerrero, Ma. Guadalupe, " National natural capital accounting with the ecological footprint concept", *Ecol. Econ.* 29 (1999).

Wiedmann Thomas and John Barrett, " A review of the Ecological Footprint Indicator – perceptions and methods", *Sustainability* 2 (2010), www. mdpi. com/journal/sustainability.

Weitzman, Martin L., " Sustainability and technical progress ", *Scandinavian Journal of Economics* 99 (1) (1997).

Wen Zongguo, Kunmin Zhang, Bin Du, Yadong Li, Wei Li, "Case study on the use of genuine progress indicator to measure urban economic welfare in China", *Ecological Economics*63 (2007).

Wen Zongguo, Yan Yang, and Philip Lawn, " From GDP to GPI: quantifying thirty – five years of development in China", in Philip, Lawn edited, *Sustainable Welfare in the Asia – Pacific*, (Edward Elgar, 2008).

Wen Zongguo, Jining Chen, "A cost – benefit analysis for the economic growth in China", *Ecological Economics* 65 (2008).

Vernon L. Smith, " Experimental methods in economics", *The New Palgrave Dictionary of Economics*, 2nd Edition, (2008a).

Vernon L. Smith, "Experimental economics", *The New Palgrave Dictionary of Economics*, 2nd Edition, (2008b).

Vitousek, P. M., P. R Ehrlich, A. H. Ehrlich, and P. A. Matson, "Human Appropriation of the Products of Photosynthesis", *BioScience* Vol. 36 No. 6 (1986).

Yang Chonglin and Jessie P. H. Poon, " A regional analysis of China's green GDP", *Eurasian Geography and Economics* 50 (5) (2009).

Young, H. Peyton., "Social norms", *The New Palgrave Dictionary of Economics*, 2nd Edition., (2008).

Yosida K. and Hewitt E, "Finitely level independent measures", *Trans Am Math Society* 72: (1952).

Yosida K., *Functional Analysis*, 4ed., (Springer Verlag, Heidelberg, New York, 1974).

Zame W., "Can intergenerational equity be operationalized?", *Theor. Econ.* 2 (2007).

后　记

本书的最后一行字终于敲进去了。从2004年4月读到斯蒂格利茨关于宏观经济指标问题的一篇文章引起强烈共鸣，决定放下攻读博士学位期间研究的资产定价理论来专攻GDP问题，如今已整整十年零八个月过去了。其间中国GDP已从2004年的159878.34亿元增长到2013年的568845.21亿元，北京秋冬十多年前那湛蓝的天空近年来也被越来越频繁的雾霾天气所取代。没想到这个问题是这么大、这么难，涉及的领域这么复杂，占据的时间和精力这么多，曾经几次都想过放弃。2004年到2009年主要是搜集和研读文献，特别是2008年到2009年在美国纽约州立大学布法罗分校图书馆整整泡了一年，复印或购买了研究所需的大部分文献。2009年到2010年期间学习和研究了一年多集合论公理、拓扑学和动态优化，为本书做数学准备。2010年秋正式开始本书的研究与写作。其间正好赶上国际经济与贸易专业的创办与发展，要从事繁重琐碎的教学和管理工作。此外孩子小也需要照顾，很多研究都是在送孩子上课外班的马路边上坐个小凳或午夜十二点到两点之间爬在床上完成的。

对女儿、妻子和双亲怀有深深的愧疚。没有精力关心女儿的教育与成长，没能为家人创造一个像样的生活环境，没有时间常回家看看年迈的双亲。但同时也深深地欣慰和感谢孩子的健康成长、妻子的独立自强和双亲的身体健康给我腾出了宝贵的研究时间。感谢妻舅王兰平先生和妻舅母席月英女士多年来对我们的帮助，感谢首都师范大学管理学院的领导和同事们，特别是管理学院对本书的出版资助、许志晋副院长和谢达老师对本书出版所做的努力、王锁柱教授对我的研究提供的数学帮助。感谢首都师范大学社科处的梁景和处长、杨阳女士、黄胤英女士为这项研究提供的鼓励和支持，感谢中国社会科学文献出版社的许秀江博士和刘宇轩编辑为本书的编辑出版付出的艰辛劳动和所做的杰出工作。感谢国际经济与贸易专业的同事们，特别是蒋景媛博士、张鲁青博士、孙飞博士、白艳萍博士和黄满盈博士，多年来他/她们和我一起顽强拼搏，才使得国际经济与贸易专业蓬勃发展起来。感谢首都师范大学给我提供了基本的生活条件和工作平台，使得我在来北京后有了一个遮风避雨的地方，才使得这本很难的书得以完成。还要感谢我那些天南海北的网友们，在我孤寂的思考与艰苦的写作过程中，给我提供了不少的激励和快乐。最后深切怀念我的博士导师高鸿业先生，他生前的鼓励一直是我写完本书的动力源泉。

至于这本书本身，因为它研究的是经济学的一个基本问题，涉及的理论与方法论难度较大，所以不敢奢望有像通俗读物那样多的读者。此外，由于 GDP 涉及现实世界中大量而复杂的利益关系，再加上本书很多思想和方法还有待进一步成熟，因此不敢期望本书短期内对现实能产生多少实际作用。但即便没有多少读者且短期内对现实没有多大作用，对 GDP 这样一个影响人类福利的经济指标存在的问题及解决出路做深入研究与认真思索，是一个负责任的研究者义不容辞的责任。由于写作时间仓促，再加上作者能力有限，因此书中肯定存在不少错误，衷心期待读者的批评指正。十年研究与写作那种“可堪孤馆闭春寒”，“孤灯夜夜写清愁”的感受在此也与读者们分享了。

作　者

2014 年 12 月 2 日

图书在版编目(CIP)数据

GDP的理论缺陷与可持续国民财富核算/杨充霖著. —北京：社会科学文献出版社，2014.12
ISBN 978-7-5097-6858-7

Ⅰ.①G… Ⅱ.①杨… Ⅲ.①国内生产总值-研究 ②国民财富-经济核算-研究 Ⅳ.①F222.33

中国版本图书馆CIP数据核字（2014）第279977号

GDP的理论缺陷与可持续国民财富核算

著　　者／杨充霖

出 版 人／谢寿光
项目统筹／许秀江
责任编辑／许秀江　刘宇轩

出　　版／社会科学文献出版社·经济与管理出版分社（010）59367226
地址：北京市北三环中路甲29号院华龙大厦　邮编：100029
网址：www.ssap.com.cn
发　　行／市场营销中心（010）59367081　59367090
读者服务中心（010）59367028
印　　装／三河市尚艺印装有限公司

规　　格／开　本：787mm×1092mm　1/16
印　张：21　字　数：336千字
版　　次／2014年12月第1版　2014年12月第1次印刷
书　　号／ISBN 978-7-5097-6858-7
定　　价／89.00元